머신러닝 엔지니어링

데이터 수집부터 특징 공학, 모델 평가, 배포, 유지보수까지

머신러닝 엔지니어링

1쇄 발행 2021년 12월 30일

지은이 안드리 부르코프
옮긴이 구정회
펴낸이 장성두
펴낸곳 주식회사 제이펍

출판신고 2009년 11월 10일 제406-2009-000087호
주소 경기도 파주시 회동길 159 3층 / **전화** 070-8201-9010 / **팩스** 02-6280-0405
홈페이지 www.jpub.kr / **원고투고** submit@jpub.kr / **독자문의** help@jpub.kr / **교재문의** textbook@jpub.kr

편집부 김정준, 이민숙, 최병찬, 이주원, 송영화
소통기획부 이상복, 송찬수, 배인혜 / **소통지원부** 민지환, 김수연 / **총무부** 김유미

진행 김정준 / **교정·교열** 채정화 / **내지디자인** 이민숙 / **내지편집** 이기숙 / **표지디자인** 미디어픽스
용지 에스에이치페이퍼 / **인쇄** 한승문화사 / **제본** 일진제책사

ISBN 979-11-91600-45-2 (93000)
값 28,000원

제이펍은 독자 여러분의 아이디어와 원고 투고를 기다리고 있습니다. 책으로 펴내고자 하는 아이디어나 원고가 있는
분께서는 책의 간단한 개요와 차례, 구성과 저(역)자 약력 등을 메일(submit@jpub.kr)로 보내 주세요.

머신러닝 엔지니어링

데이터 수집부터 특징 공학, 모델 평가, 배포, 유지보수까지

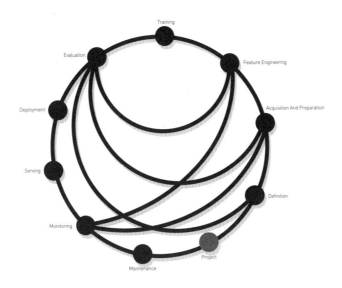

안드리 부르코프 지음 / 구정회 옮김

제이펍

CHAPTER **6**   지도 모델 훈련(2부)   183

추천사 _____

한 가지 비밀을 알려드리고자 합니다. 대개 사람들은 '머신러닝'에는 단 하나의 학문만 있는 것으로 생각합니다. 놀랍게도 실제로는 두 종류의 머신러닝이 있으며, 이는 음식 조리법을 혁신하는 것과 새로운 주방 기구를 발명하는 것만큼이나 서로 다릅니다. 둘 다 고귀한 직업입니다. 이 둘을 혼동하지 않는다면 말입니다. 어처구니없게도 여러분에게 오븐을 만들어 주기 위해 패스트리 요리사를 고용하거나 여러분을 위한 빵을 굽기 위해 전기 기술자를 고용하는 것을 상상해 보세요!

나쁜 소식은 거의 모든 사람이 이 두 가지 머신러닝을 혼동한다는 것입니다. 그 결과, 많은 기업이 머신러닝에 실패하는 것은 당연합니다. 아무도 초보자에게 말 주지 않는 것은 대부분의 머신러닝 과정과 교과서가 머신러닝 연구에 관한 것이라는 겁니다. 즉, 오븐(그리고 전자레인지, 블렌더, 토스터, 주전자… 부엌 싱크대!)을 밑바닥부터 만드는 방법에 관한 것이지, 요리법과 레시피를 엄청난 규모로 혁신하는 방법은 아닙니다. 즉, 비즈니스 문제에 대한 혁신적인 머신러닝 기반 설루션 제작 기회를 찾고 있다면, 머신러닝 연구가 아니라 머신러닝 응용이라는 분야를 원하는 것이기 때문에 대부분의 책은 사용자의 요구에 적합하지 않습니다.

여기 이제 좋은 소식이 있습니다! 여러분은 몇 권 안 되는 제대로 된 응용 머신러닝applied machine learning 책 중 하나를 보고 계십니다. 맞습니다. 드디어 찾은 겁니다! 연구 중심의 건초 더미에서 찾은, 실제 적용 가능한 바늘과 같은 책입니다. 친애하는 독자 여러분, 정말 잘하셨습니다. 여러분이 실제로 찾고 있던 것이 범용 알고리즘을 설계하는 기술을 배우는 데 도움이 되는 책이 아니라면, 지금 바로 도망쳐서 다른 머신러닝 책을 찾으러 가라고 제가 말하는 것에 대해 책의 저자가 저에게 너무 화를 내지 않기를 바랍니다. 이 책은 좀 다릅니다.

2016년에 제가 구글의 응용 머신러닝 과정인 '머신러닝과 친구 사귀기Making Friends with Machine Learning'를 만들어 1만 명이 넘는 엔지니어와 리더들의 사랑을 받았는데, 그 구조가 이 책에 나와 있는 것과 아주 비슷한 구조로 되어 있었습니다. 응용 공간에서는 올바른 순서로 작업을 수행하는 것이 중요하기 때문입니다. 새로운 데이터 기능을 사용하기 때문에, 다른 작업을 완료하기 전에 특정 단계를 수행하면 쓸데없이 노력을 낭비하거나 프로젝트를 크게 실패할 수 있습니다. 사실, 처음에 저는 이 책과 제 과정의 목차가 비슷하다는 점 때문에 이 책을 읽게 되었습니다. 융합적 진화의 분명한 사례에서, 저는 저자에게서 응용 머신러닝에 관한 가용자원의 부족으로 밤에도 노심초사 잠도 못 자고 깨어 있는 한 동료 사상가를 보았습니다. 사실 응용 머신러닝은 가장 유용하지만, 끔찍하게 잘못 이해된 공학 분야 중 하나입니다. 그것에 대해 뭔가를 바로잡고 싶을 정도로요. 그러니 이 책을 덮으려고 하신다면, 잠시 제 말을 들어 보시고 적어도 목차가 왜 이렇게 배열되어 있는지 생각해 보는 것은 어떨까요? 그것만으로도 좋은 것을 배울 수 있을 거라 약속합니다.

그럼 책의 나머지 부분에는 무엇이 있을까요? 대규모로 음식을 만들기 위한 레시피 혁신에 대한 범퍼 가이드에 해당하는 머신러닝입니다. 아직 책을 읽지 않으셨으니 이해의 편의를 위해 요리 용어로 말씀드리자면, 요리할 가치가 있는 것이 무엇인지/목표가 무엇인지(의사 결정과 제품 관리), 공급업체와 고객(도메인 전문 지식과 비즈니스 통찰력), 대규모 재료를 처리하는 방법(데이터 엔지니어링과 분석), 잠재적인 레시피를 생성하기 위해 다양한 재료-기기 조합을 빠르게 시도하는 방법(머신러닝 엔지니어링의 프로토타입 단계), 레시피의 품질이 서빙하기에 충분한지 확인하는 방법(통계), 후보 레시피를 효율적으로 서빙할 수 있는 수백만 개의 음식을 만드는 방법(머신러닝 엔지니어링의 생산 단계), 배달 트럭이 당신이 주문한 쌀 대신 감자를 1톤씩 가져오더라도 당신이 요리를 최고 수준으로 유지되도록 하는 방법(신뢰성 공학)을 이해해야 합니다. 이 책은 종단 간end-to-end 프로세스의 각 단계에 대한 관점을 제공하는 몇 안 되는 책 중 하나입니다.

독자 여러분, 이제 제가 솔직하게 말씀드리기 좋은 순간이 된 것 같습니다. 이 책은 꽤 좋습니다. 정말이지 진짜로 좋습니다. 하지만 완벽하지는 않습니다. 전문적인 머신러닝 엔지니어가 그런 것처럼 때로는 간단히 설명하고 넘어가기도 하지만, 전체적으로는 메시지를 제대로 전달하고 있습니다.

그리고 빠르게 발전하는 모범 사례가 있는 영역을 다루고 있기 때문에 주제에 대한 최신의 내용을 제공하는 척하지도 않습니다. 그러나 이런 이유로 이 책이 좀 무성의해 보이더라도 여전히 읽을 가치가 있습니다.

응용 머신러닝에 대한 포괄적인 가이드가 거의 없다는 점을 감안할 때 이러한 주제에 대한 일관된 소개는 소중한 황금만큼이나 가치가 있습니다. 이 책이 있어서 정말 기쁘게 생각합니다!

제가 이 책에서 가장 마음에 드는 점 중 하나는 머신러닝에 대해 알아야 할 가장 중요한 사항을 매우 완벽하게 담고 있다는 점입니다. 물론, 실수가 있을 수 있고 때로는 이로 인해 마음이 상할 수도 있습니다. 저의 사이트 신뢰성 공학 분야의 동료들이 말하기 좋아하는 것처럼 '희망은 전략이 아닙니다.' 실수가 없기를 바라는 것은 당신이 취할 수 있는 최악의 태도입니다. 이 책은 훨씬 낫습니다. 이 책은 당신보다 더 '지능적인' AI 시스템을 구축하는 데 있어서 갖기 쉬운 모든 잘못된 경계심을 즉시 깨뜨립니다. 그런 다음, 실제로 잘못을 범할 수 있는 모든 종류의 것들을 조사하고 이를 방지/감지/처리하는 방법을 부지런히 안내합니다. 이 책은 모니터링의 중요성, 모델 유지보수 방법, 문제가 생겼을 때 어떻게 해야 하는지, 예상할 수 없는 종류의 실수에 대한 예비 전략을 세우는 방법, 당신의 시스템을 악용하려는 공격자를 처리하는 방법, 인간 사용자의 기대치를 관리하는 방법(사용자가 머신일 때 수행할 작업에 대한 부분도 있습니다)에 대해 잘 설명하고 있습니다. 이는 실제 머신러닝에서 매우 중요한 주제이지만, 다른 책에서는 무시되는 경우가 많습니다. 하지만 이 책은 그렇지 않습니다.

만약 당신이 대규모 비즈니스 문제를 해결하기 위해 머신러닝을 사용할 생각이라면, 나는 당신이 이 책을 손에 넣게 되어 기쁘게 생각합니다. 이젠 이 책을 즐기십시오!

캐시 코지르코프 Cassie Kozyrkov
구글 최고 의사 결정 과학자이자 구글 클라우드 플랫폼의
'머신러닝과 친구 사귀기Making Friends with Machine Learning' 과정의 저자

이 책은 머신러닝 프로젝트의 수명주기 관점에서 머신러닝 엔지니어링 모범 사례와 디자인 패턴을 포괄적으로 다루고 있습니다. 장마다 머신러닝 프로젝트 수명주기의 고유한 측면을 다루고 있고, 각 장은 서로 직접적인 종속성이 없기 때문에 순서에 관계없이 어떤 순서로도 읽을 수 있습니다. 하지만, 처음부터 끝까지 읽어볼 것을 추천합니다.

또한 이 책의 대상 독자는 데이터 분석가, 머신러닝 엔지니어, 머신러닝 엔지니어링을 공부하는 학생, 소프트웨어 아키텍트로서 머신러닝 입문자를 대상으로 하지는 않습니다. 다행히도, 좀 더 기본적인 내용을 다루는 좋은 책들이 시중에 많이 나와 있으니(이 책의 10.2절 참고), 이 책을 공부하시기 전에 먼저 보시면 좋겠습니다.

개인적으로 이 책은 저의 두 번째 번역서입니다. 어떤 면에서는 영어 원서를 보는 것이 가장 좋습니다만, 번역서는 책을 좀 더 쉽게 빨리 이해할 수 있다는 장점이 있습니다. 이 책 한 권으로 이 분야의 전문가가 될 수는 없습니다. 다만, 이 책이 좋은 출발점이 되어 독자들에게 도움을 줄 수 있었으면 하는 것이 저의 바람입니다.

누구나 인공지능을 얘기하는 시대입니다. 최근 들어 블록체인, 메타버스, NFT 관련 비저너리 기사들로 매일매일 경제면, 사회면이 채워지고 있어서 현기증이 날 정도입니다. 멋진 미래를 담보해 줄 수 있는 이런 기술적 진보가 자칫 과도한 머니 게임으로 변질되어서 베이퍼웨어vaporware로 전락하지 않기 위해서는 그 밑바닥에 치열한 엔지니어링적인 노력이 있었음을 기억했으면 좋겠습니다. 이 책으로 머신러닝 엔지니어링의 기본이 되는 중요한 내용을 공부하셨다면, 좀 더 멋지고 의미 있는 기술적 상상의 즐거움은 이제 여러분의 몫입니다.

이 책을 번역할 기회를 주신 제이펍 장성두 대표님과 부족한 원고가 멋진 책으로 세상에 나오기까지 수고해 주신 김정준 부장님, 이민숙 팀장님, 채정화 님, 이기숙 님께 감사를 표합니다. 그리고 하늘에서 늘 지켜보고 계시는 아버지와 항상 기도로 격려해 주시는 어머니, 이 세상에서 가장 사랑하는 가족들(아내 근영, 딸 나영, 아들 준영)에게도 고마움을 전합니다. 마지막으로, 따뜻한 사회적 지지 속에서 하루하루 꿋꿋하게 밥벌이를 해나갈 수 있도록 늘 지켜주시는 하나님께 감사를 올립니다.

나의 퀘렌시아 단. 우. 아.에서
구정회

지난 몇 년 동안 많은 사람에게 머신러닝machine learning, ML은 인공지능과 동의어가 되었습니다. 비록 과학 분야로서 머신러닝이 수십 년 동안 존재해 왔지만, 전 세계에서 소수의 조직만이 그 잠재력을 충분히 활용해 왔습니다. 기술을 선도하는 조직과 많은 과학자, 그리고 소프트웨어 엔지니어 커뮤니티 등에서 지원하는 최신 오픈 소스 머신러닝 라이브러리, 패키지, 프레임워크를 사용할 수 있음에도 불구하고 대부분의 조직은 실제 비즈니스 문제를 해결하기 위해 머신러닝을 적용하는 데 여전히 어려움을 겪고 있습니다.

한 가지 어려움은 재능의 부족에 있습니다. 그러나 유능한 머신러닝 엔지니어와 데이터 분석가가 있다고 해도 2020년 현재 여전히 대부분의 조직[1]에서 하나의 모델을 배포하는 데 한 달에서 석 달 정도 걸리고, 18%의 기업에서는 석 달 이상이나 소요되고 있습니다. 심지어 일부 회사는 상품화를 하는 데 1년 이상이 걸리고 있습니다. 머신러닝에서 모델 버전 관리, 재현성, 스케일링 같은 기능을 개발할 때 조직이 직면하는 주요 어려움은 과학적인 것이라기보다는 엔지니어링에 속합니다.

이론과 실습에 관한 좋은 머신러닝 책은 많습니다. 일반적인 머신러닝 책에서 머신러닝의 유형, 주요 알고리즘군, 작동 방식, 이러한 알고리즘을 사용하여 데이터에서 모델을 구축하는 방법을 배울 수 있습니다.

일반적인 머신러닝 책은 머신러닝 프로젝트의 엔지니어링 측면에는 관심이 적습니다. 데이터 수집, 저장, 전처리, 특징 공학, 모델 테스트와 디버깅, 생산 환경에 배포와 폐기, 런타임과 생산 환경에서의 유지보수 같은 질문은 종종 머신러닝 책의 범위를 벗어납니다.

이 책은 그러한 공백을 메우고자 합니다.

---

1   〈2020 state of enterprise machine learning〉(Algorithmia, 2019)

이 책의 구성

이 책에서는 독자가 머신러닝의 기초를 이해하고 자신이 선호하는 프로그래밍 언어나 머신러닝 라이브러리를 사용해서 적절한 형식의 데이터 세트가 주어지면 모델을 구축할 수 있다고 가정합니다.

머신러닝 알고리즘을 데이터에 적용하는 것이 불편하고 로지스틱 회귀, 서포트 벡터 머신, 랜덤 포레스트의 차이점을 확실히 알지 못한다면 《The Hundred-Page Machine Learning Book》(안드리 부르코프 저 / 남기혁, 이용진, 윤여찬 역 / 에이콘출판사, 2019)을 먼저 공부하고 이 책을 볼 것을 추천합니다.

이 책의 대상 독자는 머신러닝 엔지니어 역할에 관심이 있는 데이터 분석가, 자신의 업무 영역을 좀 더 많은 분야로 넓히려는 머신러닝 엔지니어, 머신러닝 엔지니어링을 공부하는 학생, 데이터 분석가와 머신러닝 엔지니어가 제공하는 모델을 다루는 소프트웨어 아키텍트입니다.

이 책을 사용하는 방법

이 책은 머신러닝 엔지니어링 모범 사례와 디자인 패턴에 대해 포괄적으로 살펴봅니다. 처음부터 끝까지 읽어 볼 것을 추천합니다. 그러나 각 장마다 머신러닝 프로젝트 수명주기의 고유한 측면을 다루고 있고, 각 장은 서로 직접적인 종속성이 없기 때문에 순서에 관계없이 어떤 순서로든 읽을 수 있습니다.

이제 준비가 다 되었습니다. 이 책을 재미있게 읽기를 바랍니다!

안드리 부르코프

강찬석(LG전자)

실제 모델 구현보다는 머신러닝 파이프라인 구축 시 유념해야 할 부분에 대해 많지 않은 분량에 함축적으로 설명한 책입니다. MLOps나 머신러닝 파이프라인에 대해 간단하게 살펴보기 좋았습니다.

 공민서

좋았던 점은 머신러닝 시스템 구축에 필요한 각 단계별로 어떠한 기술이 대략적으로 있는지를 적당한 깊이로 서술한 것입니다. 특히, 모델의 배포에 관련해서는 컨테이너, VM 등을 이용해 배포가 가능하다는 등의 내용이 있었는데, 단계별로 어떤 기술을 적용할지 검토할 때 도움이 될 것 같습니다.

김용현(Microsoft MVP)

데이터를 다루는 프로젝트를 준비하는 의사결정자, 기획자나 기본기가 준비된 AI 개발자, 데이터 분석을 다루는 실무자를 대상으로, 데이터를 다루는 기술을 전체적으로 알려주고 있습니다. 이디엄별로 이론을 너무 깊게 들어가지는 않으면서도 전체적으로 문제-대응-결과순으로 이해하기 쉽게 이론적인 주의사항을 리마인드하며 실무적으로 주의할 부분을 짚어 줍니다. 전체적인 데이터 관련 작업 주의사항 및 대처 방법과 옳은 진행 방향을 짚어 주는, 데이터 분석이라는 과육이 조밀하게 꽉 찬 과일 같은 책입니다.

 김호준(CTNS)

머신러닝이라는 방대한 분야에서 길잡이 역할을 할 수 있을 만한 책입니다. 머신러닝에서 각 포지션(데이터 과학자, 개발자, 엔지니어)의 역할에 대한 상세한 설명이 있고, 머신러닝 엔지니어링 파이프라인에 대한 전체적인 조망 및 시야를 얻을 수 있는 책입니다. 머신러닝이라는 분야에서 본인이 무엇을 해야 하는지 모르는 분이라면 이 책의 2장까지는 꼭 한번 읽어보시라고 권하고 싶습니다.

 박조은(오늘코드)

머신러닝이나 딥러닝을 배울 때 쏟아지는 용어와 프로세스에 혼란을 겪어 본 적이 있다면 이 책을 추천합니다. 꼭 필요한 핵심적인 부분에서 R과 파이썬 코드를 사용하여 설명하고 있으며, 기본적인 용어와 머신러닝 프로세스와 방법론 등에 대해 일목요연하게 정리를 해주는, 다시 말해 숲을 보고 맥락을 이해할 수 있는 책입니다.

 송헌(루닛)

이름 그대로 '엔지니어'의 관점에서 쓰인 책입니다. 머신러닝이란 기술이 언제 필요한지, 어떤 것들을 필요로 하는지, 그리고 어떻게 유용하게 사용할 수 있는지에 초점을 맞추어 설명하고 있습니다. 머신러닝 기술 자체를 심도 있게 다루지는 않지만, 실용적으로 머신러닝 기술을 사용하기 위해서는 한번쯤은 알아둬야 할 내용이 자세히 적혀 있어서 실무에서 사용하고 싶은 분들에게 추천해 드립니다. 굉장히 실용적인 책이었고, 아는 내용이 많았음에도 불구하고 대단히 만족스럽게 읽었습니다.

 안선환(프리랜서 강사)

데이터 분석가가 되려고 하는 사람에게 추천하고 싶습니다. 실제 실무에서 하는 일과 오류, 그 해결 방법들에 대해서 선배에게 조언을 듣는 듯한 내용이었습니다. 다만, 머신러닝 알고리즘이나 방법론에 대해 친절하게 기술되어 있지 않아 초급자인 저에게는 어려웠습니다.

 양성모(현대오토에버)

짧은 한두 마디 문장으로 그 사람이 그 문제에 얼마나 많은 고민을 했는지 느낄 수 있는 경우가 있습니다. 저자는 간결한 문장으로 자신의 경험과 노하우를 넉넉하게 베풀어 주었습니다. 머신러닝 기술의 실무 적용 시에 발생하는 관련된 다양한 문제에 대해 물어볼 곳이 없어 홀로 고민하고 있는 분들에게 좋은 길잡이가 될 것이라 생각합니다. 전반적으로 깔끔하게 번역되어 편하게 읽을 수 있었습니다.

 이석곤(엔컴)

머신러닝 프로젝트를 처음 시작하는 분들에게 꼭 필요한 책이라 생각합니다. 프로젝트를 시작할 때 머신러닝 엔지니어링의 범위를 정하고 머신러닝 프로젝트 수명주기가 어떻게 되는지 단계별로 배울 수 있습니다. 머신러닝 프로젝트를 진행하는 과정을 단계별로 학습한다면 실무자가 느낄 궁금증이 해소될 것입니다.

이요셉(지나가던 IT인)

머신러닝을 실제 문제에 적용할 때 고려해야 할 내용을 단계별로 간결하게 정리해 주는 개념서입니다. R과 파이썬의 구현 코드가 일부 나오지만, 코딩 도서는 아닙니다. 머신러닝을 시작하는 사람은 앞으로 뭘 배우고 생각해야 하는지를 알 수 있고, 머신러닝에 익숙한 사람은 항상 해 왔던 방식에 어떤 장단점이 있는지 되짚어 볼 수 있습니다. 머신러닝 실무에 관심 있는 사람은 누구나 재미있게 볼 수 있는 책이며, 번역과 편집 모두 훌륭합니다. 코딩 도서가 아닌데 이렇게 재미있게 본 책은 오랜만이고, 주변에 추천할 의향이 있는 책입니다.

 이현수(유노믹)

소프트웨어 개발자 출신으로서 AI 엔지니어는 아니지만, AI 설루션 회사에서 근무하게 되면서 머신러닝 엔지니어링에도 관심을 가지게 되었습니다. 때마침 좋은 책을 읽어 볼 기회를 얻어서 즐거웠습니다. 수식 뒤에 콤마가 들어간 것만 빼면 전체적으로 괜찮았고, 용어에 영어 원문을 병기해 놓은 것이 독자를 배려한 탁월한 선택인 것 같습니다.

 차준성(서울아산병원)

머신러닝을 실무에 활용하기 위한 전체적인 흐름을 파악하는 데는 좋으나, 장별로 깊이 있는 설명이 부족해서 머신러닝을 처음 접하거나 깊이 있게 공부해 보고자 하는 독자에게는 부적합할 수 있을 것 같습니다.

제이펍은 책에 대한 애정과 기술에 대한 열정이 뜨거운 베타리더의 도움으로
출간되는 모든 IT 전문서에 사전 검증을 시행하고 있습니다.

"이론적으로 이론과 실제는 차이가 없다. 그러나 실제로는 있다."
__ 벤자민 브루스터Benjamin Brewster

"먼저 모든 미지의 목록을 문서화하면 완벽한 프로젝트 계획이 가능하다."
__ 빌 랭글리Bill Langley

"모금할 때는 AI다. 채용할 때는 ML이다. 구현할 때는 선형회귀다. 디버깅할 때는 printf( )다."
__ 바론 슈워츠Baron Schwartz

1

도입

이 책은 머신러닝의 기본을 이해하고 있는 독자를 대상으로 하지만, 책 전체에서 사용하는 용어에 대한 공통의 이해를 위해 용어 정의부터 시작하는 것이 좋을 것 같다.

이 장을 읽고 나면, 지도학습과 비지도학습 같은 기본적인 개념을 동일한 눈높이에서 이해할 수 있게 될 것이다. 또한, 직접적으로 사용하는 데이터와 간접적으로 사용하는 데이터, 원시raw 데이터와 깔끔한tidy 데이터, 훈련training 데이터와 홀드아웃holdout 데이터와 같은 용어에 익숙해질 것이다.

머신러닝을 언제 사용해야 할지, 언제 사용하지 말아야 할지, 모델 기반 및 인스턴스 기반, 심층 및 얕은, 분류 및 회귀 등과 같은 다양한 형태의 머신러닝을 알게 될 것이다.

마지막으로, 머신러닝 엔지니어링machine learning engineering의 범위를 정의하고 머신러닝 프로젝트 수명 주기를 소개할 것이다.

1.1 표기법 및 정의

먼저 기본적인 수학적 표기법을 설명하고 이 책에서 자주 사용하게 될 용어와 개념을 정의한다.

1.1.1 자료 구조

스칼라scalar[1]는 15 또는 –3.25와 같은 단순한 수치numerical value로, 스칼라값을 사용하는 변수variables 또는 상수constants는 x 또는 a와 같은 기울임꼴 문자로 표시한다.

벡터vector는 속성attributes이라고 하는 스칼라값의 순서가 있는 목록list으로, x나 w처럼 굵은 글꼴로 표시한다. 벡터는 또한 다차원 공간의 점뿐만 아니라 일부 방향을 가리키는 화살표로 시각화할 수 있다. 그림 1.1은 3개의 2차원 벡터, a = [2, 3], b = [-2, 5], c = [1, 0]를 보여준다. 벡터의 속성은 $w^{(j)}$나 $x^{(j)}$ 같이 인덱스가 있는 기울임꼴 문자로 표현한다. 여기서 인덱스 j는 벡터의 특정 **차원**dimension을 나타내는데, 이는 벡터를 표현하는 목록의 j번째 속성의 위치에 해당한다. 예를 들어, 그림 1.1에서 검은색으로 표시한 벡터 a에서 $a^{(1)} = 2$, $a^{(2)} = 3$이다.

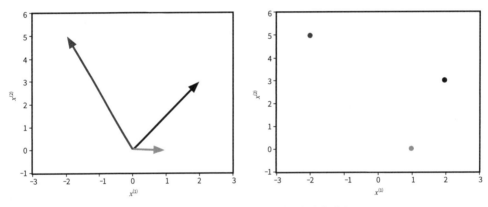

그림 1.1 방향과 점으로 시각화한 세 개의 벡터

$x^{(j)}$ 표기는 x^2(제곱)에서의 2, x^3(세제곱)에서의 3과 같은 거듭 제곱 연산자와 혼동하면 안 된다. 벡터의 인덱싱된 속성에 제곱과 같은 거듭 제곱 연산자를 적용하려면 $(x^{(j)})^2$와 같이 표시한다.

변수는 $x_i^{(j)}$, $x_{i,j}^{(k)}$와 같이 두 개 또는 그 이상의 인덱스를 가질 수 있다. 예를 들어, 신경망에서 층layer l에서 단위unit u의 입력 특징 x의 j번째 속성은 $x_{l,u}^{(j)}$로 나타낸다.

---

1   용어가 굵게 표시된 경우, 해당 용어는 책 끝의 색인에서 찾을 수 있음을 의미한다.

행렬matrix은 행rows과 열columns로 구성된 숫자의 2차원 배열이다. 다음은 2개의 행과 3개의 열이 있는 행렬의 예다.

$$\mathbf{A} = \begin{bmatrix} 2 & -2 & 1 \\ 3 & 5 & 0 \end{bmatrix}.$$

행렬은 **A**, **W**와 같이 굵은 대문자로 표시한다. 위의 행렬 A 예에서 행렬은 벡터로 구성된 일반 구조로 볼 수 있다. 실제로 위의 행렬 A의 열은 그림 1.1에 표시된 벡터 a, b, c이다.

집합set은 순서가 없고 중복이 없는 요소elements의 모음이다. 집합은 $\mathcal{S}$와 같이 붓글씨 대문자로 표시한다. 유한한 숫자 집합(구성되는 값의 개수가 정해짐)의 경우 {1, 3, 18, 23, 235} 또는 {x_1, x_2, x_3, x_4, ..., x_n} 같이 나타낸다. 집합은 무한할 수 있고, 일정 구간 안에 있는 모든 값을 포함할 수도 있다. 집합이 a와 b를 포함하여 a와 b 사이의 모든 값을 포함하는 경우 대괄호를 사용하여 [a, b]와 같이 표시한다. 집합이 a와 b를 포함하지 않은 경우 (a, b)와 같이 괄호를 사용하여 표시한다. 예를 들어, 집합 [0, 1]은 0, 0.0001, 0.25, 0.784, 0.9995 및 1.0값을 포함한다. $\mathbb{R}$로 표시하는 특수 집합에는 마이너스 무한대에서 플러스 무한대까지의 모든 실수를 포함한다.

요소 x가 집합 $\mathcal{S}$에 속하면 $x \in \mathcal{S}$와 같이 표현한다. 두 집합 $\mathcal{S}_1$과 $\mathcal{S}_2$의 **교집합**intersection으로 새로운 집합 $\mathcal{S}_3$를 얻을 수 있다. 이 경우 $\mathcal{S}_3 \leftarrow \mathcal{S}_1 \cap \mathcal{S}_2$와 같이 표현한다. 예를 들어, {1, 3, 5, 8} $\cap$ {1, 8, 4}는 {1, 8}이다.

두 집합 $\mathcal{S}_1$과 $\mathcal{S}_2$의 **합집합**union으로 새로운 집합 $\mathcal{S}_3$를 얻을 수 있다. 이 경우 $\mathcal{S}_3 \leftarrow \mathcal{S}1 \cup \mathcal{S}_2$와 같이 표현한다. 예를 들어, {1, 3, 5, 8} $\cup$ {1, 8, 4}은 {1, 3, 5, 8, 4}이다.

집합 $\mathcal{S}$의 크기는 $|\mathcal{S}|$와 같이 표기하는데, 이는 집합 $\mathcal{S}$가 포함하는 요소의 개수와 같다.

1.1.2 대문자 시그마 표기법

집합 $\mathcal{X} = \{x_1, x_2, \ldots, x_{n-1}, x_n\}$나 벡터 $\mathbf{x} = [x^{(1)}, x^{(2)}, \ldots, x^{(m-1)}, x^{(m)}]$의 요소의 합은 다음과 같이 표시한다.

$$\sum_{i=1}^{n} x_i \overset{\text{def}}{=} x_1 + x_2 + \ldots + x_{n-1} + x_n, \text{ 또는 } \sum_{j=1}^{m} x^{(j)} \overset{\text{def}}{=} x^{(1)} + x^{(2)} + \ldots + x^{(m-1)} + x^{(m)}.$$

여기서 $\overset{\text{def}}{=}$ 표기는 '~로 정의됨'을 의미한다.

벡터 x의 **유클리드 노름**은 $\|\mathbf{x}\|$로 표현하고, 이는 벡터의 '크기' 또는 '길이' 특성을 나타내고 다음과 같이 주어진다.

$$\sqrt{\sum_{j=1}^{D} \left(x^{(j)}\right)^2}.$$

그리고 두 벡터 a와 b 사이의 거리는 **유클리드 거리**Euclidean distance로 주어진다.

$$\|a - b\| \stackrel{\text{def}}{=} \sqrt{\sum_{i=1}^{N} \left(a^{(i)} - b^{(i)}\right)^2}.$$

1.2 머신러닝이란?

머신러닝은 어떤 현상에서 얻을 수 있는 견본[2] 모음을 이용해서 유용한 알고리즘을 구축하는 컴퓨터 과학의 하위 분야다. 이런 견본은 자연에서 얻거나 사람이 직접 만들거나 다른 알고리즘을 통해 생성할 수 있다.

머신러닝은 또한 다음과 같은 방법을 통해 실제 문제를 해결하는 과정으로 정의할 수도 있다.

1) 데이터 세트dataset 수집
2) 해당 데이터 세트를 통해 **통계 모델**statistical model을 알고리즘적으로 훈련

통계 모델은 어떻게든 실제 문제를 해결하는 데 사용한다고 가정한다. 이 책에서는 편의상 '학습learning'과 '머신러닝machine learning'이라는 용어를 같은 의미로 사용한다. 같은 이유로 통계 모델을 종종 '모델'로 지칭한다.

일반적으로 학습에는 지도학습supervised, 준지도학습semi-supervised, 비지도학습unsupervised, 강화학습reinforcement이 있는데, 간단히 살펴보면 다음과 같다.

1.2.1 지도학습

지도학습supervised learning에서 데이터 분석가는 **레이블링된 견본**labeled examples 모음인 $\{(\mathbf{x}_1, y_1), (\mathbf{x}_2, y_2),.$

---

2 (옮긴이) 머신러닝 분야에서 통용되고 있는 데이터 세트의 개별 데이터를 나타내는 다양한 용어로 example, sample, instance, data point 등이 있음. 이 책에서는 원서에서 사용한 example을 견본으로 번역한다.

. . . , $(\mathbf{x}_N, y_N)$}으로 작업한다. N개의 요소 중 각 요소 $\mathbf{x}_i$를 **특징 벡터**_{feature vector}라고 한다. 컴퓨터 과학에서 벡터는 1차원 배열로 표현하고, 이러한 1차원 배열은 인덱싱값으로 순서가 지정된 시퀀스를 나타낸다. 이때 시퀀스의 길이 D를 벡터의 **차원**_{dimensionality}이라고 한다.

특징 벡터는 1부터 D까지의 각 차원 j에 견본의 값이 있는 벡터다.[3] 이때 벡터의 각 요소값을 **특징**_{feature}[4]이라고 하고 이를 $x^{(j)}$로 나타낸다. 예를 들어, 데이터 세트의 각 견본 x가 사람을 나타내는 경우 첫 번째 특징 $x^{(1)}$은 키(cm 단위)를 나타내고 두 번째 특징 $x^{(2)}$는 체중(kg 단위)을 나타내고 $x^{(3)}$는 성별을 나타낸다고 할 수 있다. 이때 한가지 유의할 점은 데이터 세트의 모든 견본에서 특징 벡터의 j 위치에 있는 특징은 항상 동일한 종류의 정보를 나타낸다는 점이다. 즉, 데이터 세트의 i번째 견본 $\mathbf{x}_i$의 $x_i^{(2)}$가 kg 단위의 무게를 나타내는 특징인 경우, 데이터 세트의 다른 모든 견본 $\mathbf{x}_k$ $(k = 1 \sim N, k \neq i)$에 대해서도 $x_k^{(2)}$는 kg 단위의 무게를 나타낸다. **레이블**_{label} y_i는 유한한 **클래스**_{class} {1, 2, . . . , C}나 실수_{real number} 또는 좀 더 복잡한 구조인 벡터, 행렬, 트리, 그래프에 속하는 하나의 요소를 나타낸다. 이 책에서 달리 명시하지 않으면 y_i는 유한한 클래스 집합 중 하나이거나 실수[5]를 나타낸다. 여기서 클래스는 견본이 속하는 범주_{category}로 생각할 수 있다.

예를 들어, 이메일 메시지에 대한[6] 스팸 감지 문제의 경우 스팸과 스팸 아님의 두 가지 클래스가 있다.

지도학습에서, 클래스를 예측하는 문제를 **분류**_{classification}라고 하고 실숫값을 예측하는 문제를 **회귀**_{regression}라고 한다. 이때 지도학습된 모델이 예측해야 하는 값은 **목표**_{target}가 된다. 회귀의 예로는 직원의 업무 경험과 지식에 따라 해당 직원의 급여를 예측하는 문제가 있고, 의사가 소프트웨어 응용 프로그램[7]에 환자의 특성을 입력하고 응용 프로그램이 질병에 걸렸는지 아닌지를 결정하는 경우, 이를 분류의 예라고 할 수 있다.

분류와 회귀의 차이는 그림 1.2와 같다. 분류에서는 학습 알고리즘이 서로 다른 클래스의 견본을 구분하는 선(더 일반적으로 초평면_{hyperplane})을 찾는다. 반면, 회귀에서는 학습 알고리즘이 훈련 견본을 밀접하게 따라가는 선 또는 초평면을 찾는다.

3　옮긴이 $[x^{(1)}, x^{(2)}, . . . , x^{(j)}, . . . , x^{(D)}]$

4　옮긴이 관찰 대상에게서 발견할 수 있는 개별적이고 측정 가능한 경험적 속성

5　실수는 선을 따라 거리를 나타낼 수 있는 양이다. 예는 다음과 같다. : 0, −256.34, 1000, 1000.2.

6　옮긴이 이 경우 이메일 메시지가 데이터 세트의 견본에 해당한다.

7　옮긴이 의료용 AI 프로그램

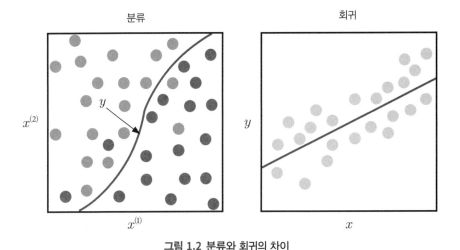

그림 1.2 분류와 회귀의 차이

지도학습 알고리즘supervised learning algorithm의 목표는 데이터 세트에서 얻은 특징 벡터 x를 입력으로 받아서 이 특징 벡터에 대한 레이블을 추론할 수 있는 정보를 출력하는 모델을 생성하는 것이다. 예를 들어, 환자 데이터 세트로 훈련한 모델은 환자에 대한 특징 벡터를 입력으로 받아서 환자가 암에 걸릴 확률을 구할 수 있다.

일반적으로 모델이 전형적인 수학 함수인 경우에도 모델이 입력을 받아서 입력의 일부 특징값을 '찾고' 유사한 견본에 대한 경험을 바탕으로 값을 출력한다고 생각하는 것이 편하다. 해당 출력값은 특징값이 유사한 견본에서 과거에 표시된 레이블과 '가장 유사한' 숫자 또는 클래스다. 단순해 보이지만 의사 결정 트리 모델decision tree model과 k-최근접 이웃 알고리즘k-nearest neighbor algorithm도 이와 거의 비슷하게 작동한다.

1.2.2 비지도학습

비지도학습unsupervised learning에서 데이터 세트는 레이블이 없는 견본 모음 {x_1, x_2, . . . , x_N}이다.[8] 다시 말하지만, x는 특징 벡터이고 비지도학습 알고리즘의 목표는 특징 벡터 x를 입력으로 받아서 다른 벡터로 변환하거나 실제 문제를 해결하는 데 사용할 수 있는 값으로 변환하는 모델을 만드는 것이다. 예를 들어, **군집화**clustering에서는 모델이 데이터 세트의 각 특징 벡터에 대한 군집cluster ID를 반환한다. 군집화는 이미지나 텍스트 문서와 같은 대규모 객체 모음에서 유사한 객체 그룹을 찾는 데 유용하다. 예를 들어, 분석가는 대규모의 레이블링되지 않은 견본 모음에서 샘플링한

---

8   옮긴이 앞에서 레이블링된 지도학습의 견본 모음은 {(x_1, y_1), (x_2, y_2), . . . , (x_N, y_N)}로 표현한다.

충분히 대표적이면서도 작은 규모의 견본 부분 집합을 군집화를 통해서 수동으로 레이블링할 수 있다. 하지만 이 경우, 대규모 데이터 모음에서 직접 샘플링하지 않고 각 군집에서 몇 개의 견본을 샘플링함으로써 서로 매우 유사한 견본만 샘플링할 위험이 있다.

차원 축소dimensionality reduction[9]에서 모델의 출력은 입력보다 차원이 낮은 특징 벡터다. 예를 들어, 과학자[10]가 시각화하기에는 너무 복잡한 특징 벡터(3차원 이상)의 경우, 차원 감소 모델을 통해 그러한 특징 벡터를 2차원이나 3차원의 새로운 특징 벡터(정보를 어느 정도 보존하는)로 변환할 수 있다.[11] 이러한 새로운 특징 벡터는 차원이 축소되어 그래프로 쉽게 그릴 수 있다는 장점이 있다.

이상치 검출outlier detection에서 출력은 입력 특징 벡터가 데이터 세트의 '일반' 견본과 어떻게 다른지를 나타내는 실수real number의 값이다. 이러한 이상치 검출은 네트워크 침입 문제를 해결하거나('정상' 트래픽에서의 일반적인 패킷과 다른 비정상적인 네트워크 패킷을 검출함) 새로운 항목(기존 문서 모음과 다른 문서)을 검출하는 데 유용하다.

1.2.3 준지도학습

준지도학습semi-supervised learning에 사용되는 데이터 세트에는 레이블링된 견본과 레이블링되지 않은 견본이 모두 있는데, 일반적으로 레이블링되지 않은 견본의 수가 레이블링된 견본의 수보다 훨씬 많다. **준지도학습 알고리즘**semi-supervised learning algorithm의 목표는 지도학습 알고리즘의 목표와 동일하지만, 여기서 기대하는 것은 레이블이 없는 많은 견본을 추가적으로 사용해서 학습 알고리즘이 더 나은 모델로 개선('생산' 또는 '계산'이라고도 함)할 수 있도록 하는 것이다.

1.2.4 강화학습

강화학습reinforcement learning은 주어진 환경environment에서 머신machine(에이전트라고도 함)의 '행동에 따른' 해당 환경의 상태state를 특징 벡터로 사용하는 머신러닝의 하위 분야다. 머신은 종료되지 않은 상태non-terminal states에서 행동을 실행할 수 있다. 다른 행동은 서로 다른 보상을 가져오고 머신을 다른 환경 상태로 옮길 수도 있다. 강화학습 알고리즘의 공통된 목표는 최적의 **정책**policy을 학습하는 것이다.

최적의 정책은 상태의 특징 벡터를 입력으로 받아서 해당 상태에서의 최적 행동을 출력하는 함수(지도 학습의 모델과 유사함)다. 행동은 예상되는 평균 장기 보상average long-term reward을 극대화할 경우

---

9   (옮긴이) 4.8절 참고

10 (옮긴이) 이 책에서는 '과학자'는 '데이터 과학자'를 지칭한다.

11 (옮긴이) 대표적인 시각화 방법으로 주성분 분석(Principal Component Analysis, t-SNE-distributed stochastic neighbor embedding) 등이 있다.

에 최적이 된다.

강화학습은 의사 결정이 순차적이고 게임 플레이, 로봇 공학, 자원 관리 또는 물류와 같이 목표가 장기적인 특정한 문제를 해결하는 데 적합하다.

설명의 편의를 위해 이 책에서는 대부분 지도학습에 대해서만 설명한다. 그러나 책에서 제시하는 모든 설명 내용은 다른 유형의 머신러닝에도 적용할 수 있다.

1.3 데이터와 머신러닝 용어

이제 일반적인 데이터 용어(예를 들어, 직접적으로 사용하는 데이터, 간접적으로 사용하는 데이터, 원시 데이터, 깔끔한 데이터, 학습 데이터, 홀드아웃 데이터)와 머신러닝과 관련된 용어(예를 들어, 기준점, 초매개변수, 파이프라인 등)를 소개한다.

1.3.1 직접적/간접적으로 사용하는 데이터

머신러닝 프로젝트에서는 작업할 데이터를 **직접적으로**directly 또는 **간접적으로**indirectly 사용하여 견본 x를 구성할 수 있다.

단어 시퀀스를 모델의 입력으로 개체 인식 시스템을 구축한다고 해보자. 이때의 출력은 입력과 길이가 같은 레이블 시퀀스[12]다.

머신러닝 알고리즘이 데이터를 입력받으려면 각 자연어 단어를 기계가 읽을 수 있는 속성 배열로 변환해야 하는데, 이를 특징 벡터[13]라고 한다. 특징 벡터의 어떤 특징은 특정 단어를 사전의 다른 단어와 구별하는 정보를 나타내고, 또 다른 특징은 특정 시퀀스에 있는 단어의 모양(소문자, 대문자, 단어의 첫 문자 등)과 같은 추가적인 속성을 나타낸다. 또는 이 단어가 사람 이름의 첫 번째 단어인지 또는 위치나 조직 이름의 마지막 단어인지를 나타내는 이진binary 속성일 수도 있다. 이러한 이진 특징을 만들기 위해 사전, 룩업 테이블, 지명 사전, 단어를 예측하는 다른 머신러닝 모델을 사용할 수도 있다.

이미 눈치챘겠지만, 단어 시퀀스 모음은 학습 견본을 구성하는 데 직접적으로 사용하는 데이터

---

12 예를 들어, 레이블은 {'위치', '조직', '사람', '기타'} 집합의 값이다.

13 '속성(attribute)'과 '특징(feature)'이라는 용어는 종종 같은 의미로 사용된다. 이 책에서 '속성'이라는 용어는 견본의 특성(specific property)을 설명하고 '특징'이라는 용어는 머신러닝 알고리즘에서 사용하는 특징 벡터 x의 위치 j에 있는 값 $x^{(j)}$를 나타낸다.

다. 반면에 사전, 룩업 테이블, 지명 사전에 포함된 데이터는 간접적으로 사용하는 데이터로 이런 추가 특징은 특징 벡터를 확장하는 데 사용할 수는 있지만 새로운 특징 벡터를 만드는 데에는 사용할 수 없다.

1.3.2 원시 데이터와 깔끔한 데이터

방금 논의했듯이 직접 사용하는 데이터는 데이터 세트를 구성하는 개체entities 모음이다. 해당 데이터 모음의 각 개체는 훈련 견본training example으로 변환할 수 있다. **원시 데이터**raw data는 가공하지 않은 자연 형태의 개체 모음으로, 이러한 원시 데이터의 예로는 워드 문서, JPEG 파일이 있는데, 이를 머신러닝 알고리즘에서 직접 사용할 수는 없다.[14]

머신러닝에 사용하기 위해서는 깔끔한 데이터가 충분조건은 아니지만 필요조건이다.[15] **깔끔한 데이터**tidy data는 스프레드시트라고도 볼 수 있는데, 그림 1.3과 같이 각 행은 하나의 견본을 나타내고 열은 해당 견본의 다양한 **속성**attribute을 나타낸다. 이러한 원시 데이터가 스프레드시트 형식으로 깔끔하게 제공되는 경우도 있다. 하지만, 현실적으로는 원시 데이터에서 깔끔한 데이터를 얻기 위해서 데이터 분석가는 **특징 공학**feature engineering이라는 절차를 직접 데이터direct data에 적용하고 필요하다면 선택적으로 간접 데이터indirect data에도 적용해서 각 원시 견본을 특징 벡터 x로 변환한다. 특징 공학은 4장에서 상세히 살펴보도록 한다.

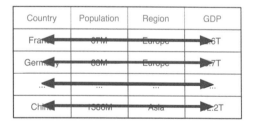

그림 1.3 깔끔한 데이터: 행은 견본이고 열은 속성

일부 작업의 경우 학습 알고리즘에서 사용하는 견본은 벡터 시퀀스sequence, 행렬 또는 행렬 시퀀스의 형태를 가질 수 있다는 점에 유의해야 한다. 데이터의 깔끔함tidiness에 대한 개념은 이러한 알

---

14 [옮긴이] 머신러닝에 사용하기 위해서는 깔끔한 데이터일 필요가 있다.

15 '구조화되지 않은 데이터'라는 용어는 형식이 공식적으로 정의되지 않은 정보를 포함하는 데이터 요소를 지정하는 데 자주 사용된다. 구조화되지 않은 데이터의 예로는 사진, 이미지, 비디오, 문자 메시지, 소셜 미디어 게시물, PDF, 텍스트 문서, 이메일이 있다. '반(半)구조화된 데이터'라는 용어는 데이터 요소의 구조가 해당 데이터 요소에 인코딩된 일부 정보 유형을 유도하는 데 도움이 되는 데이터 요소를 의미한다. 반구조화된 데이터(semi-structured data)의 예로는 로그 파일, 쉼표 및 탭으로 구분된 텍스트 파일, JSON 및 XML 형식의 문서가 있다.

고리즘에 대해서도 유사하게 정의한다. 즉, 단지 '고정된 너비의 행으로 구성된 스프레드시트'를 고정된 행과 열을 갖는 행렬, 또는 행렬을 더 높은 차원으로 일반화한 **텐서**tensor로 대체한다.

'깔끔한 데이터'라는 용어는 해들리 위컴Hadley Wickham이 쓴 같은 제목의 논문에서 처음 사용했다.[16]

이번 절의 시작 부분에서 언급했듯이, 데이터가 깔끔하더라도 특정 머신러닝 알고리즘에서는 아직 사용할 수 없다. 사실 대부분의 머신러닝 알고리즘은 수치형 특징 벡터 형태의 훈련 데이터training data 세트만 사용할 수 있다. 그림 1.3에 표시된 데이터를 보면, '지역' 속성은 수치형numerical 값이 아닌 범주형categorical 값이다. 의사 결정 트리 학습 알고리즘은 범주형 값을 갖는 속성을 사용할 수 있지만 대부분의 학습 알고리즘은 그렇지 않다. 4장의 4.2절에서 범주형 속성categorical attributes을 수치형 특징numerical feature으로 변환하는 방법을 살펴본다.

일반적으로 머신러닝 관련 학술 문헌에서 '견본'이라는 용어는 학습 방법에 따라 선택적으로 레이블링되어 있는 깔끔한 데이터를 나타낸다. 그러나 다음 장에서 고려할 데이터 수집과 레이블링 단계에서의 견본은 여전히 이미지, 텍스트, 스프레드시트의 행에 범주형 속성이 있는 원시 형태일 수 있다. 따라서 이 책에서는 이런 차이점을 강조하는 것이 중요한 경우 일부 데이터가 아직 특징 벡터로 변환되지 않았음을 나타내기 위해서 **원시 견본**raw example이라고 명시한다. 그렇지 않으면 견본은 깔끔한 형태의 특징 벡터라고 가정한다.

1.3.3 훈련 및 홀드아웃 세트

실제로 데이터 분석가는 다음과 같은 세 가지 다른 견본으로 작업한다.

1) 훈련 세트training set
2) 검증 세트validation set[17]
3) 테스트 세트test set

일단 견본 모음의 형태로 데이터를 얻은 후에 머신러닝 프로젝트에서 처음으로 해야 할 일은 견본을 섞고 데이터 세트를 **훈련**training, **검증**validation, **테스트**test의 세 가지 세트로 분할하는 것이다. 일반적으로 이 중에서 훈련 세트의 크기가 가장 크고, 학습 알고리즘은 훈련 세트를 사용하여 모델을 생성한다. 검증 세트와 테스트 세트의 크기는 거의 동일하지만, 훈련 세트의 크기보다는 훨씬 작

---

16 〈Tidy data〉(Wickham Hadley, Journal of Statistical Software 59.10: 1-23, 2014)
17 일부 문헌에서는 검증 세트를 '개발 세트(development set)'라고도 한다. 때때로 레이블링된 견본이 부족할 때 분석가는 검증 세트 없이 작업할 수 있다. 이에 대해서는 5장의 교차 검증에서 살펴본다.

다. 학습 알고리즘은 모델 훈련을 위해 검증 세트와 테스트 세트의 견본을 사용할 수 없다. 이런 이유로 검증 세트와 테스트 세트를 **홀드아웃 세트**holdout set라고도 부른다.

데이터 세트를 하나의 세트가 아닌 세 가지 세트로 구성하는 이유는 간단하다. 모델을 훈련할 때 학습 알고리즘이 이미 사용한 견본의 레이블만 잘 예측하는 것을 원하지 않기 때문이다. 단순히 모든 훈련 견본을 암기한 다음 암기한 것을 이용하여 레이블을 '예측'하는 시시한 알고리즘은 훈련 견본에 대한 레이블은 완벽하게 예측할 수 있다. 그러나 이러한 알고리즘은 실제로는 쓸모가 없다. 정말로 원하는 것은 학습 알고리즘이 훈련에 사용하지 않은 견본을 잘 예측하는 모델이다. 즉, 홀드아웃 세트에 대해서 좋은 성능을 보여줘야 한다.[18]

검증 세트를 통해 1) 학습 알고리즘을 선택하고 2) 해당 모델의 가장 좋은 성능을 얻는 데 적합한 설정값(**초매개변수**라고 함)을 찾기 위해서 하나가 아닌 두 개의 홀드아웃 세트가 필요하다. 모델을 고객에게 전달하거나 운영 환경에 설치하기 전에 테스트 세트를 이용하여 모델을 평가한다. 그렇기 때문에 검증 세트, 테스트 세트의 정보가 학습 알고리즘에 노출되지 않도록 하는 것이 중요하다. 그렇지 않으면 검증 결과와 테스트 결과가 너무 좋게 나올 수 있다. 이것은 실제로 **데이터 누출**data leakage로 인해 발생할 수 있으며, 3장의 3.2.8절과 다음 장에서 살펴볼 중요한 현상이다.

1.3.4 기준점

일반적으로 머신러닝에서의 기준점은 휴리스틱, 간단한 요약 통계, 랜덤화 또는 매우 기본적인 머신러닝 알고리즘을 기반으로 문제를 해결하는 간단한 알고리즘이다. 예를 들어, 분류 문제의 경우 기준 분류기를 선택하고 성능을 측정한다. 앞으로 개발하는 모델(일반적으로 보다 정교한 접근 방식을 사용하여 구축함)은 이러한 기준이 되는 분류기의 성능과 비교한다.

1.3.5 머신러닝 파이프라인

머신러닝 **파이프라인**pipeline은 초기 상태부터 모델 마무리까지 데이터 세트에 대해 수행하는 일련의 작업이다.

파이프라인에는 데이터 분할, 결측[19] 데이터 대체imputation of missing data, 특징 추출, 데이터 증강

---

18 정확히 말하면 우리는 데이터가 속한 통계 분포의 대부분의 랜덤 샘플에서 모델이 잘 수행되기를 원한다. 모델이 데이터의 알려지지 않은 분포에서 랜덤하게 추출된 홀드아웃 세트에서 우수한 성능을 보여주면 모델이 다른 랜덤 데이터 샘플에서도 잘 수행될 가능성이 높다고 가정한다.

19 옮긴이 누락된

augmentation,[20] 클래스 불균형 감소, 차원 감소, 모델 훈련과 같은 단계가 있다.

실제로 운영 환경에 모델을 배포할 때는 일반적으로 전체 파이프라인을 배포한다. 그리고 초매개변수를 조정해서 전체 파이프라인을 최적화한다.

1.3.6 매개변수와 초매개변수

초매개변수hyperparameters는 머신러닝 알고리즘이나 파이프라인의 입력으로 모델의 성능에 영향을 미친다. 이러한 초매개변수는 학습 데이터에 포함되지 않으며 훈련을 통해 학습하지 않는다.[21] 초매개변수의 예로는 의사 결정 트리 학습 알고리즘decision tree learning algorithm의 최대 깊이, 서포트 벡터 머신Support Vector Machine, SVM의 오분류 페널티, k-최근접 이웃 알고리즘의 k, 차원 감소의 목표 차원, 결측 데이터 대체 기술의 선택 등이 있다.

반면에 **매개변수**parameter는 학습 알고리즘을 통해 훈련하는 모델을 정의하는 변수로, 훈련 데이터를 통해 학습 알고리즘이 직접 갱신한다. 어떤 의미에서 학습의 목표는 모델을 최적화하는 매개변숫값을 찾는 것이다. 선형회귀 방정식 $y = wx + b$에서 w와 b는 매개변수에 해당하고 x는 모델의 입력, y는 출력(예측)이다.

1.3.7 분류와 회귀

분류classification는 **레이블이 없는 견본**unlabeled example에 자동으로 **레이블**label을 할당하는 문제다. 분류 문제의 유명한 예로는 스팸 검출이 있다.

머신러닝에서 분류 문제는 **분류 학습 알고리즘**classification learning algorithm으로 해결한다. 분류 학습 알고리즘은 **레이블링된 견본** 모음을 입력으로 받아서 **모델**model을 만들고 이렇게 만들어진 모델은 레이블링되지 않은 새로운 견본을 입력으로 받아서 직접 레이블을 출력하거나 분석가가 레이블을 추론하는 데 사용할 수 있는 숫자를 출력한다. 이러한 숫자는 입력 데이터 요소가 특정 레이블을 가질 확률에 해당한다.

분류 문제에서 레이블은 유한한 **클래스**classes 집합의 구성 요소다. 클래스 집합의 크기가 2개('아픈'/'건강한', '스팸'/'스팸 아님')이면 **이진 분류**binary classification(**이항 분류**binomial라고도 함)라고 한다. 반면에 **다중 클래스 분류**multiclass classification(**다항 분류**multinomial라고도 함)는 세 개 이상의 클래스가 있는 분류 문

---

20 [옮긴이] 3.8절 참고
21 [옮긴이] 초매개변숫값은 훈련을 마친 후에 검증 데이터 세트를 이용하여 조정한다.

제다.[22]

일부 학습 알고리즘은 자연스럽게 두 개 이상의 클래스로 확장할 수 있지만, 그 밖에 다른 알고리즘은 본질적으로 이진 분류 알고리즘이다. 이진 분류 학습 알고리즘을 다중 클래스 분류 알고리즘으로 전환하는 전략이 있는데, 6장의 6.5절에서 그중 하나인 **하나 대 나머지**에 대해 살펴본다.

회귀는 레이블이 없는 견본이 주어질 때 실제 값을 예측하는 문제다. 면적, 침실 수, 위치 등과 같은 주택 특징을 바탕으로 주택 가격을 추정하는 것이 대표적인 회귀의 예다.

회귀 문제는 레이블링된 견본 모음을 입력으로 받아서 모델을 생성하는 **회귀 학습 알고리즘**regression learning algorithm으로 해결할 수 있는데, 이러한 모델은 레이블이 없는 견본을 입력으로 받아서 목표target를 출력한다.

1.3.8 모델 기반 학습과 인스턴스 기반 학습

대부분의 지도학습 알고리즘은 **모델 기반**model-based이고, 대표적인 모델은 **서포트 벡터 머신**Support Vector Machine, SVM이다. 모델 기반 학습 알고리즘은 훈련 데이터를 통해 모델의 **매개변수**를 학습하는데, SVM의 경우 두 매개변수는 w(벡터)와 b(실수)다. 모델을 훈련한 후에는 훈련 데이터는 더 이상 필요 없으므로 매개변수만 저장한다.

인스턴스 기반 학습 알고리즘instance-based learning algorithm은 전체 데이터 세트를 모델로 사용한다. 실제로 자주 사용되는 인스턴스 기반 알고리즘은 **k-최근접 이웃 알고리즘**k-Nearest Neighbor, kNN이다. 분류를 할 때, kNN 알고리즘은 입력 견본에 대한 레이블을 예측하기 위해 특징 벡터 공간에서 입력 견본 주위의 가까운 이웃을 살펴보고 이 가운데 가장 많은 이웃에 해당하는 레이블을 출력한다.

1.3.9 얕은 학습과 딥러닝

얕은 학습shallow learning 알고리즘은 훈련 견본의 특징으로부터 직접 모델의 매개변수를 학습한다. 대부분의 초기 머신러닝 알고리즘은 얕다. 이에 반해 **신경망**neural network 학습 알고리즘, 특히 입력과 출력 사이에 두 개 이상의 **층**layer이 있는 신경망을 구축하는 알고리즘은 예외적으로 복잡하다. 이러한 신경망을 **심층 신경망**deep neural networks이라고 하는데, 얕은 학습과 달리 심층 신경망 학습 (또는 간단히 **딥러닝**deep learning)에서 대부분의 모델 매개변수는 학습 견본의 특징에서 직접 학습하는 것이 아니라 이전 층의 출력으로부터 학습한다.

---

22 대부분은 견본당 하나의 레이블이 있는 문제다.

1.3.10 훈련과 채점

모델을 얻기 위해 데이터 세트에 머신러닝 알고리즘을 적용하는 것을 **모델 훈련**model training 또는 단순히 훈련이라고 한다.

예측(또는 다수의 예측)을 하거나 어떻게든 입력을 변환하기 위해 훈련한 모델을 입력 견본(또는 견본 시퀀스)에 적용하는 것을 **채점**scoring[23]이라고 한다.

1.4 머신러닝을 사용해야 할 때

머신러닝은 실제 문제를 해결하기 위한 강력한 도구가 될 수 있다. 그러나 다른 도구와 마찬가지로 올바른 상황context에서 사용해야 한다. 자칫 머신러닝을 사용하여 모든 문제를 해결하려고 하는 것은 과욕이 될 수 있다.

머신러닝은 다음과 같은 상황에서 사용하는 것이 효과적이다.

1.4.1 문제가 너무 복잡해서 코딩으로 해결할 수 없을 때

문제가 너무 복잡하거나 너무 커서 문제를 해결하기 위한 모든 규칙을 작성할 수 없는 상황에서 부분 해결이 가능하고 이러한 해결 방법이 효과적인 경우 머신러닝으로 문제 해결을 시도해 볼 수 있다.

한 가지 예로 스팸 검출을 들 수 있는데, 스팸 메시지를 효과적으로 검출해 내고 진짜 메시지는 수신함에 제대로 도달하도록 하는 완벽한 로직을 구현하는 코드를 작성하는 것은 불가능하다. 고려할 요소가 너무 많기 때문이다.

예를 들어, 발신인이 연락처에 없는 모든 메시지를 거부하도록 스팸 필터를 프로그래밍하면 회의에서 명함을 받은 사람의 메시지를 스팸 처리할 위험이 있다. 작업과 관련된 특정 키워드가 포함된 메시지를 예외로 설정하면 자녀의 선생님이 보내는 메시지를 놓칠 수 있다.

계속해서 이와 같은 복잡한 문제를 직접 프로그래밍하는 방법으로 해결하려고 한다면 시간이 지

---

23 [옮긴이] 추론(inference)이라고도 한다.

남에 따라 앞에서와 같은 복잡한 조건으로 인해 프로그래밍 코드에 너무 많은 조건 처리과 예외가 발생하여 결국 해당 코드를 유지보수하기 어려워지게 된다. 이런 상황에서 머신러닝을 이용해 '스팸'/'스팸 아님' 견본에 대한 분류기를 훈련하는 것은 논리적이고 실행 가능한 유일한 선택이 될 수 있다.

문제 해결을 위한 코드 작성의 또 다른 어려움은 인간이 매개변수가 너무 많은 입력에 대한 예측 문제를 어려워한다는 사실이다. 특히, 그러한 매개변수가 알 수 없는 방식으로 서로 **상호 연관**되어 있는 경우에 특히 그렇다. 예를 들어, 대출자가 대출금을 제대로 상환할지 여부를 예측하는 문제를 생각해 보자. 나이, 급여, 계좌 잔고, 과거 납입 빈도, 결혼 여부, 자녀 수, 소유하고 있는 자동차의 제조업체와 연식, 부동산 담보 대출 잔고 등 수백 개의 숫자가 각 대출자를 나타낸다. 이러한 숫자 중 일부는 결정을 내리는 데 중요할 수 있고, 일부 숫자는 그 자체로는 덜 중요할 수 있지만 다른 숫자와 함께 고려하면 더 중요해질 수도 있다.

그러한 결정을 내리는 코드를 작성하는 것은 전문가에게도 어렵다. 사람을 설명하는 모든 속성에 대한 매개변수를 최적의 방식으로 결합하여 예측하는 방법이 명확하지 않기 때문이다.

1.4.2 문제가 지속적으로 변할 때

일부 문제는 시간이 지남에 따라 지속적으로 변할 수 있으므로 프로그래밍 코드를 정기적으로 업데이트해야 한다. 이로 인해 지속적인 코드 업데이트를 담당하는 소프트웨어 엔지니어의 업무 부담 가중, 오류 발생 가능성 증가, '이전' 논리와 '새로운' 논리 결합의 어려움, 업데이트된 설루션 테스트와 배포에 대한 상당한 비용 발생 등이 일어난다.

예를 들어, 웹페이지 모음에서 특정 데이터 요소를 스크랩하는 작업의 경우, 해당 웹페이지 모음의 각 웹페이지에 대해서 '⟨body⟩에서 세 번째 ⟨p⟩ 요소를 선택한 다음, 해당 ⟨p⟩ 안에 있는 두 번째 ⟨div⟩에서 데이터를 선택한다'와 같은 고정된 형식의 데이터 추출 규칙 세트를 작성한다고 가정해 보자. 그런데 만약 웹페이지의 디자인이 변경되어서 스크랩한 데이터가 두 번째나 네 번째 ⟨p⟩ 요소에 포함된다면 추출 규칙이 틀리게 된다. 스크랩해야 하는 웹페이지가 많으면(수천 개의 URLs 수준), 매일같이 틀린 규칙이 발생하고, 끝없이 그 규칙을 고쳐야 할 것이다. 말할 필요도 없이 매일 그러한 작업을 하고 싶어 하는 소프트웨어 엔지니어는 거의 없을 것이다.

1.4.3 지각 문제일 때

오늘날 머신러닝을 사용하지 않은 채 음성, 이미지, 동영상 인식과 같은 **직관력이 필요한 문제**

perceptive problem 해결은 상상하기 어렵다. 이미지를 고려해 보자. 이미지는 수백만 픽셀로 표현되는데, 각 픽셀은 빨간색, 녹색, 파란색 채널의 강도를 나타내는 세 가지 숫자로 표현된다. 과거에는 엔지니어들이 정사각형 픽셀 패치에 수작업으로 만든 '필터'를 적용해서 이미지 인식(사진 속 내용 검출) 문제를 해결하려고 했다. 예를 들어, 이미지 속의 잔디를 '검출'하도록 설계된 필터와 갈색 털을 검출하도록 설계된 두 필터 모두 다수의 픽셀 패치에서 높은 출력값을 반환한다면 이미지는 들판에 있는 소를 나타낼 가능성이 높다고 할 수 있다(편의상 다소 단순화한 경우임).

오늘날 지각 문제는 신경망과 같은 머신러닝 모델을 사용하여 효과적으로 해결하는데, 신경망 훈련 문제는 6장에서 살펴보도록 한다.

1.4.4 연구되지 않은 현상일 때

만약 과학적으로 잘 연구되지는 않았지만 관찰 가능한 견본이 있는 어떤 상황을 예측해야 하는 경우 머신러닝이 적절한(경우에 따라서는 유일하게 이용 가능) 선택이 될 수 있다. 예를 들어, 머신러닝을 통해 환자의 유전, 감각 데이터를 바탕으로 개인화된 정신건강 약물 선택 항목을 제공할 수 있다. 의사는 이러한 데이터를 해석하여 최적의 권고를 하지 못할 수도 있지만 머신러닝으로 수천 명의 환자를 분석하여 데이터의 패턴을 발견할 수 있고, 어떤 약물 분자가 특정 환자에게 도움이 될 가능성이 가장 높은지 예측할 수 있다.

관찰 가능하지만 아직 연구되지 않은 분야의 또 다른 예는 복잡한 컴퓨팅 시스템과 네트워크의 로그다. 이러한 로그는 여러 독립 프로세스 또는 상호 종속 프로세스에 의해 생성된다. 인간의 경우, 각 프로세스 간의 상호 종속성 모델 없이 로그만으로 시스템의 미래 상태를 예측하기는 어렵다. 기록 로그 레코드의 견본이 충분히 많으면(대개 그렇다), 머신은 로그에 숨겨진 패턴을 학습하고 각 프로세스에 대해 아무것도 알지 못해도 예측을 할 수 있다.

마지막으로, 관찰된 행동을 바탕으로 사람에 대한 예측을 하는 것은 어렵다. 이러한 문제에서는 사람의 정확한 뇌 모델은 없지만 그 사람의 생각을 표현하는 견본은 쉽게 이용할 수 있다(온라인 게시물, 댓글, 기타 활동의 형태). 소셜 네트워크에 배포된 머신러닝 모델은 어떤 사람에 대한 이러한 표현만으로 그 사람에게 콘텐츠를 추천하거나 다른 사람과 인맥 연결을 추천할 수 있다.

1.4.5 문제의 목적이 단순할 때

머신러닝은 예/아니요 결정이나 단일 숫자 형태의 간단한 목표로 정의할 수 있는 문제 해결에 특히 적합하다. 반대로, 머신러닝으로 마리오Mario와 같은 일반 비디오 게임이나 워드Word와 같은 워드 프로세싱 소프트웨어로 작동하는 모델을 만들기는 어렵다. 이는 무엇을 표시할지, 사용자 입력에 대한 반응으로 언제 어디서 어떤 일이 발생해야 하는지, 하드 드라이브에서 무엇을 읽거나 기록해야 할지 등 너무 많은 다양한 결정을 내려야 하기 때문이다. 또한, 이러한 모든 결정(또는 대부분)을 설명하는 견본을 얻는 것은 사실상 불가능하다.

1.4.6 비용 효율적인 경우

머신러닝의 세 가지 주요 비용 요인은 다음과 같다.

- 데이터 수집, 준비, 정제
- 모델 훈련
- 모델을 서비스하고 모니터링하기 위한 인프라 구축, 운영, 이를 유지하기 위한 인력 자원

모델 훈련 비용에는 인적 노동력과 경우에 따라 심층 모델을 훈련하는 데 필요한 값비싼 하드웨어가 포함된다. 모델 유지보수에는 모델을 지속적으로 모니터링하고 모델을 최신 상태로 유지하기 위한 추가 데이터 수집이 포함된다.

1.5 머신러닝을 사용하지 말아야 할 때

머신러닝으로 해결할 수 없는 문제도 많이 있다. 그러한 문제를 모두 특징짓기는 어려우므로, 여기서는 몇 가지 힌트만 고려한다.

다음과 같은 경우에는 머신러닝을 사용하지 않는 것이 좋다.

- 시스템의 모든 조치나 결정이 설명 가능해야 한다.
- 유사한 상황에서 과거 동작과 비교하여 시스템 동작의 모든 변화를 설명할 수 있어야 한다.
- 시스템에서 발생하는 오류에 따른 비용이 너무 높다.
- 가능한 한 빨리 시장에 진출하기를 원한다.
- 올바른 데이터를 얻는 것이 너무 어렵거나 불가능하다.
- 기존 방식의 소프트웨어 개발을 통해 저렴한 비용으로 문제를 해결할 수 있다.
- 간단한 휴리스틱이 합리적으로 잘 작동한다.

- 어떤 상황에서 너무 많고 다양한 결과가 발생하지만(비디오 게임이나 워드프로세서에서처럼) 이를 표현할 충분한 견본을 얻을 수 없다.

- 시간이 지남에 따라 자주 개선할 필요가 없는 시스템을 구축한다.

- 모든 입력에 대한 예상 출력으로 전체 룩업 테이블을 수동으로 채울 수 있다(즉, 가능한 입력의 개수가 너무 많지 않거나 출력을 빠르고 저렴하게 얻을 수 있음).

1.6 머신러닝 엔지니어링이란?

머신러닝 엔지니어링machine learning engineering, MLE은 머신러닝과 기존 소프트웨어 엔지니어링의 과학적 원리, 도구, 기술을 통해 복잡한 컴퓨팅 시스템을 설계하고 구축하는 것이다. MLE는 데이터 수집부터 모델 훈련, 제품이나 고객이 모델을 사용할 수 있도록 하는 모든 단계를 포함한다.

일반적으로 데이터 분석가[24]는 비즈니스 문제를 이해하고 이를 해결하기 위한 모델을 구축하고 제한된 개발 환경에서 모델을 평가하는 데 관심이 있다. 반면에 머신러닝 엔지니어는 다양한 시스템과 위치에서 데이터를 조달하고, 전처리하고, 특징을 얻기 위해 프로그래밍하고, 효과적인 모델을 훈련하는 데 관심이 있다. 여기서 효과적인 모델은 운영 환경에서 실행되고, 다른 생산 프로세스와 잘 연동되고, 안정적이며 유지보수 가능하고, 다양한 사용 사례에서 여러 유형의 사용자가 쉽게 접근할 수 있는 모델이다.

다시 말해서, MLE는 머신러닝 알고리즘을 효과적인 생산 시스템의 일부로 구현할 수 있는 모든 활동을 포함한다.

실제로, 머신러닝 엔지니어는 데이터 분석가가 다소 느린 R, 파이썬[25]으로 작성한 코드를 보다 효율적인 자바Java나 C++로 다시 작성하고, 이 코드를 확장하고, 더 강건하게 만들고, 코드를 배포하기 쉬운 버전의 패키지 코드로 패키징하고, 운영 환경과 호환되고 올바르게 실행되는 모델을 생성하도록 머신러닝 알고리즘을 최적화한다.

---

24 2013년경부터 데이터 과학자는 인기 있는 직업이 되었다. 안타깝게도 기업과 전문가는 용어 정의에 대해 합의하지 않았다. 대신 분석 준비가 된 데이터에 수치 또는 통계 분석을 적용할 수 있는 사람을 지칭하여 '데이터 분석가'라는 용어를 사용한다.

25 파이썬의 많은 과학 모듈은 실제로 빠른 C/C ++로 구현되어 있다. 그러나 데이터 분석가가 작성한 파이썬 코드는 여전히 느릴 수 있다.

많은 조직에서 데이터 분석가는 데이터 수집, 변환, 특징 공학과 같은 일부 MLE 작업을 수행한다. 반면에 머신러닝 엔지니어는 학습 알고리즘 선택, 초매개변수 조정, 모델 평가를 포함한 일부 데이터 분석 작업을 수행하는 경우가 많다.

머신러닝 프로젝트를 수행하는 것은 일반적인 소프트웨어 엔지니어링 프로젝트를 수행하는 것과는 다르다. 일반적으로 프로그램의 동작이 결정되어 있는 기존 소프트웨어와 달리 머신러닝 애플리케이션은 시간이 지남에 따라 자연적으로 성능이 저하되거나 갑자기 비정상적으로 작동할 수 있는 모델을 포함하고 있다. 모델이 이렇게 비정상적으로 작동하는 것은 입력 데이터의 근본적인 변화, 특징 추출기 업데이트로 인해 다른 유형의 값이나 다른 분포를 갖는 값의 반환 등 다양한 원인이 있을 수 있다. 이런 이유로 종종 머신러닝 시스템이 '조용히 실패한다'라고 말하기도 한다. 머신러닝 엔지니어는 이러한 오류를 예방하거나 또는 완전히 예방할 수 없는 경우엔 오류 발생 시 이를 감지하고 처리하는 방법을 제공해야 한다.

1.7 머신러닝 프로젝트 수명주기

머신러닝 프로젝트는 비즈니스 목표를 이해하는 것으로부터 시작한다. 일반적으로 비즈니스 분석가는 고객,[26] 데이터 분석가와 협력하여 비즈니스 문제를 엔지니어링 프로젝트로 변환한다. 엔지니어링 프로젝트에는 머신러닝 부분이 있을 수도 있고 없을 수도 있다. 물론, 이 책에서는 머신러닝이 관련된 엔지니어링 프로젝트를 고려한다.

일단 엔지니어링 프로젝트가 정의되면, 이 부분이 머신러닝 엔지니어링이 다루는 범위의 시작점이 된다. 광범위한 엔지니어링 프로젝트 범위에서 머신러닝은 먼저 명확한 **목표**goal를 수립해야 한다. 머신러닝의 목표는 통계 모델이 입력받는 것, 출력으로 생성하는 것, 모델의 허용 가능한(또는 허용되지 않는) 동작의 기준을 지정하는 것이다.

---

26 머신러닝 프로젝트가 조직에서 개발하고 판매하는 제품을 지원하는 경우, 비즈니스 분석가는 제품 담당자와 협력한다.

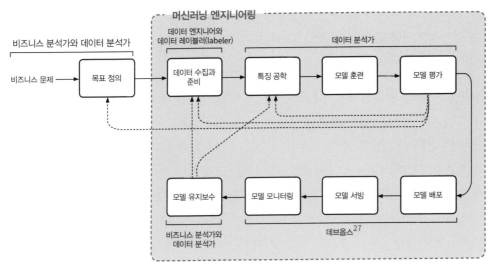

그림 1.4 머신러닝 프로젝트 수명주기

머신러닝의 목표가 반드시 비즈니스 목표와 동일하지는 않다. 비즈니스 목표는 조직이 달성하고자 하는 것으로, 예를 들어 지메일에 대한 구글의 비즈니스 목표는 지메일을 세계에서 가장 많이 사용되는 이메일 서비스로 만드는 것이다. 구글은 이러한 비즈니스 목표를 달성하기 위해 여러 머신러닝 엔지니어링 프로젝트를 만들 수 있는데, 이러한 머신러닝 프로젝트의 목표 중 하나는 90% 이상의 정확도로 기본 이메일과 프로모션 광고를 구별하는 것이 될 수 있다.

전체적으로 그림 1.4에 도식적으로 표현된 머신러닝 프로젝트 수명주기에는 1) 목표 정의, 2) 데이터 수집 및 준비, 3) 특징 공학, 4) 모델 훈련, 5) 모델 평가, 6) 모델 배포, 7) 모델 서빙,[28] 8) 모델 모니터링, 9) 모델 유지보수 단계가 있다.

그림 1.4에서 머신러닝 엔지니어링의 범위(이 책의 범위와 같음)는 주황색 영역에 해당한다. 실선 화살표는 프로젝트 단계의 일반적인 흐름을 보여준다. 점선 화살표는 일부 단계에서 프로세스로 다시 돌아가서 더 많은 데이터를 수집하거나 다른 데이터를 수집하고 특징을 수정할 수 있음을 나타낸다(일부는 폐기하고 새로운 것들을 공학적으로 처리함).

위에서 언급한 모든 단계는 이 책의 각 장에서 하나씩 순차적으로 다룬다. 하지만 먼저 머신러닝 프로젝트의 우선순위를 정하고 프로젝트의 목표를 정의한 다음 머신러닝팀을 구성하는 방법에 대해 논의한다. 다음 장에서 이와 같은 세 가지 질문에 대해 다룬다.

27　[옮긴이] 소프트웨어의 개발과 운영의 합성어로서, 소프트웨어 개발자와 정보기술 전문가 간의 소통, 협업 및 통합을 강조하는 개발 환경이나 문화를 말한다.

28　[옮긴이] 서비스 제공

모델 기반 머신러닝 알고리즘은 훈련 견본을 입력으로 받아서 모델을 출력한다. 인스턴스 기반 머신러닝 알고리즘은 전체 훈련 데이터 세트를 모델로 사용한다. 훈련 데이터는 모델 훈련에 사용하지만 홀드아웃 데이터는 그렇지 않다.

지도학습 알고리즘은 특징 벡터를 입력으로 받아서 해당 특징 벡터에 대한 예측을 출력하는 모델을 만든다. 비지도학습 알고리즘은 특징 벡터 입력을 유용한 것으로 변환하는 모델을 구축한다.

분류는 입력 견본에 대해서 유한 클래스 집합 중 하나를 예측하는 문제이고, 반면에 회귀는 수치적 목표를 예측하는 문제다.

데이터는 직접적으로 또는 간접적으로 사용할 수 있다. 직접 사용하는 데이터는 견본 데이터 세트 구성의 기초가 된다. 간접적으로 사용하는 데이터는 이러한 견본을 강화하는 데 사용한다.

머신러닝을 위한 데이터는 깔끔해야 한다. 깔끔한 데이터 세트는 각 행이 견본이고 각 열이 견본 속성 중 하나인 스프레드시트로 볼 수 있다. 대부분의 머신러닝 알고리즘은 깔끔할 뿐만 아니라 범주형이 아닌 수치형 데이터를 필요로 한다. 특징 공학은 데이터를 머신러닝 알고리즘이 사용할 수 있는 형식으로 변환하는 프로세스다.

모델이 단순한 휴리스틱보다 더 잘 작동하도록 하려면 기준점이 필수적이다.

사실상, 머신러닝은 데이터 분할, 결측 데이터 대체, 클래스 불균형 및 차원 감소, 모델 훈련에 이르는 데이터 변환의 연쇄 단계를 포함하는 파이프라인으로 구현된다. 일반적으로 전체 파이프라인의 초매개변수는 최적화 과정을 거치게 되고, 이렇게 최적화된 전체 파이프라인을 배포하여 예측에 사용한다.

모델의 매개변수는 훈련 데이터를 바탕으로 학습 알고리즘을 통해 최적화한다. 초매개변수의 값은 학습 알고리즘으로 학습할 수 없으며 훈련을 마친 후에 검증 데이터 세트를 사용하여 조정한다. 테스트 세트는 모델의 성능을 평가하고 이를 고객이나 제품 담당자에게 보고하는 데만 사용한다.

얕은 학습 알고리즘은 입력 특징에서 직접 예측을 수행하는 모델을 훈련한다.[29] 반면에, 딥러닝

---

29 [옮긴이] 국어 사전을 찾아보면, '훈련한다'는 그 자체로 사역의 의미를 갖고 있으므로, 문맥상 '훈련시킨다'라는 표현이 꼭 필요한 경우를 제외하고는 '훈련한다'로 통일한다.

알고리즘은 각 층이 이전 층의 출력을 입력으로 받아서 출력을 생성하는 계층화된 모델을 훈련한다.

코딩하기에 문제가 너무 복잡하고, 문제가 지속적으로 변하고, 지각과 관련된 문제이고, 연구되지 않은 현상이고, 간단한 목표를 가지고 있고, 비용 효율적일 때 머신러닝으로 비즈니스 문제를 해결하는 방안을 고려해야 한다.

머신러닝을 사용해서는 안 되는 경우도 많다. 설명이 가능해야 하는 경우, 오류가 발생하면 안 되는 경우, 기존 소프트웨어 엔지니어링이 비용이 덜 드는 경우, 모든 입력과 출력을 열거하고 데이터베이스에 저장할 수 있는 경우, 데이터를 얻기 어렵거나 너무 비쌀 때가 그런 경우다.

머신러닝 엔지니어링은 복잡한 컴퓨팅 시스템을 설계하고 구축하기 위해 머신러닝 및 기존 소프트웨어 엔지니어링의 과학적 원리, 도구, 기술을 사용하는 것이다. MLE는 데이터 수집부터 모델 훈련, 제품 또는 소비자가 사용할 수 있는 모델 개발에 이르는 모든 단계를 포함한다.

머신러닝 프로젝트 수명주기는 1) 목표 정의, 2) 데이터 수집 및 준비, 3) 특징 공학, 4) 모델 훈련, 5) 모델 평가, 6) 모델 배포, 7) 모델 서빙, 8) 모델 모니터링, 9) 모델 유지보수 단계로 구성된다.

이 책의 각 장에서 모든 단계를 하나씩 살펴본다.

CHAPTER

2

프로젝트 시작 전

머신러닝 프로젝트를 시작하기 전에 우선순위를 정해야 한다. 우선순위 지정은 불가피한데, 팀과 장비의 수용 능력에 비해 조직에서 해결해야 할 프로젝트가 너무 많기 때문이다.

프로젝트의 우선순위를 정하려면 복잡도를 추정해야 하지만, 머신러닝에서는 필요한 모델 품질을 달성할 수 있는지 여부, 필요한 데이터 양, 필요한 특징과 특징의 수와 같은 것을 미리 알 수 없기 때문에 정확한 복잡도 추정이 거의 불가능하다.

또한, 머신러닝 프로젝트에는 잘 정의된 목표가 있어야 하는데, 프로젝트의 목표에 따라 팀을 적절히 조정하고 리소스를 제공할 수 있기 때문이다.

이번 장에서는 머신러닝 프로젝트를 시작하기 전에 처리해야 하는 우선순위 및 목표설정, 그리고 이와 연관된 활동을 살펴본다

2.1 머신러닝 프로젝트의 우선순위 결정

머신러닝 프로젝트의 우선순위를 정하기 위해 고려해야 하는 중요한 사항은 프로젝트가 미치는 영향과 비용이다.

2.1.1 머신러닝의 영향

엔지니어링 프로젝트에서 다음과 같은 경우에 머신러닝을 사용하면 효과가 크다.

1) 머신러닝이 엔지니어링 프로젝트의 복잡한 부분을 대체할 수 있거나
2) 저렴하지만(아마도 불완전할 수 있는) 예측을 얻는 데 큰 이점이 있을 때

예를 들어, 기존 시스템의 규칙 기반 부분은 복잡한 경우가 많은데 이는 중첩된 규칙과 예외가 많기 때문이다. 이러한 시스템을 구축하고 유지보수하는 것은 매우 어렵고, 시간도 오래 걸리고, 오류가 발생하기도 쉽다. 또한, 시스템의 해당 부분을 담당하는 소프트웨어 엔지니어가 상당한 어려움을 느낄 수 있다. 이러한 경우에 규칙을 프로그래밍하는 대신에 머신러닝을 통해 스스로 배우도록 할 수 있을까? 기존 시스템을 통해 레이블링된 데이터를 쉽게 생성할 수 있을까? 만약 그렇게 할 수 있다면, 해당 머신러닝 프로젝트는 영향이 크고 비용도 낮출 수 있을 것이다.

예를 들어, 많은 요청을 발송하는 시스템에서는 저렴하고 불완전한 예측도 나름 의미가 있다. 많은 요청 중 대부분은 '쉽고' 이는 기존의 자동화 방법을 사용하여 신속하게 해결할 수 있다고 하면, '어려운' 것으로 간주되는 나머지 요청만 인간이 처리하면 된다.

머신러닝 기반 시스템이 '쉬운' 작업을 인식하고 이를 자동화함으로써 인간은 어려운 요청에만 노력과 시간을 집중하여 많은 시간을 절약할 수 있다. 만약 발송기dispatcher의 예측에 오류가 있어서 어려운 요청이 자동화 처리기에 보내져서 실패하게 되면, 결국 사람이 해당 요청을 다시 받게 된다. 실수로 사람이 쉬운 요청을 받은 경우에도 사람이 처리하면 아무 문제가 없다. 결국, 대부분의 쉬운 요청은 여전히 자동화 처리기로 보내지고 때로 오류가 있을 때만 사람이 처리하면 된다.

2.1.2 머신러닝의 비용

다음의 세 가지 요소가 머신러닝 프로젝트 비용에 큰 영향을 미친다.

- 문제의 난이도
- 데이터 비용

- 요구되는 정확도

적절한 데이터를 충분히 얻는 데는 비용이 많이 드는데, 특히 수동 레이블링이 포함된 경우에는 더 그렇다. 높은 정확도가 요구된다면 더 많은 데이터를 확보하거나 심층 신경망 **아키텍처**architecture 나 정교한 **앙상블**ensembling 아키텍처와 같은 더 복잡한 모델로 훈련해야 한다.

문제의 난이도에 대한 가장 중요한 고려사항은 다음과 같다.

- 구현된 알고리즘 또는 문제를 해결할 수 있는 소프트웨어 라이브러리를 사용할 수 있는지 여부(사용 가능한 경우 문제가 크게 단순화됨)
- 모델을 구축하거나 실제 환경(운영 환경)에서 실행하는 데 높은 계산 성능이 필요한지 여부

비용의 두 번째 요인은 데이터인데, 다음 사항을 고려해야 한다.

- 데이터를 자동으로 생성할 수 있는지 여부(자동 생성이 가능한 경우 문제가 크게 단순화됨)
- 데이터의 수동 **주석 처리**annotation 비용은 얼마인가(즉, 레이블 없는 견본에 레이블 할당)
- 얼마나 많은 견본이 필요한가(일반적으로 사전에 알 수는 없지만 알려진 발표 결과나 조직의 자체 경험을 통해 추정할 수 있음)

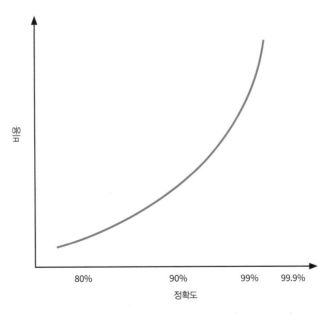

그림 2.1 요구되는 정확도에 따른 비용의 초선형적(superlinear) 증가

마지막으로, 가장 중요한 비용 요소 중 하나는 원하는 모델의 정확도다. 머신러닝 프로젝트의 비용은 그림 2.1에 나와 있는 것처럼 요구되는 정확도에 따라 초선형적으로 증가한다. 정확도가 낮은 모델을 운영 환경에 배포하면 큰 손실이 발생할 수 있으므로, 다음을 고려해야 한다.

- 잘못된 예측에 따르는 비용
- 모델의 허용 가능한 최저 정확도 수준

2.2 머신러닝 프로젝트의 복잡도 추정

머신러닝 프로젝트에 대한 표준적인 복잡도 추정 방법은 이전에 수행한 다른 프로젝트나 문헌에 보고된 다른 프로젝트와 비교하는 것 외에는 없다.

2.2.1 미리 알 수 없는 것

과거에 유사한 프로젝트를 수행했거나 유사한 프로젝트에 대한 자료를 읽지 않았을 경우, 결과를 추측하기 거의 불가능한 몇 가지 주요 사항은 다음과 같다.

- 필요한 품질을 실제로 달성할 수 있을지 여부
- 필요한 품질을 얻기 위한 데이터의 양
- 모델을 충분히 학습하고 일반화하는 데 필요한 특징의 종류와 특징의 개수
- 모델의 크기(특히, 신경망 및 앙상블 아키텍처와 관련됨)
- 하나의 모델을 훈련하는 데 걸리는 시간(즉, 하나의 **실험**experiment을 실행하는 데 필요한 시간)과 원하는 성능 수준에 도달하는 데 필요한 실험 횟수

만일 요구되는 모델 **정확도**accuracy(5장 5.5절에서 살펴볼 인기 있는 모델 품질 지표 중 하나임)가 99% 이상이라면, 레이블링된 데이터의 부족으로 인해 어려움을 겪게 된다. 현실적으로 일부 문제에 있어서는 95% 정확도에 도달하기도 매우 어렵다(물론, 여기서는 데이터가 균형을 이루고 있다고 가정한다. 즉, **클래스 불균형**class imbalance이 없다고 가정한다. 다음 장의 3.9절에서 클래스 불균형에 대해 논의한다).

유용하게 참고할 수 있는 또 다른 자료는 해당 작업에 대한 인간의 능력치인데, 모델이 인간만큼 잘 수행하기를 원한다면 이는 특히나 어려운 문제에 속한다.

2.2.2 문제 단순화

좀 더 교육받은 방식으로 추측을 하는 한 가지 방법은 문제를 단순화하고 더 간단한 문제를 먼저 해결하는 것이다.

예를 들어, 문서 세트를 1,000개의 주제로 분류하는 문제가 있다고 할 때, 우선 다른 990개 주제에 속하는 문서를 '기타other'로 간주하고 먼저 10개 주제에 초점을 맞춘 소규모의 실험 프로젝트pilot project를 수행한다.[1] 이러한 11개 클래스의 데이터에 수동으로 레이블을 지정한다(10개의 실제 주제와 추가한 '기타' 주제). 여기서 이런 실험 프로젝트 이면의 논리는 사람이 1,000개의 주제 간의 차이를 암기하는 것보다 10개의 주제에 대한 정의만 기억하는 것이 훨씬 더 간단하다는 것이다.[2]

이처럼 문제를 11개의 클래스로 단순화한 후, 문제를 해결하고 모든 단계에서 시간을 측정한다. 일단 11개의 클래스에 대한 문제를 해결할 수 있다는 판단이 서면, 1,000개의 클래스에 대해서도 해결할 수 있을 것이라는 합리적인 기대를 할 수 있다. 이제 앞의 실험 프로젝트에서 저장한 측정값을 사용하여 전체 문제를 해결하는 데 필요한 시간을 추정할 수 있지만, 정확한 추정치를 얻기 위해 이 시간에 단순히 100을 곱할 수는 없다. 일반적으로 더 많은 클래스를 구별하는 데 필요한 데이터의 양은 클래스 수에 따라 초선형적으로 증가한다.

잠재적으로 복잡해 보이는 문제를 간단한 문제로 단순화하는 또 다른 방법은 사용 가능한 데이터를 자연스럽게 분할하여 문제를 몇 개의 간단한 문제로 나누는 것이다. 예를 들어, 대상 고객이 여러 지역에 있다고 할 때, 고객에 대한 무언가를 예측하는 모델을 훈련하려면 한 지역이나 특정 연령대의 고객에 한정하여 문제를 해결할 수 있는지 시험할 수 있다.

2.2.3 비선형적 훈련 진행

머신러닝 프로젝트는 비선형적으로 진행된다. 즉, 일반적으로 예측 오차는 처음에는 빠르게 감소하지만, 그 후 점차 감소하는 속도가 느려진다.[3] 때때로 뚜렷한 진행 상황이 보이지 않으면 외부 데이터베이스나 지식 베이스로부터 부가적인 특징을 추가할 수도 있다. 하지만 새로운 특징이나 레이블링된 데이터를 추가해서 훈련을 해도(또는 이 작업을 아웃소싱) 모델 성능이 나아지지 않는 경우도 있다.

---

1   한 클래스에 990개의 클래스에 속하는 견본을 넣으면 매우 불균형한 데이터 세트가 생성될 가능성이 높다. 이런 경우에는 '기타' 클래스의 데이터를 **언더샘플링**(undersampling)하는 것이 좋다. 다음 장의 3.9절에서 데이터 언더샘플링을 살펴본다.
2   시간을 좀 더 절약하려면 군집화를 통해 레이블이 없는 전체 문서 중에 하나 이상의 군집에 속한 문서만 수동으로 레이블을 지정한다.
3   종종 80/20 경험 법칙이 적용된다. 80%의 오차는 처음 20%의 데이터로 훈련하는 동안 줄어든다.

이러한 진행속도의 비선형성으로 인해 제품 담당자(또는 고객)는 제약 조건과 위험성을 제대로 이해하고 있어야 한다. 모든 활동을 주의 깊게 기록하고 소요 시간을 추적하면, 보고하는 데뿐만 아니라 향후 유사한 프로젝트의 복잡도를 추정하는 데에도 도움이 될 것이다.

2.3 머신러닝 프로젝트의 목표 정의

머신러닝 프로젝트의 목표는 비즈니스 문제를 해결하거나 해결하는 데 도움이 되는 모델을 구축하는 것이다. 프로젝트 내에서 모델은 종종 입력(또는 여러 입력), 출력(또는 여러 출력)의 구조와 허용 가능한 최소 성능 수준(예측 정확도나 다른 **성능 지표**performance metric로 측정됨)으로 설명되는 블랙박스처럼 보인다.

2.3.1 모델이 할 수 있는 작업

일반적으로 모델은 어떤 목적이 있는 시스템의 일부로 사용된다. 특히, 이 모델은 보다 광범위한 시스템 내에서 다음과 같은 용도로 사용할 수 있다.

- 자동화(예를 들어, 사용자를 대신하여 조치를 취하거나 서버에서 특정 활동을 시작 또는 중지)
- 경고 또는 조언(예를 들어, 사용자에게 조치를 취해야 하는지 묻거나 트래픽이 의심스러워 보이는 경우 시스템 관리자에게 요청)
- 사용자에게 유용한 순서로 항목 세트를 제시하도록 구성(예를 들어, 쿼리query[4]와 유사한 순서나 사용자의 선호도에 따라 그림이나 문서 정렬).
- 주석 달기(예를 들어, 표시된 정보에 상황별 주석을 추가하거나 사용자의 작업과 관련된 문구를 강조 표시)
- 추출(예를 들어, 더 큰 입력에서 고유한 명칭, 회사, 위치 같은 지정된 개체를 감지)
- 추천(예를 들어, 항목의 내용이나 과거 추천에 대한 사용자의 반응을 바탕으로 대규모 모음에서 관련성이 높은 항목을 검출하여 사용자에게 표시)
- 분류(예를 들어, 입력 견본을 사전에 고유한 이름으로 정의된 하나 또는 여러 개의 그룹으로 구분)
- 정량화(예를 들어, 주택에 가격을 할당)

4 　옮긴이 데이터베이스나 파일의 내용 중 원하는 내용을 검색하기 위하여 몇 개의 코드(code)나 키(key)를 기초로 질의하는 것을 말한다.

- 합성(예를 들어, 텍스트, 이미지, 사운드 또는 그 밖의 객체와 유사한 다른 새로운 객체 생성)
- 명시적인 질문에 답변(예를 들어, '이 텍스트가 해당 이미지를 설명합니까?' 또는 '이 두 이미지가 유사합니까?').
- 입력 변환(예를 들어, 시각화 목적을 위한 차원 축소, 긴 텍스트를 짧은 요약문으로 바꾸어 표현, 문장을 다른 언어로 번역, 필터를 적용한 이미지 확대).
- 신기한 점이나 이상 징후 탐지

머신러닝으로 해결할 수 있는 거의 모든 비즈니스 문제는 위 목록에 있는 것과 유사한 형식으로 정의할 수 있다. 만약, 이러한 형식으로 비즈니스 문제를 정의할 수 없다면 머신러닝이 최선의 해결책이 아닐 가능성이 높다.

2.3.2 성공적인 모델의 속성

성공적인 모델에는 다음과 같은 네 가지 속성이 있다.

- 입력 사양, 출력 사양, 성능 요구사항을 준수함
- 조직에 이익이 됨(비용 절감, 매출과 이익 증대를 통해 측정된다)
- 사용자에게 도움이 됨(생산성, 참여도, 정서 향상을 통해 측정된다)
- 과학적으로 엄격함

과학적으로 엄격한 모델은 예측 가능한 작동(훈련에 사용한 견본과 유사한 입력 견본에 대해)을 하고 재현 가능하다. 전자에 해당하는 특성(예측 가능성)은 훈련 데이터와 동일한 분포를 갖는 새로운 입력 특징 벡터에 대해서 평균적으로 홀드아웃 데이터holdout data와 동일한 비율의 오류를 범한다는 것이다. 후자에 속하는 특성(재현성)은 동일한 알고리즘과 초매개변숫값을 사용하여 동일한 훈련 데이터에서 유사한 속성을 가진 모델을 다시 쉽게 구축할 수 있다는 것이다. 여기서 '쉽게'라는 말은 모델을 재구축하는 데 추가 분석, 레이블 지정, 코딩이 필요하지 않고 컴퓨팅 성능만 필요하다는 것을 의미한다.

머신러닝의 목표를 정의할 때는 과연 올바른 문제를 해결하려고 하는 것인지를 확인해야 한다. 잘못 정의된 목표를 예로 들어 설명하기 위해, 고객이 고양이와 개를 키우고 있는데 고양이는 집에 들어오게 하고 개는 들어오지 못하게 하는 시스템이 필요하다고 가정해 보자. 이를 위해 고양이와 개를 구별하도록 모델을 훈련하면, 이 모델은 고객의 고양이뿐만 아니라 다른 모든 고양이도 집으로 들여보낼 것이다. 또는 고객이 두 마리의 동물만 키우고 있으므로 이 두 동물을 구별하기 위해 이진 분류 모델로 훈련하면 이 모델은 너구리를 개나 고양이로 분류할 것이다. 이 경우 만약 너구리를 고양이로 분류하게 되면 너구리를 집으로 들여보낼 것이다.[5]

머신러닝 프로젝트에서 하나의 목표를 정의하는 것은 어려울 수 있다. 일반적으로 조직 내에는 프로젝트에 관심이 있는 여러 이해 관계자가 있을 수 있는데, 그중에 명확한 이해 관계자는 조직의 제품 담당자다. 제품 담당자의 목표는 사용자가 온라인 플랫폼에서 보내는 시간을 적어도 15% 이상 늘리는 것이다. 동시에 조직의 수석 부사장은 광고 수익을 20% 늘리고자 한다. 또한, 재무팀은 월별 클라우드 요금을 10% 절감하고자 한다. 머신러닝 프로젝트의 목표를 정의할 때 이처럼 상충되는 요구사항 간의 적절한 균형을 찾아 이로부터 모델의 입력, 출력, **비용함수**cost function, **성능 지표**를 선택해야 한다.

2.4 머신러닝팀 구성

조직에 따라 머신러닝팀을 구성하는 두 가지 문화가 있다.

2.4.1 두 가지 개발 문화

어떤 개발 문화에서는 머신러닝팀을 소프트웨어 엔지니어와 긴밀하게 협력하는 데이터 분석가로 구성해야 한다고 본다. 이런 문화에서 소프트웨어 엔지니어는 머신러닝에 대한 깊은 전문지식을 가질 필요는 없지만 동료 데이터 분석가의 어휘는 이해할 수 있어야 한다.

또 다른 개발 문화에서는 머신러닝팀의 모든 엔지니어가 머신러닝과 소프트웨어 엔지니어링 기술을 모두 갖고 있어야 한다고 생각한다.

각 개발 문화에는 서로 장단점이 있다. 전자의 개발 문화 지지자들은 각 팀원이 자신이 하는 일에서 최고가 되어야 한다고 말한다. 데이터 분석가는 많은 머신러닝 기술에 대해 전문가여야 하고 이론을 깊이 이해하여 대부분의 문제에 대해 최소한의 노력으로 빠르고 효과적인 솔루션을 제시해야 한다. 마찬가지로, 소프트웨어 엔지니어는 다양한 컴퓨팅 프레임워크를 깊이 이해하고 효율적이고 유지보수 가능한 코드를 작성할 수 있어야 한다.

후자의 개발 문화 지지자들은 과학자들이 소프트웨어 엔지니어링팀과 통합하기 어렵다고 말한다.

---

5 이것이 분류 문제에서 '기타(other)' 클래스를 두는 것이 거의 항상 좋은 방법인 이유다.

과학자들은 자신의 솔루션이 얼마나 정확한지에 대해 더 신경을 쓰느라 종종 비실용적이고 운영 환경에서 효과적으로 실행할 수 없는 솔루션을 제시하기도 한다. 또한, 일반적으로 과학자들은 효율적이고 구조화된 최적 코드를 작성하지 않기 때문에 소프트웨어 엔지니어가 과학자가 작성한 코드를 프로덕션 코드production code[6]로 다시 작성해야 할 때도 있는데, 경우에 따라서 이는 어려운 작업이 될 수도 있다.

2.4.2 머신러닝팀의 구성원

머신러닝과 소프트웨어 엔지니어링 기술 외에도 머신러닝팀에는 데이터 엔지니어링 전문가(데이터 엔지니어라고도 함)와 데이터 레이블링 전문가가 있다.

데이터 엔지니어는 ETL(추출extract, 변환transform, 로드load)을 담당하는 소프트웨어 엔지니어다. 이 세 가지 개념적 단계는 일반적인 데이터 파이프라인의 일부에 해당하고 데이터 엔지니어는 ETL 기술을 사용하여 원시 데이터를 분석 가능한 데이터로 변환하는 자동화된 파이프라인을 생성한다. 데이터 엔지니어는 데이터를 구조화하는 방법과 다양한 자원으로부터 데이터를 통합하는 방법을 설계한다. 이들은 해당 데이터에 대한 주문형 쿼리를 작성하거나, 가장 빈번한 쿼리를 빠른 응용 프로그래밍 인터페이스application programming interfaces, APIs로 래핑하여 분석가와 다른 데이터 소비자가 데이터에 쉽게 접근할 수 있도록 한다. 일반적으로 데이터 엔지니어는 머신러닝에 대해 잘 알지 못하는 경우가 많다.

대부분의 대기업 데이터 엔지니어링팀에서, 데이터 엔지니어와 머신러닝 엔지니어는 서로 다른 부서에서 근무한다.

데이터 레이블링 전문가는 다음 네 가지 활동을 담당한다.

- 데이터 분석가가 제공한 사양에 따라 레이블이 없는 견본에 수동이나 반자동으로 레이블 할당
- 레이블링 도구 구축
- 아웃소싱한 레이블러 관리
- 레이블링한 견본의 품질 확인

레이블러labeler는 레이블이 없는 견본에 레이블을 할당하는 책임자다. 다시 말하지만, 대기업에서

---

6   ⟨옮긴이⟩ '프로덕션 코드'란 프로젝트의 로직을 포함하고 제품(애플리케이션)에서 실행되는 시스템의 부분을 가리킨다. 참고로 '테스트 코드'란 제품(애플리케이션)이 예상대로 작동하는지 확인하는, 프로젝트의 테스트가 포함된 부분을 가리킨다.

는 데이터 레이블링 전문가를 2~3개의 다른 팀으로 구성할 수 있다. 이렇게 1~2개의 레이블러 팀(예를 들어, 한 팀은 사내에 두고, 한 팀은 아웃소싱함)과 소프트웨어 엔지니어팀, 레이블링 도구 구축을 담당하는 사용자 경험(UX) 전문가로 구성된다.

가능하면 각 도메인 전문가domain expert를 과학자, 엔지니어와 긴밀하게 협력하도록 한다. 모델의 입력, 출력, 특징에 대한 의사 결정에 도메인 전문가를 고용해서 모델이 예측해야 하는 것이 무엇인지에 대해 자문을 구한다. 사용 가능한 데이터를 통해 일부 수량을 예측할 수 있다는 사실만으로 이 모델이 비즈니스에 유용하다는 의미는 아니다.

특정한 비즈니스적 결정을 내리기 위해서 데이터에서 무엇을 찾아야 하는지를 도메인 전문가와 논의하는 것은 특징 공학에 도움이 된다. 또한, 고객이 어디에 지갑을 여는지와 고객이 거래를 끊도록 만드는 요인은 무엇인지에 대한 논의는 비즈니스 문제를 머신러닝 문제로 전환하는 데 도움이 된다.

마지막으로 데브옵스DevOps 엔지니어가 있는데, 이들은 머신러닝 엔지니어와 긴밀하게 협력하여 모델 배포, 로드, 모니터링, 비정기적이거나 정기적인 모델 유지보수를 자동화한다. 소규모 회사와 스타트업에서는 데브옵스 엔지니어가 머신러닝팀의 일원이거나 머신러닝 엔지니어가 데브옵스 활동을 담당할 수도 있다. 일반적으로 대기업에서 수행하는 머신러닝 프로젝트에서는 데브옵스 엔지니어가 별도의 대규모 데브옵스팀에서 일한다. 일부 회사는 머신러닝 모델관리MLOps 담당자를 두는데, 이들의 역할은 운영 환경에 머신러닝 모델을 배포하고, 해당 모델을 업그레이드하고, 머신러닝 모델을 포함한 데이터 처리 파이프라인을 구축하는 것이다.

2.5 머신러닝 프로젝트가 실패하는 이유

2017년부터 2020년까지 다양한 추정치에 따르면 머신러닝 및 고급 분석 프로젝트의 74~87%가 실패하거나 생산에 도달하지 못한 것으로 나타났다. 실패의 원인은 조직적인 것부터 엔지니어링적인 것에 이르기까지 다양하다. 이번 절에서는 그중에 가장 중요한 원인을 살펴본다.

2.5.1 숙련된 개발자 부족

2020년 현재, 데이터 과학과 머신러닝 엔지니어링은 비교적 새로운 분야로, 아직 이러한 것들을 가르치는 표준적인 방법이 정립되어 있지 않다. 대부분의 조직은 머신러닝 전문가를 고용하는 방법과 이들의 역량을 비교하는 방법을 잘 모르고 있다. 고용 시장에 나와 있는 대부분의 개발자는 몇 개의 온라인 과정을 이수하고 아직 실무 경험을 쌓지 못한 사람들이다. 조직 내 많은 개발자도 실험실에서 장난감 수준의 데이터 세트를 통해 얻은 머신러닝에 대한 피상적인 수준의 전문 지식을 보유하고 있다. 많은 개발자가 전체 머신러닝 프로젝트 수명주기에 대한 경험이 없을 뿐만 아니라, 조직에서 일하고 있는 숙련된 소프트웨어 엔지니어조차도 데이터와 머신러닝 모델을 적절하게 처리하는 데 필요한 전문 지식이 부족하다.

2.5.2 경영진의 지원 부족

이전 절에서 두 가지 문화에 대해 논의했듯이 데이터 과학자와 소프트웨어 엔지니어는 종종 서로 다른 목표, 동기, 성공 기준을 가지고 있다. 그들은 또한 일하는 방식이 서로 매우 다르다. 일반적으로 애자일Agile 조직에서 소프트웨어 엔지니어링팀은 예상 결과물이 명확하게 정의되어 있고 명확한 목표가 있는 스프린트sprints로 작업한다.

반면에 과학자들은 높은 불확실성 속에서 여러 가지 실험을 진행한다. 이러한 실험은 대부분 결과물을 얻지 못할 수도 있으므로 경험이 부족한 리더는 진전이 없다고 생각할 수도 있다. 때로는 모델을 구축하고 배포한 후에 전체 프로세스를 다시 시작해야 하는 경우도 있는데, 그 이유는 모델이 비즈니스에서 관심을 갖는 지표를 예상만큼 개선하지 못하기 때문이다. 이로 인해, 리더들은 과학자의 작업을 시간과 자원 낭비로 인식할 수도 있다.

또한, 많은 조직에서 데이터 과학과 인공지능AI을 담당하는 리더, 특히 부사장 직급자 중에 과학 분야가 아니거나 심지어 엔지니어링 분야가 아닌 경력을 가지고 있는 경우가 많다. 그들은 인공지능이 어떻게 작동하는지 모르거나 여기저기서 얻은 인공지능에 대한 매우 피상적이거나 지나치게 낙관적인 이해도를 가지고 있다. 또한, 그들은 충분한 자원, 기술, 인적 자원을 통해 인공지능이 단시간에 모든 문제를 해결할 수 있다는 사고 방식을 가지고 있을 수 있다. 결과적으로 빠른 진보가 이뤄지지 않으면 그들은 쉽게 과학자를 비난한다. 또는 인공지능을 예측하기 어렵고, 불확실한 결과를 가진 비효율적인 도구라고 인공지능을 인식하여 이에 대한 관심을 완전히 잃게 될 수도 있다.

또한 자주 있는 문제는 문제는 과학자들이 고위 경영진에게 실험의 결과와 어려운 점을 전달하지 못한다는 것이다. 이로 인해 과학자들은 경영진에게 용어를 이해시키지 못하고, 기술에 대한 전문 지식 수준이 서로 매우 다르기 때문에 설명을 잘못 이해한 탓에 성공한 것도 실패로 비치기도 한다.

이 때문에 성공하는 인공지능 담당 조직의 데이터 과학자는 이해 관계자들에게 솜씨 좋게 인공지능을 이해시킬 줄 알고, 인공지능과 분석을 담당하는 최고위 관리자는 관련 기술이나 과학적 배경을 가진 경우가 많다.

2.5.3 데이터 인프라 부족

데이터 분석가와 과학자는 데이터로 작업을 하므로, 데이터의 품질은 머신러닝 프로젝트의 성공에 매우 중요하다. 기업의 데이터 인프라는 분석가에게 훈련 모델을 위한 양질의 데이터를 얻을수 있는 간단한 방법을 제공해야 한다. 동시에 모델이 운영 환경에 배포되면 유사한 품질의 데이터를 사용할 수 있는 인프라를 갖춰야 한다.

그러나 실제로는 그렇지 않은 경우가 많아서, 과학자들은 필요에 따라 그때그때 다양한 스크립트를 사용하여 필요로 하는 훈련용 데이터를 얻는다. 또한, 다른 스크립트와 도구를 사용하여 다양한 데이터 소스를 결합한다. 모델이 준비되었는데, 가용한 생산 인프라를 통해 모델에 대한 입력견본을 충분히 빠르게(또는 전혀) 생성할 수 없는 경우도 있다. 3장과 4장에서 데이터와 특징 저장에 대해 광범위하게 논의한다.

2.5.4 데이터 레이블링의 어려움

대부분의 머신러닝 프로젝트에서 분석가는 레이블링된 데이터를 사용한다. 일반적으로 이러한 데이터는 사용자 정의 데이터이므로 각 프로젝트마다 별도로 레이블링을 해야 한다. 2019년 현재일부 보고서에 따르면,[7] 76%에 달하는 인공지능과 데이터 과학팀은 자동화 시스템의 도움 없이스스로 훈련 데이터에 레이블링을 하고 63%는 자체적으로 레이블링과 주석 자동화 기술을 구축하고 있다.

그 결과 숙련된 데이터 과학자가 데이터 레이블링과 레이블링 도구 개발에 상당한 시간을 소비하게 된다. 이것은 인공지능 프로젝트를 효과적으로 실행하기 위해 해결해야 하는 큰 어려움이다.

일부 회사는 데이터 레이블링을 서드파티 업체third-party vendor에 아웃소싱한다. 그러나 적절한 품질검증이 없으면 이러한 레이블링된 데이터의 품질이 낮거나 레이블링이 완전히 잘못될 수도 있다.데이터 세트 전반에 걸쳐 품질과 일관성을 유지하기 위해 조직은 내부 또는 서드파티 레이블러에대한 공식적이고 표준화된 교육에 투자해야 한다. 결국, 이로 인해 머신러닝 프로젝트의 진행 속도가 늦춰진다. 이런 어려움에도 불구하고, 동일한 보고서에 따르면 데이터 레이블링을 아웃소싱하는 회사가 머신러닝 프로젝트를 운영(제작) 단계까지 진행할 가능성이 더 높다.

---

7 〈What data scientists tell us about AI model training today〉(Alegion and Dimensional Research, 2019)

2.5.5 고립된 조직과 협업 부족

머신러닝 프로젝트에 필요한 데이터는 종종 소유권, 보안 제약 조건이 다른 조직에서 서로 다른 형식으로 보관하고 있다. 고립된 조직에서는 서로 다른 데이터 자산을 담당하는 사람들이 서로를 모를 수도 있다. 따라서 신뢰와 협업이 부족하면 한 부서에서 다른 부서에 저장된 데이터에 접근해야 할 때 마찰이 발생한다.

또한, 한 조직의 여러 부서마다 자체 예산이 있는 경우에는 서로 다른 부서를 돕는 데 예산을 지출하는 것에는 관심이 없기 때문에 협업이 복잡해진다.

조직의 한 부서만 봐도 종종 머신러닝 프로젝트의 각 단계를 담당하는 팀이 여럿 있다.

예를 들어, 데이터 엔지니어링팀은 데이터나 개별 특징을 제공하고, 데이터 과학팀은 모델링 작업을 하고, ETL이나 데브옵스는 배포와 모니터링 관련 엔지니어링 작업을 하고, 자동화와 도구tool 내재화 팀은 지속적인 모델 업데이트를 위한 도구와 프로세스를 개발한다. 관련 팀 사이에 협업이 부족하면 프로젝트가 장기간 중단될 수 있다. 팀 사이에 발생하는 불신의 대표적인 원인은 과학자가 사용하는 도구와 접근 방식에 대한 엔지니어의 이해 부족과 소프트웨어 엔지니어링 우수 사례와 디자인 패턴에 대한 과학자의 지식 부족(또는 무지함)이다.

2.5.6 기술적으로 실행 불가능한 프로젝트

많은 머신러닝 프로젝트의 높은 비용(높은 전문성과 인프라 비용으로 인해) 때문에 일부 조직은 '투자 회수'를 위해 조직이나 제품을 완전히 바꿔버리거나 비현실적인 수익이나 투자를 제시하는 등 매우 야심찬 목표를 세울지도 모른다. 그 결과 여러 팀, 부서, 서드파티 간 협업을 포함하는 대규모 프로젝트가 만들어지고 해당 팀을 한계까지 밀어붙이게 된다.

결과적으로 이러한 지나치게 야심찬 프로젝트를 완료하는 데 몇 달이나 몇 년이 걸릴 수도 있다. 이로 인해, 리더와 핵심 과학자를 포함한 일부 핵심 참여자는 프로젝트에 대한 관심을 잃거나 심지어 조직을 떠날 수도 있다. 결국, 프로젝트는 우선순위가 낮아지거나 완료되더라도 시장 진입이 너무 늦어지게 된다. 따라서, 적어도 초기에는 팀 간의 간단한 협업으로 범위를 쉽게 정할 수 있는 달성 가능한 프로젝트에 집중하고 간단한 비즈니스 목표를 세우는 것이 가장 좋다.

2.5.7 기술팀과 비즈니스팀 간의 소통 부족

많은 머신러닝 프로젝트는 기술팀이 비즈니스 목표에 대한 명확한 이해 없이 시작되는 경우가 많다. 과학자들은 보통 높은 정확도나 낮은 평균제곱오차와 같은 기술적 목표를 가진 분류 문제 또는 회귀 문제로 틀을 잡는다. 비즈니스 목표 달성에 대한 비즈니스팀의 지속적인 피드백(예를 들어, 클릭률 증가나 사용자 유지율 증가)이 없고, 과학자는 종종 초기 수준의 모델 성능(기술 목표에 따라)에 도달한 다음 그들이 유용한 진전을 이루고 있는지 그리고 추가 노력이 그만한 가치가 있는지 확실히 보여주지 못한다. 이런 상황에서는 시간과 자원이 투입되었지만 비즈니스팀이 결과를 받아들이지 않기 때문에 프로젝트가 보류되는 결과를 낳게 된다.

2.6 요약

머신러닝 프로젝트를 시작하기 전에, 우선순위를 정하고 프로젝트팀을 구성해야 한다. 머신러닝 프로젝트의 우선순위 결정 시 주요 고려사항은 머신러닝 프로젝트의 영향과 비용이다.

머신러닝의 영향력은 1) 머신러닝이 엔지니어링 프로젝트의 복잡한 부분을 대체하거나 2) 저렴한 (하지만 아마도 불완전한) 예측을 얻는 데 큰 이점이 있는 경우에 크다.

머신러닝 프로젝트의 비용은 1) 문제의 난이도, 2) 데이터 비용, 3) 필요한 모델 성능 품질의 세 가지 요인에 크게 영향을 받는다.

조직에서 수행하고 있거나 문헌에 보고된 다른 프로젝트와 비교하는 것 외에 머신러닝 프로젝트가 얼마나 복잡한지를 추정할 수 있는 표준적인 방법이 없다. 필요한 수준의 모델 성능을 실제로 달성할 수 있는지 여부, 성능 수준에 도달하는 데 필요한 데이터의 양, 필요한 특징과 개수, 모델의 크기, 실험을 한번 실행하는 데 걸리는 시간, 원하는 성능 수준에 도달하는 데 필요한 실험 횟수와 같이 미리 알 수 없는 것이 있다.

학교에서 배운 방식으로 좀 더 적절하게 추측을 하는 방법은 문제를 단순화하고 이렇게 해서 얻은 간단한 문제를 해결하는 것이다.

머신러닝 프로젝트는 비선형적으로 진행된다. 일반적으로 오차는 처음에는 빠르게 감소하지만, 그 후에는 진행 속도가 느려진다. 이러한 비선형성으로 인해 고객이 제약 조건과 위험을 이해하고 있는지 확실하게 해둬야 한다. 모든 활동을 주의 깊게 기록하고 소요 시간을 추적한다. 이는 보고를 하는 데뿐만 아니라 향후 유사한 프로젝트의 복잡도를 추정하는 데에도 도움이 된다.

머신러닝 프로젝트의 목표는 일부 비즈니스 문제를 해결하는 모델을 구축하는 것이다. 특히, 모델은 자동화, 경고나 조언, 구성, 주석 달기, 추출, 추천, 분류, 정량화, 합성, 명시적 질문에 대한 답변, 입력의 변환, 새로운 것이나 이상 징후 감지를 위해 더 광범위한 시스템 내에서 사용할 수 있다. 머신러닝의 목표가 이 중 하나에 속하지 않는다면 머신러닝이 최상의 솔루션이 아닐 가능성이 높다.

성공적인 모델은 1) 입력 사양, 출력 사양, 최소 성능 요구사항을 따르고, 2) 조직과 사용자에게 이익이 되고, 3) 과학적으로 엄격하다.

조직에 따라 머신러닝팀을 구성하는 두 가지 문화가 있다. 하나의 문화에서는 머신러닝팀이 소프트웨어 엔지니어와 긴밀하게 협력하는 데이터 분석가로 구성되어야 한다고 말한다. 이러한 문화에서 소프트웨어 엔지니어는 머신러닝에 대한 깊은 전문 지식을 가질 필요는 없지만 동료 데이터 분석가나 과학자의 어휘를 이해할 수 있어야 한다. 다른 문화에서는 머신러닝팀의 모든 엔지니어가 머신러닝과 소프트웨어 엔지니어링 양쪽 기술을 모두 알고 있어야 한다.

머신러닝과 소프트웨어 엔지니어링 기술을 보유하는 것 외에도 머신러닝팀에는 데이터 레이블링과 데이터 엔지니어링 전문가를 둘 수 있다. 데브옵스 엔지니어는 머신러닝 엔지니어와 긴밀하게 협력하여 모델 배포, 로드, 모니터링, 비정기적이거나 정기적인 모델 유지보수를 자동화한다.

머신러닝 프로젝트는 여러 가지 이유로 실패할 수 있으며, 실제로 대부분 실패하기도 한다. 대표적인 실패 이유는 다음과 같다.

- 숙련된 개발자 부족
- 경영진의 지원 부족
- 누락된 데이터 인프라
- 데이터 레이블링의 어려움
- 고립된 조직과 협업 부족
- 기술적으로 실현 불가능한 프로젝트
- 기술팀과 비즈니스팀 간의 소통 부족

3

데이터 수집 및 준비

머신러닝 개발을 시작하기 전에 분석가는 데이터를 수집하고 준비해야 한다. 분석가가 사용할 수 있는 데이터가 항상 '옳은' 것은 아니며 항상 머신러닝 알고리즘이 사용할 수 있는 형태가 아닐 수 도 있다. 이번 장에서는 아래에 나온 것처럼 머신러닝 프로젝트 수명주기의 두 번째 단계를 중점 적으로 다룬다.

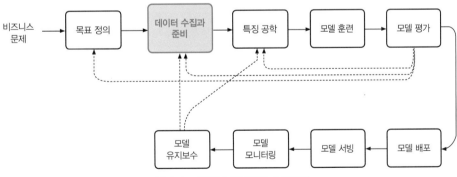

그림 3.1 머신러닝 프로젝트 수명주기

특히, 양질의 데이터 속성, 데이터 세트가 가질 수 있는 일반적인 문제, 머신러닝을 위해 데이터를 준비하고 저장하는 방법에 대해 설명한다.

3.1 데이터에 대한 질문

이제 모델 입력, 출력, 성공 기준이 잘 정의된 머신러닝 목표를 수립했으므로, 모델 훈련에 필요한 데이터 수집을 시작할 수 있다. 그러나 데이터 수집을 시작하기 전에 답변해야 할 몇 가지 질문이 있는데 다음과 같다.

3.1.1 데이터를 구할 수 있는가?

필요한 데이터가 이미 존재하는가? 그렇다면 그러한 데이터를 구할 수 있는가(물리적, 계약적, 윤리적, 비용 측면에서)? 다른 사람의 데이터 소스를 구입하거나 재사용하는 경우 해당 데이터를 어떻게 사용하거나 공유할 수 있는지 고려했는가? 기존 공급 업체와 새로운 라이선스 계약을 협상해야 하는가?

데이터를 구할 수 있는 경우 저작권이나 기타 법적 규범에 의해 보호되고 있는가? 만약 그렇다면 데이터에 대한 저작권 소유자를 정했는가? 공동 저작권이 있을 수 있는가?

데이터가 민감한 내용을 담고 있고(예를 들어, 조직의 프로젝트, 고객이나 파트너와 관련되거나 정부가 기밀로 분류함), 잠재적인 개인정보 보호 문제가 있는가? 그렇다면 데이터를 수집한 응답자와 데이터 공유에 대해 논의했는가? 개인정보를 장기간 보존하고 향후에도 사용할 수 있나?

모델과 함께 데이터를 공유해야 하나? 그렇다면 소유자나 응답자의 서면 동의를 받아야 하는가?

예를 들어, **개인 식별 정보**personally identifiable information, PII를 제거하기 위해, 분석 중이거나 공유 준비 중에 데이터를 익명화해야 하는가?[1]

필요한 데이터를 물리적으로 얻을 수 있더라도 위의 모든 질문이 해결될 때까지 해당 데이터를 사용하지 말아야 한다.

---

1   예를 들어, 트위터(twitter)의 콘텐츠 재배포 정책이 있다. 이 정책은 트윗 ID와 사용자 ID 이외의 트윗 정보 공유를 제한한다. 트위터는 분석가가 항상 트위터 API를 사용하여 새로운 데이터를 가져오도록 권장한다. 이러한 제한에 대한 한 가지 가능한 설명은 일부 사용자가 마음이 바뀌었거나 너무 논란의 여지가 있다는 이유로 특정 트윗을 삭제하기를 원할 수 있다는 것이다. 이미 해당 트윗을 가져와서 공용 도메인에 공유하게 되면 해당 사용자가 정신적으로 피해를 입을 수 있다.

3.1.2 데이터 세트의 크기가 충분히 큰가?

확실히 알고 싶은 것은 충분한 데이터가 있는지 여부다. 그러나 이미 파악한 바와 같이, 특히 최소 모델 품질 요구사항이 엄격한 경우 일반적으로 목표를 달성하기 위해 얼마나 많은 데이터가 필요한지는 미리 알 수 없다.

충분한 데이터를 즉시 사용할 수 있을지 확실하지 않은 경우 새로운 데이터가 생성되는 빈도를 확인하도록 한다. 일부 프로젝트의 경우 처음에는 사용 가능한 데이터로 시작하고, 특징 공학, 모델링, 기타 관련 기술적 문제를 해결하는 동안 새로운 데이터가 점진적으로 유입되는데, 일부 관찰 가능하거나 측정 가능한 프로세스의 결과로 자연스럽게 구하거나 데이터 레이블링 전문가나 서드파티 데이터 공급자가 계속해서 제공할 수도 있다.

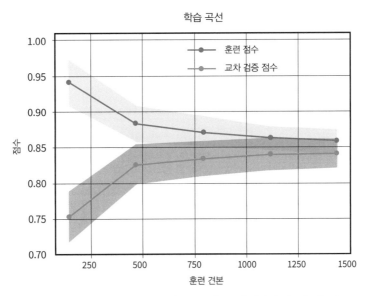

그림 3.2 사이킷런(scikit-learn)의 표준 'digits' 데이터 세트에 적용된
나이브 베이즈(Naïve Bayes)[2] 학습 알고리즘의 학습 곡선

프로젝트를 완료하는 데 필요한 예상 시간을 고려해 보고, 이 시간 동안 충분히 큰 데이터 세트[3]를 수집할 수 있을지를 유사한 프로젝트에서 작업한 경험이나 문헌에 보고된 결과를 바탕으로 판단해본다.

---

2 [옮긴이] 특징이 상호 독립적이라는 가정하에 확률 계산을 단순화한 베이즈 정리 기반의 분류 모델
3 예측을 할 때 훈련 데이터뿐만 아니라 훈련에 사용하지 않은 견본에 대한 모델 성능을 검증하기 위해 홀드아웃 데이터도 준비해야 한다.
   또한, 해당 홀드아웃 데이터는 통계적 의미에서 신뢰할 수 있는 모델 품질 예측값을 제공할 수 있을 만큼 크기가 커야 한다.

충분한 데이터를 수집했는지 확인하는 실용적인 방법 중 하나는 학습 곡선을 그려보는 것이다. 보다 구체적으로 그림 3.2와 같이 다양한 크기의 훈련 견본에 대한 학습 알고리즘의 훈련 점수와 검증 점수를 표시한다.

학습 곡선을 보면 특정한 크기의 훈련 견본에 도달한 후 모델의 성능이 정체되는 것을 볼 수 있다. 해당 크기의 훈련 견본에 도달하면 추가 견본으로부터 얻을 수 있는 이득이 감소하기 시작한다고 볼 수 있다.

학습 알고리즘의 성능이 정체되면, 이는 더 많은 데이터가 더 나은 모델을 훈련하는 데 도움이 되지 않는다는 신호일 수 있다. 다음과 같이 서로 다른 두 가지 설명이 가능하기 때문에 여기서는 '일 수 있다'라는 표현을 사용했다.

- 학습 알고리즘으로 보다 성능이 좋은 모델을 구축하는 데 필요한 정보를 포함하는 특징이 부족하다.
- 보유한 데이터로는 원하는 복잡도의 모델을 충분히 훈련하기 어려운 학습 알고리즘을 사용했다.

전자의 경우에는 기존 특징을 몇 가지 교묘한 방법으로 결합하거나 조회 테이블과 지명 사전과 같은 간접 데이터 소스의 정보를 사용하여 추가 특징을 설계하는 것에 대해 고려해 볼 수 있다. 4장의 4.6절에서 특징을 합성하는 기술을 고려한다.

후자의 경우에 한 가지 가능한 접근 방식은 앙상블 학습 방법을 사용하거나 심층 신경망을 훈련하는 것이다.

그러나 일반적으로 심층 신경망은 얕은 학습 알고리즘에 비해 더 많은 훈련 데이터가 필요하다.

일부 실무자는 경험 법칙을 사용하여 문제에 필요한 훈련 견본의 수를 추정한다. 일반적으로 그들은 다음 중 하나에 해당하는 스케일링 인수scaling factor를 사용한다.

- 특징 수
- 클래스 수
- 모델에서 훈련 가능한 매개변수의 수

이러한 경험 법칙은 종종 유효하지만 문제 영역에 따라 다르다. 따라서 분석가는 경험에 따라 수치를 조정한다.

경험을 통해 적합한 '마법 같은' 스케일링 인수를 발견할 수도 있지만, 다양한 온라인 소스에서 가장 자주 인용되는 숫자는 다음과 같다.

- 특징 개수의 10배(이는 종종 훈련 세트의 크기를 과도하게 설정하지만 상한선으로는 잘 작동함)
- 클래스 개수의 100배나 1000배(이는 종종 크기를 과소평가함)
- 훈련 가능한 매개변수 개수의 10배(일반적으로 신경망에 적용됨)

빅데이터가 있다고 해서 빅데이터를 모두 사용해야만 하는 것은 아니다. 실제로는 빅데이터의 일부 샘플sample[4]만으로도 더 좋은 결과를 얻을 수 있고 더 좋은 모델을 빨리 훈련할 수 있다. 하지만 샘플이 전체 빅데이터 세트를 대표하는지 확인하는 것이 중요하다. **계층화된 샘플링**stratified sampling, **체계적인 샘플링**systematic sampling 같은 샘플링 전략은 더 나은 결과를 가져올 수 있다. 3.10절에서 데이터 샘플링 전략을 고려한다.

3.1.3 데이터를 사용할 수 있나?

데이터 품질은 모델 성능에 영향을 미치는 주요 요인 중 하나다. 이름으로 사람의 성별을 예측하는 모델을 훈련한다고 할 때, 사람의 성별 정보가 포함된 데이터 세트를 얻을 수 있다. 그러나 이데이터 세트를 맥락에 맞지 않게 사용하면 모델의 품질을 향상시키려고 아무리 노력해도 새로운 데이터에 대한 성능이 떨어질 수 있다. 이렇게 성능이 나빠지는 이유는 무엇일까?

이 경우 다소 낮은 품질의 통계적 분류기를 사용하여 얻은 잘못된 성별 정보가 하나의 원인이 될수 있고, 이때 모델의 최고 성능은 이러한 저품질의 분류기가 좌우한다.

데이터 세트가 스프레드시트 형식으로 제공되는 경우 가장 먼저 스프레드시트의 데이터가 깔끔한지 여부를 확인해야 한다. 서론에서 논의한 바와 같이, 머신러닝에 사용하는 데이터 세트는 깔끔해야 한다. 데이터가 깔끔하지 않다면 이미 언급했듯이 특징 공학을 통해 데이터를 깔끔한 데이터로 변환해야 한다.

깔끔한 데이터 세트에도 **결측값**missing values이 있을 수 있다. 결측값을 채우기 위해 **결측값 대체**data imputation 기술을 사용하는데, 3.7절에서 이에 대한 몇 가지 기술에 대해 논의한다.

사람이 데이터 세트를 편집할 때 발생하는 빈번한 문제 중 하나는 결측값을 9999이나 -1 같은 **매직 넘버**magic number로 표시한다는 것이다. 이러한 상황은 데이터를 시각적으로 분석해보면 쉽게 발

---

4 옮긴이 표본

견할 수 있는데, 이런 매직 넘버는 적절한 데이터 대체 기술을 사용하여 대체해야 한다.

검증이 필요한 또 다른 속성은 데이터 세트에 **중복 항목**duplicates이 있는지 여부다. 일반적으로 데이터 **불균형 문제**imbalanced problem를 해결하기 위해 의도적으로 추가하지 않은 경우라면 중복 항목은 제거해야 한다. 이런 중복 항목 문제와 이를 완화하기 위한 방법은 3.9절에서 살펴본다.

데이터가 **만료**expired되거나 최신 상태가 아닐 수 있다. 예를 들어, 프린터와 같은 복잡한 전자 제품의 이상 동작을 인식하는 모델을 학습하는 경우, 보통 현재 사용 중인 프린터의 정상 작동과 비정상 작동 중에 측정한 데이터로 훈련을 하게 된다. 그러나 이러한 측정값은 현 세대의 프린터에 대한 값이고 이후 출시될 새로운 세대의 프린터에는 몇 가지 중요한 업그레이드가 이루어질 수 있다. 이전 세대 프린터에 대한 만료된 데이터를 사용하여 훈련한 모델을 새로운 세대의 프린터에 배포하면 성능이 저하될 수 있다.

마지막으로 데이터가 **불완전한**incomplete 데이터이거나 실제 상황을 **대표하지 못하는**unrepresentative 데이터일 수 있다. 예를 들어, 동물 사진 데이터 세트에는 여름 동안 또는 특정 지역에서 촬영한 사진만 있을 수 있다. 자율 주행 자동차 시스템을 위한 보행자 데이터 세트는 엔지니어가 걸어다니면서 구축할 수 있다. 이런 데이터 세트에는 대부분 젊은 남성만 있고 어린이, 여성, 노인은 지나치게 적게 표현되거나 완전히 없을 수도 있다.

얼굴 표정 인식을 연구하는 회사는 주로 백인 지역에 연구 개발 사무소가 있으므로 데이터 세트에는 백인 남녀의 얼굴만 있고 흑인이나 아시아인은 적을 수 있다. 카메라의 자세 인식 모델을 개발하는 엔지니어는 보통 실내에서 찍은 사람들의 사진으로 훈련 데이터 세트를 구축하지만, 일반적으로 실제 사용자는 야외에서 카메라를 사용한다.

실제로 데이터는 전처리한 후에 모델링에 사용하므로, 모델링을 시작하기 전에 데이터 세트의 시각적 분석이 중요하다. 뉴스 기사에서 주제를 예측하는 문제에 대해 작업한다고 가정해 보자.

뉴스 웹사이트에서 데이터를 스크랩하면, 다운로드 날짜가 뉴스 기사 텍스트와 동일한 문서에 저장될 가능성이 있다. 또한, 데이터 엔지니어가 웹사이트에 언급된 뉴스 주제를 반복하여 한 번에 하나의 주제를 스크랩하는 경우, 월요일에는 예술 관련 기사, 화요일에는 스포츠 관련 기사, 수요일에는 기술 관련 기사, 또 다른 요일에는 다른 주제의 기사를 스크랩할 수 있다.

날짜를 제거하여 이러한 데이터를 전처리하지 않으면, 모델이 날짜-주제 상관 관계를 학습할 수 있으며 이러한 모델을 실제 환경에 적용하면 성능이 떨어질 수 있다.

3.1.4 데이터를 이해할 수 있나?

성별 예측에서 알 수 있듯이 데이터 세트의 각 속성이 어디에서 왔는지 이해하는 것이 중요하다. 또한 각 속성이 정확히 무엇을 나타내는지 이해하는 것도 마찬가지로 중요하다. 실제로 관찰되는 한 가지 빈번한 문제는 분석가가 예측하려는 변수가 특정 벡터의 특징 중에 포함되는 경우다. 어떤 경우에 그런 일이 생길 수 있을까?

침실 수, 표면, 위치, 건축 연도 등과 같은 주택의 속성으로 주택 가격을 예측하는 문제의 경우, 각 주택의 속성은 대규모 온라인 부동산 판매 플랫폼 같은, 고객이 제공한 것이다. 데이터는 엑셀 스프레드시트 형식으로 되어 있는데, 각 열[5]을 충분히 분석하지 않고 속성 중에서 거래 가격만 삭제하고 이때 삭제한 값을 거래 가격을 예측하기 위해 지도학습할 모델의 목표로 사용한다. 이 경우, 거래 가격을 거의 100%에 가까운 정확도로 예측하는 완벽한 모델을 금방 훈련할 수 있다. 하지만 모델을 고객에게 전달하고 실제 사용 환경에 배포하면 테스트 결과 모델이 대부분 잘못된 결과를 보여준다. 어떻게 된 걸까?

이를 **데이터 누출**data leakage, **목표 누출**target leakage이라고 한다.

데이터 세트를 좀 더 자세히 살펴보면, 스프레드시트의 열 중 하나에 부동산 중개인의 수수료가 포함되어 있다는 것을 알 수 있는데, 모델은 이 속성을 집값으로 완벽하게 변환하는 방법을 쉽게 배워서 거래 가격을 예측할 수 있었던 것이다. 그러나 이 정보는 주택이 판매되기 전에는 운영 환경에서 사용할 수 없다. 왜냐하면 수수료는 판매 가격에 따라 달라지기 때문이다. 3.2.8절에서 데이터 누출 문제에 대해 좀 더 자세히 고려한다.

3.1.5 데이터를 신뢰할 수 있나?

데이터 세트의 신뢰성은 해당 데이터 세트의 수집 절차에 달려 있다. 레이블을 믿을 수 있나? 메커니컬 터크Mechanical Turk[6](소위 '터커')의 작업자가 데이터를 생성한 경우 이러한 데이터의 신뢰성이 매우 떨어질 수 있다. 어떤 경우에는 여러 터커의 과반수 투표(또는 평균)로 특징 벡터에 할당할 레이블을 결정함으로써 데이터의 신뢰도를 높일 수 있다. 그러나 데이터 세트의 작은 랜덤 샘플로 추가적으로 품질 검증을 수행하는 것이 좋다.

5 　[옮긴이] 일반적으로 각 열이 견본의 특징을 나타낸다.

6 　[옮긴이] 아마존의 웹 서비스 사업모델 중 하나인. 업무 요구자(Requester)가 소액의 보상을 내걸고 간단한 업무를 올려놓으면 불특정 다수의 노동자(Worker)들이 이 업무를 수행하고 해당 보상을 받는 서비스이다. 아마존은 플랫폼을 구축해 놓고 Requester와 Worker를 연결시켜 주면서 일정액의 수수료를 받고 있다.

반면 일부 측정 장치로 데이터를 측정한 경우, 해당 측정 장치의 기술 문서에서 각 측정의 정확도에 대한 세부 정보를 찾을 수 있다.

레이블의 신뢰성은 레이블의 **지연된**delayed 특성이나 **간접적인**indirect 특성에도 영향을 받을 수도 있다. 참고로, 레이블링된 특징 벡터가 레이블보다 훨씬 이전에 발생한 것을 표현하는 경우 지연된 레이블이라고 한다.

좀 더 구체적으로, **고객 이탈 예측**churn prediction 문제를 살펴보자. 고객을 나타내는 특징 벡터를 통해서 고객이 향후 어느 시점(일반적으로 지금부터 6개월에서 1년 후)에 이탈할지 여부를 예측하려고 한다. 특징 벡터는 현재 고객에 대해 알고 있는 것을 나타내지만, 레이블('떠남' 또는 '머무름')은 나중에 할당된다. 이는 중요한 속성으로, 시간적으로 현재와 미래 사이에 특징 벡터에 반영되지 않은 많은 이벤트가 발생하여 고객의 체류 또는 이탈 결정에 영향을 미칠 수 있기 때문이다. 따라서 지연된 레이블은 데이터의 신뢰성을 떨어뜨린다.

무엇을 예측하는지에 따라 레이블이 직접적인지 간접적인지 여부도 신뢰성에 영향을 미친다. 예를 들어, 웹사이트 방문자가 웹페이지에 관심을 가질지 여부를 예측하는 경우를 가정해 보자. 사용자, 웹페이지, 특정 사용자가 특정 웹페이지에 관심이 있는지 여부를 반영하는 '관심 있음' / '관심 없음' 레이블에 대한 정보가 포함된 특정 데이터 세트를 얻을 수 있다. 직접 레이블direct label은 실제적인 관심을 나타내는 반면 간접 레이블indirect label은 약간의 관심을 나타낸다. 예를 들어, 사용자가 '좋아요' 버튼을 눌렀다면 이는 직접적인 관심 지표라고 할 수 있다. 그러나 사용자가 링크만 클릭한 경우 관심의 지표가 될 수는 있지만 이는 간접적 지표에 머무른다. 사용자가 실수로 클릭했을 수도 있고 링크 텍스트가 낚시 기사clickbait인지 확실히 알 수 없다. 레이블이 간접적인 경우 이러한 데이터의 신뢰성도 떨어진다. 물론, 관심도를 예측하는 데는 신뢰성이 떨어지지만 클릭 수 예측은 신뢰할 수 있다.

데이터의 또 다른 불안정성 원인은 피드백 루프다. **피드백 루프**feedback loop는 모델 스스로 훈련에 사용할 데이터를 만드는 시스템 설계 속성이다. 다시 말해, 웹사이트의 특정 사용자가 콘텐츠를 좋아할지 여부를 예측하는 문제에 대해서 간접 레이블(클릭)만 있다고 가정해 보자. 모델이 이미 웹사이트에 배포되어 있고 사용자가 해당 모델이 추천하는 링크를 클릭한다면, 이를 통해 새롭게 만들어지는 데이터는 콘텐츠에 대한 사용자의 관심뿐만 아니라 모델이 해당 콘텐츠를 얼마나 강력하게 추천했는지를 간접적으로 반영하게 된다. 결과적으로 해당 모델이 많은 사용자에게 추천하기에 충분할 만큼 특정 링크가 중요하다고 결정한다면, 더 많은 사용자가 해당 링크를 클릭할 가능성이 높아지게 되고, 이는 특히 며칠 또는 몇 주 동안 추천이 반복되는 경우 더더욱 그렇다.

3.2 일반적인 데이터 관련 문제

방금 살펴본 것처럼, 작업할 데이터에 문제가 있을 수 있다. 이번 절에서는 그중에 가장 중요한 문제와 이를 완화하기 위해 수행할 수 있는 작업에 대해 살펴본다.

3.2.1 높은 비용

데이터를 얻는 데 비용이 들지만, 이를 레이블링 하는 데에도 비용이 들고, 특히 사람의 판단이 필요한 수작업으로 레이블링 하는 경우 많은 비용이 발생한다.

어떤 문제에 특화된 데이터를 수집해야 하는 경우 레이블이 없는 경우라도 데이터 수집에 비용이 많이 든다. 도시에서 발생하는 다양한 유형의 상거래 발생 위치를 알아보는 가장 좋은 방법은 정부 기관에서 이 데이터를 구입하는 것이다. 그러나 정부 데이터베이스가 불완전하거나 오래된 것일 수 있기 때문에 이 또한 복잡해지거나 불가능할 수도 있다. 최신 데이터를 얻기 위해, 특정 도시의 거리에 카메라가 장착된 차량을 보내서, 거리에 있는 모든 건물의 사진을 찍어 올 수 있다.

상상할 수 있듯이, 그러한 대규모 사업에는 비용이 많이 든다. 건물 사진을 수집하는 것만으로는 충분하지 않다. 모든 건물에서의 상거래 유형이 필요하다. 이제 '커피 하우스', '은행', '식료품', '약국', '주유소' 등과 같은 레이블링된 데이터가 필요하다. 이런 레이블은 수동으로 할당해야 하고 그 작업을 수행하기 위해서는 누군가에게 높은 비용을 지불해야 한다. 그런데 구글은 무료 리캡차 reCAPTCHA 서비스로 불특정 다수에게 레이블링을 아웃소싱하는 교묘한 기술을 통해 두 가지 문제를 해결한다. 웹상에서 스팸을 줄이고 값싼 레이블링된 데이터를 구글에 제공하는 것이다.

그림 3.3은 하나의 이미지에 레이블을 지정하는 데 필요한 작업을 보여주는데, 여기서 목표는 모든 픽셀에 '대형 트럭', '자동차나 소형 트럭', '보트', '건물', '컨테이너', '기타'와 같은 레이블을 할당하여 사진을 분할하는 것이다.[7] 실제로 그림 3.3의 사진에 레이블링을 하는 데 약 30분이 걸렸는데, '오토바이', '나무', '도로'와 같이 또 다른 유형이 더 많이 있으면 시간이 더 오래 걸리고 레이블링 비용이 더 많이 들 것이다.

잘 설계된 레이블링 도구는 마우스 사용(마우스 클릭으로 활성화되는 메뉴 포함)을 최소화하고 핫키를 최대한 활용해서 데이터 레이블링 속도를 높임으로써 비용을 절감한다.

7　　옮긴이 컴퓨터 비전 분야의 영상 분할(image segmentation)

원본 사진   레이블링된 사진

그림 3.3 레이블링되지 않은 항공사진과 레이블링된 항공 사진. 사진 제공: 톰 피스크(Tom Fisk)

가능하면 의사 결정을 예/아니요 답변으로 줄인다. 그림 3.4에서 보는 것과 같이 '이 텍스트에서 모든 가격을 찾아라'라고 하는 대신 텍스트에서 모든 숫자를 추출한 다음 각 숫자를 하나씩 표시하고 '이 숫자가 가격인가?'라고 묻는다. 레이블러가 '확실하지 않음'을 클릭하면 이 견본을 저장하여 나중에 다시 분석하거나 또는 모델 훈련에 이러한 견본은 사용하지 않을 수도 있다.

레이블링을 빨리 할 수 있는 또 다른 방법은 현재 최고 성능의 모델을 사용하여 견본을 미리 레이블링하는 **잡음이 있는 사전 레이블링**noisy pre-labeling이다. 이 시나리오에서는 처음에 모델의 예측값으로 '밑바닥부터 새로'(즉, 레이블러의 지원 없이) 일정량의 견본을 레이블링한다. 이제 레이블링된 초기 견본 세트를 통해 어느 정도 잘 작동하는 첫 번째 모델을 만든다. 그런 다음, 현재 모델을 사용하여 인간 레이블러 대신 각각의 새로운 견본에 레이블을 지정한다.[8] 레이블러에게 자동으로 할당한 레이블이 정확한지 물어보고, 레이블러가 '예'를 클릭하면 이 견본을 그대로 저장한다. 만약 '아니요'를 클릭하면 이 견본에 수동으로 레이블을 지정하도록 요청한다. 이 프로세스를 설명하는 그림 3.5의 워크플로workflow[9] 차트를 참고한다. 우수한 레이블링 프로세스 설계의 목표는 레이블링을 최대한 간소화하는 것이다. 레이블러의 관심을 유지하는 것 또한 중요한데, 이를 위해 지금까지 추가한 레이블 개수와 현재까지 최고 모델의 성능을 보여준다. 이를 통해 레이블러의 관심을 이끌어 내고 레이블링 작업에 목적의식을 갖도록 할 수 있다.

---

8   이것이 바로 '잡음이 있는' 사전 레이블링이라고 하는 이유다. 최적이 아닌 모델을 통해 견본에 할당된 레이블이 모두 정확하지는 않아서 인간의 검증이 필요하다.

9   [옮긴이] 작업 흐름

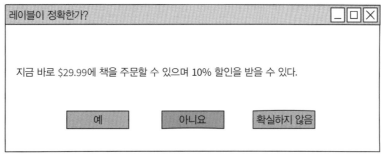

그림 3.4 간단한 레이블링 인터페이스의 예

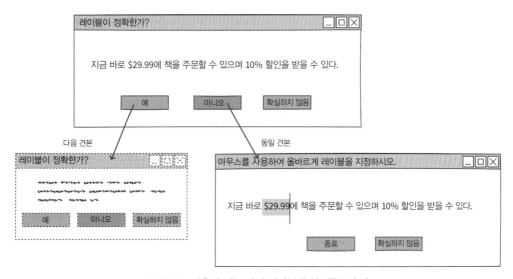

그림 3.5 잡음이 있는 사전 레이블링 워크플로의 예

3.2.2 품질 불량

데이터 품질은 모델의 성능에 영향을 미치는 주요 요인 중 하나로, 아무리 강조해도 지나치지 않다. 데이터 품질에는 원시 데이터 품질과 레이블링 품질이라는 두 가지 요소가 있다.

원시 데이터의 몇 가지 일반적인 문제는 잡음, 편향, 낮은 예측력, 오래된 견본, 특잇값, 누출이다.

3.2.3 잡음

데이터에 포함된 **잡음**noise은 견본을 손상시킨다. 이미지가 흐려지거나 지워질 수 있고, 텍스트의 서식이 손실되어 일부 단어가 연결되거나 분할될 수 있다. 또한 오디오 데이터는 배경에 잡음이 있을 수 있고, 설문조사 답변은 불완전하거나 응답자의 연령이나 성별 같은 속성이 누락될 수 있다. 통계적인 관점에서 잡음은 데이터 모음의 각 견본을 독립적으로 손상시키는 랜덤 프로세스라고 할 수 있다.

깔끔한 데이터에 결측 속성이 있는 경우 **데이터 대체**data imputation 기술은 해당 속성의 값을 추측하는 데 도움이 된다. 3.7.1절에서 데이터 대체 기술을 고려한다.

흐릿한 이미지는 특정한 이미지 디블러링deblurring 알고리즘을 이용해서 디블러링할 수 있지만, 필요한 경우 신경망과 같은 심층 머신러닝 모델이 디블러링을 학습하도록 할 수도 있다. 마찬가지로 오디오 데이터의 잡음도 알고리즘적으로 억제할 수 있다.

잡음이 있으면 **과적합**overfitting될 수 있기 때문에 데이터 세트가 상대적으로 작을 때(수천 개 이하의 견본) 잡음이 더 문제가 된다. 알고리즘이 훈련 데이터에 포함된 잡음을 모델링하는 방법을 배우게 되고 이는 바람직하지 않다. 반면에 빅데이터 맥락에서 잡음이 데이터 세트의 다른 견본과 독립적으로 각 견본에 랜덤하게 적용되는 경우 일반적으로 잡음의 효과는 여러 견본에 대해서 '평균화'된다. 후자의 맥락에서 잡음은 학습 알고리즘이 입력 특징의 작은 부분 집합에 너무 많이 의존하는 것을 방지하므로 정규화regularization 효과를 가져올 수 있다.[10]

3.2.4 편향

데이터의 **편향**bias은 데이터가 나타내는 상황과의 불일치인데, 이러한 불일치는 여러 가지 이유(서로 상호 배타적이지 않다)로 발생할 수 있다.

편향의 유형

선택 편향selection bias은 쉽게 구할 수 있고, 편리하고, 비용 효율적인 데이터 소스를 선택하도록 왜곡하는 경향이다. 예를 들어, 새로운 책에 대한 독자의 의견을 알고 싶어서, 이전에 출간한 책의 독자 메일링 리스트로 새로운 책의 일부 내용을 보낸다고 해 보자. 이렇게 선별된 그룹은 새 책을 좋아할 가능성이 매우 높다. 하지만 이러한 정보는 일반 독자에 대해서는 많은 것을 알려주지 않는다.

선택 편향의 실제적인 예는 이미지를 업스케일(해상도 증가)하기 위해 신경망 모델을 사용하는 **잠재 공간 탐색을 통한 사진 업샘플링**Photo Upsampling via Latent Space Exploration, PULSE 알고리즘으로 생성한 이미지다. 사용자가 이를 시험해 본 결과, 그림 3.6의 업스케일된 버락 오바마Barack Obama 전 미국 대통

---

10   이것은 딥러닝에서 드롭아웃 정규화 기술이 가져오는 성능 향상의 근거가 된다.

령의 사진이 어떤 경우에는 백인을 나타낼 수 있음을 발견했다.

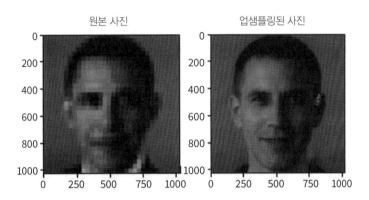

그림 3.6 선택 편향이 훈련된 모델에 미칠 수 있는 영향의 예. 이미지: Twitter/@Chicken3gg

위의 예는 단순히 머신러닝 알고리즘이 공정하고 데이터를 기반으로 모델을 훈련했다고 해서 머신러닝 모델이 정확하다고 가정할 수 없다는 것을 보여준다. 데이터에 편향이 있으면 이러한 편향이 모델에 반영될 가능성이 높다.

자기 선택 편향self-selection bias은 데이터를 '자발적으로' 제공하는 소스에서 데이터를 가져오는 경우에 발생하는 선택 편향의 한 형태다. 대부분의 여론 조사 데이터에는 이러한 유형의 편향이 있다. 예를 들어, 성공적인 기업가의 행동을 예측하는 모델을 훈련하는 경우, 먼저 기업가에게 자신이 성공했는지 아닌지를 물어보고, 자신이 성공했다고 선언한 사람들에게 얻은 데이터만 택하게 된다. 여기서 문제는 정말로 성공한 기업가는 질문에 답할 시간이 없는 반면, 자신이 성공했다고 주장하는 사람들은 실제로 그렇지 않을 수 있다는 것이다.

여기 또 다른 예가 있다. 예를 들어, 독자가 책을 좋아할지 여부를 예측하는 모델을 훈련한다고 할 때, 독자가 과거에 유사한 책에 부여한 평가를 사용할 수 있다. 그러나 책이 마음에 들지 않는 독자는 지나치게 낮은 등급의 평가를 하는 경향이 있다. 그림 3.7에 표시된 것처럼 중간 등급 평가의 양에 비해 매우 낮은 등급의 평가가 너무 많기 때문에 데이터가 편향된다. 이런 편향은 독자의 경험이 매우 좋거나 나쁠 때만 평가하는 경향이 있다는 사실로 인해 더욱 복잡해진다.

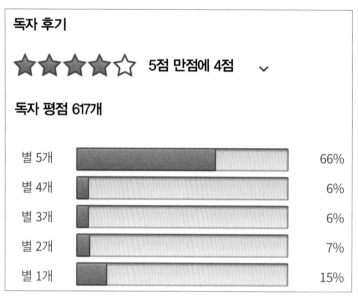

그림 3.7 독자가 아마존에서 인기 있는 인공지능 도서에 부여한 평점 분포

생략된 변수 편향omitted variable bias은 정확한 예측에 필요한 특징이 데이터에 없을 때 발생한다. 예를 들어, 고객 이탈 예측 모델로 고객이 6개월 이내에 구독을 취소할지 여부를 예측하려고 할 때, 모델은 충분히 정확하게 훈련했지만, 배포 후 몇 주가 지나면서부터 예기치 않은 거짓 음성false negative[11]이 많이 발생하는 경우가 있다. 모델의 성능 저하 원인을 조사하는 과정에서 새로운 경쟁자가 현재 더 낮은 가격에 매우 유사한 서비스를 제공한다는 사실을 발견하게 된다면, 아마도 초기 모델을 훈련할 때 경쟁자가 사용한 특징을 사용하지 않았기 때문에 결과적으로 정확한 예측을 위한 중요한 정보가 누락된 것이다.

후원sponsorship이나 **자금 편향**funding bias은 후원 기관에서 생성한 데이터에 영향을 미친다. 예를 들어, 유명 비디오 게임 회사가 뉴스 대행사를 후원하여 비디오 게임 산업에 대한 뉴스를 제공할 때, 비디오 게임 산업에 대한 예측을 하는 경우 이 후원받은 기관에서 제작한 스토리를 데이터에 포함할지도 모른다.

그러나 후원을 받은 뉴스 대행사는 후원자에 대한 나쁜 소식은 줄이고 성과를 과장하는 경향이 있으므로, 결과적으로 모델의 성능은 최적화되지 못한다.

샘플링 편향sampling bias(**분포 이동**distribution shift이라고도 함)은 훈련에 사용한 견본의 분포가 모델이 운영

---

11 정답을 오답으로 잘못 예측하는 경우

환경에서의 입력 분포를 반영하지 못할 때 발생한다. 이런 유형의 편향은 실제로 자주 관찰할 수 있다. 예를 들어, 수백 가지에 달하는 주제에 따라 문서를 분류하는 시스템을 개발할 때, 각 주제마다 동일한 양의 문서를 포함하도록 문서 모음을 만들 수 있다. 훈련을 끝마친 후 모델의 훈련 오차가 5%인데, 모델 배포 직후 약 30%의 문서를 잘못 할당했다. 왜 이런 일이 발생했을까?

가능한 이유 중 하나는 샘플링 편향이다. 운영 환경의 데이터에는 하나 또는 두 개의 주제가 모든 입력의 80%를 차지할 수도 있는데, 모델이 이러한 다수를 차지하는 몇 개의 주제에 대해서 제대로 작동하지 않으면 처음에 시스템이 운영 환경에서 예상했던 것보다 더 많은 오류를 범하게 된다.

편견prejudice이나 **고정관념 편향**stereotype bias은 책이나 사진 보관소archive와 같은 역사 기록물에서 얻은 데이터나 소셜 미디어, 온라인 포럼, 온라인 출판물에 대한 의견과 같은 온라인 활동에서 종종 관찰된다.

예를 들어, 사진 보관소의 데이터를 사용하여 남성과 여성을 구별하는 모델을 훈련하는 경우 남성은 직장이나 야외 환경에서, 여성은 실내에서 더 자주 나타난다. 만약 이러한 편향된 데이터를 사용하면 모델은 야외에서 여성을 인식하거나 집에 있는 남성을 인식하는 데 더 많은 어려움을 겪을 것이다.

이러한 유형의 유명한 편향의 예는 word2vec[12]와 같은 알고리즘으로 훈련한 **단어 임베딩**word embedding을 이용하여 단어에 대한 연관성을 찾는 것이다. 이 모델은 왕 – 남자 + 여자 ≈ 여왕이지만 동시에 그 프로그래머 – 남자 + 여자 ≈ 주부라고 예측한다.

체계적인 값 왜곡systematic value distortion은 일반적으로 측정을 할 때나 관찰용 기기에서 발생하는 편향이다. 이로 인해 운영 환경에 배포한 머신러닝 모델이 최적이 아닌 결과를 예측하게 된다.

예를 들어, 흰색을 노랗게 보이게 하는 화이트 밸런스가 있는 카메라를 사용하여 훈련 데이터를 수집했다고 가정하자. 그러나 운영 환경에서는 엔지니어가 흰색을 흰색으로 '표현할 수 있는' 고품질 카메라를 사용하는 경우, 저품질 사진으로 모델을 훈련했으므로 더 고품질의 사진을 입력하여 예측하면 최적이 아닌 결과를 얻게 된다.

이것을 잡음이 있는 데이터와 혼동해서는 안 된다. 잡음은 데이터를 왜곡하는 랜덤 프로세스에 따른 결과로, 데이터 세트가 충분히 크면 잡음은 평균화될 수 있으므로 문제가 되지 않는다. 반면

12 　[옮긴이] 2013년 구글 연구팀이 발표한 단어 임베딩 모델. 주변에 있는 단어들끼리 코사인 유사도가 높도록 임베딩한다. 신경망 모델을 사용하여 대규모 텍스트 코퍼스에서 단어 연관성을 학습하고, 학습이 끝나면 동의어 단어를 감지하거나 부분 문장에 대한 추가 단어를 제안할 수 있다.

에 측정값이 일관되게 한 방향으로 치우쳐 있으면 훈련 데이터가 손상되고 궁극적으로 모델의 품질이 저하된다.

실험자 편향experimenter bias은 자신의 이전 신념이나 가설에 대한 확증 편향에 따라 정보를 검색, 해석, 선호, 기억하는 경향을 말한다. 머신러닝의 경우, 설문조사에 대한 각 특정인의 답변 당 하나씩 데이터 세트의 견본을 얻었을 때 실험자 편향이 발생하는 경우가 많다.

일반적으로 각 설문조사에는 여러 질문이 포함되어 있는데, 질문의 형식이 응답에 큰 영향을 미칠 수 있다. 질문이 응답에 영향을 미치도록 하는 가장 간단한 방법은 '페퍼로니, 모든 고기, 채식 중 어떤 종류의 피자를 좋아하세요?'와 같이 제한된 응답 옵션을 제공하는 것이다. 그리고 이때 다른 답변이나 심지어 '기타'를 선택할 수 없도록 한다.

또는 애초에 설문조사 질문이 편향되게 제시할 수 있다. 실험자 편견이 있는 분석가는 '재활용을 합니까?'라고 묻는 대신 '재활용을 기피합니까?'라고 물을 수 있는데, 후자에 비해 전자의 경우 응답자가 정직한 답변을 할 가능성이 더 높다.

또한, 특정 결론을 뒷받침하기 위해 분석가가 사전에 브리핑을 받는 경우(예를 들어, '통상적으로 사업' 하는 것을 선호하는 사람) 실험자 편견이 발생할 수 있다. 이런 경우, 신뢰할 수 없거나 잡음이 있다는 이유로 특정 변수를 분석에서 제외할 수 있다.

레이블링 편향labeling bias은 편향된 프로세스나 사람이 레이블링을 할 때 발생한다. 예를 들어, 여러 레이블러에게 문서를 읽고 문서에 주제를 지정하도록 요청하면 일부 레이블러는 실제로 문서를 완전히 읽고 신중하게 판단한 레이블을 지정한다. 이와는 대조적으로, 다른 일부 레이블러는 텍스트를 신속하게 '훑어보고' 일부 핵심 구문을 찾아 선택한 핵심 구문에 가장 적합한 주제를 선택할 수 있다. 사람들 각각의 뇌는 특정 도메인이나 도메인의 핵심 문구에 더 많은 주의를 기울이고 다른 도메인에는 주의를 덜 기울이기 때문에 레이블러가 텍스트를 세심하게 읽지 않고 훑어보기만 하고 할당한 레이블은 편향되기가 쉽다.

또는 일부 레이블러는 개인적으로 선호하는 일부 주제에 대한 문서를 읽는 데 더 관심이 있을 수 있다. 이런 경우 레이블러는 관심 없는 문서를 건너뛸 수 있으며, 후자는 데이터에 지나치게 적게 표현된다.

편향을 피하는 방법
일반적으로 데이터 세트에 어떤 편향이 있는지 정확히 알 수는 없다. 게다가 편향이 있다는 사실을 알더라도 이를 피하는 것은 어려운 일이다. 그리므로 미리 대비해야 한다.

편향을 피하기 위한 좋은 습관은 데이터를 만든 사람이 누구이고, 데이터를 만들게 된 동기와 품질 기준이 무엇인지, 그리고 더 중요한 것은 데이터가 생성된 방법과 이유를 포함한 모든 것에 의문을 제기하는 것이다. 데이터가 일부 연구의 결과물인 경우, 연구 방법에 의문을 가져보고 그러한 방법이 위에서 설명한 편향을 만들지 않도록 한다.

선택 편향은 특정 데이터 소스를 선택한 이유를 체계적으로 질문함으로써 피할 수 있다.

그 이유가 단순함이나 낮은 비용 때문이라면 주의를 기울여야 한다. 특정 고객이 새로운 제안을 구독할지 여부에 대한 예를 상기해 보면, 기존 고객이 임의의 잠재 고객보다 브랜드에 대한 충성도가 더 높기 때문에 현재 고객에 대한 데이터만 사용하여 모델을 훈련하는 것은 좋지 않다. 모델의 품질에 대한 추정치가 지나치게 좋을 수 있기 때문이다.

자기 선택 편향은 완전히 제거할 수는 없다. 이는 일반적으로 설문조사에서 나타나는데, 질문에 답하는 응답자의 단순한 동의는 자기 선택 편향을 나타낸다. 설문조사가 길어질수록 응답자가 높은 수준의 주의를 기울이면서 답변할 가능성은 낮아진다. 설문조사 문구는 짧아야 하고, 응답자가 질문에 계속 집중하며 답변할 수 있도록 동기부여를 한다.

자기 선택_{self-selection}을 줄이기 위해 응답자를 미리 선택한다. 기업가에게 자신이 성공했다고 생각하는지 묻지 않는다. 차라리 전문가나 출판물을 참고해서 목록을 작성하고 해당 개인에게만 연락한다.

'모르는 것이 무엇인지 모른다'는 말처럼 **생략된 변수 편향**을 완전히 피하기는 어렵다. 한 가지 방법은 사용 가능한 모든 정보를 사용하는 것이다. 즉, 불필요하다고 생각하는 특징까지 포함하여 가능한 한 많은 특징을 특징 벡터에 포함하는 것이다. 이렇게 하면 특징 벡터가 매우 커지고(즉, 차원이 높아짐) 희소(즉, 대부분의 차원값이 0인 경우)해진다. 그럼에도 불구하고 정규화를 잘하면 어떤 특징이 중요하고 어떤 특징이 중요하지 않은지를 모델이 '판단'할 수 있다

또는 특정 변수가 정확한 예측을 하기 위해 중요한지를 의심해서 이를 모델에서 제외하면 생략된 변수 편향이 발생할 수 있다. 해당 데이터를 얻는 것이 어렵다면 변수를 생략하는 대신 이를 대신할 수 있는 대용 변수_{proxy variable}를 사용해 본다. 예를 들어, 중고차의 가격을 예측하는 모델을 훈련하고 싶은데 자동차의 연식을 알 수 없는 경우 현재 차주의 소유 기간을 대신 사용한다. 현재 차주가 자동차를 소유한 시간을 자동차 연식의 대용 변수로 사용하는 것이다.

데이터 소스, 특히 데이터 소스 소유자가 데이터를 제공하려는 동기를 주의 깊게 조사하면 **후원 편향**_{sponsorship bias}을 줄일 수 있다. 예를 들어, 담배 및 의약품에 대한 출판물은 종종 담배 회사와

제약 회사 또는 그 반대자들이 후원하는 것으로 알려져 있다. 뉴스 회사, 특히 광고 수익에 의존하거나 공개되지 않은 비즈니스 모델을 가진 회사에 대해서도 마찬가지라고 할 수 있다.

샘플링 편향sampling bias은 생산 단계에서 관찰되는 데이터의 다양한 속성의 실제 비율을 조사한 다음 유사한 비율을 유지하도록 훈련 데이터를 샘플링하여 피할 수 있다.

편견이나 고정관념 편향은 통제할 수 있다. 여성과 남성의 사진을 구별하기 위한 모델을 개발할 때, 데이터 분석가는 실내에서 여성의 수를 과소 샘플링하거나 집에 있는 남성의 수를 과대 샘플링할 수 있다. 즉, 학습 알고리즘을 보다 고르게 분포된 견본에 적용함으로써 편견이나 고정관념 편향을 줄일 수 있다.

체계적인 값 왜곡 편향systematic value distortion은 여러 측정 장치를 사용하거나 측정 기기나 관찰 기기의 출력을 비교하도록 훈련된 사람을 고용하여 완화할 수 있다.

실험자 편향experimenter bias은 설문조사에서 질문한 내용을 여러 사람이 검증하도록 함으로써 피할 수 있다. 스스로에게 '이 질문에 답하는 것이 불편하거나 제한적인가?'라고 물어본다.

또한, 분석에 더 많은 어려움이 있더라도 예/아니요 또는 객관식 질문보다는 개방형 질문을 선택한다. 여전히 응답자에게 답을 선택하도록 하고 싶으면 '기타' 옵션과 다른 답변을 작성할 공간을 포함한다.

레이블링 편향은 동일한 견본을 여러 레이블러에게 레이블링하도록 해서 피할 수 있다. 특정 레이블러가 대다수의 레이블러와는 다른 레이블을 견본에 할당했다면 그 이유를 해당 레이블러에게 물어본다. 이를 통해 일부 레이블러가 전체 문서를 분석하지 않고 특정 핵심 문구를 참고하고 있다는 것을 알아낼 수 있고, 이를 통해 주의 깊게 읽지 않고 빠르게 대충 읽는 레이블러를 식별해 낼 수 있다.

레이블러마다 문서를 건너뛴 빈도를 비교할 수도 있다. 레이블러가 평균보다 더 자주 문서를 건너뛰는 경우, 기술적인 문제가 발생했는지 아니면 단순히 일부 주제에 관심이 없는지 알아본다.

데이터의 편향을 완전히 피할 수는 없다. 즉, 은색 총알silver bullet,[13] 즉 한번에 완전히 문제를 해결

---

13 [옮긴이] 은으로 만들어진 탄환. 서구 전설에 따르면 늑대 인간, 악마 등을 격퇴할 때 쓰이는 무기로 알려져 있다. 현대에 와서는 문자 그대로의 탄환을 의미하는 것이 아니라, 어떤 일에 대한 해결책, 특효약, 스포츠에서는 팀의 중심 선수를 일컫는 말로 사용되기도 한다. 소프트웨어 공학 분야에서는 프레더릭 브룩스가 1986년에 출간한 《The Mythical Man-Month》 17장에서 'No Silver Bullet'이라는 말을 사용하여 모든 문제에 통용되는 만능 해결책 따위는 존재하지 않는다고 논하였는데, 이는 이상적인 소프트웨어 설계에 대해 부정적인 의미로 사용되는 경우가 많다.

하는 완벽한 해결책은 없다. 일반적으로, 특히 모델이 인간의 삶에 영향을 미치는 경우 인간을 계속 중심에 두고 판단하도록 한다.

때때로 데이터 분석가들은 지저분하거나 비합리적인 인간의 판단과는 달리 머신러닝 모델이 증거와 수학을 바탕으로 결정을 내리기 때문에 본질적으로 공정하다고 가정하고 싶은 유혹을 받지만, 안타깝게도 항상 그런 것은 아니다. 불가피하게 편향된 데이터로 훈련한 모델은 편향된 결과를 생성한다.

결과물이 공정하도록 모델을 훈련하는 것은 사람의 의무다. 그런데 공정한 것이 무엇인가? 불행하게도, 다시 말하지만 불공정함을 항상 감지할 수 있는 완벽한 측정법은 없다. 모델 공정성에 대한 적절한 정의를 선택하는 것은 항상 문제에 따라 달라지며 인간의 판단이 필요하다. 7장의 7.6절에서는 머신러닝의 **공정성**fairness에 대한 몇 가지 정의를 살펴본다.

데이터를 수집하고 준비하는 모든 단계에 인간이 개입하는 것이 머신러닝으로 인해 발생할 수 있는 문제를 최소화하는 최선의 방법이다.

3.2.5 낮은 예측력

낮은 예측력low predictive power은 좋은 모델을 훈련하기 위한 헛수고를 하고 난 후에야 종종 고려하게 되는 문제다. 모델의 표현력이 부족해서 성능이 떨어지는지, 데이터에 학습할 정보가 충분하지 않은지 알 수가 없기 때문이다.

청취자가 음악 스트리밍 서비스의 새로운 노래를 좋아할지 여부를 예측하는 경우, 데이터는 아티스트 이름, 노래 제목, 가사, 해당 노래가 재생 목록에 있는지 여부가 된다. 하지만 이 데이터로 훈련한 모델은 완벽하지 않을 것이다.

일반적으로 청취자의 재생 목록에 없는 아티스트는 모델로부터 높은 점수를 받을 가능성이 낮다. 또한, 많은 사용자는 특정 아티스트의 일부 노래만 재생 목록에 추가한다. 그들의 음악적 선호도는 노래 편곡, 악기 선택, 음향 효과, 음색, 음조, 리듬, 비트의 미묘한 변화에 의해 크게 영향을 받는다. 그런데 이런 것은 가사, 제목, 아티스트 이름에서는 찾을 수 없는 노래의 특성이고, 이는 사운드 파일에서 추출해야 한다.

다른 한편으로, 오디오 파일에서 이와 관련된 특징을 추출하는 것은 어렵다. 최신 신경망에서도 음향을 통해 노래를 추천하는 것은 인공지능이 하기 힘든 과제로 꼽는다. 일반적으로 노래 추천은 다른 청취자의 재생 목록을 비교하고, 유사한 구성을 가진 재생 목록을 찾아 개발한다.

예측력이 낮은 다른 예를 고려해 보자. 망원경으로 흥미로운 것을 관찰할 수 있는 위치를 예측하는 모델을 훈련할 때, 모델 훈련에 사용할 데이터는 과거에 특이한 것을 포착한 여러 지역 하늘 사진이 된다. 하지만 이러한 사진만으로는 그러한 위치를 정확하게 예측하는 모델을 훈련할 수 있을 것 같지는 않다. 그러나 이 데이터에 다른 구역으로부터의 무선 주파수 신호를 측정하는 센서나 입자 버스트particle burst와 같은 다양한 센서의 측정값을 추가하면 더 나은 예측을 할 수 있을 것이다.

특히, 데이터 세트로 처음 작업할 때 어려울 수 있다. 모델을 아무리 복잡하게 만들어도[14] 만족할 만한 결과를 얻을 수 없다면 모델의 예측력이 떨어질 수 있다는 문제를 고려해 봐야 한다. 가능한 한 많은 추가 특징을 설계한다(창의성을 발휘해서!). 그리고 특징 벡터를 강화하기 위해서 간접 데이터 소스도 고려해 본다.

3.2.6 오래된 견본

모델을 구축하고 운영 환경에 배포하면 일반적으로 모델이 한동안 잘 작동하는데, 보통 이 기간은 전적으로 모델링하는 대상에 따라 다르다.

9장의 9.4절에서 논의하는 바와 같이, 일반적으로 운영 환경에는 특정 모델 품질 모니터링 절차가 있다. 모니터링을 통해 비정상적인 동작이 감지되면 모델을 조정하기 위해 새로운 훈련 데이터를 추가해서 재학습한 모델을 다시 배치한다.

종종 훈련 데이터 세트가 부족하다는 점을 실패의 원인으로 설명한다. 이러한 경우 훈련 견본을 추가해서 모델을 강화하지만, 실제로 많은 시나리오에서는 **개념 이동**concept drift으로 인해 모델이 오류를 범하기 시작한다. 개념 이동은 특징과 레이블 간의 통계적 관계가 근본적으로 변하는 것이다.

사용자가 웹사이트의 특정 콘텐츠를 좋아할지 여부를 예측하는 모델의 경우, 시간이 지남에 따라 일부 사용자의 선호도가 바뀔 수 있는데, 이는 아마도 노화 때문이거나 또는 사용자가 새로운 관심사를 발견했기 때문일 것이다(3년 전에는 재즈를 듣지 않았는데 지금은 좋아할 수도 있다!). 과거에 훈련 데이터에 추가한 견본은 더 이상 일부 사용자의 선호도를 반영하지 않을 수 있으며, 모델 성능에 기여하기보다는 모델 성능을 손상하기 시작한다. 이것이 개념 이동이다. 새로운 데이터에 대해서 모델 성능이 감소한다면 이를 고려해 본다.

---

14 [옮긴이] 좀 더 복잡한 모델을 적용해서 모델의 수용력을 높이는 경우에 해당한다.

훈련 데이터에서 오래된 견본을 제거하여 모델을 수정한다. 이를 위해, 가장 최근의 견본이 앞에 위치하도록 훈련 견본을 정렬한다. 모델 재교육에 사용할 최신 견본의 비율을 정의하는 초매개변수를 추가하고 **그리드 검색**grid search[15]이나 다른 초매개변수 조정 기술을 통해 조정한다.

개념 이동은 분포 이동으로 알려진 보다 광범위한 문제의 하나의 예다. 5.6절과 6.3절에서 초매개변수 조정과 다른 유형의 분포 이동을 고려한다.

3.2.7 특잇값

특잇값은 데이터 세트의 대부분의 견본과 달라 보이는 견본이다. 이러한 '같지 않음'을 정의하는 것은 데이터 분석가의 몫이고, 일반적으로 이러한 비유사성은 **유클리드 거리** 같은 거리 지표로 측정한다.

그러나 실제로는 원래 특징 벡터 공간에서 특잇값으로 보이는 것이 **커널 함수**kernel function를 통해 변환된 특징 벡터 공간에서는 일반적인 값이 될 수도 있다. 특징 공간 변환은 종종 **서포트 벡터 머신**과 같은 커널 기반 모델로 명시적으로 수행하기도 하고 심층 신경망으로 암시적으로 수행하기도 한다.

선형회귀나 로지스틱 회귀와 같은 얕은 알고리즘과 에이다부스트AdaBoost[16] 같은 일부 앙상블 방법은 특히 특잇값에 민감하다. SVM에는 특잇값에 덜 민감한 하나의 정의가 있는데, 특별한 페널티 초매개변수는 잘못 분류된 견본(종종 특잇값일 수 있음)이 **결정 경계**decision boundary에 미치는 영향을 조절한다. 이 페널티값이 낮으면 SVM 알고리즘은 결정 경계(양수와 음수 견본을 구분하는 가상 초평면)를 그릴 때 특잇값을 고려 대상에서 완전히 무시할 수 있다. 초매개변숫값이 너무 작으면 특정한 일반적인 견본도 결정 경계의 잘못된 쪽에 놓일 수 있다. 분석가는 초매개변수 조정 기술을 사용하여 해당 초매개변수의 최적값을 찾아야 한다.

충분히 복잡한 신경망은 데이터 세트의 각 특잇값에 대해 다르게 작동하는 방법을 배울 수 있고 동시에 일반 견본에 대해서도 잘 작동한다. 하지만 이러한 경우 모델이 필요 이상으로 복잡해지기 때문에 이는 원하는 결과가 아니다. 모델의 복잡도가 높아질수록 훈련과 예측 시간이 길어지고 운영 환경에 배포 후 일반화하기가 더 어려워진다.

---

15 [옮긴이] 모델 초매개변수에 넣을 수 있는 값들을 순차적으로 입력한 뒤에 가장 높은 성능을 보이는 초매개변수들을 찾는 탐색 방법

16 [옮긴이] Adaptive Boosting의 약자. 약한 분류기(weak classifier)들이 상호 보완하도록 순차적(sequential)으로 학습하고, 이들을 조합하여 최종적으로 강한 분류기(strong classifier)의 성능을 향상시킨다.

훈련 데이터에서 특잇값을 제외할지 아니면 특잇값에 강건한 머신러닝 알고리즘과 모델을 사용할지 여부는 논쟁의 여지가 있다. 데이터 세트에서 견본을 제거하는 것은 특히 작은 데이터 세트에서 과학적으로나 방법론적으로 바람직하지 않다. 반면에 빅데이터 맥락에서 특잇값은 일반적으로 모델에 큰 영향을 미치지 않는다.

실용적인 관점에서 일부 훈련 견본을 제외했을 때 홀드아웃 데이터에 대한 모델의 성능이 향상되는 경우, 해당 훈련 견본을 제외하는 것이 적합할 수 있다. 유사도 척도similarity measure를 통해 제외할 견본을 결정하는데, 이러한 척도를 얻기 위한 현대적인 접근 방식은 **오토인코더**autoencoder를 구축하고 재구성 오차[17]를 (비)유사도 척도로 사용하는 것이다. 주어진 견본에 대한 재구성 오차가 클수록 데이터 세트와 유사하지 않다고 할 수 있다.

3.2.8 데이터 누출

데이터 누출data leakage은 **목표 누출**target leakage이라고도 하는데, 이는 데이터 수집에서 모델 평가에 이르기까지 머신러닝 수명주기의 여러 단계에 영향을 미친다. 이번 절에서는 이 문제가 데이터 수집과 준비 단계에서 어떤 영향을 미치는지를 살펴보고, 다음 장에서는 그 밖의 다른 단계에서의 영향에 대해 살펴본다.

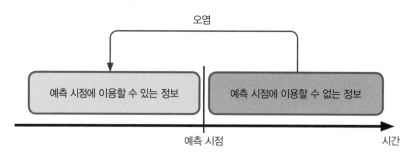

그림 3.8 데이터 누출에 대한 간결한 설명

지도학습에서 데이터 누출은 사용하지 말아야 하는 목표에 대한 정보를 의도치 않게 사용하는 것이다. 이를 '오염'이라고도 하는데(그림 3.8), 오염된 데이터로 훈련을 하면 모델 성능에 대해 지나치게 낙관적인 예측 결과를 얻게 된다.

---

17 오토인코더 모델은 임베딩 벡터에서 입력을 재구성하도록 훈련한다. 홀드아웃 데이터의 재구성 오류를 최소화하도록 오토인코더의 초매개변수를 조정한다.

3.3 좋은 데이터란?

앞에서 데이터 수집을 시작하기 전에 데이터에 대해 답해야 할 질문과 분석가가 직면할 수 있는 데이터의 일반적인 문제를 살펴보았다. 하지만 머신러닝 프로젝트에 있어서 좋은 데이터는 무엇일까? 좋은 데이터의 몇 가지 특성을 아래에서 살펴본다.

3.3.1 좋은 데이터는 유익함

좋은 데이터에는 모델링에 필요한 충분한 정보가 포함되어 있다. 예를 들어, 고객이 특정 제품을 구매할지 여부를 예측하는 모델을 훈련하려면 해당 제품의 특성과 고객이 과거에 구매한 제품의 특성을 모두 갖고 있어야 한다. 제품의 특성, 고객의 위치, 고객의 이름만 가지고 있다면 동일한 위치의 모든 고객에 대한 예측이 동일할 것이다.

훈련 견본이 충분한 경우 모델이 잠재적으로 이름에서 성별과 인종을 도출하고 남성, 여성, 위치, 인종에 따라 서로 다른 예측을 할 수 있지만 각 고객 개개인에 대해서는 개별적으로 예측할 수 없다.

3.3.2 좋은 데이터는 넓은 적용 범위를 가짐

좋은 데이터는 모델로 달성하고자 하는 대상에 대해서 충분한 적용 범위를 제공한다. 예를 들어, 모델을 사용하여 웹페이지를 주제별로 분류하려고 할 때, 만약 관심 있는 주제가 천 개라면 알고리즘이 주제 간의 차이를 학습할 수 있도록 양적으로 천 개 주제 각각에 대한 문서 견본 데이터가 있어야 한다.

다른 상황을 상상해 보자. 특정 주제에 대해 하나 또는 두 개의 문서만 있다고 할 때, 각 문서의 본문에 고유한 식별자$_{ID}$가 포함되도록 한다. 이런 시나리오에서 학습 알고리즘은 문서가 어떤 주제에 속하는지 이해하기 위해 각 문서에서 무엇을 봐야 하는지 확신하지 못한다. 식별자를 봐야 할까? 물론, 식별자가 좋은 구별 요소처럼 보인다. 하지만 알고리즘이 식별자를 사용하여 이러한 몇 가지 견본을 나머지 데이터 세트와 구별한다면 이렇게 학습된 모델은 일반화하기가 어려울 것이다. 왜냐하면 또 다른 상황에서는 이러한 식별자를 다시 볼 수 없기 때문이다.

3.3.3 좋은 데이터는 실제 입력을 반영함

좋은 데이터는 운영 환경에서의 실제 모델 입력을 반영한다. 예를 들어, 도로 위의 자동차를 인식하는 시스템을 구축한다고 할 때 정시 근무 시간[18] 동안 촬영한 사진만 있다면, 야간에 촬영한 사진 견본이 많지 않을 것이다. 이런 데이터로 훈련한 모델을 운영 환경에 배포하면, 하루 종일 촬영한 다양한 사진이 입력되는 경우 해당 모델은 야간 사진에 대해서 더 많은 오류를 범하기 시작할 것이다. 또한, 앞에서 예로 든 고양이, 개, 너구리 문제를 떠올려 보면, 모델이 너구리에 대해 아무것도 모른다면 너구리 사진을 개나 고양이로 예측하는 오류가 발생할 것임은 자명하다.

3.3.4 좋은 데이터는 편향되지 않음

좋은 데이터는 가능한 한 편향되지 않는다. 이 특성은 이전 특성과 유사해 보이지만, 훈련에 사용하는 데이터와 운영 환경에서 모델에 적용하는 데이터 모두에 편향이 있을 수 있다.

3.2절에서 데이터에 존재하는 편향의 여러 원인과 이를 처리하는 방법에 대해 논의했다. 사용자 인터페이스 또한 편향의 원인이 될 수 있는데, 예를 들어 뉴스 기사의 인기도를 예측하기 위해 클릭률을 특징으로 사용하는 경우가 그렇다. 즉, 일부 뉴스 기사가 페이지 상단에 표시되면 더 흥미로운 다른 뉴스 기사가 하단에 표시되더라도 이에 비해 클릭 수가 더 높을 수 있다.

3.3.5 좋은 데이터는 피드백 루프의 결과가 아님

좋은 데이터는 모델 자체의 결과가 아니다. 이것은 위에서 논의한 피드백 루프의 문제를 반영한다. 예를 들어, 이름으로 사람의 성별을 예측하는 모델을 훈련한 다음 해당 모델의 예측 결과를 사용하여 새로운 훈련 견본의 레이블을 지정할 수 없다.

또는 모델을 사용하여 사용자에게 어떤 이메일 메시지가 중요한지 결정하고 중요한 메시지를 강조 표시하는 경우, 해당 이메일의 개봉 여부를 이메일의 중요도를 나타내는 직접적인 신호로 사용하면 안 된다. 모델이 강조 표시를 했기 때문에 사용자가 개봉할 수도 있기 때문이다.

3.3.6 좋은 데이터의 레이블은 일관됨

좋은 데이터는 일관된consistent 레이블을 갖는다. 레이블링의 불일치는 다음과 같은 여러 원인에서 발생할 수 있다.

- 사람마다 서로 다른 기준에 따라 레이블링을 한다. 여러 사람이 같은 기준을 사용한다고

---

18 [옮긴이] 보통 오전 9시부터 오후 5시까지에 해당한다.

믿더라도 사람마다 종종 같은 기준을 다르게 해석하는 경우가 많다.[19]

- 일부 클래스의 정의는 시간이 지남에 따라 바뀌고, 이로 인해 두 개의 매우 유사한 특징 벡터에 두 개의 서로 다른 레이블을 지정하는 상황이 발생한다.

- 사용자의 동기에 대한 오해가 있을 수 있다. 예를 들어, 사용자가 추천 뉴스 기사를 무시 했을 경우, 결과적으로 이 뉴스 기사는 부정적인 레이블을 받는다. 그러나 사용자가 이 추천을 무시한 이유가 뉴스 기사의 주제에 관심이 없기 때문이 아니라 이미 기사 이야기를 알고 있기 때문일 수도 있다.

3.3.7 좋은 데이터는 충분히 큼

좋은 데이터는 일반화를 하기에 충분할 만큼 크다. 때로는 어떤 방법을 써도 모델의 정확도를 높이기 어려운 경우가 있다. 학습 알고리즘에 아무리 많은 데이터를 투입하더라도 데이터에 포함된 정보에 대한 예측력이 낮은 것이다. 하지만 많은 경우에 훈련 견본의 수를 수천 개에서 수백만 또는 수억 개로 키울수록 매우 정확한 모델을 얻을 수 있다. 다만 문제 해결을 위한 작업을 시작하고 진행 상황을 보기 전에는 필요한 데이터의 양을 미리 알 수는 없다.

3.3.8 좋은 데이터 요약

나중에 참고할 수 있도록 좋은 데이터의 특성을 다시 한 번 정리해 보면 다음과 같다.

- 모델링에 사용할 수 있을 만큼 충분한 정보를 포함하고 있다.
- 모델로 수행하려는 작업에 대한 넓은 적용 범위를 갖고 있다.
- 운영 환경에서의 실제 모델 입력을 반영한다.
- 가능한 한 편향이 없다.
- 모델 자체의 예측 결과가 아니다.
- 일관된 레이블이 있다.
- 일반화를 할 수 있을 만큼 충분히 크다.

---

19 3.1절에서의 메커니컬 터크(Mechanical Turk)의 예를 생각해 보면, 다른 사람이 할당한 레이블의 신뢰성을 향상시키기 위해 여러 레이블러의 과반수 투표(또는 평균)를 사용할 수 있다.

3.4 상호 작용 데이터 처리

상호 작용 데이터interaction data는 모델이 지원하는 시스템과 사용자 간의 상호 작용에서 수집할 수 있는 데이터다. 운이 좋으면 사용자와 시스템의 상호 작용에서 좋은 데이터를 수집할 수 있다.

좋은 상호 작용 데이터는 다음과 같은 세 가지 측면의 정보를 포함한다.

- 상호 작용의 맥락
- 해당 맥락에서의 사용자 행동
- 상호 작용의 결과

예를 들어, 개발하고 있는 검색 엔진의 모델이 각 사용자에 대한 검색 결과의 순위를 개별적으로 다시 지정한다고 가정해 보자. 이러한 순위 재지정 모델은 사용자가 제공한 키워드를 기반으로 검색 엔진에서 반환한 링크 목록을 입력받아서 항목 순서가 변경된 다른 목록을 출력한다. 일반적으로 순위가 재지정된 모델은 사용자와 사용자의 선호도에 대해 '알고' 있으며, 학습한 사용자의 선호도에 따라 각 사용자의 일반 검색 결과를 개별적으로 재정렬할 수 있다. 여기서 맥락은 검색 쿼리와 특정 순서로 사용자에게 제공되는 100개의 문서이고, 행동은 사용자가 특정 문서 링크를 클릭하는 것이다. 이에 따른 결과는 사용자가 문서를 읽는 데 소비한 시간과 사용자가 '뒤로 가기'를 눌렀는지 여부다. 그리고 또 다른 행동은 '다음 페이지' 링크를 클릭하는 것이다.

여기서 얻을 수 있는 직관은 사용자가 일부 링크를 클릭하고 그 페이지를 읽는 데 상당한 시간을 소비하면 순위가 높았다는 것이다. 사용자가 결과에 대한 링크를 클릭한 다음 빠르게 '뒤로 가기'를 클릭하면 순위가 낮았다. 또한, 사용자가 '다음 페이지' 링크를 클릭하면 역시 순위가 낮았다. 이 데이터는 순위 알고리즘을 개선하고 더 개인화하는 데 사용할 수 있다.

3.5 데이터 누출의 원인

데이터 수집과 준비 과정에서 발생할 수 있는 **데이터 누출**의 가장 빈번한 세 가지 원인인 1) 목표가 특징의 함수인 경우, 2) 목표가 특징에 숨어 있는 경우, 3) 미래를 반영하는 특징에 대해 설명한다.

3.5.1 목표가 특징의 함수인 경우

국내 총생산gross domestic product, GDP은 특정 기간 동안 한 국가의 모든 완제품과 서비스에 대한 금전적 측정값으로 정의된다. 한 국가의 GDP 예측은 구역, 인구, 지리적 영역 등 다양한 속성을 바탕으로 하는데, 이러한 데이터의 예는 그림 3.9에 나와 있다. 각 속성과 GDP와의 관계를 면밀히 분석하지 않으면 누출이 발생할 수 있다. 그림 3.9의 데이터에는 인구와 1인당 GDP를 나타내는 두 개의 열이 있고 이 둘을 곱하면 GDP가 된다. 훈련할 모델은 이 두 열만 보고도 GDP를 완벽하게 예측할 수 있다. 약간 변형된 형태(인구 수로 나눔)의 GDP라도 특징 중에 포함되면 오염을 일으키므로 데이터 누출이 발생한다.

국가	인구	지역	...	1인당 GDP	GDP
프랑스	6,700만	유럽	...	38,800	2.6T
독일	8,300만	유럽	...	44,578	3.7T
...	...	...	...	...	...
중국	13억 8,600만	아시아	...	8,802	12.2T

그림 3.9 인구와 1인당 GDP라는 두 가지 특징의 단순한 함수인 목표(GDP)의 예

더 간단한 예는 목표의 복사본이 단지 바뀐 형식으로 특징에 포함되는 경우다. 직원의 속성을 고려하여 연봉을 예측하는 모델을 훈련한다고 가정해 보자. 훈련 데이터의 여러 가지 속성 중에 월급과 연봉이 포함되어 있다고 할 때, 특징 목록에서 월급 속성을 제거하지 않으면 월급만 보고 연봉을 완벽하게 예측할 수 있으므로 모델이 완벽하다고 믿게 된다.[20] 하지만 일단 모델이 운영 환경에 배포되면 개인의 월급에 대한 정보를 입력받지 못할 가능성이 높다. 그렇지 않으면 모델링이 필요 없는 의미 없는 문제가 될 것이다.

3.5.2 목표가 특징에 숨어 있는 경우

때로는 목표가 하나 이상의 특징에 대한 함수가 아니라 특징 중 하나에 '숨겨진' 경우가 있다. 그림 3.10의 데이터 세트를 고려해 보자.

20　[옮긴이] 이 경우 모델은 단순히 연봉 = 월급 × 12를 배울 가능성이 높다.

고객 ID	그룹	연간 지출	연간 페이지뷰	...	성별
1	M18-25	1350	11,987		M
2	F25-35	2365	8.543		F
...	...	...	...		...
18879	F65+	3653	6,775		F

그림 3.10 특징 중 하나에 숨겨져 있는 목표의 예

이 시나리오에서는 고객 데이터를 사용하여 성별을 예측하는데, 그룹 열에 주목해 보자. 그룹 열의 데이터를 자세히 살펴보면 해당 데이터가 각각의 기존 고객과 관련된 과거의 인구 통계학적 값을 나타낸다는 것을 알 수 있다. 고객의 성별과 연령에 대한 데이터가 참이라면(운영 환경에서 사용할 수 있는 다른 모델로 추측하는 것과는 달리) 그룹 열로 인해 데이터 누출이 발생하는데, 이때 예측하려는 값은 그룹 열의 특징값에 '숨겨져' 있다.

반면에, 그룹값이 정확도가 떨어지는 다른 모델로부터 얻은 예측값인 경우 이 속성을 사용하여 잠재적으로 더 강력한 모델을 만들 수 있다. 이를 **모델 쌓기**model stacking라고 하는데, 6장의 6.2절에서 이 주제를 다룰 것이다.

3.5.3 미래를 반영하는 특징

미래를 반영하는 특징feature from the future은 데이터 누출의 일종으로 비즈니스 목표를 명확하게 이해하지 못하면 포착하기 어렵다. 한 고객이 대출자의 나이, 성별, 학력, 급여, 결혼 여부 등과 같은 속성을 바탕으로 대출자가 대출금을 갚을지 여부를 예측하는 모델을 훈련하도록 요청했다고 가정해 보자. 이러한 데이터의 예는 그림 3.11과 같다.

대출자 ID	인구통계학적 그룹	교육수준	...	연체 알림	대출금 상환
1	M35-50	고졸	...	0	Y
2	F25-35	석사	...	1	N
...	...	...	...	...	...
65723	M25-35	석사	...	3	N

그림 3.11 예측 시점에 사용할 수 없는 특징: 연체 알림

모델이 사용되는 비즈니스 맥락을 이해하지 못하면, 아마도 대출금 상환 열의 값을 예측하기 위해 사용 가능한 모든 속성을 사용하기로 하고 연체 알림 열의 데이터도 포함할지 모른다. 모델은 테스트 시점에 정확해 보일 것이고 이 모델을 고객에게 전달하면 모델이 제대로 작동하지 않는다고 항의할 것이다.

원인 조사를 통해 운영 환경에서 연체 알림값이 항상 0이라는 것을 알게 된다. 고객은 대출자가 신용을 얻기 <u>전</u>에 모델을 사용하므로 아직 연체 알림이 발생하지 않기 때문에 이것은 합당하다! 그러나 훈련한 모델은 연체 알림값[21]이 1 이상이면 다른 특징에 별로 주의하지 않고 단순히 연체 알림만 보고 '아니요'를 예측하는 방법을 학습했을 가능성이 높다.

여기 또 다른 예가 있다. 뉴스 웹사이트가 있고 뉴스에 대한 클릭 수를 극대화하기 위해 사용자에게 제공하는 뉴스의 순위를 예측하려고 한다고 가정해 보자. 훈련 데이터에 과거에 제공된 각 뉴스 항목에 대한 위치 특징이 있는 경우(예를 들어, 제목의 x-y 위치와 웹페이지의 개요 블록) 이러한 정보는 서빙 시점에는 사용할 수 없다. 순위를 매기기 전에 페이지에서 기사의 위치를 모르기 때문이다.

따라서 모델이 사용될 비즈니스 맥락을 이해하는 것은 데이터 누출을 방지하는 데 중요하다.

3.6 데이터 분할

첫 번째 장의 1.3.3절에서 논의한 바와 같이 실제 머신러닝에서는 일반적으로 훈련 세트, 검증 세트, 테스트 세트 이렇게 세 가지의 분리된 견본 세트를 사용한다.

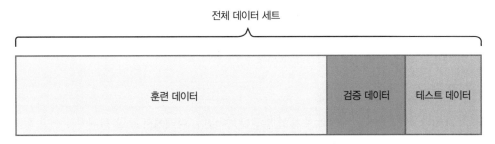

그림 3.12 훈련, 검증, 테스트 세트로 분할된 전체 데이터 세트

머신러닝 알고리즘은 **훈련 세트**를 모델 훈련에 사용한다.

머신러닝 파이프라인의 최적 초매개변숫값을 찾으려면 **검증 세트**가 필요하다.

21 　[옮긴이] 훈련 데이터에 있는 속성이지만 의미적으로는 훈련 시점에 미리 알 수 없는 속성값이다.

분석가는 서로 다른 초매개변숫값 조합을 하나씩 시험하는데, 각 조합을 사용하여 모델을 훈련하고, 검증 세트를 통해 모델 성능을 기록한다. 그런 다음 모델 성능을 최대화하는 초매개변수를 적용해서 운영 환경에 배포할 모델을 훈련한다. 5장의 5.6절에서 초매개변수 조정 기술을 더 자세히 살펴본다.

테스트 세트는 보고를 위해 사용하는데, 일단 최고 성능의 모델을 얻으면 테스트 세트로 성능을 테스트하고 결과를 보고한다.

보통 검증 세트와 테스트 세트를 **홀드아웃 세트**라고 하는데, 이는 학습 알고리즘이 훈련하는 동안에는 볼 수 없는 견본이다.

그림 3.12에서 도식적으로 보여주는 것처럼 전체 데이터 세트를 이와 같이 세 개의 분리된 세트로 잘 분할하려면 몇 가지 조건을 충족해야 한다.

조건 1: 원시 데이터에 분할을 적용한다.

원시 견본을 구하면 우선 분할을 한다. 나중에 살펴보겠지만 이렇게하면 데이터 누출을 방지할 수 있다.

조건 2: 분할 전에 데이터를 랜덤화한다.

먼저 견본을 랜덤하게 섞은 다음 분할을 한다.

조건 3: 검증 세트와 테스트 세트는 동일한 분포를 따른다.

검증 세트를 통해서 최적의 초매개변숫값을 선택하고 운영 환경에서 잘 작동하는 모델을 구축한다. 테스트 세트는 운영 환경 데이터를 가장 잘 대표하는 견본이다. 따라서 검증 세트와 테스트 세트는 동일한 분포를 따라야 한다.

조건 4: 분할 도중 누출을 방지한다.

데이터 분할 중에도 데이터 누출이 발생할 수 있다. 아래에서 분할 단계에서 어떤 형태의 누출이 발생할 수 있는지 살펴본다.

이상적인 분할 비율은 없다. 오래된 문헌(빅데이터 이전)을 보면 70%/15%/15% 또는 80%/10%/10%(전체 데이터 세트에 대해서 각각 훈련, 검증, 테스트 세트의 경우) 비율로 분할을 권장하는 것을 찾아볼 수 있다.

오늘날과 같은 인터넷과 값싼 노동력(예를 들어, 메커니컬 터크나 크라우드 소싱) 시대에는 조직, 과학자, 심지어 머신러닝이 취미인 학생도 수백만 개의 훈련 견본을 구할 수 있다. 따라서 사용 가능한 데이터의 70%나 80%만 훈련에 사용하는 것이 부족하지는 않다.

검증 데이터와 테스트 데이터는 모델의 성능을 반영하는 통계를 계산하는 데만 사용한다. 이 두 세트는 신뢰할 수 있는 통계를 제공할 만큼 충분히 커야 하지만, 얼마나 커야 하는지에 대해서는 논쟁의 여지가 있다. 경험적으로, 클래스당 최소 십여 개의 견본을 갖는 것이 바람직하다. 두 개의 홀드아웃 세트 각각에 클래스당 100개의 견본이 있다면, 일단 설정은 잘되었다고 볼 수 있고 이러한 데이터 세트로 계산한 통계는 신뢰할 수 있다.

또한, 선택한 머신러닝 알고리즘이나 모델에 따라 분할 비율이 달라질 수 있다. 딥러닝 모델은 더 많은 훈련 데이터를 사용할수록 성능이 크게 개선되는 경향이 있는 반면, 얕은 알고리즘과 모델에 대해서는 그렇지 않다.

분할 비율은 데이터 세트의 크기에 따라 달라지는데, 1,000개 미만의 견본으로 구성된 작은 데이터 세트는 데이터의 90%를 학습에 사용할 때 가장 효과적이다. 이 경우 별도의 검증 세트 없이 대신 교차 검증 기술로 시뮬레이션할 수 있다. 이에 대해서는 5장의 5.6.5절에서 자세히 살펴본다.

시계열 데이터time-series data를 세 개의 데이터 세트로 분할할 때는 견본을 섞는 중에 각 견본의 순서가 유지되도록 분할해야 한다. 그렇지 않으면 대부분의 예측 문제에서 데이터가 손상되고 학습이 불가능하다. 4장의 4.2.6절에서 시계열에 대해 좀 더 자세히 설명한다.

3.6.1 분할 중 누출

이미 알고 있듯이 데이터 누출은 데이터 수집부터 모델 평가에 이르기까지 모든 단계에서 발생할 수 있다. 데이터 분할 단계도 예외는 아니다.

분할 중에 **그룹 누출**group leakage이 발생할 수 있다. 여러 환자의 뇌에 대한 자기 공명 영상이 있다고 할 때, 각 이미지에는 특정한 뇌 질환에 대한 레이블이 달려 있으며, 동일한 환자에 대해서 서로 다른 시간에 촬영한 여러 이미지가 있을 수 있다. 위에서 설명한 분할 기술(섞은 후 분할)을 적용하면 동일한 환자의 이미지가 훈련 데이터와 홀드아웃 데이터 모두에 포함될 수 있다.

이 경우 모델은 질병보다는 환자의 독특한 특성을 배울 수 있다. 모델은 환자 A의 뇌에 특정한 뇌회brain convolution[22]가 있음을 기억하고 훈련 데이터에 특정 질환이 있는 경우 모델은 단지 뇌회를 통해 환자 A를 인식하고 검증 데이터에 대해서 이 질환을 성공적으로 예측한다.

---

22 [옮긴이] 대뇌 표면의 주름

그룹 분할group partitioning로 그룹 누출을 해결할 수 있는데, 모든 환자 사례를 훈련 세트나 홀드아웃 세트 중 한 세트에만 보관한다. 다시 한 번 데이터 분석가가 데이터를 최대한 잘 파악하고 있는 것이 얼마나 중요한지 알 수 있다.

3.7 결측 속성 처리

때로는 데이터가 엑셀 스프레드시트와 같은 깔끔한 형식으로 분석가에게 전달되지만[23] 일부 속성이 누락될 수도 있다. 이 문제는 데이터 세트를 수작업으로 만든 후 일부 값을 채우는 것을 잊었거나 측정하지 않았을 때 종종 발생한다.

속성의 결측값을 처리하는 일반적인 접근 방식은 다음과 같다.

- 데이터 세트에서 누락된 속성이 있는 견본을 제거한다(일부 데이터를 안전하게 제거해도 될 만큼 데이터 세트가 충분히 큰 경우 수행할 수 있다).
- 결측된 속성값을 처리할 수 있는 학습 알고리즘 사용(예를 들어, 의사 결정 트리 학습 알고리즘)
- 데이터 대체 기술 사용

3.7.1 결측값 대체 기술

수치형 속성의 결측값을 대체하기 위한 한 가지 기술은 결측값을 데이터 세트 내 해당 속성의 평균값으로 대체하는 것이다. 수학적으로는 다음과 같다. 원본 데이터 세트에 있는 일부 견본의 누락된 속성을 j라고 하고, 속성 j의 값이 있는 원본 데이터 세트의 견본만 포함하는 크기가 $N^{(j)}$인 집합을 $S^{(j)}$라고 한다. 그러면 속성 j의 결측값 $\hat{x}^{(j)}$는 다음과 같다.

$$\hat{x}^{(j)} \leftarrow \frac{1}{N^{(j)}} \sum_{i \in S^{(j)}} x_i^{(j)},$$

여기서 $N^{(j)} < N$이고 속성 j의 값이 있는 견본에 대해서만 합산한다. 이 기술에 대한 설명은 그림 3.13에 나와있는데, 1행과 3행에 있는 두 개 견본의 키 속성이 누락되어 있다. 평균 값 177로 비어 있는 셀을 대체한다.

---

23 원시 데이터 세트가 엑셀 스프레드시트에 포함되어 있다고 해서 데이터가 깔끔하다는 보장은 없다. 깔끔함의 한 가지 특성은 각 행이 하나의 견본을 나타낸다는 것이다.

행	나이	몸무게	키	월급
1	18	70		35,000
2	43	65	175	26,900
3	34	87		76,500
4	21	66	187	94,800
5	65	60	169	19,000

$$Height \leftarrow \frac{1}{3}(175 + 187 + 169) = 177$$

그림 3.13 데이터 세트에서 결측값을 해당 속성의 평균값으로 대체

또 다른 기술은 결측값을 정상적인 값의 범위를 벗어난 값으로 바꾸는 것이다. 예를 들어, 정규 범위가 [0, 1]이면 결측값을 2 또는 -1로 설정할 수 있다. 만약 속성이 요일과 같은 범주형이면 결측값을 '알 수 없음' 값으로 대체할 수 있다. 여기서 학습 알고리즘은 속성이 정규값과 다른 값을 가질 때 수행할 작업을 배우게 된다. 속성이 숫자인 경우의 또 다른 기술은 결측값을 범위 중간의 값으로 대체하는 것이다. 예를 들어, 속성의 범위가 [-1, 1]이면 결측값을 0으로 설정한다. 여기에 사용된 아이디어는 범위 중간에 있는 값이 예측에 큰 영향을 미치지 않는다는 것이다.

보다 고급 수준의 기술은 결측값을 회귀 문제의 목표 변수로 사용하는 것이다(이 경우 모든 속성이 숫자라고 가정한다). 나머지 속성 $[x_i^{(1)}, x_i^{(2)}, \cdots, x_i^{(j-1)}, x_i^{(j+1)}, \cdots, x_i^{(D)}]$을 사용하여 특징 벡터 $\hat{x}_i$, 를 구성하고, $\hat{y}_i \leftarrow \hat{x}_i^{(j)}$로 설정한다. 이때 j는 결측값이 있는 속성이다. 그런 다음 $\hat{x}$에서 $\hat{y}$를 예측하는 회귀 모델을 구축한다. 물론, 원본 데이터 세트에서 속성 j의 값이 있는 견본만 사용해서 훈련 견본 $(\hat{x}, \hat{y})$을 구성한다.

마지막으로, 데이터 세트가 상당히 크고 결측값이 있는 속성이 몇 개만 있는 경우, 결측값이 있는 각각의 원래 속성에 대해 합성한 이진 지시자binary indicator 속성을 추가할 수 있다. 데이터 세트의 견본이 D차원이고 j = 12인 위치에 있는 속성에 결측값이 있다고 할 때, 각 견본 x의 위치 12의 속성값이 있으면 1, 없으면 0으로 위치 $j = D + 1$의 속성을 추가한다. 그런 다음 결측값을 0 또는 원하는 값으로 대체할 수 있다.

예측에 사용하는 견본이 완전하지 않으면 훈련 데이터에 사용한 대체 기술과 동일한 기술로 결측값을 채워야 한다.

학습 문제에 대한 작업을 시작하기 전에 어떤 데이터 대체 기술이 가장 잘 작동하는지 알 수는 없다. 여러 기술을 시도해 보고 여러 모델을 구축한 다음 가장 잘 작동하는 기술을 선택한다(모델을 비교하기 위해 검증 세트를 사용함).

3.7.2 대체 중 누출

하나의 속성(예를 들어, 평균) 또는 여러 속성(회귀 문제 해결을 통해서)의 일부 통계를 계산하는 대체 기술을 사용하는 경우, 전체 데이터 세트를 사용하여 이 통계를 계산하면 누출이 발생한다. 사용 가능한 모든 데이터를 사용하게 되면, 검증 데이터와 테스트 데이터에서 얻은 정보가 훈련 데이터를 오염시키게 된다.

이러한 유형의 누출은 앞에서 설명한 다른 유형만큼 중요하지는 않다. 그러나 이런 누출을 인식하고 있어야 하고 우선 데이터 분할을 한 다음 훈련 세트에 대해서만 결측값 대체에 필요한 통계를 계산하여 누출을 피해야 한다.

3.8 데이터 증강

일부 데이터 유형의 경우 추가 레이블링 없이 더 많은 레이블링된 견본을 쉽게 얻을 수 있다. 이 전략을 **데이터 증강**data augmentation이라고 하는데 이미지에 적용할 때 가장 효과적이다. 원본 이미지에 자르기나 뒤집기 같은 간단한 작업을 해서 새로운 이미지를 얻는다.

그림 3.14 데이터 증강 기술의 예. 사진 제공: 알폰소 에스칼테(Alfonso Escalante)

3.8.1 이미지 데이터 증강

그림 3.14는 새로운 이미지를 얻기 위해 주어진 이미지에 쉽게 적용할 수 있는 뒤집기, 회전, 자르기, 색상 변화, 잡음 추가, 원근법 변경, 대비 변경, 정보 손실 연산을 보여주고 있다.

물론, 뒤집기는 이미지의 의미가 보존되는 축에 대해서만 수행해야 한다. 축구공의 경우 수평, 수직 축을 기준으로 뒤집을 수 있지만,[24] 자동차나 보행자인 경우 수직 축을 기준으로만 뒤집어야 한다.

잘못된 수평선 보정을 시뮬레이션하기 위해 약간의 각도만큼만 회전을 해야 하는데, 이미지는 양방향으로 회전할 수 있다.

자르기는 동일한 이미지에 여러 번 랜덤하게 적용할 수 있지만, 잘라내고 남은 이미지에는 관심 대상의 상당 부분이 남아 있어야 한다.

색상 변화에 있어서는 다양한 조명 조건을 시뮬레이션하기 위해 빨간색–녹색–파란색RGB의 뉘앙스를 약간씩 변경한다. 대조도 변경(감소와 증가 모두)과 다른 강도의 **가우스 잡음**Gaussian noise도 동일한 이미지에 여러 번 적용할 수 있다.

이미지의 일부를 랜덤하게 제거하여 객체를 인식할 수는 있지만 장애물에 가려서 객체가 완전히 보이지 않는 상황을 시뮬레이션할 수 있다.

혼합mixup은 직관적이지는 않지만 실제로는 매우 잘 작동하는 또 다른 인기 있는 데이터 증강기술이다. 이름에서 알 수 있듯이 이 기술은 훈련 세트의 이미지를 혼합하여 모델을 훈련하는 것이다. 보다 정확하게는 원시 이미지로 모델을 훈련하는 대신 두 개의 이미지(동일한 클래스일 수도 있고 그렇지 않을 수도 있음)를 선형 조합해서 훈련에 사용하는 것이다.

$$\text{mixup\_image} = t \times \text{image}_1 + (1 - t) \times \text{image}_2,$$

여기서 t는 0과 1 사이의 실숫값이다. 그리고, 이 혼합 이미지의 목표는 동일한 t값을 사용하여 얻은 원래 대상의 조합이다.

$$\text{mixup\_target} = t \times \text{target}_1 + (1 - t) \times \text{target}_2.$$

---

24   맥락상 잔디를 수평축에 따라 뒤집지는 않는다.

ImageNet-2012,[25] CIFAR-10,[26] 기타 여러 데이터 세트에 대한 실험[27]에서 혼합이 신경망 모델의 일반화를 개선하는 것으로 나타났다. 혼합을 제안한 연구자는 혼합이 **적대적 견본**adversarial examples 에 대한 강건성을 높이고 **적대적 생성망**generative adversarial network, GAN의 훈련을 안정화시킨다는 것도 발견했다.

그림 3.14에 표시된 기술 외에도 운영 환경 시스템에 과도하게 압축된 이미지가 입력되는 경우, JPEG이나 GIF와 같이 자주 사용되는 손실 압축 방법과 파일 형식을 사용하여 해당 압축을 시뮬 레이션할 수 있다.

훈련 데이터에만 증강을 적용해야 한다. 물론, 이러한 모든 추가 견본을 미리 생성하여 저장하는 것은 비현실적이므로, 실제로 데이터 증강 기법은 훈련 도중에 원본 데이터에 적용한다.

3.8.2 텍스트 데이터 증강

텍스트 데이터 증강은 그렇게 간단하지 않다. 자연어 텍스트의 문맥과 문법 구조를 보존하려면 적절한 변환 기술을 사용해야 한다.

한 가지 기술은 문장에서 임의의 단어를 가까운 **동의어**synonyms로 바꾸는 것이다.

'차가 쇼핑몰 근처에 멈췄다The car stopped near a shopping mall'라는 문장의 경우, 동등한 문장은 다음과 같다.

'자동차가 쇼핑몰 근처에서 멈췄다The automobile stopped near a shopping mall.'

'차가 쇼핑 센터 근처에서 멈췄다The car stopped near a shopping center.'

'자동차가 몰 근처에서 멈췄다The auto stopped near a mall.'

또 다른 유사한 기술은 동의어 대신 **상위어**hypernyms를 사용하는 것이다. 상위어는 좀 더 일반적인 의미를 가진 단어다. 예를 들어, '포유류'는 '고래'와 '고양이'의 상위어이고, '차량'은 '차'와 '버스'의 상위어다. 위의 예에서 다음 문장을 만들 수 있다.

---

25 [옮긴이] 대표적인 대규모(large-scale) 데이터셋. 1,000개의 클래스로 구성되며 총 백만 개가 넘는 데이터를 포함한다. 약 120만 개는 학습 (training)에 쓰고, 5만 개는 검증에 사용한다. ILSVRC(ImageNet Large Scale Visual Recognition Challenge)로 잘 알려진 국제 대회에 서 사용되는 데이터셋으로도 유명하다.

26 [옮긴이] 10개의 클래스로 구성된 32×32 사물 사진을 모은 데이터셋(학습용: 50,000개 / 테스트용: 10,000개)

27 혼합 기술에 대한 자세한 내용은 다음 논문에서 확인할 수 있다. ⟨mixup: Beyond empirical risk minimization⟩(Zhang, Hongyi, Moustapha Cisse, Yann N. Dauphin, and David Lopez-Paz, arXiv:1710.09412, 2017)

'차량이 쇼핑몰 근처에서 멈췄다The vehicle stopped near a shopping mall.'

'차가 건물 근처에서 멈췄다The car stopped near a building.'

데이터 세트의 단어나 문서를 **단어**word나 **문서 임베딩**document embeddings을 사용하여 표현하는 경우 랜덤하게 선택한 임베딩 특징에 약간의 가우스 잡음Gaussian noise를 적용하여 동일한 단어나 문서를 변형할 수 있다. 수정할 특징의 수와 잡음 강도를 초매개변수로 두고 검증 데이터로 성능을 최적화하면서 조정할 수 있다.

또는 문장에서 주어진 단어 w를 대체하기 위해 단어 임베딩 공간에서 단어 w에 가장 가까운 k개의 이웃을 찾고 w 단어를 각각의 이웃으로 대체하여 k개의 새로운 문장을 생성할 수 있다. 가장 가까운 이웃은 **코사인 유사도**cosine similarity나 유클리드 거리와 같은 척도를 통해서 찾을 수 있다. 척도와 k값의 선택은 초매개변수로 두고 조정할 수 있다.

위에서 설명한 k-최근접 이웃k-nearest-neighbors 접근 방식에 대한 최근의 대안은 **트랜스포머의 양방향 인코더 표현**Bidirectional Encoder Representations from Transformers, BERT과 같은 사전학습된pre-trained 심층 모델을 사용하는 것이다. BERT 모델은 문장의 다른 단어가 주어지면 마스킹된 단어를 예측하도록 훈련한다. BERT를 이용하여 마스킹된 단어에 대해 가장 가능성이 높은 k개의 예측을 생성한 다음 데이터 확장을 위한 동의어로 사용할 수 있다.

마찬가지로 문서 분류 문제가 있을 때, 레이블링되지 않은 문서의 큰 말뭉치corpus는 가지고 있지만 레이블링된 문서의 말뭉치가 적다면 다음과 같이 할 수 있다. 먼저 **doc2vec**[28]나 다른 문서 임베딩 기술을 사용해서 큰 말뭉치의 모든 문서에 대한 문서 임베딩을 만든다. 그런 다음 데이터 세트에서 레이블링된 각 문서 d에 대해서 문서 임베딩 공간에서 가장 가까운 레이블이 없는 k개의 문서를 찾아서 d와 동일한 레이블로 레이블링한다. 앞에서와 마찬가지로 초매개변수 k는 검증 데이터로 조정한다.

또 다른 유용한 텍스트 데이터 증강 기술은 **역번역**back translation이다. 영어로 작성된 텍스트(문장 또는 문서일 수 있음)에서 새로운 견본을 만들려면 먼저 기계 번역 시스템machine translation system을 통해 다른 언어 l로 번역한다. 그런 다음 l에서 영어로 다시 번역한다. 역번역을 통해 얻은 텍스트가 원본 텍스트와 다른 경우 원본 텍스트와 동일한 레이블을 할당하여 데이터 세트에 추가한다.

오디오와 비디오 같은 서로 다른 데이터 유형에 대한 데이터 확장 기술도 있는데, 몇 가지 예를 들

---

28 [옮긴이] 2014년 구글 연구팀이 발표한 문서 임베딩 모델. 타겟 단어와 이전 단어 k개가 주어졌을 때, 이전 단어들 + 해당 문서의 아이디로 타겟 단어를 예측하는 과정에서 문맥이 비슷한 문서 벡터와 단어 벡터가 유사하게(코사인 유사도) 임베딩한다.

면 잡음 추가, 오디오나 비디오 클립의 시간 이동, 속도 감속이나 가속, 오디오의 피치 변경, 비디오의 색 밸런스 변경 등이 있다. 이러한 기술을 자세히 설명하는 것은 이 책의 범위를 벗어난다. 다만 데이터 확장은 이미지와 텍스트뿐만 아니라 모든 미디어 데이터에 적용될 수 있다는 점은 알고 있어야 한다.

3.9 불균형 데이터 처리

클래스 불균형class imbalance은 학습 알고리즘의 선택과 관계없이 모델의 성능에 상당한 영향을 미칠 수 있는 데이터의 내재 조건이다. 문제는 훈련 데이터의 레이블 분포가 매우 불균일하다는 것이다.

예를 들어, 분류기가 진짜 전자 상거래와 사기성 전자 상거래를 구분해야 하는 경우가 여기에 해당하는데, 진짜 거래 견본이 훨씬 더 많다. 일반적으로 머신러닝 알고리즘은 대부분의 훈련 견본을 올바르게 분류하기 위해, 잘못 분류된 각 견본에 양의 손실값을 할당하는 **비용함수**를 최소화하는 최적화 과정을 거친다. 소수에 해당하는 클래스 견본의 오분류에 대한 손실이 다수를 차지하는 클래스 견본의 오분류에 따른 손실과 동일하다면, 학습 알고리즘은 다수 클래스에서의 실수를 줄이기 위해 소수 클래스 견본을 '포기'할 가능성이 매우 높다.[29]

불균형 데이터imbalanced data에 대한 공식적인 정의는 없지만 다음과 같은 경험 법칙을 따른다.

두 개의 클래스가 있는 경우, **균형 잡힌 데이터**balanced data는 데이터 세트의 절반이 각각의 클래스를 나타내게 된다. 보통 약간의 클래스 불균형은 문제가 되지 않는다. 따라서 60% 견본이 한 클래스에 속하고 40%가 다른 클래스에 속할 때는 표준적으로 널리 사용되는 머신러닝 알고리즘을 사용하는 경우 심각한 성능 저하를 일으키지 않을 것이다. 그러나 클래스 불균형이 높을 때, 예를 들어 90% 견본이 한 클래스이고 10%가 다른 클래스인 경우, 일반적으로 두 클래스에서 발생하는 오류에 동일한 가중치를 적용하는 학습 알고리즘을 사용하는 것은 효과적이지 않을 수 있으므로 수정이 필요하다.

---

29 [옮긴이] 만약 양품과 불량품의 비율이 99:1이라면 새로운 제품에 대해서 1%의 불량품 가능성을 무시하고, 무조건 양품이라고 해도 99% 맞게 예측할 수 있다. 따라서 올바른 예측을 위해서는 1%에 대한 손실 비용을 무시하면 안 되고, 보통 이를 위해 비용함수에서 다수 클래스에 대한 손실과 소수 클래스에 대한 손실에 적절한 가중치를 곱해준다.

3.9.1 오버샘플링

클래스 불균형을 완화하기 위해 자주 사용하는 기법은 **오버샘플링**oversampling이다. 소수 클래스의 견본을 여러 개 복사함으로써 그림 3.15(왼쪽)에 나타난 바와 같이 비중을 높인다. 해당 클래스의 새로운 견본을 얻기 위해 소수 클래스의 여러 견본의 특징값을 샘플링하고 이를 결합하여 견본을 합성할 수도 있다. 합성 견본을 생성해서 소수 클래스를 오버샘플링하는 두 가지 인기 있는 알고리즘으로는 합성 소수 오버샘플링 기법synthetic minority oversampling technique, SMOTE과 적응적 합성 표본법 adaptive synthetic sampling method, ADASYN이 있다.

SMOTE와 ADASYN은 여러 면에서 유사하게 작동한다. 이 알고리즘에서는 소수 클래스의 주어진 견본 x_i에 대해서 k개의 가장 가까운 이웃을 선택한다. 이 k개의 견본 집합을 $\mathcal{S}_k$로 표시한다. 합성한 견본 $\mathbf{x}_{new}$는 $x_i + \lambda(\mathbf{x}_{zi} - \mathbf{x}_i)$로 정의하는데, 여기서 $\mathbf{x}_{zi}$는 $\mathcal{S}_k$에서 랜덤으로 선택한 소수 클래스의 견본이다. 보간 초매개변수인 λ는 [0, 1] 범위의 임의의 숫자다(그림 3.16의 $\lambda = 0.5$에 대한 그림 참고).

SMOTE와 ADASYN 모두 데이터 세트의 모든 가능한 $\mathbf{x}_i$ 중에서 랜덤으로 선택한다. ADASYN 에서 각 $\mathbf{x}_i$에 대해 합성한 견본의 수는 소수 클래스가 아닌 $\mathcal{S}_k$의 견본 수에 비례한다. 따라서 소수 클래스 견본이 드문 영역에서 더 많은 합성 견본이 생성된다.

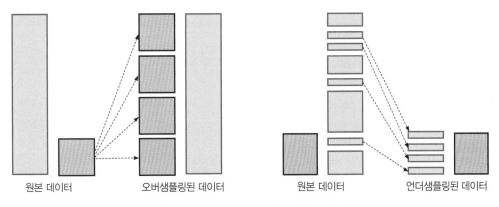

원본 데이터　　　　　오버샘플링된 데이터　　　　　　원본 데이터　　　　　언더샘플링된 데이터

그림 3.15 오버샘플링(왼쪽)과 언더샘플링(오른쪽)

3.9.2 언더샘플링

반대되는 접근 방식인 **언더샘플링**undersampling은 다수 클래스의 일부 견본을 훈련 세트에서 제거하는 것이다(그림 3.15, 오른쪽).

언더샘플링은 랜덤하게 수행할 수 있다. 즉, 다수 클래스에서 제거할 견본을 랜덤하게 선택할 수 있다. 또는 일부 속성을 기준으로 다수 클래스에서 제거할 견본을 선택할 수 있다. 그러한 속성

중 하나는 **토멕링크**Tomek link[30]다. 데이터 세트에 두 견본 x_i 또는 x_j에 더 가까운 다른 견본 x_k가 없는 경우에 두 개의 다른 클래스에 속하는 두 견본 x_i와 x_j 사이에 토멕링크가 존재한다. 근접성 closeness은 **코사인 유사도**나 **유클리드 거리**와 같은 지표를 통해 정의할 수 있다.

그림 3.17에서 토멕링크를 바탕으로 다수 클래스에서 견본을 제거하는 것이 두 클래스의 견본 간에 여분의 폭을 명확하게 설정하는 데 어떻게 도움이 되는지 확인할 수 있다.

군집 기반 언더샘플링cluster-based undersampling은 다음과 같이 작동한다. 언더샘플링으로 다수 클래스에 포함할 견본의 수 k를 결정한다. 원하는 군집 수를 k로 하고 다수 클래스 견본에 대해서만 **중심 기반 군집화 알고리즘**centroid-based clustering algorithm을 실행한다. 그런 다음 다수 클래스에 속하는 모든 견본을 k개의 중심으로 바꾼다. 중심 기반 군집화 알고리즘의 예로는 k-**최근접 이웃**이 있다.

3.9.3 하이브리드 전략

오버샘플링과 언더샘플링을 결합한 하이브리드 전략을 통해 더 나은 결과를 얻을 수 있다. 이러한 전략 중 하나는 ADASYN을 사용하여 오버샘플링한 다음 토멕링크를 언더샘플링하는 것이다.

또 다른 가능한 전략은 군집 기반 언더 샘플링을 SMOTE와 결합하는 것이다.

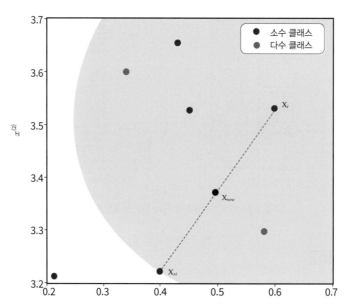

그림 3.16 SMOTE 및 ADASYN에 대한 합성 견본 생성 예(기욤 르마이트[Guillaume Lemaitre]의 스크립트를 수정하여 작성함)

---

30 [옮긴이] 서로 다른 클래스에 속하는 한 쌍의 데이터를 뜻한다. 이러한 가까운 한 쌍의 데이터를 찾은 다음, 그중에서 다수 클래스(majority class)에 속하는 데이터를 제거하는 방법이다.

3.10 데이터 샘플링 전략

소위 빅데이터라고 하는 대규모 데이터 자산이 있는 경우, 전체 데이터 자산으로 작업하는 것이 항상 실용적이거나 필요한 것은 아니다. 대신 학습에 충분한 정보가 포함된 더 작은 데이터 샘플을 선택할 수 있다.

마찬가지로 데이터 불균형을 조정하기 위해 다수 클래스를 언더샘플링하는 경우, 더 작은 데이터 샘플이 다수 클래스 전체를 대표해야 한다. 이번 절에서는 몇 가지 샘플링 전략과 그것들의 속성, 장점, 단점에 대해 논의한다.

두 가지 주요 전략은 확률 샘플링과 비확률 샘플링이다. **확률 샘플링**probability sampling에서는 모든 견본을 선택할 수 있다. 이러한 기법에는 랜덤성randomness이 포함된다.

비확률 샘플링nonprobability sampling에는 랜덤성이 없다. 샘플을 얻기 위해 고정된 결정적 시퀀스에 따라 휴리스틱 작업을 한다. 즉, 얼마나 많이 샘플링을 하든 간에 일부 견본은 선택될 가능성이 없을 수도 있다.

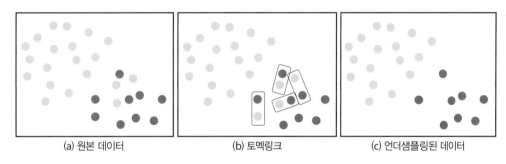

(a) 원본 데이터   (b) 토멕링크   (c) 언더샘플링된 데이터

그림 3.17 토멕링크를 사용한 언더샘플링

역사적으로 비확률 방법은 사람이 수동으로 실행하는 데 있어서 좀 더 관리하기 쉬웠다. 하지만 요즘은 이 장점이 그다지 크지 않다. 데이터 분석가는 빅데이터에서도 쉽게 샘플링할 수 있도록 해주는 컴퓨터와 소프트웨어를 사용한다. 비확률 샘플링 방법의 주요 단점은 대표적이지 않은 샘플을 선택하고 중요한 견본을 점진적으로 배제하게 된다는 것이다. 이러한 단점은 비확률 샘플링 방법의 그 어떤 장점보다 나쁜 영향을 끼친다. 따라서 이 책에서는 확률 샘플링 방법만 설명한다.

3.10.1 단순 랜덤 샘플링

단순 랜덤 샘플링simple random sampling은 가장 간단한 방법으로, 흔히 '랜덤 샘플링'이라고 할 때는 이 방법을 가리킨다. 여기서는 전체 데이터 세트에서 순전히 우연에 의해 각 견본을 선택한다. 따라서 각 견본을 선택할 가능성은 동일하다.

간단하게 랜덤 샘플을 얻는 한 가지 방법은 각 견본에 숫자를 할당한 다음 난수 생성기를 사용하여 선택할 견본을 결정하는 것이다. 예를 들어, 전체 데이터 세트에 0에서 999까지 태그가 지정된 1,000개의 견본이 있는 경우 난수 생성기로 생성한 세 개의 난수 그룹을 사용하여 견본을 선택한다. 즉, 난수 생성기의 처음 세 숫자가 0, 5, 7이면 57번의 견본을 선택한다.

이 샘플링 방법의 가장 큰 장점은 단순하다는 것이고 모든 프로그래밍 언어가 난수 생성기를 지원하므로 쉽게 구현할 수 있다. 단순 랜덤 샘플링의 단점은 특정한 관심 속성을 가진 견본을 충분히 선택하지 못할 수도 있다는 것이다. 큰 불균형 데이터 세트에서 샘플을 추출하는 경우, 이 과정에서 우연히 소수 클래스에서 충분한 수의 견본을 추출하지 못하거나 심지어 하나도 추출하지 못할 수도 있다.

3.10.2 체계적인 샘플링

체계적인 샘플링systematic sampling(**간격 샘플링**interval sampling이라고도 함)을 구현하려면 모든 견본이 포함된 목록을 만든다. 해당 목록에서 첫 번째 k개 요소 중에서 첫 번째 견본 $\mathbf{x}_{start}$를 랜덤하게 선택한다. 그런 다음 $\mathbf{x}_{start}$에서 시작해서 목록의 매 k번째 항목을 선택한다. 이때 k값은 원하는 크기의 샘플을 제공하도록 선택한다.

단순 랜덤 샘플링에 비해 체계적인 샘플링의 장점은 전체 값의 범위에서 견본을 추출한다는 것이다. 그러나 견본 목록에 주기적이거나 반복적인 패턴이 있는 경우 체계적인 샘플링은 부적절하다. 후자의 경우 획득한 샘플에 편향이 있을 수 있다. 그러나 견본 목록이 랜덤하면 체계적인 샘플링이 단순 랜덤 샘플링보다 더 좋은 샘플을 얻게 되는 경우가 많다.

3.10.3 계층화된 샘플링

데이터에 여러 그룹(예를 들어, 성별, 위치, 연령)이 있다는 것을 알고 있는 경우, 각 그룹의 견본에서 샘플을 추출해야 한다. **계층화된 샘플링**에서는 먼저 데이터 세트를 그룹(계층이라고 함)으로 나눈 다음, 단순 랜덤 샘플링에서와 같이 각 계층에서 견본을 랜덤하게 선택한다. 각 계층에서 선택할 견본의 수는 계층의 크기에 비례한다.

계층화된 샘플링은 종종 편향을 줄임으로써 샘플의 대표성을 향상시킨다. 하지만 최악의 경우에는 계층화된 샘플링 결과 얻게 되는 샘플이 단순 랜덤 샘플링 결과보다 품질이 떨어질 수도 있다.

계층을 정의하려면 분석가가 데이터 세트의 속성을 잘 이해해야 하지만, 어떤 속성이 계층을 정의할지 결정하기 어려울 수 있다.

계층을 가장 잘 정의하는 방법을 모르는 경우 **군집화**를 사용할 수 있고, 이 경우 필요한 군집 수만 결정하면 된다. 이 기술은 레이블링을 하기 위해 인간 레이블러에게 보낼 견본을 선택하는 데도 유용하다. 레이블링되지 않은 수백만 개의 견본이 있고 레이블링에 사용할 수 있는 자원이 거의 없는 경우가 종종 있다. 레이블링된 데이터가 계층이나 군집을 표현하도록 신중하게 견본을 선택한다.

계층화된 샘플링은 여러 독립적인 계층으로 작업하는 데 따른 추가적인 비용으로 인해 세 가지 방법 중 가장 느리다. 그러나 이런 단점에도 불구하고 덜 편향된 샘플을 생성함으로써 얻을 수 있는 잠재적 이익이 훨씬 더 크다.

3.11 데이터 저장

데이터를 안전하게 유지하는 것은 조직의 비즈니스에 대한 보험과도 같다. 재해나 인재(모델이 포함된 파일을 실수로 삭제하거나 덮어쓰기 함)와 같은 어떤 이유로든 비즈니스에 중요한 모델을 잃어버리는 경우에도 데이터만 가지고 있으면 해당 모델을 쉽게 재구축할 수 있다.

고객이나 비즈니스 파트너가 민감한 데이터나 개인 식별 정보를 제공하는 경우, 이 정보는 의도하지 않은 위험요소뿐만 아니라 의도된 위험요소로부터도 안전한 장소에 저장해야 한다. 민감한 데이터에 대한 접근은, 필요한 경우에 DBA[31]나 데브옵스 엔지니어와 함께 협업해서 특정 사용자 이름과 IP주소로 제한할 수 있다. 관계형 데이터베이스에 대한 접근은 행과 열 단위로 제한할 수도 있다.

또한, 쓰기 작업과 지우기 작업을 제한하여 읽기 전용 작업과 추가 전용 작업에 대한 접근을 특정 사용자로 제한하는 것이 좋다.

모바일 기기에서 데이터를 수집하는 경우 소유자가 와이파이에 연결할 때까지는 모바일 기기에 데이터를 저장해야 할 수도 있다. 이런 경우 다른 응용 프로그램이 접근할 수 없도록 이 데이터를 암호화해야 한다. 사용자가 와이파이에 연결되면 전송 계층 보안transport layer security, TLS과 같은 암호

---

31 [옮긴이] 데이터베이스 관리자(database administrator)

화 프로토콜을 사용하여 데이터를 보안 서버와 동기화해야 한다. 서버에 있는 데이터와 적절한 동기화를 위해 모바일 기기의 각 데이터 요소는 타임스탬프 표시를 해야 한다.

3.11.1 데이터 형식

머신러닝을 위한 데이터는 다양한 형식으로 저장할 수 있다. 사전이나 지명 사전과 같이 간접적으로 사용되는 데이터는 관계형 데이터베이스의 테이블, 키-값 저장소의 컬렉션, 구조화된 텍스트 파일로 저장할 수 있다.

깔끔한 데이터는 일반적으로 쉼표로 구분된 값comma-separated values, CSV 또는 탭으로 구분된 값tab-separated values, TSV으로 저장하는데, 이 경우 모든 견본은 하나의 파일에 저장된다. 반면에 확장 가능한 마크업 언어extensible markup language, XML 파일이나 자바스크립트 객체 표기법javascript object notation, JSON 파일 모음에는 파일당 하나의 견본이 포함된다.

범용 형식 외에도 인기 있는 특정 머신러닝 패키지는 독자적인 데이터 형식을 사용하여 깔끔한 데이터를 저장한다. 일반적으로 다른 머신러닝 패키지는 독자 데이터 형식에 대한 응용 프로그래밍 인터페이스application programming interface, API를 제공한다. 가장 널리 지원되는 형식은 Weka[32] 머신러닝 패키지에서 사용하는 속성-관계 파일 형식attribute-relation file format, ARFF과 서포트 벡터 머신용 라이브러리library for support vector machines, LIBSVM 형식이며, 이는 LIBSVM과 대형 선형 분류용 라이브러리 library for large linear classification, LIBLINEAR에서 사용하는 기본 형식이다.

LIBSVM 형식의 데이터는 모든 견본을 포함하는 하나의 파일로 구성된다. 해당 파일의 각 줄은 다음 형식으로 레이블링된 특징 벡터를 나타낸다.

```
label index1 : value1 index2 : value2 ...
```

여기서 $indexX$: $valueY$는 위치(차원) X에서 특징값 Y를 지정하는데, 어떤 위치의 값이 0이면 생략할 수 있다. 이 데이터 형식은 대부분의 특징값이 0인 견본으로 구성된 희소 데이터에 특히 편리하다.

또한, 다양한 프로그래밍 언어가 **데이터 직렬화**data serialization 기능을 제공한다. 특정 머신러닝 패키지의 데이터는 프로그래밍 언어나 라이브러리에서 제공하는 직렬화 객체나 함수를 이용하여 하드 드라이브에 저장할 수 있다. 그리고 필요한 경우 데이터를 원래 형식으로 역직렬화할 수 있다.

---

32 [옮긴이] 자바로 개발된 머신러닝 소프트웨어 제품군으로, 뉴질랜드 와이카토 대학교에서 개발되었다.

예를 들어, 파이썬에서 널리 사용되는 범용 직렬화 모듈은 Pickle이고, R에는 saveRDS와 readRDS 같은 내장 함수가 있다. 다양한 데이터 분석 패키지는 자체적인 직렬화/역직렬화 도구를 제공한다.

자바에서는 java.io.Serializable 인터페이스를 구현하는 모든 객체를 파일로 직렬화한 다음에 필요할 때 역직렬화할 수 있다.

3.11.2 데이터 저장소 레벨

데이터를 저장하는 방법과 위치를 결정하기 전에 적절한 **저장소 레벨**storage level을 선택하는 것이 중요하다. 저장소는 가장 낮은 수준에 속하는 파일 시스템부터 가장 높은 수준의 데이터 레이크data lake까지 다양한 추상화 수준으로 구성할 수 있다.

파일 시스템filesystem은 저장소의 기본이 되는 단계이고, 이 단계에서의 기본 데이터 단위는 **파일**file이다. 파일은 텍스트나 바이너리이고 버전 관리가 되지 않아서 쉽게 지우거나 덮어쓸 수 있다.

파일 시스템은 로컬에 있거나 네트워크로 연결되어 있을 수 있다. 네트워크 파일 시스템은 단독으로 위치하거나 분산되어 있을 수 있다.

로컬 파일 시스템local filesystem은 머신러닝 프로젝트에 필요한 모든 파일을 포함하는 로컬 마운트 디스크만큼 간단하다.

네트워크 파일 시스템network file system, NFS, **Ceph 파일 시스템**Ceph file system, CephFS,[33] HDFS와 같은 **분산 파일 시스템**distributed filesystem은 여러 물리적 시스템이나 가상 시스템에서 네트워크를 통해 접근할 수 있다. 분산 파일 시스템의 파일은 네트워크의 여러 시스템을 통해 저장하고 접근한다.

단순함에도 불구하고 파일 시스템 수준의 저장소는 다음과 같은 많은 사용 사례에 적합하다.

파일 공유(file sharing)
> 파일 시스템 수준 저장소의 단순함과 표준 프로토콜 지원을 통해 최소한의 노력으로 소규모 동료 그룹과 데이터를 저장하고 공유할 수 있다.

로컬 보관(local archiving)
> 파일 시스템 수준 저장소는 확장형 NAS 솔루션의 가용성과 접근성 덕분에 데이터 보관을

---

33 [옮긴이] 오픈소스 소프트웨어 스토리지 플랫폼으로, 단일 분산 컴퓨터 클러스터에서 오브젝트 스토리지를 구현하고 오브젝트, 블록 및 파일 레벨 스토리지를 위한 3-in-1 인터페이스를 제공한다.

위한 효율적 비용의 선택지다.

데이터 보호(data protection)

　　파일 시스템 수준 저장소는 내장된 이중화 기능과 복제 기능 덕분에 인기 있는 데이터 보호 솔루션이다.

파일 시스템 수준에서의 데이터에 대한 병렬 접근은 검색에는 빠르지만 저장에는 느리므로 소규모의 팀과 데이터에 적합한 스토리지 수준이다.

객체 저장소object storage는 파일 시스템에 정의된 응용 프로그래밍 인터페이스API다.

API를 통해 실제로 파일이 저장되는 위치에 상관없이 프로그래밍 방식으로 GET, PUT, DELETE와 같은 파일을 다루는 작업을 실행할 수 있다. 일반적으로 API는 네트워크에서 사용할 수 있고 HTTP나 보다 일반적인 TCP/IP나 다른 통신 프로토콜 제품군으로 접근할 수 있는 **API 서비스**API service로 제공된다.

객체 저장소 레벨에서 데이터의 기본 단위는 객체object다. 일반적으로 객체는 이진 형식의 이미지, 사운드, 비디오 파일, 특정 형식을 가진 기타 데이터 요소다.

버전 관리와 이중화 같은 기능을 API 서비스에 내장할 수 있다. 객체 저장소 레벨에 저장된 데이터에는 종종 병렬 접근을 할 수 있지만 파일 시스템 수준만큼 빠르지는 않다.

객체 저장소의 표준 예로는 Amazon S3, Google Cloud Storage GCS가 있다. 그 밖에 Ceph는 단일 분산 컴퓨터 클러스터에서 객체 저장소를 구현하고 객체와 파일 시스템 수준 저장소 모두에 대한 인터페이스를 제공하는 저장소 플랫폼이다. 온프레미스on-premise[34] 컴퓨팅 시스템에서 S3와 GCS의 대안으로 자주 사용된다.

데이터베이스database 수준의 데이터 저장소를 사용하면 저장과 검색을 위한 **빠른 병렬 접근**을 통해 **구조화된 데이터**structured data를 지속적이고 빠르고 확장 가능하게 저장할 수 있다.

최신 데이터베이스 관리 시스템database management system, DBMS은 데이터를 램RAM에 저장하지만 소프트웨어는 데이터를 디스크에 저장하여(데이터에 대한 작업이 기록됨) 손실되지 않도록 해준다.

DBMS 수준에서 데이터의 기본 단위는 **행**row이다. 행에는 고유 ID가 있으며 열에는 값이 있다. 관

34　옮긴이 서버를 클라우드 같은 원격 환경에서 운영하지 않고, 자체적으로 직접 운영하는 방식. 온프레미스의 반대 의미인 클라우드 방식의 서비스를 오프 프레미스(off-premise)라고도 한다.

계형 데이터베이스에서 행은 **테이블**tables로 구성되는데, 행은 같은 테이블이나 다른 테이블에 있는 또 다른 행을 참고할 수 있다.

데이터베이스는 이진 데이터를 저장하는 데 별로 적합하지 않지만, 다소 작은 이진 객체는 **블롭**blob(Binary Large OBject blob) 형태로 열에 저장할 수 있다. 블롭은 단일 개체로 저장된 이진 데이터 모음이다. 하지만 행은 파일 시스템이나 객체 저장소의 다른 곳에 저장된 이진 객체에 대한 참고를 저장하는 경우가 많다.

업계에서 가장 많이 사용되는 네 가지 DBMS는 Oracle, MySQL, Microsoft SQL Server, PostgresSQL이다. 이들은 모두 데이터베이스에 저장된 데이터에 접근, 수정할 뿐만 아니라 데이터베이스를 생성, 수정, 삭제하기 위한 인터페이스인 구조화된 쿼리 언어Structured Query Language, SQL를 지원한다.[35]

데이터 레이크data lake는 일반적으로 객체 블롭blobs이나 파일의 형태로 자연 형식이나 원시 형식으로 저장된 데이터 저장소다. 일반적으로 데이터 레이크는 원본 데이터의 값비싼 변환으로 얻은 데이터베이스, 로그나 중간 데이터를 포함하여 여러 소스의 데이터를 비정형적으로 집계한 것이다.

데이터는 구조화된 데이터를 포함하여 원시 형식으로 데이터 레이크에 저장된다. 데이터 레이크에서 데이터를 읽으려면 분석가는 파일이나 블롭에 저장된 데이터를 읽고 구문 분석하는 프로그래밍 코드를 작성해야 한다. 데이터 파일이나 블롭을 구문 분석하는 스크립트를 작성하는 것은 DBMS의 **쓰기 스키마**schema on write와 달리 **읽기 스키마**schema on read라고 하는 접근법이다. DBMS에서는 데이터 스키마가 미리 정의되어 있으며, 매번 쓸 때마다 DBMS는 데이터가 스키마와 일치하는지 확인한다.

3.11.3 데이터 버전 관리

데이터를 여러 위치에 보관하고 업데이트하는 경우 버전을 추적 관리해야 한다. 특히, 자동화된 방식으로 더 많은 데이터를 수집하여 모델을 자주 업데이트하는 경우에도 데이터 버전 관리가 필요하다. 예를 들어, 이런 문제는 자율 주행, 스팸 감지, 개인 맞춤 추천 작업을 할 때 발생한다. 새로운 데이터는 사람이 자동차를 운전하거나, 사용자가 전자 메일을 정리하거나, 최근의 비디오 스트리밍 내역을 통해서 얻을 수 있다. 때때로 데이터 업데이트 후에 새로운 모델의 성능이 저하되는 경우에는 데이터를 이전 버전으로 전환하여 이유를 조사하기도 한다.

---

35 SQL 서버는 고유한 T-SQL(Transact SQL)을 사용하는 반면 오라클(Oracle)은 PL/SQL(Procedural Language SQL)을 사용한다.

데이터 버전 관리는 지도학습에서 여러 레이블러가 레이블링을 수행할 때도 매우 중요하다. 일부 레이블러는 유사한 견본에 매우 다른 레이블을 할당할 수 있으며, 이는 일반적으로 모델의 성능을 저하시킨다. 여러 레이블러가 주석을 단 견본을 별도로 유지하고 모델을 빌드할 때만 병합한다. 모델 성능을 주의 깊게 분석해 보면 레이블러가 고품질의 일관된 레이블을 제공하지 않았다는 것을 알 수 있다. 훈련 데이터에서 이러한 데이터를 제외하거나 레이블을 다시 지정하면 최소한의 노력으로 데이터 버전 관리가 가능하다.

데이터 버전 관리는 가장 기본적인 것부터 가장 정교한 것까지 수준의 복잡도에 따라 구현할 수 있다.

레벨 0: 데이터 버전 관리를 하지 않는다.

이 레벨에서 데이터는 로컬 파일 시스템, 객체 스토리지, 데이터베이스에 저장한다. 버전이 없는 데이터의 장점은 데이터 처리 속도와 단순함이다. 그러한 장점은 모델 작업 시 발생할 수 있는 잠재적인 문제보다 더 크다. 하지만 대부분의 경우 가장 큰 문제는 버전이 지정된 배포를 할 수 없다는 것이다. 8장에서 논의하겠지만 모델 배포 시 버전을 지정해야 한다. 배포된 머신러닝 모델은 코드와 데이터가 혼합된 것이다. 코드의 버전을 지정한 경우 데이터의 버전도 지정해야 한다. 그렇지 않으면 해당 배포는 버전 관리가 되지 않는다.

배포 버전 관리를 하지 않으면 모델에 문제가 발생할 경우 이전 레벨의 성능을 복구할 수 없다. 따라서 버전이 지정되지 않은 데이터는 권장하지 않는다.

레벨 1: 데이터는 훈련 시점의 스냅숏으로 데이터 버전 관리를 한다.

이 레벨에서 데이터는 훈련 시점에 모델 훈련에 필요한 모든 항목의 스냅숏을 저장하여 버전화한다. 이러한 접근 방식을 통해 배포한 모델을 버전화하고 과거 성능으로 돌아갈 수 있다. 일반적으로 엑셀 스프레드시트와 같은 문서로 각 버전을 추적해야 한다. 이 문서에는 코드와 데이터의 스냅숏 위치, 초매개변숫값, 필요한 경우 실험을 재현하는 데 필요한 기타 메타데이터를 저장해야 한다. 모델이 많지 않고 너무 자주 업데이트하지 않는 경우, 이 레벨의 버전 관리가 실행 가능한 전략이 될 수 있다. 그렇지 않으면 권장하지 않는다.

레벨 2: 데이터와 코드 모두 하나의 자산으로 버전을 관리한다.

이 레벨의 버전 관리에서는 사전, 지명 사전, 소규모 데이터 세트와 같은 소규모 데이터 자산을 **깃**[Git]이나 Mercurial[36] 같은 버전 관리 시스템의 코드와 함께 저장한다. 대용량 파일은

---

36 [옮긴이] 소프트웨어 개발을 위한 크로스-플랫폼 분산 버전 관리 도구

고유 ID를 사용하여 S3나 GCS와 같은 객체 저장소에 저장한다.

훈련 데이터는 JSON, XML, 다른 표준 형식으로 저장하며 레이블, 레이블러의 ID, 레이블링 시간, 데이터 레이블링에 사용한 도구 등과 같은 관련 메타데이터를 포함한다.

Git Large File Storage와 같은 도구는 깃 내의 오디오 샘플, 비디오, 대용량 데이터 세트, 그래픽과 같은 대용량 파일을 텍스트 포인터로 자동으로 대체하고, 파일 콘텐츠를 원격 서버에 저장한다.

데이터 세트의 버전은 코드와 데이터 파일의 **깃 서명**git signature으로 정의한다. 필요한 버전을 쉽게 식별할 수 있도록 타임 스탬프를 추가하는 것도 도움이 된다.

레벨 3: 특화된 데이터 버전 관리 솔루션을 사용하거나 구축한다.

DVC와 Pachyderm과 같은 데이터 버전 관리 소프트웨어는 데이터 버전 관리를 위한 추가 도구를 제공한다. 또한, 일반적으로 깃과 같은 코드 버전 관리 소프트웨어와 상호 연동한다.

버전 관리 레벨 2는 대부분의 프로젝트에서 버전 관리를 위해 권장하는 방법이다. 레벨 2가 요구 사항에 충분하지 않다고 생각되는 경우, 레벨 3의 솔루션을 탐색하거나 직접 구축한다. 그렇지 않으면 이미 복잡한 엔지니어링 프로젝트에 오히려 복잡도를 가중시키기 때문에 그러한 접근 방식은 권장하지 않는다.

3.11.4 문서화와 메타데이터

머신러닝 프로젝트를 한참 진행하는 동안에는 데이터에 대한 중요한 세부 정보를 기억할 수 있지만, 프로젝트를 운영 환경으로 이관하고 다른 프로젝트를 새로 시작하게 되면 이전 프로젝트의 정보에 대한 기억은 점점 희미해지게 된다.

다른 프로젝트로 전환하기 전에 다른 사람이 데이터를 올바르게 이해하고 사용할 수 있는지 확인해야 한다.

데이터가 따로 설명이 필요 없는 경우라면 문서화가 필요하지 않겠지만, 데이터 세트를 직접 만들지 않은 사람이 보기만 해도 데이터 세트를 쉽게 이해하고 사용 방법을 알 수 있는 경우는 드물다.

문서는 모델 훈련에 사용한 모든 데이터 자산과 함께 제공해야 하는데, 다음과 같은 세부 정보를 포함해야 한다.

- 데이터의 의미
- 데이터 수집 방법이나 데이터 생성에 사용한 방법(레이블러에 대한 지침과 품질 관리 방법)
- 훈련 - 검증 - 테스트 데이터 분할 관련 세부 사항
- 모든 전처리 단계에 대한 세부 정보
- 제외된 데이터에 대한 설명
- 데이터 저장 형식
- 속성이나 특징의 유형(각 속성이나 특징에 대한 허용값)
- 견본의 수
- 가능한 레이블값이나 수치적 허용 범위

3.11.5 데이터 수명주기

일부 데이터는 무기한 저장할 수 있다. 그러나 일부 비즈니스 맥락에서는 일부 데이터를 특정 시간 동안만 저장하고 기간이 만료되면 이를 삭제할 수도 있다. 작업하는 데이터에 이러한 제한이 있는 경우 신뢰할 수 있는 알림 시스템이 있는지 확인해야 한다. 해당 알림 시스템은 데이터 삭제 책임자에게 연락해야 하고 담당자가 없을 때의 백업 계획을 가지고 있어야 한다. 데이터를 삭제하지 않으면 때때로 조직에 매우 심각한 영향을 미칠 수 있음을 잊지 말아야 한다.

모든 민감한 데이터 자산에 대해서, **데이터 수명주기 문서**data lifecycle document는 프로젝트 개발 동안과 개발 이후에 데이터 자산과 해당 데이터 자산에 접근할 수 있는 사람의 범위를 포함해야 한다. 문서는 데이터 자산을 보관하는 기간과 명시적으로 폐기해야 하는지 여부를 담고 있어야 한다.

3.12 데이터 처리 모범 사례

이번 장을 마무리하기 위해 나머지 두 가지 모범 사례인 재현성과 '데이터 우선, 알고리즘은 그 다음'을 고려한다.

3.12.1 재현성

재현성reproducibility은 데이터 수집과 준비를 포함한 모든 작업에서 중요한 문제다.

데이터를 수동으로 변환하거나 정규표현식regular expressions이나 특별한 목적을 위해서 awk이나 sed 명령 같은 좀 지저분하지만 간단히 결과를 출력하는 파이프 표현식piped expressions과 같은 텍스트 편집기나 명령 줄 셸에 포함된 강력한 도구를 사용해서는 안 된다.

일반적으로 데이터 수집과 변환 활동은 여러 단계로 구성된다. 여기에는 웹 API나 데이터베이스에서 데이터 다운로드, 다중 단어 표현식을 고유 토큰으로 대체, 불용어와 잡음 제거, 이미지 자르기와 흐림 제거unblurring, 결측값 대체 등이 포함된다. 이러한 다단계 프로세스의 각 단계는 입력과 출력이 있는 파이썬이나 R 스크립트와 같은 소프트웨어 스크립트로 구현해야 한다. 이와 같이 구성되어 있으면 작업 중에 데이터의 모든 변경사항을 추적할 수 있다. 어떤 단계에서든지 데이터에 문제가 발생하면 언제든지 스크립트를 수정하고 전체 데이터 처리 파이프라인을 처음부터 다시 실행할 수 있다.

반면에 수동 해결책은 재현하기 어려울 수 있는데, 이는 업데이트된 데이터에 적용하거나 훨씬 더 많은 데이터에 맞게 확장하기가 어렵다(더 많은 데이터나 데이터 세트를 얻을 수 있게 되면).

3.12.2 데이터 우선, 알고리즘은 그 다음

학계와는 달리 산업계에서는 '데이터 우선, 알고리즘은 그 다음'이므로 학습 알고리즘에서 최대한의 효과를 얻어내는 대신, 광범위하고 고품질의 더 많은 데이터를 얻는 데 대부분의 노력과 시간을 집중한다.

데이터 증강을 잘 구현하면 최상의 초매개변숫값이나 모델 구조를 찾는 것보다 더 높은 품질의 모델을 얻는 데 기여할 가능성이 높다.

3.13 요약

데이터를 수집하기 전에 다음과 같은 다섯 가지 질문에 답해야 한다. 즉, 작업할 데이터에 접근 가능하고, 스케일링이 가능하고, 사용 가능하고, 이해 가능하고, 신뢰할 수 있는가 하는 것이다.

데이터와 관련된 일반적인 문제는 높은 비용, 편향, 낮은 예측력, 오래된 견본, 특잇값, 누출이다.

좋은 데이터에는 모델링에 사용할 수 있는 충분한 정보가 포함되어 있고 모델로 수행하려는 과제에 대한 적용 범위가 충분하고 운영 환경에서의 실제 모델 입력을 반영한다. 가능한 한 편향되지 않고 모델 자체의 결과가 아니고 일관된 레이블이 있고 일반화를 할 수 있을 만큼 충분히 크다.

좋은 상호 작용 데이터에는 상호 작용의 맥락, 해당 맥락에서 사용자의 행동, 상호 작용의 결과라는 세 가지 측면에 대한 정보를 포함한다.

전체 데이터 세트를 훈련, 검증, 테스트 세트로 잘 분할하려면 분할 프로세스가 다음과 같은 몇 가지 조건을 충족해야 한다. 1) 분할 전에 데이터를 랜덤화하고, 2) 원시 데이터를 분할하고, 3) 검증 세트와 테스트 세트는 동일한 분포를 따르고, 4) 누출을 방지한다.

데이터 대체 기술을 통해서 데이터의 결측 속성을 처리할 수 있다.

데이터 증강 기술은 종종 추가적인 수동 레이블링 없이 더 많은 레이블링된 견본을 얻기 위해 사용한다. 일반적으로 이 기술은 이미지 데이터에 적용하지만 텍스트와 기타 유형의 직관적인 데이터에도 적용할 수 있다.

클래스 불균형은 모델의 성능에 큰 영향을 미칠 수 있다. 훈련 데이터에 클래스 불균형이 있을 때 학습 알고리즘은 최적의 성능을 낼 수 없다. 오버샘플링과 언더샘플링과 같은 기술은 클래스 불균형 문제를 극복하는 데 도움이 될 수 있다.

빅데이터로 작업할 때 전체 데이터 자산으로 작업하는 것이 항상 실용적이고 필요한 것은 아니다. 대신 학습에 충분한 정보가 포함된 더 작은 데이터 샘플을 선택한다. 이를 위해 다양한 데이터 샘플링 전략, 특히 단순 랜덤 샘플링, 체계적 샘플링, 계층화된 샘플링, 군집 샘플링을 사용할 수 있다.

데이터는 다양한 데이터 형식과 여러 데이터 저장소 레벨에 따라 저장할 수 있다. 데이터 버전 관리는 여러 레이블러가 레이블링을 수행할 때 지도학습에서 매우 중요한 요소다.

레이블러마다 품질이 다른 레이블링을 할 수 있으므로 누가 어떤 레이블링된 견본을 만들었는지 추적 관리하는 것이 중요하다. 데이터 버전 관리는 가장 기본적인 것부터 가장 정교한 것까지 여러 수준의 복잡도로 구현할 수 있다. 버전 관리 없음(레벨 0), 훈련 시점에 스냅숏으로 버전 지정(레벨 1), 데이터와 코드를 모두 포함하는 하나의 자산으로 버전 지정(레벨 2), 전문 데이터 버전 관리 설루션을 사용하거나 구축(레벨 3)하여 버전을 관리한다.

대부분의 프로젝트에는 레벨 2를 권장한다.

문서화를 할 때 모델 훈련에 사용한 모든 데이터 자산을 함께 제공해야 하는데, 해당 문서에는 데이터의 의미, 수집 방법이나 데이터 생성에 사용한 방법(레이블러에 대한 지침과 품질 관리 방법), 훈련-검증-테스트 데이터 분할과 모든 사전 처리 단계와 같은 세부 사항을 포함해야 한다. 또한, 제외된 데이터, 데이터 저장 형식, 속성이나 특징의 유형, 견본 수, 레이블의 가능한 값이나 대상 이 되는 숫자의 허용 범위에 대한 설명도 포함해야 한다.

모든 민감한 데이터 자산에 대해서, 데이터 수명주기 문서는 데이터 자산, 프로젝트의 개발 기간 과 개발 이후에 해당 데이터 자산에 접근할 수 있는 사람의 범위를 설명해야 한다.

·CHAPTER·

4

특징 공학

데이터 수집과 준비에 이어, **특징 공학**은 머신러닝에서 두 번째로 중요한 작업이다. 특징 공학은 또한 머신러닝 프로젝트 수명주기의 세 번째 단계이기도 하다.

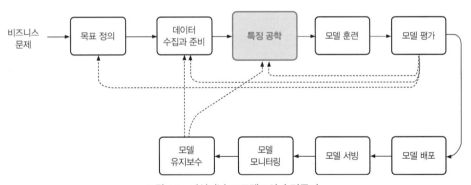

그림 4.1 머신러닝 프로젝트의 수명주기

특징 공학은 먼저 개념적으로, 그리고 그 다음에 프로그래밍적으로 원시 견본을 특징 벡터로 변환하는 프로세스다. 즉, 먼저 특징을 개념화한 다음 필요하면 일부 간접 데이터를 참고해서 전체 원시 견본을 특징으로 변환하는 프로그래밍 코드를 작성하는 것이다.

특징 공학을 사용하는 이유

좀 더 구체적으로, 트윗tweets에서 영화 제목을 인식하는 문제를 고려해보자. 방대한 영화 제목 모음 데이터는 **간접적으로** 사용하고, 트윗 모음 데이터는 견본을 만드는 데 **직접적으로** 사용한다. 빠른 문자열 매칭을 위해 우선 영화 제목 색인을 작성한다.[1] 그런 다음 트윗에서 일치하는 모든 영화 제목을 찾는다. 이제 견본이 일치하는지 여부를 규정하게 되면 머신러닝 문제는 일치 항목이 영화인지 아닌지를 나타내는 이진 분류 문제가 된다.

다음 트윗을 고려해보자.

그림 4.2 카일(Kyle)이 보낸 트윗

영화 제목 매칭 색인을 통해 '아바타avatar', '터미네이터terminator', '그것It', '그녀her'와 같은 일치 항목을 찾아서 레이블이 없는 네 개의 견본을 만들고, {(아바타, 거짓), (터미네이터, 참), (그것, 거짓), (그녀, 거짓)}과 같이 레이블링을 한다. 그러나 머신러닝 알고리즘은 영화 제목만으로는(인간도 마찬가지) 아무것도 학습할 수 없다. 맥락이 필요한데, 일치하는 부분 앞뒤로 각각 5개의 단어가 충분히 유익한 맥락이라고 할 수 있다. 머신러닝 전문 용어로, 이 맥락을 일치하는 부분 주위의 '10 단어 윈도'라고 부른다. 윈도 크기는 초매개변수로 조정할 수 있다.

이제 견본을 해당 맥락에서 일치 항목으로 레이블링한다. 그러나 이러한 데이터에는 학습 알고리즘을 적용할 수 없는데, 머신러닝 알고리즘은 특징 벡터에만 적용할 수 있기 때문이다. 이것이 특징 공학을 사용해야 하는 이유다.

---

1 빠른 문자열 일치를 위한 색인을 작성하려면, 예를 들어 **Aho-Corasick 알고리즘**을 사용할 수 있다.

4.2 특징 공학을 사용하는 방법

특징 공학은 분석가가 상상력, 직관, 도메인 전문 지식을 적용하는 창의적인 과정이다. 앞에서 예로 든, 트윗에서 영화 제목 인식하기 문제에서는 직관을 통해 일치 항목 주변의 윈도 크기를 10으로 결정했다. 이제 문자열 시퀀스를 숫자 벡터로 변환하려면 훨씬 더 창의적인 접근이 필요하다.

4.2.1 텍스트에 대한 특징 공학

텍스트에 관한 한, 과학자와 엔지니어는 종종 간단한 특징 공학 트릭$_{trick}$을 사용한다. 이러한 두 가지 기술은 원-핫 인코딩과 단어 가방 모델이다.

일반적으로 **원-핫 인코딩**$_{one-hot\ encoding}$은 범주형 속성을 여러 이진 속성으로 변환한다. 데이터 세트에 '빨간색', '노란색', '녹색' 같은 '색상' 속성이 있을 때, 다음과 같이 각 값을 3차원 이진 벡터로 변환한다.

$$빨간색 = [1, 0, 0]$$
$$노란색 = [0, 1, 0]$$
$$녹색 = [0, 0, 1].$$

스프레드시트에서 '색상' 속성이 있는 하나의 열 대신 1 또는 0의 값을 갖는 세 개의 합성된 열을 사용한다. 일부 학습 알고리즘만 범주적 속성을 지원하기 때문에 이런 변환을 통해서 이제 원하는 대로 광범위한 머신러닝 알고리즘을 사용할 수 있게 된다.

단어 가방$_{bag-of-words}$[2] 모델은 원-핫 인코딩 기법을 일반화해서 텍스트 데이터에 적용한 것이다. 하나의 속성을 이진 벡터로 나타내는 대신, 단어 가방 모델을 사용하여 전체 텍스트 문서를 이진 벡터로 나타낸다. 이제 이것이 어떻게 작동하는지 살펴보자.

오른쪽과 같이 6개의 텍스트 문서 모음이 있다고 가정해 보자.

주제별 텍스트 분류기를 만들기 위해서 분류 학습 알고리즘에 레이블링된 특징 벡터를 입력해야 하므로 텍스트 문서 모음을 특징 벡터 모음으로 변환해야 한다. 단어 가방을 사용하

문서 1	Love, love is a verb
문서 2	Love is a doing word
문서 3	Feathers on my breath
문서 4	Gentle impulsion
문서 5	Shakes me, makes me lighter
문서 6	Feathers on my breath

그림 4.3 **6개의 문서 모음**

---

2   옮긴이 구조와 상관없이 단어의 출현 횟수만 고려하기 때문에 단어를 담는 가방(bag)이라고 한다.

여 이런 변환을 할 수 있다.

먼저 텍스트를 토큰화해야 하는데, **토큰화**tokenization는 텍스트를 '토큰tokens'이라는 조각으로 분할하는 절차다. **토크나이저**tokenizer는 문자열을 입력으로 받아 해당 문자열에서 추출한 토큰 시퀀스를 반환하는 소프트웨어. 일반적으로 토큰은 단어words에 한정되므로, 구두점, 단어, 경우에 따라 회사(예를 들어, 맥도날드)나 장소(예를 들어, 붉은 광장) 같은 단어의 조합은 필요하지 않다. 단어만 추출하고 나머지는 모두 무시하는 간단한 토크나이저를 사용해서 다음과 같은 토큰 모음을 얻는다.

문서 1	[Love, love, is a verb]
문서 2	[Love, is, a, doing, word]
문서 3	[Feathers, on, my, breath]
문서 4	[Gentle, impulsion]
문서 5	[Shakes, me, makes, me, lighter]
문서 6	[Feathers, on, my, breath]

그림 4.4 토큰화된 문서 모음

다음 단계는 어휘vocabulary를 만드는 것이다. 어휘에는 16개의 토큰이 있다.[3]

a	breath	doing	feathers
gentle	impulsion	is	lighter
love	makes	me	my
on	shakes	verb	word

이제 어휘를 정렬하고 각 토큰에 고유한 색인을 할당한다. 토큰을 알파벳순으로 정렬하면 다음과 같다.

a	breath	doing	feathers	gentle	impulsion	is	lighter	love	makes	me	my	on	shakes	verb	word
1	2	3	4	5	6	7	8	9	10	11	12	13	14	15	16

그림 4.5 인덱싱된 토큰의 정렬

어휘의 각 토큰에는 1에서 16까지의 고유 색인이 있다. 문서 모음을 다음과 같은 이진 특징 벡터 모음으로 변환한다.

---

3   여기서는 대문자를 무시하기로 결정했지만, 분석가 입장에서는 'Love'와 'love'라는 두 개의 토큰을 두 개의 개별 어휘 개체로 취급할 수도 있다.

	1	2	3	4	5	6	7	8	9	10	11	12	13	14	15	16
문서 1	1	0	0	0	0	0	1	0	1	0	0	0	0	0	1	0
문서 2	1	0	1	0	0	0	0	1	0	1	0	0	0	0	0	1
문서 3	0	1	0	1	0	0	0	0	0	0	0	1	1	0	0	0
문서 4	0	0	0	0	1	1	0	0	0	0	0	0	0	0	0	0
문서 5	0	0	0	0	0	0	1	0	1	1	0	0	1	0	0	0
문서 6	0	1	0	1	0	0	0	0	0	0	0	1	1	0	0	0

그림 4.6 **특징 벡터**

토큰이 텍스트에 있는 경우 특징 벡터의 해당 토큰 위치의 특징은 1이고, 그렇지 않으면 0이다. 예를 들어, 문서 1 'Love, love is a verb'는 다음과 같이 특징 벡터로 표현된다.

$$[1, 0, 0, 0, 0, 0, 1, 0, 1, 0, 0, 0, 0, 0, 1, 0]$$

이와 같은 특징 벡터를 레이블링해서 분류 학습 알고리즘의 훈련 데이터로 사용한다.

단어 가방의 다양한 '변형된 형태'가 있다. 위의 이진값 단어 가방 모델도 일반적으로 잘 작동하지만 이진값의 대안으로는 1) 토큰 수, 2) 토큰 빈도, 3) **TF-IDF**(용어 빈도-역문서 빈도)가 있다. 단어 수를 사용하는 경우에 문서 1 'Love, love is a verb'의 'love'에 대한 특징값은 2가 되고, 이는 'love'라는 단어가 문서에 나타나는 횟수를 나타낸다. 토큰의 빈도를 적용하는 경우 토크나이저가 문서 1에서 2개의 'love' 토큰을 포함해서 모두 5개의 토큰을 추출했다고 가정하면 'love'의 값은 $2/5 = 0.4$가 된다. TF-IDF값은 문서에서 단어의 빈도에 비례하여 증가하고 해당 단어를 포함하는 말뭉치의 문서 수로 상쇄된다. 이것은 일반적으로 더 자주 나타나는 전치사와 대명사와 같은 일부 단어를 조정해 준다. TF-IDF에 대해 더 자세히 설명하지는 않겠지만 관심 있는 독자에게 온라인으로 좀 더 자세히 알아볼 것을 추천한다.

단어 가방 기술을 간단히 확장한 것이 **n-그램 가방**bag-of-n-grams이다. **n-그램**은 말뭉치에서 가져온 n개 단어의 시퀀스다. $n = 2$일 때 구두점을 무시하면 'No, I am your father'라는 텍스트에서 찾을 수 있는 모든 2-그램(보통 **bigrams**라고 함)은 ['No I,' 'I am,' 'am your,' 'your father']와 같다. 그리고, 3-그램은 ['No I am,' 'I am your,' 'am your father']이다. 특정 n개까지의 모든 n-그램을 하나의 사전에 있는 토큰과 혼합함으로써 단어 가방 모델을 다루는 것과 동일한 방식으로 토큰화할 수 있는 n-그램 가방을 얻을 수 있다.

단어 시퀀스는 종종 개별 단어보다 덜 일반적이기 때문에 n-그램을 사용하면 더 **희소한**sparse 특징 벡터가 생성된다. 또한, n-그램을 사용하면 머신러닝 알고리즘이 좀 더 정교한 모델을 학습할 수 있다. 예를 들어, 'this movie was not good and boring(이 영화는 좋지 않았고 지루했다)'와 'this movie was good and not boring(이 영화는 좋았고 지루하지 않았다)'라는 표현은 서로 반대의 의미를 갖지만 각 표현에 포함되어 있는 단어만 보면 동일한 단어 가방 벡터가 생성된다. 하지만 단어의 바이그램을 고려하면, 이 두 표현에 대한 바이그램의 단어 가방 벡터는 달라진다.

4.2.2 단어 가방의 작동 원리

특징 벡터는 특정 규칙을 따르는 경우에만 작동한다. 한 가지 규칙은 특징 벡터의 j 위치에 있는 특징이 데이터 세트의 모든 견본에서 동일한 속성을 나타내야 한다는 것이다. 해당 특징이 데이터 세트에서 특정인의 키를 cm 단위로 나타낼 때 각 견본이 다른 사람을 나타내는 경우 다른 모든 견본에서도 해당 사항이 적용되어야 한다. 즉, 위치 j의 특징은 항상 키를 cm 단위로 나타내야 하며 그 외에는 어떤 것도 나타내지 않아야 한다.

단어 가방 기술도 같은 방식으로 작동한다. 각 특징은 문서에 특정 토큰이 있는지 없는지 여부에 관계없이 문서의 동일한 속성을 나타낸다.

또 다른 규칙은 유사한 특징 벡터가 데이터 세트에서 유사한 개체를 나타내야 한다는 것이다. 이 특성은 단어 가방 기술을 사용할 때도 마찬가지다. 두 개의 동일한 문서는 특징 벡터도 서로 동일하다. 마찬가지로 동일한 주제에 관한 두 텍스트는 서로 다른 두 주제보다 더 많은 단어를 공유하기 때문에 유사한 특징 벡터를 가질 가능성이 더 높다.

4.2.3 범주형 특징을 숫자로 변환

원-핫 인코딩이 범주형 특징을 숫자로 변환하는 유일한 방법은 아니고, 또한 항상 최선의 방법도 아니다.

또 다른 기술로 **빈 카운팅**bin counting이나 **특징 교정**feature calibration이라고도 하는 **평균 인코딩**mean encoding이 있다. 첫째, 특징값이 z인 모든 견본을 사용하여 레이블의 **표본 평균**sample mean을 계산한다. 그런 다음 범주형 특징의 각 값 z를 해당 표본 평균값으로 대체한다. 이 기술의 장점은 데이터 차원이 증가하지 않으면서 수치값에 레이블에 대한 일부 정보가 포함된다는 것이다.

이진 분류 문제를 다루는 경우, 표본 평균 외에도, 주어진 z값에 대한 양성 클래스positive class의 개수, **승산비**odds ratio, OR, **로그 승산비**log-odds ratio와 같은 다른 유용한 항목을 사용할 수 있다. 승산비는 일반적으로 두 랜덤 변수 사이에 정의되는데, 일반적으로 두 사건 A와 B 사이의 연관 강도를 정량화하는 통계다. 승산비가 1인 경우 두 사건은 독립적인 것으로 간주된다. 즉, 한 사건의 확률이 다른 사건의 존재 여부에 영향을 받지 않는다.

범주형 특징을 정량화하는 응용 프로그램에서 범주형 특징(사건 A)의 값 z와 양성 레이블(사건 B) 사이의 승산비를 계산할 수 있다. 이메일 메시지가 스팸인지 아닌지 예측하는 문제를 예로 들어 설명해보자. 레이블링된 이메일 메시지 데이터 세트에 대해 각 이메일 메시지에서 가장 자주 사용되는 단어를 포함하는 특징을 설계했다고 가정하고, 이 특징의 범주형 값인 '감염된'을 대체할 숫 잣값을 찾아본다. 먼저 '감염된'과 '스팸'에 대한 **분할표**contingency table를 작성한다.

	스팸	스팸 아님	합계
'감염된' 포함	145	8	153
'감염된' 포함 안 함	346	2909	3255
합계	491	2917	3408

그림 4.7 '감염된'과 '스팸'에 대한 분할표

'감염된'과 '스팸'의 승산비는 다음과 같다.

$$\text{승산비(감염된, 스팸)} = \frac{145/8}{346/2909} = 152.4.$$

보다시피, 분할표의 값에 따라 승산비는 매우 낮거나(0에 가까움) 매우 높게(임의의 높은 양숫값) 나올 수 있다. 그리고 수치적인 오버플로 문제를 방지하기 위해 분석가는 종종 로그 승산비를 사용한다.

$$\begin{aligned}\text{로그 승산비(감염된, 스팸)} &= \log(145/8) - \log(346/2909) \\ &= \log(145) - \log(8) - \log(346) + \log(2909) = 2.2.\end{aligned}$$

이제 위의 범주형 특징에서 '감염된' 값을 숫잣값 2.2로 바꿀 수 있다. 동일한 방식으로 해당 범주형 특징의 다른 모든 값을 로그 승산비값으로 변환할 수 있다.

때로는 범주형 특징에 순서는 있지만 주기적이지 않은 경우가 있다. 학교 성적('A'에서 'E'까지)과 연공서열 수준('하급', '중급', '상급')이 그러한 예다. 이 같은 경우에는 원-핫 인코딩 대신 의미 있는 숫자로 표현하는 것이 편리하다. '하급'은 1/3, '중급'은 2/3, '상급'은 1처럼 [0, 1] 범위의 균일한 숫자를 사용한다. 일부 값이 더 멀리 떨어져 있어야 하는 경우 이 값을 다른 비율로 반영할 수 있다. '중급'과 '하급' 간 간격보다 '상급'과 '중급' 간 간격이 더 커야 하는 경우, '하급', '중급', '상급'에 대해 각각 1/5, 2/5, 1을 사용할 수 있다. 이것이 도메인 지식이 중요한 이유다.

범주형 특징에 주기성이 있는 경우 정수 인코딩이 제대로 작동하지 않는다. 예를 들어, 월요일부터 일요일까지 각 요일을 정수 1부터 7까지의 정수로 변환했을 때, 일요일과 토요일의 차이는 1이지만 월요일과 일요일의 차이는 −6이다. 그러나 우리의 추론으로는 월요일은 일요일에서 하루 지났기 때문에 차이는 똑같이 1이 합당하다.

그래서 **사인-코사인 변환**_{sine-cosine transformation}을 통해서 주기적인 특징을 두 개의 합성 특징으로 변환한다. p가 주기적인 특징의 정숫값이라고 할 때, p를 다음과 같이 두 개의 값으로 변환한다.

$$p_{sin} = \sin\left(\frac{2 \times \pi \times p}{\max(p)}\right), p_{cos} = \cos\left(\frac{2 \times \pi \times p}{\max(p)}\right).$$

아래 표는 7일 동안의 p_{sin}과 p_{cos}값을 보여주고 있다.

p	p_{sin}	p_{cos}
1	0.78	0.62
2	0.97	−0.22
3	0.43	−0.9
4	−0.43	−0.9
5	−0.97	−0.22
6	−0.78	0.62
7	0	1

그림 4.8는 위의 표를 사용하여 작성한 산점도_{scatter plot}인데, 두 가지 새로운 특징의 주기적 특성을 확인할 수 있다.

이제 '월요일'은 [0.78, 0.62], '화요일'은 [0.97, −0.22], 이런 식으로 일요일까지의 요일을 해당하는 값으로 변환한다. 데이터 세트에 또 다른 차원이 추가되었지만 모델의 예측 품질은 정수 인코딩에 비해 훨씬 우수하다.

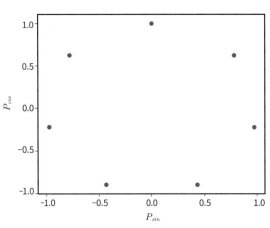

그림 4.8 요일을 나타내도록 사인-코사인 변환된 특징

4.2.4 특징 해싱

특징 해싱feature hashing이나 **해싱 트릭**hashing trick은 텍스트 데이터나 값이 많은 범주형 속성을 임의 차원의 특징 벡터로 변환한다. 원-핫 인코딩과 단어 가방에는 고유한 값이 많으면 고차원 특징 벡터가 생성된다는 단점이 있다. 예를 들어, 텍스트 문서 모음에 100만 개의 고유한 토큰이 있는 경우에 단어 가방은 100만 차원 특징 벡터를 생성하는데, 이러한 고차원 데이터로 작업하려면 계산 비용이 많이 들 수 있다.

데이터를 쉽게 관리하기 위해 다음과 같이 해싱 트릭을 사용할 수 있다. 먼저 특징 벡터의 원하는 차원을 결정한다. 그런 다음 해시 함수를 사용하여 먼저 범주형 속성의 모든 값(또는 문서 모음의 모든 토큰)을 숫자로 변환한 다음 이 숫자를 특징 벡터의 인덱스로 변환한다. 이 과정은 그림 4.9에 설명되어 있다.

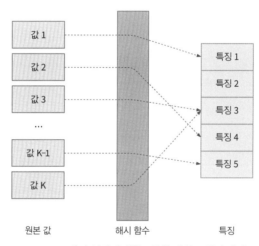

그림 4.9 K개 속성값에 대한 5차원 해싱 트릭의 예시

'Love is a doing word'이라는 문장을 특징 벡터로 변환하는 방법을 예로 들어보자. 해시 함수 h는 문자열을 입력으로 받아서 음이 아닌 정수를 출력하고 이때 특징 벡터의 차원은 5라고 하자. 각 단어에 해시 함수를 적용하고 5로 나눈 나머지 연산을 적용하여 다음과 같은 단어의 색인을 얻는다.

$$h(\text{love}) \bmod 5 = 0$$
$$h(\text{is}) \bmod 5 = 3$$
$$h(\text{a}) \bmod 5 = 1$$
$$h(\text{doing}) \bmod 5 = 3$$
$$h(\text{word}) \bmod 5 = 4.$$

이제 특징 벡터는 다음과 같다.

$$[1, 1, 0, 2, 1].$$

h(love) mod 5 = 0이므로 특징 벡터의 차원 0에 한 단어를 할당한다. h(is) mod 5 = 3, h(doing) mod 5 = 3은 특징 벡터의 차원 3에 두 단어를 할당하는 것을 의미한다. 보다시피, 둘 다 차원 3으로 표시되므로 'is'와 'doing'이라는 단어 사이에 **충돌**이 있다. 특징 벡터의 차원이 낮을수록 충돌 가능성이 높아지는데, 이것은 학습 속도와 품질 사이의 절충의 문제에 해당한다.

일반적으로 사용되는 해시 함수에는 **MurmurHash3, Jenkins, CityHash, MD5**가 있다.

4.2.5 주제 모델링

일반적으로 주제 모델링은 자연어 텍스트 문서 형태의 레이블링되지 않은 데이터를 사용하는 기술군이다. 모델은 문서를 주제를 나타내는 벡터로 표현하는 방법을 배운다. 예를 들어, 뉴스 기사 모음에서 다섯 가지 주요 주제를 '스포츠', '정치', '엔터테인먼트', '금융', '기술'로 선정하고, 주제당 하나의 차원을 할당한 5차원 특징 벡터로 각 문서를 표현할 수 있다.

$$[0.04, 0.5, 0.1, 0.3, 0.06]$$

위의 특징 벡터는 해당 문서의 두 가지 주요 주제가 정치(가중치 0.5)와 금융(가중치 0.3)과 관련이 있다는 것을 나타낸다. **잠재 의미 분석**Latent Semantic Analysis, LSA과 **잠재 디리클레 할당**Latent Dirichlet Allocation, LDA과 같은 주제 모델링 알고리즘은 레이블이 없는 문서를 분석하여 학습한다. 이 두 알고리즘의 출력은 유사하지만 서로 다른 수학적 모델을 기반으로 한다. LSA는 단어-문서 행렬(이진 **단어 가방**이나 TF-IDF를 사용하여 생성됨)의 **특잇값 분해**Singular Value Decomposition, SVD를 사용한다. LDA는 계층적 **베이지안 모델**Bayesian model을 사용하는데 여기서 각 문서에는 여러 주제가 **혼합**mixture되어 있으며, 주제에 따라 해당하는 단어가 나타난다.

이제 파이썬과 R에서 어떻게 작동하는지 설명한다. 다음은 LSA의 파이썬 코드다.

```
1  from sklearn.feature_extraction.text import TfidfVectorizer
2  from sklearn.decomposition import TruncatedSVD
3
4  class LSA():
5      def __init__(self, docs):
6          # 문서를 TF-IDF 벡터로 변환
7          self.TF_IDF = TfidfVectorizer()
8          self.TF_IDF.fit(docs)
9          vectors = self.TF_IDF.transform(docs)
```

```
10
11          # LSA 주제 모델 구축
12          self.LSA_model = TruncatedSVD(n_components=3)
13          self.LSA_model.fit(vectors)
14          return
15
16      def get_features(self, new_docs):
17          # 새 문서의 주제 기반 특징 가져오기
18          new_vectors = self.TF_IDF.transform(new_docs)
19          return self.LSA_model.transform(new_vectors)
20
21  # 나중에 운영 환경에서 LSA 모델 인스턴스화
22  docs = ["This is a text.", "This another one."]
23  LSA_featurizer = LSA(docs)
24
25  # new_docs에 대한 주제 기반 특징 가져오기
26  new_docs = ["This is a third text.", "This is a fourth one."]
27  LSA_features = LSA_featurizer.get_features(new_docs)
```

R의 해당 코드는 다음과 같다.[4]

```
1   library(tm)
2   library(lsa)
3
4   get_features <- function(LSA_model, new_docs){
5       # new_docs는 tm::Corpus 객체 또는 벡터로 전달
6       # 문서를 나타내는 문자열 포함
7       if(!inherits(new_docs, "Corpus")) new_docs <- VCorpus(VectorSource(new_docs))
8       tdm_test <- TermDocumentMatrix(
9           new_docs,
10          control = list(
11              dictionary = rownames(LSA_model$tk),
12              weighting = weightTfIdf
13          )
14      )
15      txt_mat <- as.textmatrix(as.matrix(tdm_test))
16      crossprod(t(crossprod(txt_mat, LSA_model$tk)), diag(1/LSA_model$sk))
17  }
18
19  # 문서를 사용하여 LSA 모델 훈련
20  docs <- c("This is a text.", "This another one.")
21  corpus <- VCorpus(VectorSource(docs))
22  tdm_train <- TermDocumentMatrix(
23  corpus, control = list(weighting = weightTfIdf))
24  txt_mat <- as.textmatrix(as.matrix(tdm_train))
25  LSA_fit <- lsa(txt_mat, dims = 2)
```

---

4   LSA와 LDA의 R 코드는 Julian Amon이 제공한 코드다.

```
26
27   # 나중에 운영 환경에서 new_docs에 대한 주제 기반 특징 가져오기
28   new_docs <- c("This is a third text.", "This is a fourth one.")
29   LSA_features <- get_features(LSA_fit, new_docs)
```

다음은 LDA용 파이썬 코드다.

```
1    from sklearn.feature_extraction.text import CountVectorizer
2    from sklearn.decomposition import LatentDirichletAllocation
3
4    class LDA():
5        def __init__(self, docs):
6            # 문서를 TF-IDF 벡터로 변환
7            self.TF = CountVectorizer()
8            self.TF.fit(docs)
9            vectors = self.TF.transform(docs)
10           # LDA 주제 모델 구축
11           self.LDA_model = LatentDirichletAllocation(n_components=50)
12           self.LDA_model.fit(vectors)
13           return
14       def get_features(self, new_docs):
15           # 새 문서의 주제 기반 특징 가져오기
16           new_vectors = self.TF.transform(new_docs)
17           return self.LDA_model.transform(new_vectors)
18
19   # 나중에 운영 환경에서 LSA 모델 인스턴스화
20   docs = ["This is a text.", "This another one."]
21   LDA_featurizer = LDA(docs)
22
23   # new_docs에 대한 주제 기반 특징 가져오기
24   new_docs = ["This is a third text.", "This is a fourth one."]
25   LDA_features = LDA_featurizer.get_features(new_docs)
```

다음은 R의 구현 코드다.

```
1    library(tm)
2    library(topicmodels)
3
4    # LDA 모델을 사용하여 new_docs용 특징 생성
5    get_features <- function(LDA_mode, new_docs){
6      # new_docs는 tm::Corpus 객체나 벡터로 전달
7      # 문서를 나타내는 문자열 포함
8      if(!inherits(new_docs, "Corpus")) new_docs <- VCorpus(VectorSource(new_docs))
9      new_dtm <- DocumentTermMatrix(new_docs, control = list(weighting = weightTf))
10     posterior(LDA_mode, newdata = new_dtm)$topics
11   }
12
13   # 문서를 사용하여 LDA 모델 훈련
```

```
14  docs <- c("This is a text.", "This another one.")
15  corpus <- VCorpus(VectorSource(docs))
16  dtm <- DocumentTermMatrix(corpus, control = list(weighting = weightTf))
17  LDA_fit <- LDA(dtm, k = 5)
18
19  # 나중에 운영 환경에서 new_docs에 대한 주제 기반 특징 가져오기
20  new_docs <- c("This is a third text.", "This is a fourth one.")
21  LDA_features <- get_features(LDA_fit, new_docs)
```

이 목록에서 docs는 텍스트 문서 모음이다. 예를 들어, docs는 각 문자열이 문서인 문자열 목록이 될 수 있다.

4.2.6 시계열 특징

시계열 데이터는 순서가 지정되지 않은 독립적인 관측값 모음 형태의 전통적인 지도학습 데이터와는 다르다. 시계열은 순서가 지정된 관측 시퀀스이며 각 관측값은 타임스탬프, 날짜, 월-연도, 연도 등과 같은 시간 관련 속성과 함께 표시된다. 시계열 데이터의 예는 그림 4.10과 같다.

날짜	주가	S&P 500	다우존스
2020-01-11	...	...	...
2020-01-12	14.5	3,345	28,583
2020-01-12	14.7	3,352	28,611
2020-01-12	15.9	3,347	29,001
2020-01-13	17.9	3,298	28,312
2020-01-13	16.8	3,521	28,127
2020-01-14	17.9	3,687	28,564
2020-01-15	16.8	3,540	27,998
2020-01-16	...	...	...

그림 4.10 이벤트 스트림 형태의 시계열 데이터의 예

그림 4.10에서 각 행은 특정 주식의 일자별 주가와 S&P 500과 다우존스의 두 가지 지수에 해당한다. 2020-01-12에 세 번, 2020-01-13에 두 번, 이렇게 비정기적으로 관찰한 값이다.

기존 시계열 데이터classical time-series data는 초당 1회, 분당 1회, 하루에 1회 등과 같이 시간에 따라 균등한 간격으로 관측한다. 관측치가 불규칙한 경우, 이러한 시계열 데이터를 **점 프로세스**point process 또는 **이벤트 스트림**event stream이라고 한다.

일반적으로 관찰 결과를 집계하여 이벤트 스트림을 기존 시계열 데이터로 변환할 수 있다. 집계 연산자aggregation operator의 예로는 COUNT와 AVERAGE가 있다. AVERAGE 연산자를 그림 4.10의 이벤트 스트림 데이터에 적용하여 그림 4.11에 표시된 고전적인 시계열 데이터를 얻는다.

날짜	주가	S&P 500	다우존스
2020-01-11	...	...	...
2020-01-12	15.0	3,348	28,732
2020-01-13	17.4	3,410	28,220
2020-01-14	17.9	3,687	28,564
2020-01-15	16.8	3,540	27,998
2020-01-16	...	...	...

그림 4.11 그림 4.10에서 이벤트 스트림을 집계하여 얻은 고전적 시계열

이벤트 스트림으로 직접 작업할 수도 있지만 시계열을 고전적인 형식으로 가져오면 더 쉽게 추가적인 집계를 구해서 머신러닝을 위한 특징을 생성할 수 있다.

일반적으로 분석가는 시계열 데이터를 사용하여 두 가지 종류의 예측 문제를 해결한다. 최근에 관찰한 시퀀스로 다음과 같은 예측을 할 수 있다.

- 다음에 관찰할 수 있는 무언가를 예측한다(예를 들어, 지난 7일 동안의 주가와 주가지수가 주어질 때 내일 주가를 예측).
- 해당 시퀀스를 생성한 현상에 대해 예측한다(예를 들어, 사용자의 소프트웨어 시스템 사용 로그가 있으면 이번 분기에 구독을 취소할 가능성이 있는지 여부를 예측).

분석가는 신경망이 최근의 뛰어난 학습 능력을 갖기 전까지는 **얕은 머신러닝**shallow machine learning 툴킷을 사용하여 시계열 데이터를 분석했다. 시계열 데이터를 특징 벡터 형태의 학습 데이터로 변환하려면 다음 두 가지를 결정해야 한다.

- 정확한 예측에 필요한 연속된 관측값의 개수(예측 창prediction window이라고 함)
- 관찰한 시퀀스를 고정 차원 특징 벡터로 변환하는 방법

두 질문 중 어느 하나 간단히 답하기는 어렵다. 일반적으로 이러한 결정은 관련 주제에 대한 전문가의 조언을 구하거나 **초매개변수 조정**hyperparameter tuning 기술을 통해 이루어진다. 그러나 많은 시계열 데이터에 대해서 몇몇 방법이 효과적인데, 다음은 그러한 방법 중 하나다.

1) 전체 시계열을 길이 w의 세그먼트로 나눈다.

2) 각 세그먼트 s에서 훈련 견본 e를 만든다.

3) 각 e에 대해 s의 관측값에 대한 다양한 통계를 계산한다.

그림 4.11의 데이터를 길이 $w = 2$의 세그먼트로 나눈다. 여기서 w는 예측 창의 길이다. 이제 그림 4.12는 각 세그먼트가 별도의 견본임을 보여준다.

견본 i

$t - 2$	15.0	3,348	28,732
$t - 1$	17.4	3,410	28,220

견본 $i + 1$

$t - 2$	17.4	3,410	28,220
$t - 1$	17.9	3,687	28,564

견본 $i + 2$

$t - 2$	17.9	3,687	28,564
$t - 1$	16.8	3,540	27,998

그림 4.12 길이 $w = 2$의 세그먼트로 구성된 시계열

실제로 w는 일반적으로 2보다 큰데, 예측 창의 길이가 7이라고 가정해 보면 위 방법의 단계 3)에서 계산한 통계는 다음과 같다.

- 평균(**예** 지난 7일 동안 주가의 **평균**mean이나 **중앙값**median)

- 산포도spread(**예** 지난 7일 동안 S&P 500 지수의 **표준 편차**standard deviation, **절대 편차 중앙값**median absolute deviation, **사분위수 범위**interquartile range)

- 특잇값(**예** 다우존스 지수가 이례적으로 낮은 관측값의 비율, 이를테면 평균에서 2배 이상의 표준 편차)

- 증가(**예** S&P 500 지수가 $t - 6$일과 t일, $t - 3$일과 t일, $t - 1$일과 t일 사이에 증가했는지 여부)

- 시각적 특성(**예** 주가 곡선이 모자, 머리, 어깨와 같은 알려진 시각적 이미지와 얼마나 다른지)

이제 시계열을 고전적인 형식으로 변환하는 것이 권장되는 이유를 알게 되었을 것이다. 참고로, 위의 통계는 비교 가능한 값에 대해서 계산할 때만 의미가 있다.

현대 신경망 시대에 와서는 분석가들이 심층 신경망을 훈련하는 것을 가장 선호한다는 점에 유의해야 한다. **장단기 메모리**long short-term memory, LSTM, **합성곱 신경망**convolutional neural network, CNN, **트랜스포머** Transformer[5]는 시계열 모델을 위해 선택할 수 있는 인기 있는 모델이다. 이들은 임의의 길이에 해당

---

5 [옮긴이] 2017년 구글이 발표한 논문인 〈Attention is all you need〉에서 제안. 기존의 seq2seq의 구조인 인코더-디코더를 따르면서도, 어텐션(Attention)만으로 구현한 모델. Multi-head self-attention을 이용해 더 많은 부분을 병렬처리하는 동시에 더 많은 단어들 간의 dependency를 모델링한다.

하는 시계열을 입력으로 읽어서 전체 시퀀스를 바탕으로 예측을 한다. 유사하게, 신경망을 텍스트에 적용하기 위해서는 일반적으로 단어 단위나 문자 단위로 텍스트를 입력한다. 단어와 문자는 보통 **임베딩 벡터**embedding vector로 표현하는데, 후자는 대량의 텍스트 문서를 통해 학습한다. 임베딩은 4.7.1절에서 살펴본다.

4.2.7 창의력 활용

이번 절의 시작 부분에서 언급했듯이, 특징 공학은 창의적인 과정이다. 분석가는 예측 모델에 적합한 특징을 결정할 수 있는 가장 좋은 위치에 있다. 데이터에서 무엇을 보고 레이블을 할당할지 결정하기 위해서 학습 알고리즘의 '입장'에서 상상해본다.

중요도에 따라 이메일을 분류한다고 가정해보자. 매달 첫 번째 월요일에는 정부 세무 기관에서 중요한 메시지를 많이 보내는 것을 알 수 있다. 이 경우에는 '정부 첫째 월요일' 특징을 만들고, 매월 첫 번째 월요일에 정부 세무 기관에서 보낸 이메일은 1로, 그 외는 0으로 설정한다. 또는 스마일리smiley(미소 표시)가 두 개 이상 포함된 이메일은 거의 중요하지 않다는 것을 알 수 있는데, 이때는 '스마일리 포함' 특징을 만들고, 이메일에 스마일리가 두 개 이상 포함되어 있으면 1, 그렇지 않으면 0이 되도록 한다.

4.3 특징 쌓기

트윗에서 영화 제목 분류하는 문제를 다시 살펴보자. 각 견본은 다음과 같이 세 부분으로 구성된다.

1) 추출한 잠재적 영화 제목 앞에 있는 5개의 단어[6](왼쪽 맥락)

2) 추출한 잠재적 영화 제목(추출물)

3) 추출한 영화 제목 뒤에 오는 5개의 단어(오른쪽 맥락)

이처럼 여러 부분으로 구성된 견본을 표현하기 위해서는 먼저 각 부분을 특징 벡터로 변환한 다음, 세 개의 특징 벡터를 나란히 쌓아 전체 견본에 대한 특징 벡터를 얻는다.

---

6   실제로 잠재적인 영화 제목의 왼쪽이나 오른쪽에 있는 맥락은 트윗의 시작이나 끝에 있기 때문에 일부 견본에서는 5단어보다 짧을 수 있다.

4.3.1 특징 벡터 쌓기

영화 제목 분류 문제에서는 먼저 왼쪽 맥락을 모두 모은다. 그런 다음 단어 가방 모델을 통해 왼쪽 맥락을 이진 특징 벡터로 변환한다. 그 다음에 단어 가방 모델을 통해서 추출물을 이진 특징 벡터로 변환하고, 오른쪽 맥락에 대해서도 동일하게 적용한다. 마지막으로 왼쪽 맥락, 추출물, 오른쪽 맥락에 대한 특징 벡터를 연결해서 각 견본을 사슬처럼 이어서, 그림 4.13과 같이 전체 견본을 나타내는 최종 특징 벡터를 얻을 수 있다.

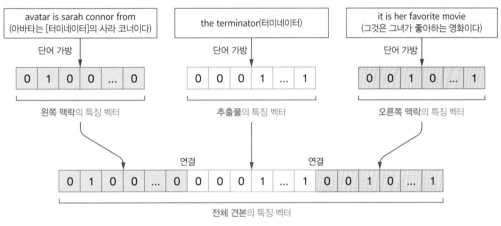

그림 4.13 특성 벡터 생성 및 쌓기

세 가지 특징 벡터(견본의 각 부분에서 하나씩)는 서로 독립적으로 생성된다. 이는 토큰의 어휘가 각 부분마다 다르므로 각 부분의 특징 벡터 차원도 다를 수 있음을 의미한다.

이때, 특징 벡터를 연결하는 순서는 중요하지 않다. 즉, 왼쪽 맥락 특징은 최종 특징 벡터의 중간이나 오른쪽에 배치할 수 있다. 그러나 모든 견본에서 동일한 연결 순서를 유지해야 한다. 이렇게 함으로써 모든 견본에 대해서 각 특징이 동일한 특성을 나타낸다.

4.3.2 개별 특징 쌓기

지금까지는 대량으로 특징을 설계했다. 원-핫 인코딩과 단어 가방 모델은 보통 수천 개의 특징을 생성한다. 이것은 매우 시간 효율적인 특징 공학 방법이지만, 어떤 문제에 있어서는 충분히 높은 **예측력**predictive power을 가진 특징 벡터를 얻기 위해 추가 정보가 필요하다. 특징의 예측력은 다음 절에서 고려한다.

전체 트윗을 입력으로 받아 주제를 예측하는 분류기 m_A가 이미 있다고 가정한다. 주제 중 하나가 영화라고 하고, 분류기 m_A에서 이 같은 추가 정보를 이용해서 영화 제목 분류 문제의 특징 벡터를 좀 더 유용하게 만들 수 있다. 이 경우 '트윗의 주제가 영화인지 여부'로 설명할 수 있는 추가적인 특징을 설계할 수 있는데, 이는 전체 트윗에 대해 m_A가 예측한 주제가 영화이면 1, 그렇지 않으면 0인 이진 특징이다. 그림 4.14와 같이 새로운 이진 특징을 추가해서 세 개의 부분 특징 벡터를 연결한다.

트윗에서 제목 분류를 위한 좀 더 많은 유용한 특징을 생각해 볼 수 있는데, 그러한 특징의 예는 다음과 같다.

- 영화의 평균 IMDB[7] 점수
- IMDB에서 영화에 대한 투표 수
- 영화의 로튼토마토Rotten Tomato 지수
- 최근 개봉한 영화인지(또는 개봉 연도를 나타내는 번호)
- 트윗 텍스트에 다른 영화 제목이 포함되어 있는지 여부
- 트윗 텍스트에 배우 또는 감독의 이름이 포함되는지 여부

이러한 모든 추가 특징이 수치형 특징이라면 특징 벡터에 연결할 수 있다. 이때 모든 견본에 대해서 동일한 순서로 연결하도록 주의해야 한다.

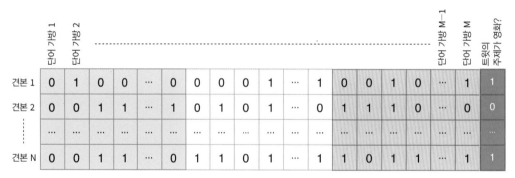

그림 4.14 단일 특징 쌓기

---

7   인터넷 영화 데이터베이스

4.4 좋은 특징의 특성

모든 특징이 동일한 것은 아니다. 이번 절에서는 좋은 특징의 특성을 살펴본다.

4.4.1 높은 예측력

우선, 좋은 특징은 예측력이 높다. 3장에서는 데이터 특성으로서의 예측력에 대해서 살펴보았다. 그러나 특징 또한 예측력이 높거나 낮을 수도 있다. 환자에게 암이 있는지 여부를 예측하고 싶다고 할 때, 여러 특징 중에 그 환자 소유의 자동차 제조사와 그 환자가 결혼했는지 여부에 관한 특징은 암에 대한 좋은 예측 변수가 아니므로 머신러닝 알고리즘은 이러한 특징과 레이블 간의 의미 있는 관계를 학습하지 못한다. 예측력은 해당 문제와 관련된 특징의 특성이다. 하지만 만약 문제가 달라진다면 그 환자 소유의 자동차 제조사, 그리고 결혼 여부가 높은 예측력을 가질 수도 있다.

4.4.2 빠른 계산 능력

좋은 특징은 빠르게 계산할 수 있다. 트윗의 주제를 예측하고 싶다고 가정해 보자. 보통 트윗은 짧고, 단어 가방 기반 특징 벡터는 희소하다. **희소 벡터**sparse vector는 대부분 차원의 값이 0인 벡터다. 데이터 세트가 작고 텍스트가 짧은 경우 희소 벡터는 크기에 비해 정보가 거의 없기 때문에 학습 알고리즘은 희소 벡터의 패턴을 찾아내기가 어렵다. 유사한 개념을 나타내더라도 희소 벡터 간에는 동일한 정보를 서로 다른 차원에 저장한다.

희소성을 줄이려면 추가로 0이 아닌 값을 사용하여 희소 특징 벡터를 증강augment할 수 있다. 이를 위해 트윗 텍스트를 위키피디아Wikipedia에 검색 쿼리로 보내고 검색 결과에서 다른 단어를 추출할 수 있다. 위키피디아의 API Application Programming Interface는 응답 속도를 보장하지 않으므로 응답을 받는 데 몇 초가 걸릴 수도 있다. 실시간 시스템의 경우 특징 추출 속도가 빨라야 하므로, 정보는 적지만 수백만 분의 일 초 만에 계산한 특징이 몇 초가 걸려서 계산한 높은 예측력을 가진 특징보다 더 낫다. 응용 프로그램의 실행 속도가 빨라야 한다면, 위키피디아에서 얻은 특징은 해당 과제에 적합하지 않을 수 있다.

4.4.3 신뢰성

좋은 특징은 또한 신뢰할 수 있어야 한다. 다시 한 번 위키피디아로 예를 들어보면, 웹사이트의 응답성을 보장할 수 없다. 사이트가 다운되거나 유지보수 중이거나 API가 일시적으로 과도하게 사용되어 요청을 거부할 수도 있다. 이런 이유로 위키피디아를 통해서 얻은 특징이 항상 사용 가능하다고 할 수 없다. 따라서 그러한 특징은 신뢰할 수 있다고 할 수 없다. 모델에 신뢰할 수 없는 특징이 하나라도 있으면 예측 품질이 저하될 수 있고, 또한 중요한 특징값이 누락되면 일부 예측이 완전히 잘못될 수도 있다.

4.4.4 비상관성

두 특징의 **상관관계**correlation는 해당 값이 서로 관련되어 있음을 의미한다. 어느 하나의 특징이 커지면 다른 특징도 커지고 그 반대의 경우도 성립한다면 두 특징은 서로 상관관계가 있다고 한다.

모델이 운영 환경에 배포되고 나면 시간이 지남에 따라 입력 데이터의 특성이 변할 수 있으므로 모델의 성능이 저하될 수 있다. 많은 특징이 서로 상관관계가 높은 경우 입력 데이터의 특성이 조금만 변해도 모델 동작이 크게 바뀔 수 있다.

때로는 모델 개발 기간이 촉박하기 때문에 개발자가 중요한 특징을 선별하지 못하고 사용하기도 한다. 시간이 지남에 따라 이러한 특징의 유지보수 비용이 많이 들게 된다. 일반적으로 중복되거나 상관관계가 높은 특징을 제거하는 것이 좋은데, 특징 선택feature selection 기술은 이러한 중요하지 않은 특징을 줄이는 데 도움이 된다.

4.4.5 기타 특성

좋은 특징의 가장 중요한 특성은 훈련 세트의 특징 분포가 운영 환경에서 입력의 특징 분포와 유사하다는 것이다. 예를 들어, 트윗 날짜를 통해 트윗에 대한 예측을 할 수 있다. 그러나 과거 트윗을 기반으로 구축한 모델로 현재 트윗을 예측하는 경우, 운영 환경에서 견본의 날짜가 항상 학습 분포에서 벗어나게 되므로 심각한 오류를 범할 수 있다.[8]

마지막으로, 특징은 단일하고 이해하기 쉽고 유지보수가 쉽도록 설계해야 한다. 여기서 특징이 단일하다unitary는 것은 이해하기 쉽고 설명하기 쉬운 어떤 수량을 나타낸다는 의미다. 예를 들어, 자동차의 특성에 따라 자동차의 유형을 분류할 때 무게, 길이, 너비, 색상과 같은 단일한 특징unitary features을 사용할 수 있다. '길이를 무게로 나눈 값'과 같은 특징은 단일하지 않고 두 개의 단일 특징으로 구성되어 있다.

일부 학습 알고리즘은 특징을 결합하여 이점을 얻을 수 있다. 그러나 모델 학습 파이프라인에 이

---

8   종종 날짜 정보는 머신러닝과 관련이 있으며 여전히 훈련 데이터에 포함되기도 한다. 예를 들어, '하루 중 시간', '주중 어느 날', '연중 어느 달'과 같은 **주기적 특징**(cyclical features)을 고려할 수 있다. 시간 계절성이 예측력을 갖는 예측 문제의 경우 이러한 특징이 유용할 수 있다.

작업을 위한 단계가 있는데, 해당 단계에서 수행하는 것이 좋다. 이번 장의 뒷부분에서 특징 조합과 합성 특징의 생성을 살펴본다.

4.5 특징 선택

문제에 따라서 모든 특징이 똑같이 중요하지는 않다. 예를 들어, 트윗에서 영화 제목을 찾는 문제에서 영화의 길이는 그다지 중요한 특징이 아닐 수 있다. 동시에, 단어 가방 모델을 사용하면 어휘가 매우 커질 수 있지만 대부분의 토큰은 텍스트 모음에 한 번만 나타난다. 일부 특징이 몇 가지 훈련 견본에서만 0이 아닌 값을 갖게 되면, 학습 알고리즘이 해당 특징에서 유용한 패턴을 학습하기 어려울 수도 있다. 반면, 특징 벡터의 차원이 너무 높은 경우(수천 또는 수백만 개의 특징 포함) 훈련 시간이 엄청나게 오래 걸릴 수 있다. 또한, 훈련 데이터의 전체 크기가 너무 커져서 기존 서버의 메모리(램RAM) 용량으로는 처리할 수 없을 수도 있다.

특징의 중요성을 추정할 수 있다면 가장 중요한 특징만 유지하는 것이 좋다. 이를 통해 시간을 절약하고, 더 많은 견본을 메모리에 저장하며 모델의 품질을 개선할 수 있다. 아래에서 몇 가지 특징 선택 기술을 살펴본다.

4.5.1 긴 꼬리 자르기

일반적으로 일부 견본에만 해당되는 정보(0이 아닌 값)를 나타내는 특징은 특징 벡터에서 제거할수 있다. **단어 가방** 모델에서는 그림 4.15와 같이 토큰 개수 분포를 그래프로 만든 다음 소위 긴꼬리를 잘라낼 수 있다.

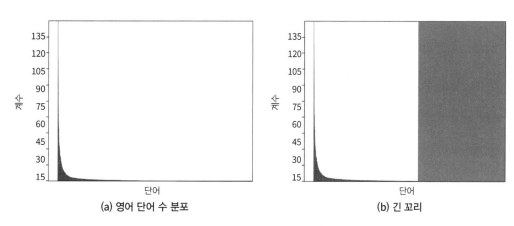

(a) 영어 단어 수 분포　　　　　　　(b) 긴 꼬리

그림 4.15 영어로 된 텍스트 모음에서 단어 개수 분포(a)와 긴 꼬리(b, 주황색 영역).
가장 높은 계수는 'the'(615번), 가장 낮은 계수는 '잠비아(zambia)'(1번)에 해당한다.

어떤 분포에서 **긴 꼬리**long tail는 가장 많은 계수count, 計數를 차지하는 소수의 그룹에 비해 계수가 훨씬 적은 요소가 분포하는 부분이다. 반면, 대부분의 계수를 차지하는 이 소수의 그룹을 분포의 머리head라고 하고, 여기서 집계된 계수는 전체 계수의 절반 이상을 차지한다.

긴 꼬리를 나누는 임계값에 대한 결정은 다소 주관적인데, 임계값을 문제의 초매개변수로 설정하고 실험적으로 최적의 값을 찾을 수 있다. 반면에 그림 4.15(a)와 같이 계수 분포를 보고 결정할 수도 있다. 그림 4.15(b)에 보다시피 꼬리 분포가 평평해지는 지점에서 긴 꼬리를 잘라낸다.

긴 꼬리를 자를지 여부와 그 위치에는 논란의 여지가 있다. 많은 클래스 분류 문제에서 일부 클래스 간의 차이는 매우 미묘할 수 있다. 드물게 0이 아닌 값을 갖는 눈에 잘 띄지 않는 특징이 중요할 수도 있다. 그러나 긴 꼬리 부분에 속하는 특징을 제거하면 학습 속도가 빨라지고 모델이 향상되는 경우가 많다.

4.5.2 보루타

긴 꼬리를 자르는 것만이 중요한 특징을 선택하고 덜 중요한 특징을 제거하는 유일한 방법은 아니다. **캐글**Kaggle 대회에서 사용되는 인기 있는 도구 중 하나로 **보루타**Boruta가 있다. 보루타는 **랜덤 포레스트**random forest 모델을 반복적으로 훈련하고 통계 테스트statistical test를 통해 중요한 특징과 중요하지 않은 특징을 구분한다. 이 도구는 R 패키지와 파이썬 모듈의 형태로도 제공된다.

보루타는 랜덤 포레스트 학습 알고리즘의 래퍼wrapper 역할을 하며, 보루타라는 이름은 슬라브 신화에서 숲의 정신을 의미한다. 보루타 알고리즘을 이해하기 위해 랜덤 포레스트 학습 알고리즘을 먼저 살펴본다.

랜덤 포레스트는 **배깅**bagging[9]이라는 아이디어를 기반으로 한다. 훈련 세트에서 다수의 랜덤 샘플을 만든 다음 각 샘플에 대해 다른 통계 모델을 훈련시킨다. 그런 다음 모든 모델의 다수결(분류)이나 평균(회귀)을 취하여 예측을 한다. 바닐라[10] 배깅 알고리즘과 랜덤 포레스트의 유일한 차이점은 랜덤 포레스트의 경우, 훈련된 통계 모델이 의사 결정 트리라는 것이다. 의사 결정 트리의 각 분할에서 모든 특징에 대한 임의의 부분집합을 고려한다.

랜덤 포레스트의 유용한 특성 중 하나는 각 특징의 중요성을 추정할 수 있는 내장 기능인데, 분

9 　[옮긴이] 'Bootstrap aggregating'의 줄임말로 통계적 분류와 회귀 분석에서 사용되는 머신러닝 알고리즘의 안정성과 정확도를 향상시키기 위한 앙상블 학습법이다.

10 　[옮긴이] 사람들이 통상적으로 기본이 되는 아이스크림 맛을 바닐라라고 생각한다는 데서 연유해서 일반적으로 'without any customization'이라는 의미로 사용된다. 또는 'default', 'ordinary', 'basic'으로 이해하면 된다.

류의 경우 다음과 같이 추정한다.

알고리즘은 두 단계로 작동한다. 먼저 첫 번째 단계에서는 원본 훈련 세트의 모든 훈련 견본을 분류한다. 랜덤 포레스트 모델의 각 의사 결정 트리는 해당 트리를 구축하는 데 사용하지 않은 견본의 분류에만 투표한다. 트리를 테스트한 후 해당 트리에 대해서 올바른 예측 수를 기록한다.

이제 두 번째 단계에서는 전체 견본에서 특정한 특징의 값을 랜덤으로 재배치하고 테스트를 반복한다. 각 트리에 대해서 올바른 예측의 수를 다시 한 번 기록한다. 그런 다음 단일 트리에 대한 특징의 중요성을 원래 설정과 랜덤하게 재배치한 설정 간의 올바른 분류 수 간의 차이를 견본 수로 나눈 값으로 계산한다. 특징 중요도 점수feature importance score를 얻기 위해 개별 트리에 대한 특징 중요도 측정값의 평균을 구한다. 꼭 필요한 것은 아니지만, 중요도 점수를 그대로 사용하는 대신 **z 점수**z-scores를 사용하는 것이 편리하다.

특징에 대한 z 점수를 얻으려면 먼저 개별 트리에 대한 개별 특징 점수의 평균값과 표준 편차를 구한다. 특징의 z 점수는 점수에서 평균값을 뺀 다음 표준 편차로 나눈 값이다.

지금까지 구한 각 특징의 z 점수를 중요한 특징의 기준으로 사용할 수 있다(높을수록 좋다). 그러나 실제로는 중요도 점수만으로는 특징과 목표 간의 의미 있는 상관관계를 반영하지 못하는 경우가 많다. 따라서 중요한 특징과 중요하지 않은 특징을 좀 더 잘 구별하기 위한 다른 도구가 필요한데, 보루타가 그것이다.

보루타의 기본 아이디어는 간단하다. 먼저 랜덤으로 뽑은 각 원본 특징의 복사본을 추가하여 특징 목록을 확장한 다음 이렇게 확장한 데이터 세트를 통해 분류기를 만든다. 원본 특징의 중요성을 평가하기 위해 랜덤하게 뽑은 모든 특징과 비교한다. 랜덤하게 뽑은 특징보다 중요도가 높고 통계적으로 유의미한 것만 중요한 특징으로 간주한다.

아래에서, 일관성과 명확성을 위해 보루타 알고리즘의 주요 단계를 작성자[11]가 설명한 방식을 약간 수정해서 간략히 설명한다.

보루타 알고리즘

- 각 원본 특징을 복제해서 확장된 훈련 특징 벡터를 만든다. 복제한 변수와 목표 간의 상관관계를 제거하기 위해 복제한 특징의 값을 훈련 견본 전체에서 랜덤하게 변경한다.

---

11 ⟨Boruta - A System for Feature Selection⟩(Miron B. Kursa, Aleksander Jankowski, Witold R. Rudnicki, Fundamenta Informaticae 101: pages 271–285, 2010)

- 여러 랜덤 포레스트 학습을 수행한다. 각 랜덤 포레스트 학습을 실행하기 전에 이전 단계에서와 동일하게 랜덤한 특징값 순열 프로세스로 복제한 특징을 랜덤화한다.
- 각 실행에 대해 모든 원본 특징과 복제된 특징의 중요도(z 점수)를 계산한다.
  - 특징의 중요도가 모든 복제된 특징의 최대 중요도보다 높을 경우 단일 실행에서의 중요한 특징으로 간주한다.
- 모든 원본 특징에 대한 **통계 테스트**statistical test를 수행한다
  - **귀무 가설**null hypothesis은 특징의 중요도가 복제된 특징의 최대 중요도maximal importance of the replicated features, MIRA와 같다는 것이다.
  - 통계 테스트는 **양면 동등성 테스트**two-sided equality test다. 특징의 중요성이 MIRA보다 상당히 높거나 상당히 낮을 때 가설을 기각할 수 있다.
  - 각 원본 특징에 대해 적중 횟수를 계산하고 기록한다.
  - 특징에 대한 적중 횟수는 해당 특징의 중요도가 MIRA보다 높은 실행 횟수다.
  - R 실행에 대한 예상 적중 횟수는 $E(R) = 0.5R$이고, 이때 표준 편차는 $S = \sqrt{0.25R}$ ($p = q = 0.5$인 **이항 분포**binormial distribution)이다.
  - 원본 특징은 적중 횟수가 예상 적중 횟수보다 상당히 많을 때 중요(수용)한 것으로 간주하고 적중 수가 예상보다 현저히 적을 때 중요하지 않은(거부) 것으로 간주한다(원하는 신뢰 수준에 대해서 임의의 실행 횟수에 대해 특징의 허용 및 기각 한계를 계산할 수 있다).
- 특징 벡터(원본 및 복제)에서 중요하지 않은 것으로 간주되는 특징을 제거한다.
- 미리 정의한 반복 횟수만큼 동일한 절차를 수행하거나 모든 특징이 기각되거나 중요하다고 확정할 수 있을 때까지 수행한다.

보루타는 많은 캐글 대회에서 잘 작동했으므로, 특징 선택에 보편적으로 적용할 수 있는 도구라고 할 수 있다. 하지만 보루타를 운영 환경에서 사용하기 전에 보루타가 휴리스틱하다는 것에 주목할 필요가 있다. 즉, 성능에 대한 이론적 보장이 없다는 것이다. 따라서, 보루타가 잘 작동하는지 확인하려면 보루타를 여러 번 실행하고 특징 선택이 안정적인지 확인해야 한다(즉, 데이터에 대해서 여러 보루타 응용 프로그램 간에 일관성이 있는지 확인한다). 특징 선택이 안정적이지 않은 경우, 랜덤 포레스트의 트리 수가 안정적인 결과를 생성할 수 있을 만큼 충분히 큰지 확인한다.

보루타는 특징 선택에 효과적인 방법이지만 실무자가 사용할 수 있는 유일한 방법은 아니다. 이 책과 함께 제공되는 위키 페이지(http://www.mlebook.com/wiki/)에 있는, 이번 장의 확장 버전에서 몇 가지 다른 방법에 대한 설명을 찾아볼 수 있다.

4.5.3 L1-정규화

정규화는 모델의 **일반화**generalization를 개선하는 다양한 기술을 포괄하는 용어다. 일반화는 훈련 단계에서 사용하지 않은 견본의 레이블을 모델이 얼마나 올바르게 예측하는지를 나타낸다.

정규화를 통해 중요한 특징을 식별할 수는 없지만 L1과 같은 일부 정규화 기술을 사용하면 머신러닝 알고리즘이 일부 특징을 무시하는 방법을 학습할 수 있다.

훈련하는 모델에 따라 L1을 다르게 적용할 수 있지만 기본 원칙은 동일하다. L1은 너무 복잡한 모델에 페널티를 준다.

실제로 L1 정규화는 대부분의 매개변수가 0인 **희소 모델**sparse model을 생성한다. 따라서 L1은 예측에 필수적인 특징과 그렇지 않은 특징을 결정하는 방식으로 암묵적인 특징 선택을 수행한다. 정규화에 대해서는 다음 장에서 자세히 설명한다.

4.5.4 과제별 특징 선택

특징 선택은 과제마다 다를 수도 있다. 예를 들어, 자연어 텍스트를 나타내는 단어 가방 벡터에서 **불용어**stop word에 해당하는 차원을 제외하여 일부 특징을 제거할 수 있다. 불용어는 해결하려는 문제에 대해 너무 일반적이거나 흔해서 의미가 없는 단어를 말한다. 자주 볼 수 있는 불용어의 예로는 관사, 전치사, 대명사가 있다. 대부분의 언어에 대한 불용어 사전은 온라인에서도 찾아볼 수 있다.

간혹 텍스트 데이터에서 얻은 특징 벡터의 차원을 좀 더 줄이기 위해, 자주 사용하지 않는 단어(예를 들어, 말뭉치에서 개수가 세 개 이하인 단어)를 RARE_WORD와 같은 동일한 합성 토큰으로 대체하여 텍스트를 사전 처리하는 것이 실용적이다.

4.6 특징 합성

가장 인기 있는 파이썬용 머신러닝 패키지 중 하나인 **사이킷런**scikit-learn에 구현된 학습 알고리즘은 수치형 특징만 다룰 수 있다. 그러나 수치형 특징을 범주형 특징으로 변환하는 것은 여전히 유용하다.

4.6.1 특징 이산화

실수 수치 특징을 이산화하는 이유는 다양하다. 예를 들어, 일부 특징 선택 기술은 범주형 특징에만 적용할 수 있다. 훈련 데이터 세트가 상대적으로 작을 때 이산화를 통해 학습 알고리즘에 유용한 정보를 추가할 수 있다. 수많은 연구에 따르면 이산화는 예측 정확도를 향상시킬 수 있다. 또한, 연령 그룹이나 급여 범위 같은 개별값 그룹에 기초한 모델의 예측을 해석하는 것이 더 간단하다.

버킷팅bucketing이라고도 하는 **비닝**binning은 특정 범위의 숫잣값을 일정한 범주형 값으로 대체하여 수치형 특징을 범주형 특징으로 변환할 수 있는 인기 있는 기술이다.

비닝에 대한 세 가지 일반적인 접근 방식은 다음과 같다.

* 균일한 비닝
* k-평균 기반 비닝
* 분위수quantile 기반 비닝

세 가지 방법 모두 원하는 빈bin의 개수를 결정해야 한다. 그림 4.16을 보면, 수치형 특징 j와 데이터 세트의 12개 견본에 이 특징에 대한 값이 하나씩 있다. 세 개의 빈을 갖는다고 할 때, 균일한 비닝에서는 특징에 대한 모든 빈이 그림 4.16의 상단에 나와 있는 것처럼 동일한 너비를 갖는다.

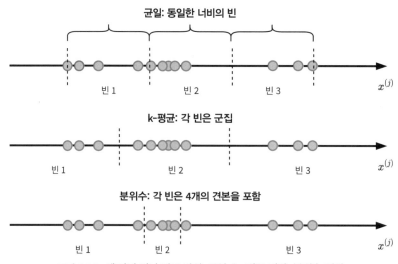

그림 4.16 세 가지 비닝 접근 방식: 균일, k- 평균 기반, 분위수 기반

k-평균 기반 비닝에서 각 빈의 값은 그림 4.16의 중간에 있는 것과 같이 가장 가까운 1차원 k-평균 군집에 속한다.

분위수 기반 비닝에서는 그림 4.16의 하단에 표시된 것처럼 모든 빈에 동일한 개수의 견본이 있다.

균일 비닝에서는 모델이 운영 환경에 배포되었을 때 입력 특징 벡터의 특징값이 빈의 범위를 벗어나면 가장 가까운 빈에 할당하는데, 이는 가장 왼쪽 또는 가장 오른쪽 빈이 된다.

대부분의 최신 머신러닝 알고리즘 구현에는 수치형 특징이 필요하다. 따라서 **원-핫 인코딩**과 같은 기술을 사용하여 빈을 다시 숫잣값으로 변환해야 한다.

4.6.2 관계형 데이터에서 특징 합성

데이터 분석가는 종종 **관계형 데이터베이스**relational database의 데이터로 작업한다. 예를 들어, 휴대폰 사업자는 고객이 곧 해지할지 여부를 알고 싶어 한다. 이 문제를 **이탈 분석**churn analysis이라고 하는데, 이를 위해서는 각 고객을 특징 벡터로 표현해야 한다.

사용자에 대한 데이터가 그림 4.17과 같이 사용자, 주문, 호출의 세 가지 관계형 테이블에 포함되어 있다고 가정한다.

사용자

사용자 ID	성별	나이	...	가입 일자
1	남	18	...	2016-01-12
2	여	25	...	2017-08-23
3	여	28	...	2019-12-19
4	남	19	...	2019-12-18
5	여	21	...	2016-11-30

주문

주문 ID	사용자 ID	수량	...	주문 일자
1	2	23	...	2017-09-13
2	4	18	...	2018-11-23
3	2	7.5	...	2019-12-19
4	2	8.3	...	2016-11-30

호출

호출 ID	사용자 ID	호출 시간	...	호출 일자
1	4	55	...	2016-01-12
2	2	235	...	2016-01-13
3	3	476	...	2016-12-17
4	4	334	...	2019-12-19
5	4	14	...	2016-11-30

그림 4.17 이탈자 분석을 위한 관계형 데이터

사용자 테이블에는 이미 잠재적으로 유용하다고 볼 수 있는 두 가지 특징인 성별과 나이가 포함되어 있다. 주문 테이블과 호출 테이블의 데이터를 사용해서 합성 특징을 만들 수도 있다. 보다시피 사용자 2는 주문 테이블에 세 개의 행이 있고 사용자 4는 주문 테이블에 한 개의 행이 있지만 호출 테이블에는 세 개의 행이 있다. 한 사용자를 나타내는 특징을 만들려면 여러 레코드를 하나의 값으로 줄여야 한다. 일반적인 접근 방식은 여러 행의 데이터에서 다양한 통계량을 계산하고 각 통계량의 값을 특징으로 사용하는 것이다. 가장 일반적으로 사용되는 통계량은 **표본 평균**과 **표준 편차**다(표준 편차는 **표본 분산**sample variance의 제곱근이다).

구체적인 예를 보여주기 위해, 사용자 2와 사용자 4에 대한 네 가지 특징값을 계산했는데, 이는 그림 4.18에서 찾아볼 수 있다.

사용자 특징

사용자 ID	성별	나이	주문량 평균	주문량 표준편차	호출 시간 평균	호출 시간 표준편차
2	여	25	12.9	7.1	235	0
4	남	19	18	0	134.3	142.7

그림 4.18 표본 평균과 표준 편차를 통해 합성한 특징

때로는 관계형 데이터베이스가 더 깊은 구조deeper structure를 가질 수 있다. 예를 들어, 사용자마다 주문이 있고 각 주문에는 주문된 항목이 있을 수 있다. 이러한 경우 통계의 통계statistic of statistic를 계산해야 할 수도 있다. 예를 들어, 먼저 각 주문에서 품목 가격의 표준 편차를 계산한 다음 특정 사용자에 대한 표준 편차의 평균을 취하여 하나의 특징을 만들 수 있다. 평균의 평균, 평균의 표준 편차, 표준 편차의 표준 편차 등과 같은 임의의 방법으로 통계를 결합할 수 있다. 테이블 구조가 두 수준보다 더 깊은 데이터베이스에도 동일한 원칙이 적용된다.

가능한 모든 통계 조합을 기반으로 특징을 생성한 후에는 특징 선택 방법 중 하나를 사용하여 가장 유용한 특징을 선택할 수 있다.

특징 벡터의 예측력을 높이고 싶거나 훈련 세트가 다소 작은 경우 예측에 도움이 되는 추가 특징을 합성할 수 있다. 일반적으로 데이터나 다른 특징으로부터 추가 특징을 합성하는 두 가지 방법이 있다.

4.6.3 데이터로부터 특징 합성

하나 이상의 추가 특징을 합성하는 데 사용하는 일반적인 기술은 **군집화**다.

k-평균 군집화k-means clustering를 사용하는데, 여기서 k는 사용자가 선택하는 값이다. 분류 모델을 구축하는 경우 k값은 보통 클래스 수 C를 사용한다. 회귀에서는 직관을 사용하거나 **예측 강도** prediction strength나 **엘보우 방법**elbow method과 같이 데이터에서 올바른 군집값을 결정할 수 있는 기술을 사용한다.

훈련 데이터의 특징 벡터에 k-평균 군집화를 적용한다. 그런 다음 특징 벡터에 k개의 추가 특징을 추가한다. 추가 특징 $D + j$(여기서 $j = 1, \ldots, k$)는 대응하는 특징 벡터가 군집 j에 속하면 1, 그렇지 않으면 0인 이진값을 갖는다.

다른 군집화 알고리즘을 적용하거나 랜덤하게 선택한 시작점에서 k-평균을 여러 번 다시 시작하여 더 많은 특징을 합성할 수도 있다.

4.6.4 다른 특징으로부터 특징 합성

신경망neural networks은 단순한 특징을 독특한 방식으로 결합하여 복잡한 특징을 학습하는 능력이 있다. 즉, 신경망은 간단한 특징값을 여러 수준의 중첩된 비선형 변환을 거치도록 하면서 간단한 특징을 결합한다. 데이터가 많은 경우, 입력으로 받는 기본적인 단일 특징을 교묘하게 결합하는 방법을 배우는 심층 **다층 퍼셉트론**multilayer perceptron 모델을 훈련할 수 있다.

만약 훈련 견본이 무한히 많지 않다면(대부분의 실제적인 사례에 해당) 매우 깊은 심층 신경망은 매력이 떨어진다.[12] 작은 규모의 데이터 세트나 중간 크기 정도 되는 데이터 세트의 경우(학습 견본의 수는 천에서 십만 사이)에는 얕은 학습 알고리즘을 사용하고 좀 더 풍부한 특징 세트를 제공하여 학습 알고리즘을 잘 학습할 수 있도록 '돕는' 것이 낫다.

---

12 전이 학습에서 사전학습된 심층 모델을 사용하지 않는다면 그렇다. 이는 다음 장에서 논의한다.

기존 특징에서 새로운 특징을 얻을 수 있는 가장 일반적인 방법은 하나 또는 한 쌍의 기존 특징을 간단히 변환하는 것이다. 견본 i의 수치 특성 j에 적용할 수 있는 세 가지 대표적인 단순한 변환은 1) **특징 이산화**discretization, 2) 특징 제곱, 3) 견본 i의 k-최근접 이웃을 유클리드 거리나 코사인 유사도 같은 지표로 구한 다음, 이로부터 특징 j의 샘플 평균과 표준 편차를 계산하는 것이다.

한 쌍의 수치형 특징 변환에는 +, −, ×, ÷(**특성 교차**feature-crossing라고도 알려진 기술)와 같은 간단한 산술 연산자를 적용한다. 예를 들어, $x_i^{(q)} \overset{\text{def}}{=} x_i^{(2)} \div x_i^{(6)}$과 같은 방법으로 특징 2와 특징 6의 값을 결합하여 견본 i에서 새로운 특징 q(이때 $q > D$)의 값을 얻을 수 있다. 여기서 특징 2와 특징 6, 그리고 ÷ 변환은 임의로 선택한 것이다. 원본 특징의 수 D가 너무 크지 않은 경우, 모든 특징 쌍과 모든 산술 연산자를 이용하여 가능한 모든 변환을 할 수 있다. 그런 다음 특징 선택 방법 중 하나를 통해 모델의 품질을 높이는 방법을 선택한다.

4.7 데이터를 통한 특징 학습

때로는 데이터에서 유용한 특징을 학습할 수 있다. 데이터에서 특징을 학습하는 것은 텍스트 말뭉치나 웹의 이미지 모음과 같이 레이블링되어 있거나 레이블이 없는 대규모 관련 데이터 모음을 사용할 수 있을 때 특히 효과적이다.

4.7.1 단어 임베딩

3장에서는 데이터 확장을 위해 단어 임베딩을 사용했다. **단어 임베딩**word embeddings은 단어를 나타내는 특징 벡터다. 유사한 단어는 유사한 특징 벡터를 갖는데, 여기서 유사도는 코사인 유사도 같은 특정한 지표로 주어진다. 워드 임베딩은 다량의 텍스트 문서로 학습한다. 이를 위해, 어떤 단어의 주변 단어가 주어졌을 때 중심 단어를 예측하고, 또는 중간에 있는 단어가 주어졌을 때 그 주변 단어를 예측하도록 하나의 숨겨진 층(**임베딩 레이어**embedding layer라고 함)이 있는 **얕은 신경망**shallow neural network을 훈련한다. 이렇게 훈련된 신경망의 임베딩 층의 매개변수를 단어 임베딩으로 사용한다. 데이터에서 단어 임베딩을 학습하는 알고리즘은 많이 있는데, 가장 널리 사용되는 알고리즘은 구글에서 개발하여 오픈소스로 공개한 **word2vec**이다. 여러 언어로 사전 훈련된 word2vec 임베딩을 다운로드해서 사용할 수 있다.

일부 언어에 대한 단어 임베딩 모음이 있으면, **원-핫 인코딩** 대신 해당 언어로 작성된 문장이나 문서에서 개별 단어를 표현하는 데 사용할 수 있다.

word2vec 알고리즘의 한 종류에 속하는 **스킵그램**skip-gram을 이용해서 단어 임베딩을 학습하는 방법을 살펴보자. 단어 임베딩 학습의 목표는 단어의 원-핫 인코딩을 단어 임베딩으로 변환하는 모델을 구축하는 것이다. 사전에 10,000개의 단어가 있으면, 각 단어에 대한 원-핫 벡터는 하나의 차원만 1이고 나머지 차원은 모두 0인 10,000차원 벡터다. 이때 각 단어의 서로 다른 차원의 값은 1이다.

'I am attentively reading the book on machine learning engineering.(나는 머신러닝 엔지니어링에 관한 책을 주의 깊게 읽고 있다.)'라는 문장이 있다고 할 때 이 문장에서 'book(책)'이라는 한 단어를 제거하면 해당 문장은 'I am attentively reading the · on machine learning engineering(나는 머신러닝 엔지니어링에 관한 · 을 주의 깊게 읽고 있다)'와 같다. 이제 · 앞의 세 단어와 그 뒤의 세 단어만 남기면, 'attentively reading the on machine learning(머신러닝에 관한·주의 깊게 읽고)'가 된다. · 주위에 있는 이 6단어 크기의 창을 보고, ·의 의미를 짐작해 보라고 하면 아마도 '책', '기사', '논문'이라고 할 것이다. 이것이 바로 문맥 단어를 통해 주변 단어를 예측할 수 있게 해 주는 방법이다. 이는 또한 머신이 '책', '기사', '논문'이라는 단어가 비슷한 의미를 가지고 있다는 것을 학습하는 방법이기도 하다. 이 단어들은 여러 텍스트에서 유사한 맥락을 공유한다.

그 반대 방식도 유효하다는 것이 밝혀졌다. 즉, 단어로 주변의 맥락을 예측할 수도 있다. 'attentively reading the on machine learning(머신러닝에 관한 · 주의 깊게 읽고)'를 창 크기가 6(3 + 3)인 스킵그램skip-gram이라고 한다. 웹에서 수집할 수 있는 문서를 사용하여 수억 개의 스킵 그램을 쉽게 만들 수 있다.

스킵그램은 $[x_{-3}, x_{-2}, x_{-1}, x, x_{+1}, x_{+2}, x_{+3}]$과 같이 표시하는데, 앞의 문장에서 x_{-3}은 'attentively(주의 깊게)'에 대한 원-핫 벡터이고, 차례대로 x_{-2}는 'reading(읽고)', x는 생략한 단어 (·), $x+1$은 'on(관한)'에 대한 원-핫 벡터다.

창 크기가 4인 스킵그램은 $[x_{-2}, x_{1}, x, x_{+1}, x_{+2}]$과 같은데, 그림 4.19와 같이 도식적으로도 나타낼 수 있다. 그림에서 스킵그램은 **다층 퍼셉트론**과 같이 **완전연결된 네트워크**fully-connected network다. 스킵그램에서 입력 단어는 ·로 표시하는데, 입력의 중심 단어가 주어지면 스킵그램의 문맥 단어를 예측하는 방법을 학습하도록 신경망을 훈련한다.

출력층에 사용하는 **활성화 함수**activation function는 **소프트맥스**softmax이고, **비용함수**는 **음의 로그 가능도** negative log-likelihood다. 원-핫 인코딩된 단어가 모델의 입력일 때 모델 임베딩 층의 매개변수가 해당 단어에 대한 임베딩이 된다.

word2vec를 사용하여 훈련한 단어 임베딩의 한 가지 문제는 단어 임베딩 세트가 고정되어 있으며 단어 임베딩을 훈련하는 데 사용한 말뭉치에 없는 단어에 대해서는 모델을 사용할 수 없다는 것이다. 반면에 훈련에 사용하지 않은 단어를 포함하여 모든 단어에 대한 임베딩을 얻을 수 있는 다른 신경망 구조가 있는데, 이 중에서 많이 사용되는 것은 **패스트텍스트**fastText로, 페이스북에서 코드를 오픈소스로 공개했다.

word2vec와 패스트텍스트의 주요 차이점은 word2vec에서는 말뭉치의 각 단어를 단일 개체로 간주하고 각 단어에 대한 벡터를 학습하는 반면, 패스트텍스트에서는 각 단어를 해당 단어를 구성하는 문자 n-그램의 임베딩 벡터의 평균으로 생각한다. 예를 들어, '마우스'라는 단어에 대한 임베딩은 n-그램 '⟨mo,' 'mou,' '⟨mou,' 'mous,' '⟨mous,' 'mouse,' '⟨mouse,' 'mouse⟩,' 'ous,' 'ouse,' 'ouse⟩,' 'use,' 'use⟩,' 'se⟩'의 임베딩 벡터의 평균이다(가장 작은 n-그램과 가장 큰 n-그램의 크기는 각각 3과 6으로 가정함).

단어 임베딩은 자연어 텍스트를 나타내는 효과적인 방법으로 **순환 신경망**Recurrent Neural Network, RNN과 시퀀스 작업에 적합하도록 조정한 합성곱 신경망에서 사용한다.

그러나 **얕은 학습 알고리즘**(고정된 차원의 입력 특징 벡터가 필요함)에 대해 가변 길이 텍스트를 표현하기 위해 단어 임베딩을 사용하려면 가중치 합계나 평균과 같은 일부 집계 연산aggregation operation을 단어 벡터에 적용해야 한다. 하지만 해당 문서를 구성하는 단어의 평균으로 얻은 텍스트 문서의 표현은 실제로 그다지 유용하지 않은 것으로 밝혀졌다.

4.7.2 문서 임베딩

문장이나 전체 문서에 대한 임베딩을 위한 인기 있는 방법은 **doc2vec** 신경망 구조를 사용하는 것인데, doc2vec도 구글에서 개발하고 오픈소스로 공개했다.

doc2vec의 구조는 word2vec와 매우 유사하다. 가장 큰 차이점은 doc2vec에는 두 개의 임베딩 벡터가 있다는 것이다. 하나는 문서 ID용이고 다른 하나는 단어용이다. 입력 단어에 대한 주변 단어의 예측은 먼저 두 개의 임베딩 벡터(문서 임베딩 벡터와 단어 임베딩 벡터)를 평균한 다음 해당 평균에서 주변 단어를 예측함으로써 이루어진다. 두 벡터의 평균을 구하려면 두 벡터의 차원이 같아야 한다. 흥미롭게도 doc2vec는 두 문서 벡터(코사인 유사도를 찾아서)뿐만 아니라 문서 벡터와 단어 벡터도 비교할 수 있다. 이러한 방식으로 훈련한 단어 벡터는 word2vec를 사용하여 훈련한 벡터와 매우 유사하다.

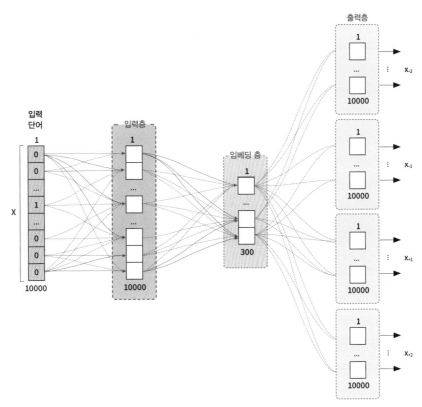

그림 4.19 창 크기가 4이고 임베딩층의 단위가 300개인 스킵그램 모델

문서 임베딩 훈련에 사용한 문서 말뭉치에 속하지 않는 새로운 문서에 대한 임베딩을 얻기 위해서
이 문서를 먼저 말뭉치에 추가하고 새 문서 ID를 할당한다. 그런 다음 기존 모델로 이미 훈련한
모든 매개변수를 고정시켜 놓고 새로운 문서 ID에 해당하는 새로운 매개변수를 몇 세대epochs 동
안 추가로 훈련한다. 이때 입력 문서 ID는 원-핫 인코딩으로 제공한다.

4.7.3 모든 객체에 대한 임베딩

다음은 단어나 문서뿐만 아니라 모든 객체에 대한 임베딩 벡터를 얻는 데 사용하는 일반적인 방
법이다.

최우선적으로 입력 객체를 예측하기 위한 지도학습 문제를 정의한다. 그 다음 레이블링된 데이터
세트를 만들고 지도학습 문제를 해결하기 위한 신경망 모델을 훈련한다. 그리고 신경망 모델의 출
력층 앞단의 완전연결층fully connected layers 중 하나의 출력(비선형 변환 이전)을 입력 객체의 임베딩으
로 사용한다.

예를 들어, ImageNet-2012의 레이블링된 이미지 데이터 세트와 **알렉스넷**AlexNet과 유사한 심층 합

성곱 신경망 구조를 종종 이미지에 대한 임베딩을 훈련하는 데 사용한다. 그림 4.20은 이미지에 대한 베딩층을 도식적으로 보여준다. 이 그림에는 출력 근처에 두 개의 완전연결층이 있는 심층 CNN이 있는데, 신경망은 이미지에 있는 물체를 예측하도록 훈련한다. 모델 훈련에 사용하지 않은 이미지의 임베딩을 얻기 위해 해당 이미지(일반적으로 채널 R, G, B당 하나씩 세 개의 픽셀 행렬로 표현됨)를 신경망에 입력하고 비선형변환 이전에 완전연결층 중 하나의 출력을 사용한다. 완전연결층 중 어느 것이 더 나은지는 해결하려는 과제에 따라 다르므로 반드시 실험적으로 결정해야 한다.

위의 접근 방식에 따라 모든 유형의 임베딩을 훈련할 수 있다. 데이터 분석가는 다음 세 가지만 파악하면 된다.

- 해결해야 할 지도학습 문제(이미지의 경우, 일반적으로 객체 분류 문제)
- 신경망 입력 표현 방법(이미지의 경우, 채널당 하나씩의 픽셀 행렬)
- 완전연결층 이전의 신경망 구조(이미지의 경우, 일반적으로 심층 합성곱 신경망임)

4.7.4 임베딩 차원 선택

일반적으로 임베딩 차원은 실험이나 경험을 통해 결정한다. 예를 들어, 구글은 텐서플로$_{\text{TensorFlow}}$ 문서에서 다음과 같은 경험 법칙을 추천한다.

$$d = \sqrt[4]{D},$$

여기서 d는 임베딩 차원이고 D는 '범주의 개수'다. 단어 임베딩을 위한 범주의 개수는 말뭉치의 고유한 단어 수와 같다. 임의의 임베딩에 대해서 이는 원본 입력의 차원과 같다. 예를 들어, 말뭉치의 고유 단어 수가 $D = 5,000,000$이면 임베딩 차원 $d = \sqrt[4]{5,000,000} = 47$이다. 일반적으로 50에서 600 사이의 값을 사용한다.

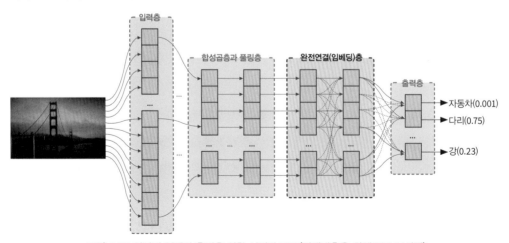

그림 4.20 이미지 임베딩 훈련을 위한 신경망 구조(임베딩층은 회색으로 표시됨)

임베딩 차원을 선택하는 보다 원칙적인 접근 방식은 임베딩 차원을 다운스트림 과제downstream task[13]의 초매개변수로 두고 이를 조정하는 것이다.

예를 들어, 레이블링된 문서 말뭉치가 있는 경우, 문서의 단어를 임베딩으로 표현한 레이블링된 데이터로 훈련한 분류기의 예측 오류를 최소화하는 방식으로 임베딩 차원을 최적화할 수 있다.

4.8 차원 축소

때로는 견본의 차원을 줄여야 할 수도 있는데, 이것은 특징 선택 문제와는 다르다. 후자의 경우, 기존의 모든 특징의 특성을 분석하고 주관적으로 모델의 품질에 크게 기여하지 않는 특징을 제거한다. 차원 축소 기술을 데이터 세트에 적용할 때는 원본 특징 벡터의 모든 특징을 더 낮은 차원을 갖는 새로운 벡터의 합성 특징synthetic features으로 대체한다.

일반적으로 차원 축소는 학습 속도를 높이고 일반화 성능을 향상시킨다. 또한, 인간은 3차원까지만 볼 수 있기 때문에 3차원 이상의 데이터 세트를 3차원으로 축소해서 시각화를 개선할 수 있다.

차원을 줄이는 방법에는 여러 가지가 있는데, 용도에 따라 더 적절한 방법을 선택하도록 한다.

차원 축소 기술은 머신러닝 이론 책에 잘 설명되어 있으므로 이 책에서는 데이터 분석가 입장에서 특정 차원 축소 기술을 사용해야 하는 경우에만 논의한다.

4.8.1 PCA를 통한 빠른 차원 축소

주성분 분석principal component analysis, PCA은 가장 오래된 차원 축소 기술로, 지금까지 알려진 방법 중에 가장 빠르다. 성능 비교 테스트를 해보면 PCA 알고리즘의 속도는 데이터 세트의 크기에 별로 영향을 받지 않는다. 따라서 모델 훈련에 앞서 PCA 실험을 통해 초매개변수 중 하나인 축소된 차원reduced dimensionality의 최적값을 효과적으로 찾을 수 있다.

PCA의 가장 큰 단점은 메모리 문제인데, 알고리즘에서 필요로 하는 데이터 크기만큼 메모리가 충분해야 한다는 것이다. 이를 개선하기 위해 데이터 세트를 배치batch 크기로 나눠서 한 번에 한 배치씩 메모리에 로드해서 알고리즘을 실행할 수 있는 **증분 PCA**incremental PCA라는 PCA의 외부 메

---

13 올긴이 구체적으로 풀고 싶은 문제

모리_{out-of-core}[14] 버전이 있다. 그러나 증분 PCA는 PCA보다 훨씬 느리다. 한편 시각화 측면에서는 PCA가 아래에서 고려하는 다른 두 가지 기술에 비해 덜 실용적이다.

4.8.2 시각화를 위한 차원 축소

시각화를 하는 데는 **균일 매니폴드 근사 투영**_{Uniform Manifold Approximation and Projection, UMAP} 알고리즘이나 **오토인코더**가 더 낫다. 두 가지 방법 모두 2D나 3D 특징 벡터를 생성하도록 프로그래밍할 수 있는 반면, PCA에서는 알고리즘이 D개의 **주성분**(여기서 D는 데이터의 차원)을 생성하고 분석가가 이중에서 가장 큰 고유값에 해당하는 2 ~ 3개의 주성분을 시각화를 위한 특징으로 선택해야 한다. 일반적으로 UMAP은 오토인코더보다 훨씬 빠르지만 두 기술의 시각화 결과는 매우 다르므로 특정 데이터 세트의 속성에 따라 선택하도록 한다. 또한, PCA와 마찬가지로 UMAP은 모든 데이터가 메모리에 있어야 하는 반면, 오토인코더는 배치로 훈련할 수 있다.

차원 축소는 과제에 따라 다를 수 있다. 예를 들어, 이미지 편집기를 사용하여 이미지의 차원을 줄일 수 있고, 마찬가지로 사운드 시퀀스의 비트 전송률과 채널 수를 줄일 수도 있다.

4.9 특징 스케일링

모든 특징이 수칫값을 갖게 되면 모델 개발 작업을 시작할 준비가 거의 완료된 셈이다. 이제 남은 단계는 특징의 크기를 조정하는 것이다.

특징 스케일링_{feature scaling}은 모든 특징을 동일하거나 매우 유사한 범위의 값이나 분포로 만드는 것이다. 여러 실험을 통해서 학습 알고리즘을 스케일링된 특징에 적용했을 때 더 나은 모델을 만들 수 있음을 알 수 있다. 스케일링이 모델의 품질에 반드시 긍정적인 영향을 미친다는 보장은 없지만, 이는 모범 사례라고 할 수 있다. 스케일링은 심층 신경망의 훈련 속도를 높일 수도 있다. 또한, 특히 경사하강법이나 기타 반복 최적화 알고리즘의 초기 반복에서 어떤 개별 특징이 지배적인 영향을 끼치지 않도록 해준다. 마지막으로, 스케일링은 컴퓨터가 매우 작거나 큰 숫자로 계산할 때 발생하는 문제인 **수치적 오버플로**_{numerical overflow} 위험을 줄여준다.

---

14 [옮긴이] 컴퓨터의 메인 메모리에 한 번에 넣을 수 없는 데이터를 처리하도록 설계된 알고리즘

4.9.1 정규화

정규화는 수치형 특징의 실제 값의 범위를 [-1, 1] 또는 [0, 1]처럼 미리 인위적으로 정의해 놓은 표준적인 값의 범위로 변환하는 프로세스다.

예를 들어, 어떤 특징의 원래 범위가 350~1450이라고 할 때, 특징의 모든 값에서 350을 빼고 결과를 1100으로 나눔으로써 해당 값을 [0, 1] 범위로 정규화할 수 있다. 보다 일반적인 정규화 공식은 다음과 같다.

$$\bar{x}^{(j)} \leftarrow \frac{x^{(j)} - \min^{(j)}}{\max^{(j)} - \min^{(j)}},$$

여기서 $x^{(j)}$는 견본 x에 대한 특징 j의 원래 값이다. $\min^{(j)}$과 $\max^{(j)}$는 각각 훈련 데이터에서 특징 j의 최소값과 최대값이다.

만약 [-1, 1] 범위를 선호한다면, 이 경우 정규화 공식은 다음과 같다.

$$\bar{x}^{(j)} \leftarrow \frac{2 \times x^{(j)} - \max^{(j)} - \min^{(j)}}{\max^{(j)} - \min^{(j)}},$$

정규화의 단점은 $\max^{(j)}$와 $\min^{(j)}$값이 일반적으로 크기가 매우 크거나 작은 특잇값이므로 정상 범위에 있는 특징값을 매우 작은 범위로 '압축'하게 된다는 것이다.

이 문제에 대한 한 가지 해결책은 **클리핑**clipping을 적용하는 것인데, 즉 $\max^{(j)}$와 $\min^{(j)}$으로 극단적인 값 대신 훈련 데이터에서 '합리적인' 값을 선택하는 것이다. 특징에 대한 합리적인 추정 범위를 [a, b]라 한다. 위의 두 공식 중 하나를 사용하여 스케일링하기 전에 특징값 $x^{(j)}$가 a보다 작으면 a로 설정('잘림')하고 b보다 크면 b로 설정한다.

a와 b의 값을 추정하는 데 자주 사용하는 방법은 **윈저화**winsorization다. 이 기술은 엔지니어이자 생물 통계학자인 찰스 윈저(Charles Winsor, 1895 ~ 1951)의 이름을 따서 명명했는데, 윈저화는 모든 특잇값을 데이터의 지정된 백분위수로 설정한다. 예를 들어, 90% 윈저화는 5번째 백분위수 미만의 모든 데이터는 5번째 백분위수로 설정하고, 95번째 백분위수 이상의 데이터는 95번째 백분위수로 설정한다. 파이썬에서는 다음과 같이 숫자 목록에 윈저화를 적용할 수 있다.

```
1  from scipy.stats.mstats import winsorize
2  winsorize(list_of_numbers, limits=[0.05, 0.05])
```

winsorize 함수의 출력은 입력과 길이가 같고 특잇값을 클리핑한 숫자 목록이다. R의 해당 코드는 다음과 같다.

```
1  library(DescTools)
2  DescTools::Winsorize(vector_of_numbers, probs = c(0.05, 0.95))
```

때때로 **평균 정규화**mean normalization를 사용하기도 한다.

$$\bar{x}^{(j)} \leftarrow \frac{x^{(j)} - \mu^{(j)}}{\max^{(j)} - \min^{(j)}},$$

여기서 $\mu^{(j)}$는 특징 j값의 표본 평균이다.

4.9.2 표준화

표준화standardization, 또는 **z-점수 정규화**z-score normalization는 $\mu = 0$이고 $\sigma = 1$인 표준 정규 분포standard normal distribution의 속성을 갖도록 특징값을 재조정하는 절차다. 여기서 μ는 표본 평균(특징의 평균값, 훈련 데이터의 모든 견본에 대한 평균)이고 σ는 표본 평균의 표준 편차다.

특징의 표준 점수standard scores, 또는 **z-점수**z-scores는 다음과 같이 계산한다.

$$\hat{x}^{(j)} \leftarrow \frac{x^{(j)} - \mu^{(j)}}{\sigma^{(j)}},$$

여기서 $\mu^{(j)}$는 특징 j값의 표본 평균이고 $\sigma^{(j)}$는 표본 평균으로부터 특징 j값의 **표준 편차**다.

또한, 위에서 설명한 스케일링 기술을 적용하기 전에 특징값에 간단한 수학적 변환을 적용하는 것이 도움이 되는 경우도 있다. 이러한 변환은 특징에 로그를 취하거나 제곱하거나 특징의 제곱근을 추출하는 것으로, 바탕에 깔린 아이디어는 가능한 한 정규 분포에 가까운 분포를 얻도록 하는 것이다.

언제 정규화를 사용해야 하는지, 또는 언제 표준화를 사용해야 하는지에 대한 확실한 답은 없다. 이론적으로 정규화는 균일 분포를 따르는 데이터에 대해 잘 작동하고 표준화는 정규 분포를 따르는 데이터에 대해 좀 더 잘 작동하는 경향이 있다. 그러나 실제로는 데이터가 완벽한 곡선을 따라 분포하는 경우는 거의 없다. 일반적으로 데이터 세트가 너무 크지 않고 시간 여유가 있는 경우라면 두 가지를 모두 시도해 보고 어느 것이 과제에 더 적합한지 확인해 보는 것이 좋다.

일반적으로 특징 스케일링은 대부분의 학습 알고리즘에 유용하다.

4.10 특징 공학에서 데이터 누출

특징 공학 중의 데이터 누출은 특징 이산화와 스케일링을 포함한 여러 상황에서 발생할 수 있다.

4.10.1 잠재적인 문제

전체 데이터 세트를 사용하여 각 빈의 범위나 특징 스케일링 인수를 계산한 다음에 데이터 세트를 훈련, 검증, 테스트 세트로 분할한다고 가정해 보자. 이런 경우, 훈련 데이터의 일부 특징값은 홀드아웃 세트에 속하는 견본을 사용하여 얻은 결과가 된다. 이와 같은 데이터 누출 때문에 홀드아웃 데이터에 대한 모델의 성능이 지나치게 좋게 나올 수 있는데, 특히 데이터 세트가 작을수록 더 그렇다.

이제 **단어 가방** 모델을 통해 전체 텍스트 데이터 세트의 특징을 만든다고 가정해 보자. 이렇게 어휘를 만든 후 전체 데이터 세트를 3개 세트로 분할하게 되면, 학습 알고리즘이 홀드아웃 세트에만 존재하는 토큰에 대한 특징에 노출된다. 다시 말하지만, 데이터 누출 때문에 특징 공학 전에 데이터를 분할한 경우보다 모델이 더 나은 성능을 보여줄 것이다.

4.10.2 설루션

짐작할 수 있듯이, 설루션은 우선 전체 데이터 세트를 훈련 세트와 홀드아웃 세트로 분할하고 훈련 데이터에 대해서만 특징 공학을 수행하는 것이다. 이는 **평균 인코딩**을 사용하여 범주형 특징을 숫자로 변환할 때도 마찬가지다. 즉, 먼저 데이터를 분할한 다음 훈련 데이터에 대해서만 레이블의 표본 평균sample mean을 계산한다.

4.11 특징 저장과 문서화

특징 설계를 마치고 바로 모델 훈련을 시작하는 경우라도 특징의 예상 특성을 설명하는 **스키마 파일**schema file을 작성하는 것이 좋다.

4.11.1 스키마 파일

스키마 파일은 특징을 설명하는 문서다. 이 파일은 컴퓨터에서 읽을 수 있고, 버전이 지정되고, 다른 사람이 특징을 크게 갱신할 때마다 업데이트된다. 다음은 스키마에 표현할 수 있는 특성의 몇 가지 예다.

- 특징의 이름

- 각 특징에 대해

  - 특징의 유형(범주형, 수치형)

  - 해당 특징이 있을 것으로 예상되는 견본 부분

  - 최솟값 및 최댓값

  - 표본 평균, 분산

  - 0의 허용 여부

  - 정의되지 않은 값의 허용 여부

4차원 데이터 세트에 대한 스키마 파일의 예는 다음과 같다.

```
1   feature {
2       name : "height"
3       type : float
4       min : 50.0
5       max : 300.0
6       mean : 160.0
7       variance : 17.0
8       zeroes : false
9       undefined : false
10      popularity : 1.0
11  }
12
13  feature {
14      name : "color_red"
15      type : binary
16      zeroes : true
17      undefined : false
18      popularity : 0.76
19  }
20
21  feature {
22      name : "color_green"
23      type : binary
24      zeroes : true
25      undefined : false
26      popularity : 0.65
27  }
28
29  feature {
30      name : "color_blue"
31      type : binary
```

```
32      zeroes : true
33      undefined : false
34      popularity : 0.81
35  }
```

4.11.2 특징 저장소

대규모 분산 조직에서는 여러 데이터 과학팀과 프로젝트에서 특징을 저장, 문서화, 재사용, 공유할 수 있는 **특징 저장소**feature store를 운용하고 있다. 특징을 유지보수하고 제공하는 방식은 프로젝트와 팀에 따라 크게 다를 수 있고, 이로 인해 인프라가 복잡해지고 작업이 중복되는 경우가 많다. 일반적으로 분산되어 있는 대규모 조직은 다음과 같은 몇 가지 문제에 직면하게 된다.

특징을 재사용하지 않음

다른 팀과 기존 작업의 머신러닝 파이프라인을 재사용할 수 있을 때에도 서로 다른 엔지니어와 팀에서 개체의 동일한 속성을 나타내는 특징을 여러 차례 중복 구현한다.

특징의 정의가 다양함

팀마다 특징을 다르게 정의하며 특징 설명서를 항상 참고할 수 없다.

계산 집약적인 특징

일부 실시간 머신러닝 모델은 유용한 정보를 제공하는 특징이 아니라 계산이 효율적인 특징을 사용한다. 이러한 특징을 빠른 저장소에 저장하면 배치 모드뿐만 아니라 실시간으로 사용할 수 있다.

훈련과 서빙 간의 불일치

일반적으로 모델은 과거 데이터로 훈련하지만 서빙할 때는 실시간으로 온라인 데이터를 입력받게 된다. 일부 특징값은 전체 과거 데이터 세트 의존성이 있는데, 서빙 시점에는 이를 사용할 수 없다. 따라서, 모델이 올바르게 작동하려면 오프라인(개발 환경)과 온라인(운영 환경) 모드에서 동일한 입력 데이터 개체에 대해서 각 특징의 값이 동일해야 한다.

특징의 만료 시점을 알 수 없음

새로운 입력 견본이 운영 환경에 도입되면 어떤 특징을 다시 계산해야 하는지를 정확히 알 수 있는 방법이 없다. 오히려 예측에 필요한 모든 특징의 값을 계산하기 위해 전체 파이프라인을 실행해봐야 한다.

특징 저장소는 특징을 저장하기 위한 중앙 보관소로 조직 내에서 문서화되고 관리되며 접근이 제한된다. 각각의 특징은 1) 이름, 2) 설명, 3) 메타데이터, 4) 정의의 네 가지 요소로 기술된다.

특징의 이름은 특징을 고유하게 식별하는 문자열로, 예를 들면 'average_session_length'나 'document_length'와 같다.

특징의 설명은 객체 속성에 대한 자연어 형식의 텍스트로 된 설명으로, 예를 들면 '사용자의 평균 세션 길이'나 '문서의 단어 수'와 같다.

스키마 파일의 이러한 속성 외에도 특징 메타데이터는 특징이 모델에 추가된 이유, 일반화에 기여하는 방법, 특징의 데이터 소스를 유지보수하는 조직의 담당자 이름,[15] 입력 유형(예를 들어, 숫자, 문자열, 이미지), 출력 유형(예를 들어, 수치형 스칼라, 범주형, 수치형 벡터), 특징 저장소가 특징의 값을 캐시cache해야 하는지 여부, 캐싱을 하는 경우 얼마 동안 하는지와 같은 정보를 제공할 수 있다. 특징을 온라인과 오프라인으로 사용할 수 있는지 또는 오프라인으로만 처리할 수 있는지 표시할 수도 있다. 온라인 처리에 사용할 수 있는 특징은 해당 값을 1) 캐시나 값 저장소에서 빠르게 읽거나 2) 실시간으로 계산할 수 있는 방식으로 구현해야 한다. 예를 들어, 실시간으로 계산할 수 있는 특징에는 입력 숫자의 제곱, 단어 모양 결정, 조직의 인트라넷 검색 등이 있다.

특징의 정의는 파이썬이나 자바와 같이 버전 관리되는 코드다. 이는 런타임 환경에서 실행되고 입력에 대한 특징값을 계산한다.

데이터 엔지니어가 특징 저장소에 특징을 입력해 놓으면 데이터 분석가와 머신러닝 엔지니어가 API를 사용하여 관련성이 있는 특징값을 사용할 수 있다. 특징 저장소는 단일 온라인 입력에 대한 특징을 제공하거나, 또는 오프라인으로 모델 개발 작업을 하는 분석가가 훈련 데이터를 특징 벡터 모음으로 변환하고 배치 처리할 입력을 특징 저장소에 보낼 수도 있다.

재현성reproducibility을 위해 특징 저장소의 특징값에 버전을 지정한다. 특징값 버전 관리를 통해 데이터 분석가는 이전 버전 모델을 훈련하는 데 사용한 것과 동일한 특징값으로 모델을 다시 구축할 수 있다. 주어진 입력에 대한 특징값을 업데이트한 후에는 이전 값의 생성 시간을 나타내는 타임 스탬프와 함께 저장한다. 또한, 모델 m_B에서 사용하는 특징 j가 일부 모델 m_A의 출력일 수도 있다. 이런 경우 일단 모델 m_A가 변경되면 이전 버전을 유지하는 것이 중요한데, 모델 m_B는 여전히 이전 버전의 m_A의 출력을 입력으로 사용하고 있을 수도 있기 때문이다.

그림 4.21과 같이 특징 저장소는 전체적인 머신러닝 파이프라인의 한 부분인데, 이러한 구조는 우버Uber의 머신러닝 플랫폼인 미켈란젤로Michelangelo에서 영감을 받았다. 여기에는 온라인과 오프라

---

15 특징을 담당하는 책임자가 퇴사하는 경우, 제품 담당자에게 자동으로 알림을 보내야 한다.

인 두 가지 특징 저장소가 있고 데이터가 동기화된다. 우버에서 온라인 특징 저장소는 거의 실시간으로 데이터를 자주 업데이트한다. 반대로 오프라인 특징 저장소는 온라인으로 계산한 일부 특징값, 로그, 오프라인 데이터베이스의 기록 데이터를 사용하여 배치 모드로 업데이트한다. 온라인으로 계산한 특징의 예로는 '최근 한 시간 동안 식당의 평균 식사 준비 시간' 같은 것이 있다.

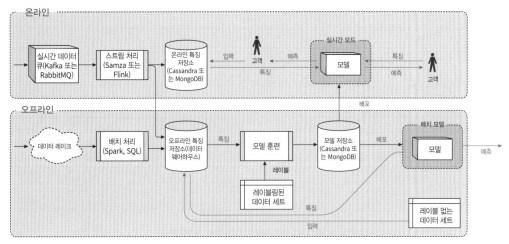

그림 4.21 전체 머신러닝 파이프라인에서 특징 저장소의 위치

오프라인으로 계산한 특징의 예는 '최근 7일 동안 식당의 평균 식사 준비 시간'이다. 우버에서는 오프라인 저장소의 특징이 하루에 한 번 또는 몇 차례 온라인 특징 저장소에 동기화된다.

4.12 특징 공학 모범 사례

수년 동안 분석가와 엔지니어는 다양한 모범 사례를 개발, 실험, 검증했고, 오늘날 거의 모든 머신러닝 프로젝트에 권장하고 있다. 이러한 모범 사례를 사용한다고 해서 각 프로젝트가 크게 개선되지 않을 수도 있지만 해를 끼치지는 않는다는 것은 확실하다. 이번 장에서 이미 살펴본 모범 사례 중 하나는 특징을 정규화하거나 표준화하는 것이었다.

4.12.1 여러 가지 간단한 특징 생성

모델링 과정을 시작할 때 가능한 한 많은 '단순한' 특징을 설계한다. 단순한 특징을 코딩하는 데는 시간이 오래 걸리지 않는데, 예를 들어, 문서 분류에서 단어 가방 접근 방식은 단 몇 줄의 코드로 수천 개의 특징을 생성할 수 있다. 하드웨어에 여유가 있으면 측정 가능한 모든 것을 특징으로 사용한다. 왜냐하면 어떤 측정값을 또 다른 어떤 측정값과 결합할 때 예측에 유용할지는 미리 알 수 없기 때문이다.

4.12.2 기존 시스템 재사용

기존의 머신러닝 기반이 아닌 알고리즘을 통계 모델로 교체하는 경우 기존 알고리즘의 출력을 새 모델의 특징으로 사용한다. 이때 이전 알고리즘이 더 이상 변경되지 않도록 해야 한다. 그렇지 않으면 시간이 지남에 따라 모델의 성능이 저하될 수 있다. 이전 알고리즘이 너무 느려서 특징으로 사용할 수 없는 경우에는 이전 알고리즘의 입력을 새 모델의 특징으로 사용한다.

외부 시스템의 동작을 제어할 수 있는 경우에만 외부 시스템을 특징 소스로 사용한다. 그렇지 않으면 시간이 지남에 따라 사용자가 모르는 사이에 외부 시스템이 변경될 가능성이 있다. 또한, 외부 시스템 소유자가 사용자의 모델 출력을 자신의 모델 입력으로 사용할 수도 있다. 이 때문에 **숨겨진 피드백 루프**hidden feedback loop가 만들어지고, 학습에 영향을 미치는 상황이 발생한다.

4.12.3 필요한 경우에만 식별자를 특징으로 사용

필요한 경우 식별자(ID)를 특징으로 사용한다. 고유한 식별자는 일반화에 기여하지 않기 때문에 이것은 직관에 반하는 것처럼 보일 수 있다. 하지만 식별자를 사용하면 일반적인 경우에는 특정한 동작을 하고, 다른 경우에는 또 다른 동작을 하는 모델을 만들 수 있다.

예를 들어, 특정 위치(도시 또는 마을)에 대한 예측을 하기 위해 해당 위치의 일부 속성을 특징으로 택할 수 있다. 즉, 위치 식별자를 특징으로 사용해서 위치별로 해당 위치에 대한 훈련 견본을 추가하고 특정 위치마다 다르게 작동하도록 모델을 훈련시킬 수 있다. 그러나 가능하면 견본 식별자를 특징으로 사용하지 않도록 한다.

4.12.4 가능하면 크기를 줄인다

해당 범주형 특징에 따라 모델이 다른 동작 '모드'를 갖는 경우에만 많은 범주값(12개 이상)이 있는 범주형 특징을 사용한다. 전형적인 예는 우편번호zip code 또는 국가country다. 러시아와 미국에서 유사한 입력에 대해서 모델이 다르게 작동하도록 하려면 '국가'와 같은 범주형 특징을 사용하는 것이 좋다.[16]

16　종종 모델에 대해서 수행하기를 기대하는 것과 데이터가 나타내는 것이 매우 다르다. 모델이 국가에 관계없이 유사한 예측을 해야 한다고 기대하더라도 실제로는 학습 데이터의 레이블 분포가 국가마다 다르기 때문에 모델 성능이 저하될 수 있다.

많은 범주값을 갖는 범주형 특징이 있지만 해당 특징에 따라 여러 모드가 있는 모델이 필요하지 않은 경우, 해당 특징의 크기cardinality를 줄이도록 한다. 이를 위한 여러 가지 방법이 있는데, 4.2.4절에서 이미 그중 하나인 **특징 해싱**feature hashing을 살펴봤다. 다른 기술은 아래에서 간략하게 설명한다.

유사한 값 그룹화

일부 값을 동일한 범주로 그룹화한다. 예를 들어, 한 지역region 내에서 위치에 따라 서로 다른 예측을 할 필요가 없을 경우, 동일한 주state의 모든 우편 번호를 하나의 주 코드로 그룹화한다. 즉, 주를 지역으로 그룹화한다.

긴 꼬리 그룹화

마찬가지로, 자주 사용하지 않는 값의 긴 꼬리를 '기타'라는 이름으로 그룹화하거나 자주 사용되는 유사한 값과 병합한다.

특징 제거

범주형 특징의 모든 값이나 대다수 값이 고유하거나 하나의 값이 다른 모든 값보다 두드러지는 경우, 특징을 완전히 제거하는 것이 좋다.

특징의 세부 표현을 축소할 때는 주의를 기울여야 한다. 범주형 특징은 종종 다른 범주형 특징과 기능적 종속성을 가지며, 예측력은 이들의 조합에서 비롯되기도 한다. 주와 도시를 예로 들어보면, 주state 특징에서 일부 값을 그룹화하거나 제거하면 모델이 'Springfield'를 구별할 수 있는 정보를 삭제하는 실수를 할 수 있다.[17]

4.12.5 계수 사용은 신중하게

계수 기반의 특징은 신중하게 사용해야 한다. 일부 계수는 시간이 지남에 따라 어느 정도 한정된 범위에서 유지된다. 예를 들어, 단어 가방 모델에서 이진수 값 대신 각 토큰의 계수를 사용하는 경우, 입력 문서 길이가 시간에 따라 늘어나거나 줄어들지 않는 한 문제가 되지는 않는다. 그러나 휴대전화 제공 업체의 '가입 이후 통화 수'와 같이 점점 늘어나는 고객을 위한 특징의 경우, 일부 장기 고객은 신규 고객에 비해 통화 수가 매우 커질 수 있다. 하지만 훈련 데이터는 회사가 초창기일 때 만들어졌고, 그때는 장기 고객이 없었으므로 점차 문제의 소지가 될 수 있다.

데이터 세트에서 해당 값이 얼마나 일반적인지에 따라 빈bin으로 특징값을 그룹화할 때에도 똑같

---

17 [옮긴이] (1) 일리노이주 주도, (2) 매사추세츠주 남서부의 도시, (3) 미주리주 서남부의 도시, (4) 오리건주 서부의 도시

이 주의를 해야 한다. 시간이 지남에 따라 더 많은 데이터가 추가되면 지금은 드문 값이 더 빈번하게 발생할 수 있다. 모델과 특징을 때때로 재평가하는 것이 모범 사례로 간주된다.

4.12.6 특징은 필요할 때 선택

특징은 필요할 때 선택하는데, 이유는 다음과 같다.

- 설명 가능한 모델이 필요함(따라서 가장 중요한 예측 변수만 유지)
- 메모리RAM, 하드 드라이브 공간 같은 하드웨어에 대한 요구사항이 엄격함
- 운영 환경에서 모델을 실험하고 재구축하는 데 시간이 부족함
- 두 모델 훈련 간에 상당한 분포 이동이 예상됨

특징 선택을 하기로 결정했다면 보루타로 시작한다.

4.12.7 코드 테스트는 주의 깊게

특징 공학 코드는 신중하게 테스트해야 한다. 단위 테스트unit test로 각 특징 추출기를 테스트해야 한다.

가능한 한 많은 입력을 사용하여 각 특징이 올바르게 생성되었는지 확인한다. 각 부울형Boolean 특징에 대해서, 참이어야 할 때 참이고 거짓이어야 할 때 거짓인지 확인한다. 수치형 특징이 합리적인 값 범위에 있는지 확인한다. 잘못된 연산값(Not-a-Number값, NaNs), 널값nulls, 0, 비어 있는 값empty value을 확인한다. 하나의 특징에 대한 추출기가 손상되면 모델의 성능이 상당히 저하될 수 있다. 모델의 동작이 이상하다면 우선 특징 추출기에 문제가 있는지 확인해봐야 한다.

각 특징의 속도, 메모리 소모, 운영 환경과의 호환성을 테스트해야 한다. 로컬 환경에서는 합리적으로 잘 작동하던 특징이 운영 환경에 배포되면 제대로 작동하지 않을 수도 있다.

일단 모델을 운영 환경에 배포하면, 로드할 때마다 특징 추출기 테스트를 다시 실행해야 한다. 특징이 데이터베이스나 API와 같은 일부 외부 리소스를 사용하는 경우 이러한 리소스는 운영 환경의 특정한 런타임 인스턴스에서 사용하지 못할 수도 있다. 만약 특징 추출 중에 필요한 자원을 사용할 수 없게 되면, 특징 추출기는 예외 루틴을 호출하고 종료해야 한다. 모델 성능이 저하되거나 완전히 잘못되기 전까지 오랫동안 눈에 띄지 않는 조용한 실패silent failure를 방지해야 한다.

또한, 특징값 분포가 동일하게 유지되도록 고정된 테스트 데이터로 특징 추출기를 정기적으로 실행하는 것이 좋다.

4.12.8 코드, 모델, 데이터의 동기화 상태 유지

특징 추출 코드의 버전은 모델의 버전과 모델을 구축하는 데 사용한 데이터와 동기화해야 한다. 이 세 가지는 동시에 배포하거나 문제가 발생할 경우에 함께 롤백rollback[18]해야 한다. 모델이 운영 환경에 로드될 때마다 세 요소가 동기화되어 있는지(즉, 버전이 동일한지) 확인하는 것이 좋다.

4.12.9 특징 추출 코드 분리

특징 추출 코드는 모델의 나머지 코드로부터 독립되어 있어야 한다. 각 특징을 담당하는 코드는 다른 특징, 데이터 처리 파이프라인이나 모델 호출 방식에 영향을 주지 않고 업데이트할 수 있어야 한다. 유일한 예외는 원-핫 인코딩과 단어 가방 모델과 같이 많은 특징을 대량으로 생성하는 경우다.

4.12.10 모델과 특징 추출기를 함께 직렬화

가능하면 모델을 빌드할 때 사용한 모델과 특징 추출기 객체를 함께 직렬화(파이썬에서는 pickle, R에서는 RDS 사용)한다. 운영 환경에서는 모델과 특징 추출기 모두를 역직렬화해서 사용한다. 그리고, 가능하면 여러 버전의 특징 추출 코드를 사용하지 않도록 한다.

운영 환경에서 모델과 특징 추출 코드를 모두 역직렬화할 수 없는 경우, 모델을 훈련시킬 때와 동일한 특징 추출 코드를 사용하고 그것으로 서빙한다. 데이터 과학자가 모델을 훈련하는 데 사용한 코드와 IT팀이 운영 환경에서 작성했을 수 있는 최적화된 코드 사이의 작은 차이조차도 심각한 예측 오류를 초래할 수 있다.

특징 추출을 위한 운영 환경 코드가 준비되면 이를 사용하여 모델을 다시 훈련한다. 특징 추출 코드가 변경된 후에는 항상 모델을 새로 재훈련한다.

4.12.11 특징값 기록

온라인으로 견본을 랜덤 샘플링하기 위해서 운영 환경에서 추출한 특징값을 기록한다. 새로운 버전의 모델을 개발할 때 이러한 값은 훈련 데이터의 품질을 개선할 수 있도록 관리하는 데 유용하다. 이를 통해 운영 환경에서 기록한 특징값이 훈련 데이터에서 관찰한 것과 동일한지 비교하고 확인할 수 있다.

---

18 [옮긴이] 원상복구

4.13 요약

특징은 모델이 작업할 데이터 개체에서 추출한 값으로, 각 특징은 데이터 개체의 특정한 특성을 나타낸다. 특징 벡터는 특징으로 구성되며 모델은 원하는 결과를 얻기 위해 해당 특징 벡터에 대한 수학적 연산을 수행하는 방법을 학습한다.

텍스트의 경우 단어 가방과 같은 기술을 사용하여 특징을 대량으로 생성할 수 있다. 단어 가방 특징 벡터에 있는 숫자는 텍스트 문서에서 특정 어휘의 존재 여부를 나타낸다. 이러한 숫자는 이진수일 수도 있고, 문서의 각 단어 빈도나 TF-IDF값과 같은 추가 정보를 표현할 수 있다.

대부분의 머신러닝 알고리즘과 라이브러리에서의 모든 특징은 수치형이다. 범주형 특징을 숫자로 변환하기 위해 원-핫 인코딩과 평균 인코딩과 같은 기술을 사용한다.

범주형 특징의 값이 요일이나 하루 중의 시간과 같이 주기적인 경우, 사인-코사인 변환을 통해 해당 주기적 특징을 두 개의 특징으로 변환하는 것이 더 좋다.

특징 해싱은 텍스트 데이터나 여러 가지 값을 갖는 범주형 속성을 임의의 차원을 갖는 특징 벡터로 변환하는 방법이다. 이는 원-핫 인코딩이나 단어 가방 모델 등이 매우 높은 차원의 특징 벡터를 생성할 때 유용하다.

주제 모델링은 LDA와 LSA 같은 알고리즘적인 기술 제품군으로, 어떠한 문서도 필요한 차원의 주제 벡터로 변환하는 모델을 학습할 수 있다.

시계열은 순서가 지정된 관측값의 시퀀스다. 각 관측값은 타임 스탬프, 날짜, 연도 등과 같은 시간 관련 속성이 함께 표시되어 있다. 신경망이 최근의 뛰어난 학습 능력을 갖기 전까지 분석가들은 얕은 머신러닝 툴킷을 사용하여 시계열 데이터로 작업을 했다. 시계열은 '평평한flat' 특징 벡터로 변환해야 한다. 오늘날 분석가들은 LSTM, CNN, 트랜스포머와 같은 시퀀스 작업에 적합한 신경망 아키텍처를 사용한다.

좋은 특징은 예측력이 높고, 빠르게 계산할 수 있고, 신뢰할 수 있고 서로 상관관계가 없다.

학습 세트의 특징값 분포는 운영 환경에서의 모델 입력값 분포와 유사해야 한다. 또한, 좋은 특징은 단일화되어 있으며 이해와 유지보수가 쉽다. 여기서 단일성이라는 특성은 특징이 이해하기 쉽고, 설명하기 쉬운 수량이라는 것을 의미한다.

데이터의 예측력을 높이기 위해 기존 수치형 특징을 이산화하거나 훈련 견본을 군집화하거나 기존 특징에 간단한 변환을 적용하거나 특징 쌍을 결합하여 추가 특징을 합성할 수 있다.

텍스트의 경우, 단어와 문서 임베딩의 형태로 레이블링되지 않은 데이터로 특징을 학습할 수 있다.

좀 더 일반적으로, 예측 문제를 적절히 정의하고 심층 모델을 훈련하는 데 성공한다면 모든 유형의 데이터에 대해 임베딩을 훈련할 수 있다. 그런 다음 모델의 가장 오른쪽에 있는 몇 개의 완전연결층(즉, 출력에 가장 가까운)에서 임베딩 벡터를 추출한다.

특징 선택 기술을 현명하게 잘 사용하면 모델의 품질에 영향을 주지 않는 특징을 제거할 수 있다. 이와 관련된 두 가지 일반적인 기술은 긴 꼬리 자르기와 보루타다. L1 정규화는 특징 선택 기술로도 사용할 수 있다.

차원 축소는 고차원 데이터 세트의 시각화를 개선할 수 있고, 또한 모델의 예측 품질을 향상시킬 수 있다. 현재 PCA, UMAP, 오토인코더와 같은 기술은 차원 축소에 사용된다. PCA는 매우 빠른 반면, UMAP과 오토인코더는 더 나은 시각화를 제공한다.

모델을 훈련하기 전에 특징을 스케일링하고, 스키마 파일이나 특징 저장소에 특징을 저장 및 문서화하고, 코드, 모델, 훈련 데이터를 동기화하는 것이 모범 사례에 속한다.

특징 추출 코드는 머신러닝 시스템에서 가장 중요한 부분 중 하나다. 따라서, 이는 광범위하고 체계적으로 테스트해야 한다.

CHAPTER

5

지도 모델 훈련(1부)

모델 훈련(또는 모델링)은 머신러닝 프로젝트 수명주기의 네 번째 단계다.

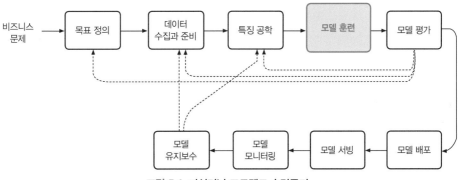

그림 5.1 머신러닝 프로젝트 수명주기

훈련 없이 어떤 모델도 구축할 수 없다는 것은 자명하다. 그러나 모델 훈련은 머신러닝에서 가장 과대 평가된 활동 중 하나다. 머신러닝 과제에서 머신러닝 엔지니어가 평균적으로 모델링에 할애하는 시간은 기껏해야 5~10%에 불과하다. 성공적인 데이터 수집, 준비, 특징 공학이 더 중요하다. 일반적으로 모델링은 단순히 사이킷런이나 R로 알고리즘을 데이터에 적용하고, 여러 초매개변수 조합을 랜덤하게 시험해 보는 것이다. 따라서 앞의 두 장을 건너뛰고 바로 모델링에 뛰어들었다면, 다시 돌아가서 해당 장을 읽어 보도록 한다. 앞의 두 장은 그만큼 중요하다.

이번 장의 제목에서 알 수 있듯이, 지도 모델 훈련은 두 부분으로 나누어 구성되어 있다. 이번 장에서 다루는 첫 번째 부분에서는 학습 준비, 학습 알고리즘 선택, 얕은 학습 전략, 모델 성능 평가, 편향-분산 간 절충, 정규화, 머신러닝 파이프라인의 개념, 초매개변수 조정을 살펴본다.

5.1 모델 개발을 시작하기 전에

모델을 개발하기 전에 스키마 적합성을 검증하고, 달성 가능한 성능 수준을 정의하고, 성능 지표를 선택하고, 그 밖에 몇 가지 다른 결정을 내려야 한다.

5.1.1 스키마 적합성 검증

먼저 데이터가 스키마 파일에 정의된 대로 스키마를 준수하는지 확인한다. 처음부터 직접 데이터를 준비했더라도 원본 데이터와 현재 데이터가 동일하지 않을 수 있다. 이런 차이는 다음과 같은 다양한 요인으로 설명할 수 있다.

- 데이터를 하드 드라이브나 데이터베이스에 보관하는 방법에 오류가 있다.
- 데이터를 읽는 방법에 오류가 있다.
- 다른 사람이 사용자에게 알리지 않고 데이터나 스키마를 변경했을 수 있다.

이러한 스키마 오류는 프로그래밍 코드 오류 감지와 마찬가지로 감지, 식별, 수정해야 한다. 3장 마지막 부분에서 재현성에 대해 이야기할 때 논의한 것처럼, 필요하다면 전체 데이터 수집, 준비 파이프라인을 처음부터 실행해야 한다.

5.1.2 달성 가능한 성능 수준 정의

달성 가능한 성능 수준을 정의하는 것은 중요한 단계로, 모델을 개선하려는 시도를 언제 중단해야 할지를 알려준다. 다음은 이를 위한 몇 가지 지침이다.

- 너무 많은 노력, 수학이나 복잡한 논리 유도 없이 인간이 견본에 레이블링할 수 있다면 모델이 인간 수준의 성능을 달성할 수 있다.

- 레이블링 결정에 필요한 정보가 특징에 충분하면 모델이 거의 오류를 범하지 않을 것으로 예상할 수 있다.
- 입력 특징 벡터에 충분한 값(이미지의 픽셀 또는 문서의 단어)이 있는 경우 오류를 거의 없앨 수 있다.
- 동일한 분류나 회귀 문제를 해결하는 컴퓨터 프로그램이 있는 경우, 모델이 최소한 이 수준의 성능을 발휘할 것으로 기대할 수 있다. 종종 더 많은 레이블링된 데이터가 있으면 머신러닝 모델 성능을 개선할 수 있다.
- 모델과 유사한 다른 시스템을 관찰해 보고, 머신러닝 모델의 성능을 개선할 방법을 찾아볼 수 있다.

5.1.3 성능 지표 선택

모델 성능 평가에 대해서는 나중에 설명하도록 하고, 지금은 모델 성능(품질) 수준을 추정하는 여러 가지 방법(지표)을 살펴본다. 모든 프로젝트에 적용할 수 있는 최선의 단일 지표는 지표는 없다. 따라서 데이터와 문제에 따라 선택해야 한다.

모델 개발을 시작하기 전에 **성능 지표**를 하나만 선택하는 것이 좋다. 그런 다음 이 하나의 지표를 통해 여러 모델을 비교하고, 전체 진행 상황을 추적한다.

5.5절에서 가장 인기 있고 널리 사용되는 편리한 모델 성능 지표와 여러 지표를 결합하여 하나의 숫자 지표를 얻을 수 있는 접근 방법에 대해 설명한다.

5.1.4 올바른 기준선 선택

예측 모델 개발을 시작하기 전에 문제에 대한 기준 성능을 설정하는 것이 중요하다. **기준선**은 비교를 위한 기준점을 제공하는 모델이나 알고리즘이다.

기준선을 확보하면 분석가는 머신러닝 기반 설루션이 작동한다는 것을 확신할 수 있다. 즉, 머신러닝 모델의 성능 지푯값이 기준이 되는 모델보다 더 좋은 경우 새로운 머신러닝 모델은 가치가 있다고 판단할 수 있는 것이다.

현재 모델의 성능을 기준선과 비교해 보면 모델 훈련의 방향이 달라질 수도 있다. 지금 다루고 있는 문제에서 훈련하려는 모델이 인간 수준의 성과를 달성할 수 있다면 그림 5.2처럼 인간 수준의 성능을 기준으로 삼는다. 그림 5.2a에서는 모델의 성능이 좋아 보이므로 모델을 정규화하거나 훈련 견본을 늘려서 추가적인 성능 개선을 기대할 수 있다. 반면, 그림 5.2b[1]에서는 모델이 제대로 작동하지 않으므로 더 많은 특징을 추가하거나 **모델 복잡도**model complexity를 높여야 한다.

기준선은 주어진 입력에 대한 예측을 하는 모델이나 알고리즘으로, 기준 모델의 예측은 모델의 예측과 특성이 동일해야 한다. 그렇지 않으면 비교를 할 수 없다.

기준선이 꼭 학습 알고리즘의 결과일 필요는 없다. 규칙 기반이나 휴리스틱 알고리즘, 학습 데이터에 적용한 간단한 통계나 다른 것이어도 된다.

가장 일반적으로 사용하는 두 가지 기준 알고리즘은 다음과 같다.

- 랜덤 예측
- 제로 규칙

랜덤 예측 알고리즘random prediction algorithm은 훈련 견본에 할당한 레이블 모음에서 레이블을 랜덤하게 선택한 것으로 예측한다. 분류 문제에서 이것은 문제의 모든 클래스에서 랜덤하게 하나의 클래스를 선택하는 것과 같다. 회귀 문제에서는 훈련 데이터의 모든 고유한 목푯값에서 선택하는 것을 의미한다.

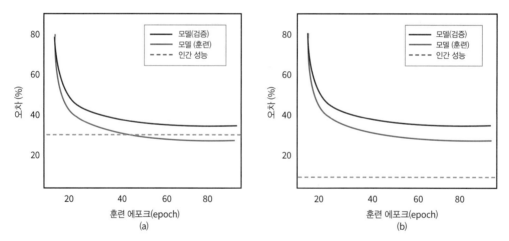

그림 5.2 인간 수준의 성능 기준과 비교한 모델 성능: (a) 모델이 좋아 보이므로 정규화하거나 더 많은 훈련 견본을 추가할 수 있음, (b) 모델의 성능이 좋지 않기 때문에 더 많은 특징을 추가하거나 모델 복잡도를 늘려야 함

제로 규칙 알고리즘zero rule algorithm은 랜덤 예측 알고리즘보다 더 엄격한 기준을 생성하므로, 일반적으로 랜덤 예측에 비해 지푯값이 개선된다. 제로 규칙 알고리즘은 예측을 위해 문제에 대한 더

---

1 울긴이 모델의 훈련 성능이 기준선이 되는 모델보다 떨어진다.

많은 정보를 사용한다.

분류에서 제로 규칙 알고리즘 전략은 입력값에 관계없이 항상 훈련 세트에서 가장 일반적인 클래스를 예측하는 것이다. 비효율적으로 보일 수도 있지만 다음 문제를 고려해보자. 분류 문제에 대한 훈련 데이터에 양성 클래스 견본 800개와 음성 클래스 견본 200개가 있다고 할 때, 제로 규칙 알고리즘은 항상 양성 클래스를 예측하므로 기준선의 **정확도**(5.5.2절에서 고려할 인기 있는 성능 지표 중 하나)는 800/1000 = 0.8 또는 80%다. 이는 간단한 분류기 치고 나쁘지는 않은데, 이제 통계 모델이 최적값에 얼마나 가까운지에 관계없이 최소 80%의 정확도는 가져야 한다는 것을 알 수 있다.

이제 회귀를 위한 제로 규칙 알고리즘을 살펴보자. 제로 규칙 알고리즘에 따르면 회귀 전략은 훈련 데이터에서 관찰한 목푯값의 샘플 평균을 예측하는 것이다. 이 전략은 랜덤 예측보다 오차율이 낮다.

소위 고전적이라고 하는 표준 예측 문제를 다루는 경우 파이썬의 사이킷런 같은 인기 있는 라이브러리에서 제공하는 최신 알고리즘을 사용할 수 있다. 예를 들어, 텍스트 분류의 경우 텍스트를 **단어 가방**으로 표시한 다음 **선형 커널**linear kernel을 사용하여 **서포트 벡터 머신** 모델을 훈련한다. 그런 다음, 자신만의 좀 더 개선된 방법으로 그 결과보다 나은 모델을 개발한다. 이러한 접근 방식은 이미지 분류, 기계 번역, 그리고 소위 벤치 마크 문제라고 할 수 있는 다른 좋은 연구에서도 잘 작동한다.

일반적인 수치 데이터 세트의 경우, 선형회귀나 로지스틱 회귀 또는 **k-최근접 이웃**(k = 5)과 같은 선형 모델이 적절한 기준선이 될 수 있다. 이미지 분류의 경우 3개의 합성곱 층(층당 32-64-32개 단위, 각 컨볼루션층 다음에 최대 풀링층과 드롭아웃층이 뒤따름)과 끝부분에 2개의 완전연결 층(하나는 128개 단위이고 다른 하나는 원하는 출력 수에 해당하는 단위 수)이 있는 간단한 **합성곱 신경망**이 좋은 기준선이 될 수 있다.

기존의 규칙 기반 시스템을 사용하거나 자신만의 간단한 규칙 기반 시스템을 구축할 수도 있다. 예를 들어, 특정 웹사이트 방문자가 추천 기사를 좋아할지 여부를 예측하는 모델을 구축하는 것이 문제라면 간단한 규칙 기반 시스템이 다음과 같이 작동할 수 있다. 사용자가 좋아하는 모든 기사를 가져와서 **TF-IDF** 점수에 따라 해당 기사에서 상위 10개 단어를 찾은 다음 추천 기사에서 10개 중 5개 이상을 찾을 수 있으면 사용자가 해당 기사를 좋아할 것이라고 예측한다. 또한, 여러 전문적인 머신러닝 라이브러리와 API를 온라인으로 사용할 수도 있다. 만약 문제 해결을 위해 이를 직접 사용할 수 있거나 용도에 맞게 고칠 수 있다면, 이를 기준선으로 고려해봐야 한다.

인간 수준의 좋은 기준선을 찾는 것이 쉬운 것은 아니다. 아마존 **메커니컬 터크**Mechanical Turk, MT 서비스를 사용할 수 있는데, 메커니컬 터크는 사람들이 보상을 받고 간단한 작업을 하는 웹 플랫폼이다. 메커니컬 터크는 인간의 예측[2]을 얻기 위해 호출할 수 있는 API를 제공한다. 작업의 종류와 보상 수준에 따라 이러한 예측의 품질은 매우 낮은 수준부터 상대적으로 높은 수준까지 달라질 수 있다. 메커니컬 터크는 상대적으로 저렴하므로 빠르고 많은 예측을 얻을 수 있다.

터커(turkers, 메커니컬 터크에서 인간 작업자를 부르는 명칭)가 제공하는 예측의 품질을 높이기 위해 일부 분석가는 **터커 앙상블**ensemble of turkers을 사용한다. 3~5명의 터커에게 동일한 견본의 레이블을 지정하도록 요청한 다음 레이블(또는 회귀분석을 위한 평균 레이블) 중에서 다수를 차지하는 클래스를 선택할 수 있다. 비용이 더 많이 드는 방법도 있는데, 도메인 전문가(또는 더 나은 품질을 위한 앙상블)에게 데이터 레이블링을 요청하는 것이다.

5.1.5 데이터를 세 개의 세트로 분할

강건한 모델을 구축하려면 일반적으로 세 개의 데이터 세트가 필요하다. 첫 번째는 **훈련 세트**로 모델 학습에 사용한다. 즉, 머신러닝 알고리즘이 '보는' 데이터다. 두 번째와 세 번째는 홀드아웃 세트다. 머신러닝 알고리즘은 훈련 중에 **검증 세트**를 볼 수 없다. 데이터 분석가는 검증 세트를 사용하여 다른 머신러닝 알고리즘(또는 다른 초매개변숫값으로 구성된 동일한 알고리즘)이나 모델을 새로운 데이터에 적용할 때의 성능을 추정한다. 마지막으로 **테스트 세트** 역시 학습 알고리즘에서 훈련 중에는 볼 수 없는데, 프로젝트가 끝났을 때 검증 데이터에서 가장 우수한 성능을 보이는 모델의 성능을 평가하고 보고하기 위해서 사용한다.

전체 데이터 세트를 세 개의 세트로 분할하는 과정은 3장의 3.6절에서 설명하고 있는데, 여기서는 해당 과정의 가장 중요한 두 가지 특성만 다시 살펴본다.

1) 검증 세트와 테스트 세트는 동일한 통계 분포를 따라야 한다. 즉, 두 세트의 특성은 최대한 유사해야 하지만, 두 세트에 속하는 견본은 완전히 달라야 하고 서로 독립적으로 얻어와야 한다.

2) 모델이 배포될 운영 환경의 데이터와 매우 유사한 분포에서 검증 데이터와 테스트 데이터를 추출한다. 이는 훈련 데이터의 분포와 다를 수 있다.

후자에 대해 부연 설명을 하면, 대부분의 경우 분석가는 단순히 전체 데이터 세트를 섞은 다음 이렇게 섞인 데이터를 랜덤하게 세 세트로 분할한다. 그러나 실제로는 운영 환경의 데이터와는 많

---

2   [옮긴이] 인간 레이블러가 견본에 레이블을 할당하는 작업

이 다른 견본을 사용하는 것이 일반적이다. 보통 이러한 견본은 쉽게 구할 수 있고 저렴하기 때문이다. 프로젝트에서 이런 데이터를 사용하면 **분포 이동**이 발생할 수 있는데 분석가는 이를 인지할 수도 있고 인지하지 못할 수도 있다.

분포 이동을 알고 있는 경우, 쉽게 구할 수 있는 모든 견본을 훈련 세트로 사용하고 검증 세트와 테스트 세트에서는 사용하지 않는다. 이렇게 하면 운영 환경에서 설정한 데이터와 유사한 데이터에 대해 모델을 평가할 수 있다. 그렇지 않으면 모델 테스트의 성능 지표가 지나치게 좋게 나오고 자칫 최적이 아닌 모델을 운영 환경에 배포하게 될지도 모른다.

분포 이동은 해결하기 어려운 문제일 수 있다. 분포가 다른 데이터를 훈련에 사용하는 것은 데이터 가용성 때문에 어쩔 수 없는 현실적인 선택이기 때문이다. 또한 분석가는 훈련 데이터와 개발 데이터의 통계적 특성이 서로 다르다는 것을 모를 수도 있는데, 이는 운영 환경에 배포 후 모델이 자주 업데이트되고 새로운 견본이 훈련 세트에 추가될 때 종종 발생한다. 모델 훈련에 사용하는 데이터의 특성과 모델을 검증하고 테스트하는 데 사용하는 데이터의 특성은 시간이 지남에 따라 달라질 수 있다. 다음 장의 6.3절에서는 이 문제를 처리하는 방법에 대한 지침을 제공한다.

5.1.6 지도학습의 전제 조건

모델 개발을 시작하기 전에 다음 조건이 충족되는지 확인한다.

1) 레이블링된 데이터 세트가 있다.
2) 데이터 세트를 훈련, 검증, 테스트의 세 가지 부분 집합으로 분할했다.
3) 검증 세트와 테스트 세트의 견본은 통계적으로 유사하다.
4) 특징을 설계하고 훈련 데이터만 사용하여 결측값을 채웠다.
5) 모든 견본을 수치형 특징 벡터로 변환했다.[3]
6) 하나의 숫자를 반환하는 성능 지표를 선택했다(5.5절 참고).
7) 기준선이 있다.

---

3   앞 장에서 언급했듯이, 대부분의 최신 머신러닝 라이브러리와 패키지의 입력은 수치형 특징 벡터다. 그러나 의사 결정 트리 학습 같은 일부 알고리즘은 범주형 특징을 다룰 수 있다.

5.2 머신러닝을 위한 레이블 표현

고전적인 분류 문제에서 레이블은 범주형 특징값처럼 보인다. 예를 들어, 이미지 분류에서 레이블은 '고양이,' '개,' 자동차,' '건물' 등이 될 수 있다. 사이킷런에서 제공하는 일부 머신러닝 알고리즘은 자연스러운 문자열 형식의 레이블을 허용하는데, 내부적으로 라이브러리가 문자열을 특정 학습 알고리즘에서 허용하는 숫자로 변환한다.

그러나 신경망과 같은 일부 구현에서는 분석가가 레이블을 숫자로 변환해야 한다.

5.2.1 다중 클래스 분류

다중 클래스 분류의 경우(즉, 주어진 입력 특징 벡터에 대해 모델이 하나의 레이블만 예측하는 경우), 일반적으로 **원-핫 인코딩**을 통해 레이블을 이진 벡터로 변환한다. 예를 들어, 클래스를 {개, 고양이, 기타}로 설정하면 데이터는 다음과 같다.

이미지	레이블
Image_1.jpg	개
Image_2.jpg	개
Image_3.jpg	고양이
Image_4.jpg	기타
Image_5.jpg	고양이

클래스를 원-핫 인코딩하면 다음과 같은 이진 벡터를 얻는다.

$$개 = [1, 0, 0],$$
$$고양이 = [0, 1, 0],$$
$$기타 = [0, 0, 1].$$

범주형 레이블을 이진 벡터로 변환한 데이터는 다음과 같다.

이미지	레이블
Image_1.jpg	[1, 0, 0]
Image_2.jpg	[1, 0, 0]
Image_3.jpg	[0, 1, 0]
Image_4.jpg	[0, 0, 1]
Image_5.jpg	[0, 1, 0]

5.2.2 다중 레이블 분류

다중 레이블 분류multi-label classification에서 모델은 한 입력에 대해 동시에 여러 레이블을 예측할 수 있다(예를 들어, 이미지에 개와 고양이가 모두 포함될 수 있음). 이 경우 단어 가방 모델을 사용하여 각 견본에 할당된 레이블을 나타낼 수 있다. 데이터는 다음과 같다.

이미지	레이블
Image_1.jpg	개, 고양이
Image_2.jpg	개
Image_3.jpg	고양이, 기타
Image_4.jpg	기타
Image_5.jpg	고양이, 개

레이블을 이진 벡터로 변환하면 데이터는 다음과 같다.

이미지	레이블
Image_1.jpg	[1, 1, 0]
Image_2.jpg	[1, 0, 0]
Image_3.jpg	[0, 1, 1]
Image_4.jpg	[0, 0, 1]
Image_5.jpg	[1, 1, 0]

구현 방법에 따라 학습 알고리즘이 요구하는 입력 형식이 달라질 수 있기 때문에, 실제 입력 형식을 알기 위해서는 학습 알고리즘의 구현 문서를 참고한다.

5.3 학습 알고리즘 선택

머신러닝 알고리즘을 선택하는 것은 어려운 일이다. 시간이 충분하면, 모든 알고리즘을 시도해볼수 있지만, 보통 문제 해결에 주어진 시간은 제한되어 있다. 따라서 올바른 선택을 하기 위해서 문제 해결을 시작하기 전에 스스로에게 몇 가지 질문을 해본다. 답변에 따라, 일부 알고리즘을 최종후보 목록에 추가하고 데이터를 통해 알고리즘의 성능을 시험해본다.

5.3.1 학습 알고리즘의 주요 특성

다음은 머신러닝 알고리즘이나 모델을 선택하는 데 도움이 되는 몇 가지 질문과 답변이다.

설명 가능성

비전문가 청중에게 모델 예측에 대한 설명이 필요한가? 가장 정확한 머신러닝 알고리즘과 모델은 이른바 '블랙박스'와 같다. 예측 오류가 거의 없지만 모델이나 알고리즘의 예측 결과에 대한 이유를 이해하기 어렵고, 설명하기는 더 어려울 수 있다. 이러한 모델의 예로는 **심층 신경망과 앙상블 모델**ensemble models이 있다.

그에 반해서 **k-최근접 이웃, 선형회귀**linear regression, **의사 결정 트리 학습** 알고리즘이 가장 정확하지는 않지만, 이런 알고리즘의 예측 결과는 비전문가도 쉽게 해석할 수 있다.

인-메모리(in-memory)와 메모리 부족(out-of-memory)

전체 데이터 세트를 노트북이나 서버의 메모리에 모두 로드할 수 있나? 그렇다면 다양한 알고리즘 중에서 선택할 수 있다. 하지만 그렇지 않으면 점진적으로 데이터를 읽어 모델을 개선할 수 있는 **점진적 학습 알고리즘**incremental learning algorithms을 선택해야 한다. 이러한 알고리즘의 예로는 **나이브 베이즈**Naïve Bayes와 신경망 훈련을 위한 알고리즘이 있다.

특징과 견본 수

데이터 세트에 몇 개의 훈련 견본이 있나? 각 견본에는 몇 개의 특징이 있나? **신경망**과 **랜덤 포레스트**random forests 훈련에 사용하는 알고리즘을 포함한 일부 알고리즘은 많은 수의 견본과 수백만 개의 특징을 처리할 수 있다. 서포트 벡터 머신을 훈련하기 위한 알고리즘은 상대적으로 용량이 작은 편이다.

데이터의 비선형성

데이터를 선형적으로 분리할 수 있나? 선형 모델을 사용하여 모델링할 수 있나? 그렇다면 선형 커널이 있는 서포트 벡터 머신, 선형회귀와 로지스틱 회귀가 좋은 선택이 될 수 있다. 그렇지 않으면 심층 신경망이나 앙상블 모델이 더 잘 작동한다.

훈련 속도

학습 알고리즘으로 모델을 구축하는 데 시간이 얼마나 걸리고, 데이터가 업데이트되면 모델을 얼마나 자주 재훈련해야 하나? 만약 훈련에 2일이 걸리고 4시간마다 모델을 다시 훈련해야 한다면 절대로 모델을 최신 상태로 유지할 수 없다. 신경망은 훈련 속도가 느리지만, 선형회귀나 로지스틱 회귀, 의사 결정 트리와 같은 간단한 알고리즘은 훨씬 빠르다.

전용 라이브러리의 일부 알고리즘은 매우 효율적으로 구현되어 있는데, 이런 라이브러리는 온라인으로도 찾아볼 수 있다. 랜덤 포레스트 학습과 같은 일부 알고리즘은 다중 CPU 코어의 이점을 활용하므로 수십 개의 코어가 있는 컴퓨터에서 학습 시간을 크게 줄일 수 있다. 또한, 일부 머신러닝 라이브러리는 GPU(그래픽 처리 장치)를 활용하여 학습 속도를 높일 수 있다.

예측 속도

모델이 얼마나 빨리 예측을 해야 하나? 많은 처리량이 필요한 운영 환경에서 모델을 사용할 예정인가? 서포트 벡터 머신, 선형회귀 모델, 로지스틱 회귀 모델, 층이 깊지 않은 순방향 신경망feedforward neural networks은 예측 시간이 매우 짧다. 반면, k-최근접 이웃 알고리즘, 앙상블 학습, 층이 매우 깊은 신경망이나 순환 신경망은 좀 더 오래 걸린다.

데이터에 가장 적합한 알고리즘을 주먹구구식으로 선택하지 않으려면, 일반적으로 **검증 세트**를 통해 여러 후보 알고리즘을 초매개변수로 테스트해서 가장 좋은 하나를 선택한다. 5.6절에서 초매개변수 조정에 대해 살펴본다.

5.3.2 알고리즘 스팟 검사

주어진 문제에 대한 학습 알고리즘의 후보 목록을 추리는 것을 **알고리즘 스팟 검사**algorithm spot-checking라고 한다. 가장 효과적인 스팟 검사를 위해 다음을 수행하는 것이 좋다.

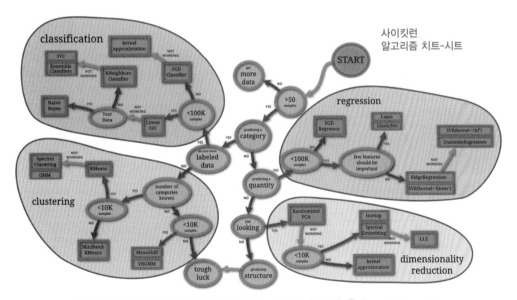

그림 5.3 사이킷런을 위한 머신러닝 알고리즘 선택 다이어그램. 출처: scikit-learn.org

- 인스턴스 기반 알고리즘, 커널 기반, 얕은 학습, 딥 러닝, 앙상블과 같이 다양한 원칙(때때로 서로 독립적$_{orthogonal}$이라고 함)기반의 알고리즘을 선택한다.

- 가장 민감한 초매개변수에 대해서는 서로 다른 3~5개의 값으로 각 알고리즘을 실험해본다(예를 들어, k-최근접 이웃 방법에서 이웃의 수 k, 서포트 벡터 머신에서 패널티 C, 로지스틱 회귀에서 결정 임계값).

- 모든 실험에 동일한 훈련/검증 분할을 사용한다.

- 학습 알고리즘이 결정적$_{deterministic}$이지 않은 경우(예를 들어, 신경망과 랜덤 포레스트에 대한 학습 알고리즘), 실험을 여러 번 실행한 다음에 결과를 평균한다.

- 일단 프로젝트가 끝나면, 어떤 알고리즘이 가장 잘 수행되었는지 확인하고 향후 유사한 문제를 해결할 때 이 정보를 사용한다.

문제를 잘 모른다면, 가장 유망해 보이는 접근 방식에 많은 시간을 소비하는 대신에 가능한 한 많은 독립적인 접근 방식을 통한 문제 해결을 시도해본다. 일반적으로 가장 많이 사용해봐서 익숙한 알고리즘에서 최댓값을 찾는 것보다 새로운 알고리즘과 라이브러리를 실험하는 데 시간을 보내는 것이 더 낫다. 알고리즘을 신중하게 스팟 검사할 시간이 없다면, 간단한 '해결책' 중 하나는 당신이 풀려고 하는 문제와 비슷한 문제에 적용했을 때 더 나은 성능을 보인다고 주장하는 학습 알고리즘이나 모델을 효율적으로 구현한 것을 가장 최신의 논문에서 찾아서 문제 해결에 활용하는 것이다.

사이킷런을 사용하는 경우, 그림 5.3의 알고리즘 선택 다이어그램을 참고한다.

5.4 파이프라인 구축

많은 최신 머신러닝 패키지와 프레임워크에서 **파이프라인** 개념을 지원한다. 파이프라인은 모델이 완성되기까지 훈련 데이터가 거치게 되는 일련의 변환이다. 레이블링된 텍스트 문서 모음에서 문서 분류 모델을 훈련하는 데 사용하는 파이프라인의 예는 다음과 같다.

그림 5.4 원시 데이터로부터 모델을 생성하는 데 사용하는 파이프라인

첫 번째 단계만 학습 데이터 세트가 입력이고, 그 밖의 모든 파이프라인 단계는 이전 단계의 출력을 입력으로 받는다.

아래 코드는 간단한 사이킷런 파이프라인을 구성하는 파이썬 코드다. 1) 주성분 분석을 통한 차원 축소, 2) 서포트 벡터 머신 분류기 훈련의 두 단계로 구성된다.

```
1  from sklearn.pipeline import Pipeline
2  from sklearn.svm import SVC
3  from sklearn.decomposition import PCA
4
5  # 파이프라인의 정의
6  pipe = Pipeline([('dim_reduction', PCA()), ('model_training', SVC())])
7
8  # 주성분 분석(PCA)과 서포트 벡터 머신(SVC)의 파라미터 훈련
9  pipe.fit(X, y)
10
11 # 예측하기
12 pipe.predict(new_example)
```

pipe.predict(new_example) 명령을 실행하면 먼저 주성분 분석$_{PCA}$ 모델을 사용하여 입력 견본을 축소된 차원 벡터로 변환한다. 축소된 차원 벡터는 서포트 벡터 머신$_{SVM}$ 모델에 대한 입력이 된다. PCA와 SVM 모델은 pipe.fit (X, y) 명령이 실행될 때 차례로 훈련된다.

안타깝게도 R에서 파이프라인을 정의하고 훈련하는 것은 파이썬만큼 간단하지 않아서 이 책에서는 코드를 생략한다.

모델 저장과 비슷하게 파이프라인도 파일에 저장할 수 있고, 운영 환경에 배포해서 예측에 사용한다. 즉, 입력 견본이 전체 파이프라인을 통과하여 '출력'이 나오면, 이를 이용해서 채점을 한다.

이제 파이프라인의 개념이 모델 개념을 일반화한 것이라는 것을 알 수 있다. 이 시점부터 달리 명시하지 않는 한 모델 훈련, 저장, 배포, 서빙, 모니터링, 운영 환경 배포 이후 유지보수를 언급할 때는 전체 파이프라인을 전제로 한다.

모델 훈련 과제를 착수하기 전에 모델 품질을 측정하는 방법을 결정해야 한다. 보통 모델 후보가 되는 여러 경쟁 모델 중에서 하나를 선택해서 운영 환경에 배포한다.

5.5 모델 성능 평가

홀드아웃 데이터는 학습 알고리즘이 훈련에 사용하지 않은 견본으로 구성된다. 모델이 홀드아웃 세트에서 잘 작동한다면, 모델이 **일반화가 잘되고** 품질이 좋다고 할 수 있다. 좋은 모델을 얻는 가장 일반적인 방법은 홀드아웃 데이터에 대한 **성능 지표**를 계산하고 여러 모델을 비교하는 것이다.

5.5.1 회귀 분석의 성능 지표

회귀 모델과 분류 모델은 서로 다른 지표로 평가한다. 먼저 회귀에 대한 성능 지표인 평균제곱오차mean squared error, MSE, 중앙값 절대 오차median absolute error, MdAE, 매우 정확한 예측 오차율almost correct predictions error rate, ACPER을 살펴본다.

회귀 모델의 성능을 정량화하는 데 가장 자주 사용하는 지표인 **평균제곱오차**는 **비용함수**와 같고 다음과 같이 정의한다.

$$\mathrm{MSE}(f) \stackrel{\text{def}}{=} \frac{1}{N} \sum_{i=1 \dots N} (f(\mathbf{x}_i) - y_i)^2, \quad \text{(식 5.1)}$$

여기서 f는 특징 벡터 $\mathbf{x}$를 입력으로 받아 예측을 출력하는 모델이고, i는 1에서 N까지의 범위에 있는 값으로 데이터 세트의 견본 인덱스다.

잘 적합된well-fitting 회귀 모델은 관측 데이터값에 가장 가까운 값을 예측한다. **평균 모델**mean model은 항상 훈련 데이터 레이블의 평균을 예측하는데, 일반적으로 특별히 유용한 특징이 없는 경우에 사용한다. 회귀 모델은 평균 모델보다 더 잘 적합fit해야 하고, 따라서 평균 모델은 **기준선** 역할을 한다. 따라서, 만약 회귀 모델 MSE가 기준이 되는 평균 모델 MSE보다 크다면 회귀 모델에 문제가 있는 것이다. **과적합**overfitting이나 **과소적합**underfitting일 수 있다(5.8절에서 다룬다). 또는 문제 정의에 오류가 있거나 프로그래밍 코드에 버그가 있을 수도 있다.

'최적의' 회귀선에서 매우 멀리 떨어진 견본, 즉 특잇값이 데이터에 포함되어 있으면 MSE값에 큰 영향을 미칠 수 있다. MSE의 정의에 따라 이러한 특이한 견본의 제곱 오차가 매우 클 것이기 때문이다. 따라서 이런 상황에서는 다른 지표인 **중앙값 절대 오차**를 적용하는 것이 좋다.

$$\mathrm{MdAE} \stackrel{\text{def}}{=} \mathrm{median}\left(\{|f(\mathbf{x}_i) - y_i|\}_{i=1}^{N}\right)$$

여기서 $\{|f(\mathbf{x}_i) - y_i|\}_{i=1}^{N}$은 모델 평가를 수행하는 $i=1$부터 N까지의 모든 견본에 대한 절대 오

차값 집합을 나타낸다.

매우 **정확한 예측 오차율**almost correct predictions error rate, ACPER은 참값의 p 백분율 내에 있는 예측값의 백분율이다. ACPER은 다음과 같이 계산한다.

1) 허용할 수 있는 임계값 백분율 오차를 정의한다(예를 들면, 2%)
2) 목표 y_i의 각 참값에 대한 예측 범위는 $y_i + 0.02y_i$와 $y_i - 0.02y_i$ 사이여야 한다.
3) 모든 견본을 사용하여 $i = 1, \ldots, N$, 위의 규칙을 충족하는 예측값의 백분율을 계산한다. 이렇게 하면 모델에 대한 ACPER 지푯값을 구할 수 있다.

5.5.2 분류의 성능 지표

분류의 경우에는 상황이 조금 더 복잡하다. 분류 모델을 평가하는 데 가장 널리 사용되는 지표는 다음과 같다.

- 정밀도precision – 재현율recall
- 정확도
- 비용에 민감한 정확도
- ROC 곡선 아래 영역area under the ROC curve, AUC

설명을 단순화하기 위해 이진 분류 문제를 예로 들고, 필요한 경우에만 다중 클래스 사례로 확장하는 방법을 설명한다.

우선, 혼동 행렬을 이해해야 한다.

혼동 행렬confusion matrix은 분류 모델이 다양한 클래스에 속하는 견본을 예측하는 데 얼마나 성공적인지를 요약한 표다. 혼동 행렬의 한 축은 모델이 예측한 클래스이고, 다른 축은 실제 레이블이다.

예를 들어, 모델이 '스팸'과 '스팸 아님' 클래스를 예측한다고 가정해 보자.

	스팸(예측)	스팸_아님(예측)
스팸(실제)	23(TP)	1(FN)
스팸_아님(실제)	12(FP)	556(TN)

위 행렬은 24개의 실제 스팸 사례 중 모델이 23개를 올바르게 분류했음을 보여준다. 이 경우 23개의 **참양성**true positive 또는 TP = 23이라고 한다. 모델이 스팸 견본 1개를 스팸_아님으로 잘못 분

류하는 경우 1개의 **거짓 음성**false negative 또는 FN = 1이라고 한다. 마찬가지로 모델이 568개의 실제 스팸_아님 견본 중 556개 견본을 정확하게 분류했고, 12개의 견본을 부정확하게 분류했다(556개의 **참음성**true negative, TN = 556이고 12개의 **거짓 양성**false positive, FP = 12).

다중 클래스 분류에 대한 혼동 행렬에는 클래스 개수만큼의 행과 열이 있는데, 실수 패턴mistake pattern을 확인하는 데 도움이 된다. 예를 들어, 혼동 행렬은 서로 다른 여러 종의 동물을 인식하도록 훈련된 모델이 '흑표범'과 '쥐'를 각각 '고양이'와 '생쥐'로 잘못 예측하는 경향이 있다는 것을 나타낼 수 있다. 이 경우, 학습 알고리즘이 동물 간의 차이를 '확인'하는 데 도움이 되도록 잘못 예측하는 종의 레이블링된 견본을 더 추가할 수 있다. 또는 학습 알고리즘이 이러한 종의 쌍을 좀 더 잘 구별할 수 있도록 특징을 추가할 수도 있다.

혼동 행렬은 정밀도, 재현율, 정확도의 세 가지 성능 지표를 계산하는 데 사용된다. 이 중에 정밀도와 재현율은 이진 모델을 평가하는 데 가장 많이 사용한다.

정밀도는 전체 양성 예측 수에 대한 참양성 예측의 비율이다.

$$정밀도 \overset{\text{def}}{=} \frac{참양성(TP)}{참양성(TP) + 거짓\ 양성(FP)}$$

재현율은 전체 양성 견본 수에 대한 참양성 예측의 비율이다.

$$재현율 \overset{\text{def}}{=} \frac{참양성(TP)}{참양성(TP) + 거짓\ 음성(FN)}$$

모델 평가를 위한 정밀도와 재현율의 의미와 중요성을 이해하기 위해서는, 예측 문제를 쿼리를 사용하여 데이터베이스에서 문서를 조사하는 문제로 생각하는 것이 도움이 된다. 정밀도는 반환된 모든 문서 목록에서 실제로 발견된 관련 문서의 비율이다. 재현율은 반환해야 하는 총 관련 문서 수 대비 검색 엔진이 반환한 관련 문서의 비율이다.

스팸 감지 시, 올바른 메시지를 스팸 폴더에 잘못 보내지 않도록 높은 정밀도가 필요하다. 일부 스팸 메시지를 감지하지 못하더라도 받은 편지함에서 스팸 메시지를 처리할 수 있으므로 낮은 재현율은 기꺼이 용인할 수 있다.

현실적으로는 높은 정밀도나 높은 재현율 중에서 하나를 선택해야 하는데, 두 가지 모두를 달성하는 것은 사실상 불가능하기 때문이다. 이를 **정밀도-재현율 절충**precision-recall tradeoff이라고 하는데, 다양한 방법을 통해 다음 중 하나를 달성할 수 있다.

- 특정 클래스의 견본에 더 높은 가중치를 할당한다. 예를 들어, 사이킷런의 서포트 벡터 머

신은 클래스의 가중치를 입력으로 받는다.

- 초매개변수를 조정하여 검증 세트에 대한 정밀도나 재현율을 최대화한다.
- 예측 점수를 반환하는 알고리즘의 결정 임계값을 변경한다. 로지스틱 회귀 모델이나 의사 결정 트리가 있다고 할 때, 정밀도를 높이기 위해(대신 더 낮은 재현율로), 모델이 반환한 점수가 0.9보다 높은 경우에만(기본값인 0.5 대신) 예측이 양성이라고 결정할 수 있다.

이진 분류에 대해 정의한 정밀도와 재현율을 이용해서 **다중 클래스 분류** 모델을 평가할 수 있다. 먼저 이러한 지표를 평가할 클래스를 선택한다. 그 다음에 선택한 클래스의 모든 견본을 양성으로 간주하고 나머지 클래스의 모든 견본을 음성으로 간주한다.

두 모델의 성능을 손쉽게 비교하려면 각 모델의 성능을 나타내는 하나의 지표만 사용하는 것이 좋다. 예를 들어, 첫 번째 모델의 정밀도가 더 높지만 두 번째 모델의 재현율이 더 높은 경우 어떤 모델이 더 낫다고 평가하기가 쉽지 않을 것이다.

하나의 지표를 기준으로 모델을 비교하는 한 가지 방법은 최소 임계값을 설정한 다음, 재현율 같은 하나의 지표가 최소 임계값을 넘는 모델들에 대해서 다른 측정 항목 지표의 값을 기준으로 모델을 비교하는 것이다. 예를 들어, 재현율이 90% 이상인 모델을 수락한다고 할 때, 재현율이 90% 이상인 모델 중에 정밀도가 가장 높은 모델을 선택한다. 이를 **최적화 및 만족화 기술**optimizing and satisficing technique이라고 한다.

일부 실무자는 **F-척도**F-measure라고 하는 정밀도와 재현율의 조합을 사용하는데, 이는 **F-점수**F-score 라고도 한다. 기존의 F-척도나 F_1-점수는 정밀도와 재현율의 조화 평균harmonic mean이다.

$$F_1 = \frac{2}{\text{재현율}^{-1} + \text{정밀도}^{-1}} = 2 \times \frac{\text{재현율} \times \text{정밀도}}{\text{재현율} + \text{정밀도}}$$

좀 더 일반적으로 F-척도는 양의 실수 β로 매개변수화되는데, β는 재현율이 정밀도보다 β배만큼 더 중요하다는 것을 나타낸다.

$$F_\beta = (1 + \beta^2) \times \frac{\text{정밀도} \times \text{재현율}}{(\beta^2 \times \text{정밀도}) + \text{재현율}}$$

일반적으로 많이 사용하는 두 가지 β값은 2(재현율이 정밀도보다 2배 높게 가중치 부여)와 0.5(재현율이 정밀도보다 2배 낮게 가중치 부여)다.

문제에 가장 적합한 두 지표를 결합하는 방법을 찾아야 하는데, F-점수 외에도 여러 지표를 결합하여 단일 지표를 얻는 다른 방법으로 다음과 같은 것이 있다.

- 지표의 단순 평균이나 가중 평균
- 임계값 이상의 $n-1$개의 지표를 갖는 모델의 n번째 지표를 최적화(위의 최적화 및 만족화 기술의 일반화)
- 도메인에 특화된 '방법recipe' 고안

정확도는 올바르게 분류된 견본의 수를 분류된 견본의 총 수로 나눈 값이다. 혼동 행렬 관점에서는 다음과 같이 주어진다.

$$\text{정확도} \overset{\text{def}}{=} \frac{\text{참양성(TP)} + \text{참음성(TN)}}{\text{참양성(TP)} + \text{참음성(TN)} + \text{거짓 양성(FP)} + \text{거짓 음성(FN)}} \quad \text{(식 5.2)}$$

정확도는 모든 클래스를 예측할 때의 오류가 똑같이 중요하다고 판단될 때 유용한 지표다. 예를 들어, 가정용 로봇이 물체를 인식하는 경우 의자가 테이블보다 중요하지는 않다. 하지만 스팸/스팸_아님 예측의 경우엔 아마도 그렇지 않을 것이다.

거짓 양성은 친구가 이메일을 보냈지만 모델이 해당 메일을 스팸 폴더로 잘못 보내서 사용자가 메일을 볼 수 없는 경우다. 거짓 음성은 스팸 메시지가 사용자의 받은 편지함에 도착하는 상황으로 그리 큰 문제가 안 된다. 따라서 거짓 양성보다 거짓 음성을 더 용인할 것이다.

클래스마다 중요도가 다를 때 유용한 지표는 **비용에 민감한 정확도**cost-sensitive accuracy다. 먼저 두 가지 유형의 실수mistakes인 FP와 FN에 각각의 비용(양수값을 가짐)을 할당한다. 그 다음 혼동 행렬을 구할 때처럼 TP, TN, FP, FN의 계수를 계산하고 FP와 FN의 계수에 해당 비용을 곱한 다음 식 5.2를 이용해서 정확도를 계산한다.

정확도로 모든 클래스에 대한 모델의 성능을 한 번에 측정하고, 편리하게 하나의 숫자를 구할 수 있다. 그러나 데이터가 불균형할 때는 정확도가 좋은 성능 지표가 아니다. **불균형 데이터 세트** imbalanced dataset의 경우, 대부분의 견본이 몇 개의 클래스에 속하고 그 밖의 다른 클래스에는 견본이 거의 없다. 이러한 불균형한 학습 데이터는 모델에 심각하고 부정적인 영향을 미칠 수 있다. 6장의 6.4절에서 불균형 데이터를 다루는 방법에 대해 자세히 다룬다.

불균형 데이터의 경우 더 나은 지표는 **클래스별 정확도**per-class accuracy다. 먼저 각 클래스 $\{1, \ldots, C\}$에 대한 예측 정확도를 계산한 다음, C개의 개별 정확도 측정값의 평균을 구한다. 위의 스팸 감지 문제에 대한 혼동 행렬에서 '스팸' 클래스의 정확도는 23 / (23 + 1) = 0.96이고 '스팸_아님' 클래스의 정확도는 556 / (12 + 556) = 0.98이다. 클래스별 정확도는 (0.96 + 0.98) / 2 = 0.97이다.

클래스별 정확도는 견본이 거의 없는(대략 클래스당 견본이 12개 미만) 클래스가 많은 다중 클래스 분류 문제에 대해서는 적절한 모델 품질 척도가 아니다. 이 경우, 이러한 소수 클래스에 해당하는 이진 분류 문제에 대해 얻은 정확도의 값은 통계적으로 신뢰할 수 없기 때문이다.

코헨의 카파 통계 Cohen's kappa statistic는 다중 클래스 문제와 불균형 학습 문제 모두에 적용되는 성능 지표다. 정확도 대비 이 지표의 장점은 각 클래스의 빈도에 따라 클래스를 랜덤하게 추측하는 분류기에 비해 코헨의 카파가 분류 모델의 성능이 얼마나 더 우수한지를 알려준다는 것이다.

코헨의 카파는 다음과 같이 정의한다.

$$\kappa \stackrel{\text{def}}{=} \frac{p_o - p_e}{1 - p_e},$$

여기서 p_o는 관측 일치도observed agreement이고, p_e는 예상 일치도expected agreement다.

다시 한번 혼동 행렬을 살펴보자.

	클래스1(예측)	클래스2(예측)
클래스1(실제)	a	b
클래스2(실제)	c	d

관측 일치도 p_o는 다음과 같이 혼동 행렬으로부터 구한다.

$$p_o \stackrel{\text{def}}{=} \frac{a + d}{a + b + c + d}.$$

이제 예상 일치도 p_e는 $p_e \stackrel{\text{def}}{=} p_{class1} + p_{class2}$처럼 구하는데, 여기서 p_{class1}과 p_{class2}는 다음과 같다.

$$p_{\text{class1}} \stackrel{\text{def}}{=} \frac{a + b}{a + b + c + d} \times \frac{a + c}{a + b + c + d},$$

$$p_{\text{class2}} \stackrel{\text{def}}{=} \frac{c + d}{a + b + c + d} \times \frac{b + d}{a + b + c + d}$$

코헨의 카파값은 항상 1보다 작거나 같은데, 0 이하의 값은 모델에 문제가 있음을 나타낸다. 코헨의 카파값을 해석하는 데 보편적으로 합의된 방법은 없지만, 일반적으로 0.61에서 0.80 사이의 값은 모델이 양호함을 나타내고 0.81 이상의 값은 모델이 매우 양호함을 나타낸다.

일반적으로 **ROC 곡선**ROC curve('수신기 작동 특성'을 의미하는 용어로 레이더 공학에서 비롯됨)은 분류 모델을 평가하는 데 사용하는 방법이다. ROC 곡선은 분류 성능에 대한 요약 그림을 작성하기 위해 **참양성률**true positive rate, TPR(정확히는 재현율로 정의됨)과 **거짓 양성률**false positive rate, FPR(잘못 예측된 음성 견본의 비율의 조합)을 사용한다.

참양성률과 거짓 양성률은 각각 다음과 같이 정의한다.

$$\text{TPR} \stackrel{\text{def}}{=} \frac{\text{TP}}{\text{TP} + \text{FN}} \ \text{ and } \ \text{FPR} \stackrel{\text{def}}{=} \frac{\text{FP}}{\text{FP} + \text{TN}}$$

ROC 곡선은 예측 점수(또는 확률)를 반환하는 분류기 평가에만 사용할 수 있다. 예를 들어, ROC 곡선을 사용하여 로지스틱 회귀, 신경망, 의사 결정 트리(그리고 의사 결정 트리를 바탕으로 하는 앙상블 모델)를 평가할 수 있다.

ROC 곡선을 그리려면 먼저 점수 범위를 이산화한다. 예를 들어, [0, 1] 범위를 [0, 0.1, 0.2, 0.3, 0.4, 0.5, 0.6, 0.7, 0.8, 0.9, 1]과 같이 이산화하는 것이다. 그 다음 각 이산값을 모델에 대한 예측 임계값으로 사용한다. 예를 들어, 0.7과 같은 임계값에 대해 TPR과 FPR을 계산하려면 각 견본에 모델을 적용하고 점수를 구한다. 점수가 0.7 이상이면 양성 클래스라고 예측하고, 그렇지 않으면 음성 클래스라고 예측한다.

그림 5.5의 도식을 보면, 임계값이 0이면 모든 예측이 양성이므로 TPR과 FPR은 모두 1(오른쪽 상단 모서리)이 된다. 반면에 임계값이 1이면 양성 예측이 불가능하다. TPR과 FPR은 모두 0으로 왼쪽 하단 모서리에 해당한다.

ROC 곡선 아래 영역area under the ROC curve, AUC이 클수록 더 좋은 분류기라고 할 수 있다. AUC가 0.5보다 큰 분류기는 랜덤하게 분류하는 모델보다 성능이 낫다. AUC가 0.5보다 낮으면 뭔가 잘못된 것인데, 코드에 버그가 있거나 데이터의 레이블링이 잘못되어 있을 가능성이 높다. 완벽한 분류기의 AUC는 1이다. 실제로, FPR을 0에 가깝게 유지하면서 TPR을 1에 가깝게 제공하는 임계값을 선택하여 좋은 분류기를 얻을 수 있다.

ROC 곡선은 비교적 이해하기가 쉽기 때문에 널리 사용되는데, 거짓 양성과 거짓 음성을 모두 고려하여 분류의 여러 측면을 포착한다. 이를 통해 분석가는 다양한 모델 성능을 쉽고 시각적으로 비교할 수 있다.

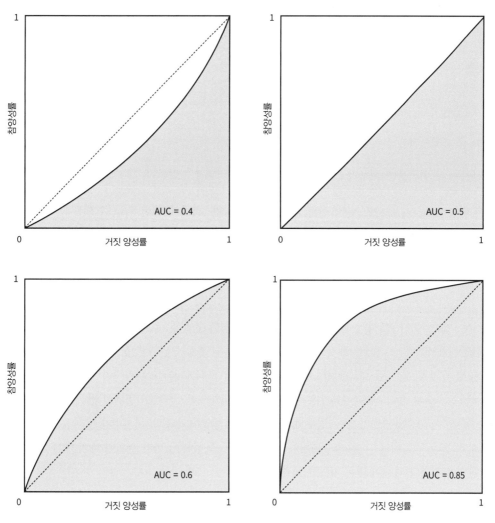

그림 5.5 ROC 곡선 아래 영역(주황색으로 표시)

5.5.3 순위를 위한 성능 지표

정밀도와 재현율은 자연스럽게 순위 문제에 적용할 수 있다. 이 두 가지 지표를 문서 검색 결과의 품질을 측정하는 것으로 생각하면 편리하다는 것을 기억하자. 정밀도는 반환된 모든 문서 목록에서 실제로 발견된 관련 문서의 비율이고, 재현율은 반환되어야 하는 관련 문서의 총 수 대비 검색 엔진에서 반환한 관련 문서의 비율이다.

정밀도와 재현율을 사용하여 순위 모델의 품질을 측정할 때의 단점은 이러한 지표가 검색된 모든 문서를 동등하게 처리한다는 것이다. 즉, k 위치에 있는 관련 문서에 목록 맨 위에 있는 관련 문서만큼의 가치를 두는 것인데, 일반적으로 이것은 문서 검색에서 바람직하지 않다. 왜냐하면 사람이 검색 결과를 볼 때 몇 개의 최상위 결과가 목록 아래에 표시된 결과보다 더 중요하기 때문이다.

할인된 누적 이득discounted cumulative gain, DCG은 검색 엔진에서 인기 있는 순위 품질ranking quality 척도다. DCG는 결과 목록에서 문서의 위치를 기준으로 문서의 유용성이나 이득을 측정한다. 결과 목록의 상단부터 하단까지의 이득을 누적하는데, 이때 각 결과의 이득은 목록에서 하단으로 갈수록 더 많이 할인된다.

할인된 누적 이득을 이해하기 위해 누적 이득이라는 척도를 도입한다.

누적 이득cumulative gain, CG은 검색 결과 목록에 있는 모든 결과에 대한 등급을 반영한 관련성 값relevance values의 합계다. 특정 순위 위치 p에서의 CG는 다음과 같이 정의한다.

$$\text{CG}_p \stackrel{\text{def}}{=} \sum_{i=1}^{p} rel_i,$$

여기서 rel_i는 위치 i에서의 결과에 대한 등급을 반영한 관련성이다. 일반적으로 등급을 반영한 관련성은 숫자, 문자, 설명(예를 들어, '관련성 없음', '일부 관련성 있음', '관련성 있음', '매우 관련성 있음')을 통해 쿼리에 대한 문서의 관련성을 반영한다. 위의 공식에서는 rel_i이 숫자여야 하는데, 0(위치 i의 문서는 쿼리와 전혀 무관함)부터 1(위치 i의 문서는 쿼리와 완전히 일치함) 범위의 값을 가질 수 있다. 또는 문서가 쿼리와 관련이 없는 경우 0, 관련이 있는 경우 1과 같은 이진수가 될 수도 있다. CG_p는 순위 결과 목록에서 각 문서의 위치와는 무관하다. 즉, 위치 p까지 순위가 매겨진 문서를 쿼리와 관련이 있거나 관련이 없는 것으로 특징짓는다.

할인된 누적 이득은 두 가지 가정에 기반한다.

1) 관련성이 높은 문서는 결과 목록의 앞부분에 나타날 때 더 유용하다.
2) 관련성이 높은 문서는 관련성이 낮은 문서보다 더 유용하고, 후자는 관련성이 없는 문서보다는 더 유용하다.

주어진 검색 결과에 대해, 특정한 순위의 위치 p까지 누적된 DCG는 다음과 같이 정의한다.

$$\text{DCG}_p \stackrel{\text{def}}{=} \sum_{i=1}^{p} \frac{rel_i}{\log_2(i+1)} = rel_1 + \sum_{i=2}^{p} \frac{rel_i}{\log_2(i+1)}.$$

일반적으로 산업계와 캐글 같은 데이터 과학 경진대회에서는 DCG를 약간 변형하여 관련 문서 검색에 더욱 중점을 둔다.

$$\text{DCG}_p \overset{\text{def}}{=} \sum_{i=1}^{p} \frac{2^{rel_i} - 1}{\log_2(i+1)}.$$

쿼리에 대한 **정규화된 할인 누적 이득**_{normalized discounted cumulative gain, nDCG}은 다음과 같이 정의한다.

$$\text{nDCG}_p \overset{\text{def}}{=} \frac{\text{DCG}_p}{\text{IDCG}_p},$$

여기서 IDCG는 이상적인 할인된 누적 이득이다.

$$\text{IDCG}_p \overset{\text{def}}{=} \sum_{i=1}^{|\text{REL}_p|} \frac{2^{rel_i} - 1}{\log_2(i+1)},$$

그리고 REL_p는 위치 p(관련성에 따라 정렬됨)까지의 말뭉치에 대한 쿼리와 관련된 문서 목록을 나타낸다. 따라서 REL_p는 검색 엔진 순위 알고리즘(또는 모델)이 쿼리에 대해 반환해야 하는 위치 p까지의 이상적인 순위다. 일반적으로 모든 쿼리에 대한 nDCG값의 평균을 취해서 검색 엔진 순위 알고리즘이나 모델에 대한 성능 측정값을 구한다.

다음 예를 살펴보자. 검색 엔진이 검색 쿼리에 대한 응답으로 문서 목록을 반환하도록 한다. 랭커(ranker, 여기서는 인간)에게 각 문서의 관련성을 판단하도록 한다. 랭커는 0에서 3까지의 점수를 매기는데, 여기서 0은 관련성이 없음을 의미하고, 3은 관련성이 높음을 의미하고 1과 2는 '0과 3 사이의 어딘가'를 의미한다. 문서의 순서가 다음과 같다고 가정해 보자.

$$D_1, D_2, D_3, D_4, D_5.$$

그리고, 랭커가 다음과 같이 관련성 점수를 할당한다.

$$3, 1, 0, 3, 2.$$

이는 문서 D_1의 관련성이 3, D_2의 관련성이 1, D_3의 관련성이 0, D_4의 관련성이 3, D_5의 관련성이 1이라는 의미다. 이제 $P = 5$ 위치까지 이 검색 결과의 누적 이득은 다음과 같다.

$$\text{CG}_5 = \sum_{i=1}^{5} rel_i = 3 + 1 + 0 + 3 + 2 = 9.$$

문서의 순서를 변경해도 누적 이득값에 영향을 미치지 않음을 알 수 있다.

이제 누적 이득식의 분모에 있는 로그 할인 항의 영향으로 관련성이 높은 문서가 결과 목록의 앞부분에 나타날 경우 더 높은 값을 갖도록 설계된 할인 누적 이득을 계산한다. DCG_5를 계산하기 위해 각 i에 대해서 $\frac{rel_i}{\log_2(i+1)}$ 표현식의 값을 계산해보자.

i	rel_i	$\log_2(i+1)$	$\dfrac{rel_i}{\log_2(i+1)}$
1	3	1.00	3.00
2	1	1.58	0.63
3	0	2.00	0.00
4	3	2.32	1.29
5	2	2.58	0.77

따라서 이 순위에 대한 DCG_5는 3.00 + 0.63 + 0.00 + 1.29 + 0.77 = 5.70이다.

이제 D_1과 D_2의 위치를 바꾸면 DCG_5의 값이 낮아지는데, 이는 관련성이 낮은 문서가 더 높은 순위에 배치되고, 관련성이 높은 문서는 낮은 순위에 배치될수록 더 많이 할인되기 때문이다.

정규화된 할인 누적 이득인 nDCG_5를 계산하려면, 우선 이상적인 순서의 IDCG_5의 할인된 누적 이득값을 찾아야 한다. 관련성 점수에 따른 이상적인 순서는 3, 3, 2, 1, 0이다. IDCG_5의 값은 3.00 + 1.89 + 1.00 + 0.43 + 0.0 = 6.32이다. 마지막으로 nDCG_5는 다음과 같이 주어진다.

$$\text{nDCG}_5 = \frac{\text{DCG}_5}{\text{IDCG}_5} = \frac{5.70}{6.32} = 0.90.$$

테스트 쿼리 모음과 해당 검색 결과 목록에 대한 nDCG를 구하기 위해 각 개별 쿼리에 대한 $\text{nDCG}p$값의 평균을 구한다. 다른 측정값에 비해 정규화된 할인 누적 이득을 사용하는 이점은 서로 다른 p값에 대한 $\text{nDCG}p$값을 비교할 수 있다는 것이다. 이 속성은 랭커에서 제공하는 관련성 점수의 p가 쿼리마다 다를 때 유용하다.

이제 성능 지표를 이용해서 초매개변수 조정을 하면서 모델을 비교할 수 있다.

5.6 초매개변수 조정

초매개변수는 모델 훈련 과정에서 중요한 역할을 한다. 일부 초매개변수는 훈련 속도에 영향을 주지만 가장 중요한 초매개변수는 편향과 분산 간, 그리고 정밀도와 재현율 간의 절충tradeoffs을 한다.

초매개변수는 학습 알고리즘으로 최적화하지 않고, 데이터 분석가가 초매개변수당 하나씩 값의 조합을 실험하면서 '조정'한다. 각각의 머신러닝 모델과 학습 알고리즘에는 고유한 초매개변수 세트가 있다. 또한, 전체 머신러닝 파이프라인, 데이터 사전 처리, 특징 추출, 모델 훈련, 예측의 모든 단계마다 고유한 초매개변수가 있을 수 있다.

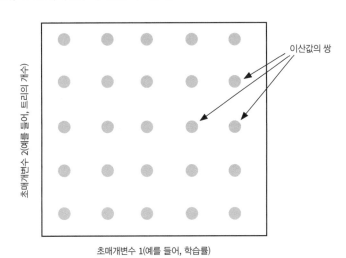

그림 5.6 두 개의 초매개변수에 대한 그리드 검색: 각 주황색 원은 한 쌍의 초매개변숫값을 나타냄

예를 들어, 데이터 전처리 관련 초매개변수는 데이터 증강의 사용 여부나 누락된 값을 채우기 위해 어떤 기술을 사용할지를 명시한다. 특징 공학 관련 초매개변수는 어떤 특징 선택 기술을 적용할지를 정의한다. 점수를 반환하는 모델로 예측할 때의 초매개변수는 각 클래스에 대한 결정 임계값을 설정한다.

아래에서 몇 가지 인기 있는 **초매개변수 조정 기술**hyperparameter tuning techniques을 살펴본다.

5.6.1 그리드 검색

그리드 검색grid search은 가장 간단한 초매개변수 조정 기술로, 초매개변수의 수와 범위가 너무 크지 않을 때 사용한다.

두 개의 숫자 초매개변수를 조정하는 문제에 대한 그리드 검색을 설명하는데, 이 기술은 그림 5.6 과 같이 두 개의 초매개변수를 각각 이산화한 다음 각 이산값의 쌍을 평가한다.

각 평가는 다음과 같이 구성된다.

1) 초매개변숫값의 쌍으로 파이프라인 구성

2) 훈련 데이터에 파이프라인 적용 및 모델 훈련

3) 검증 데이터에 대한 모델의 성능 지표 계산

그 다음 최종 모델 훈련을 위해 가장 성능이 좋은 모델에 대한 초매개변숫값의 쌍을 선택한다.

아래 파이썬 코드는 교차 검증과 함께 그리드 검색을 사용해서,[4] 위에서 고려한 간단한 두 단계 사이킷런 파이프라인의 초매개변수 최적화 방법을 보여준다.

```
1   from sklearn.pipeline import Pipeline
2   from sklearn.svm import SVC
3   from sklearn.decomposition import PCA
4   from sklearn.model_selection import GridSearchCV
5
6   # 파이프라인의 정의
7   pipe = Pipeline([('dim_reduction', PCA()), ('model_training', SVC())])
8
9   # 시험할 초매개변숫값 정의
10  param_grid = dict(dim_reduction__n_components=[2, 5, 10], \
11  model_training__C=[0.1, 10, 100])
12
13  grid_search = GridSearchCV(pipe, param_grid=param_grid)
14
15  # 예측 수행
16  pipe.predict(new_example)
```

위의 예에서, 그리드 검색을 통해 PCA의 초매개변수인 n_components에 대한 값 [2, 5, 10]과 SVM의 초매개변수인 C에 대한 값 [0.1, 10, 100]을 테스트한다.

대규모 데이터 세트의 경우 여러 초매개변수 조합을 시도하면 시간이 많이 걸릴 수 있다. 이 밖에 랜덤 검색, 무작위 – 미세한 검색coarse-to-fine search, 베이지안 초매개변수 최적화와 같은 보다 효율적 인 기술이 있다.

---

4   교차 검증은 5.6.5절에서 설명한다.

5.6.2 랜덤 검색

랜덤 검색random search은 각 초매개변수에 대해서 탐색할 개별값 집합을 제공하지 않는다는 점에서 그리드 검색과 다르다. 대신 랜덤하게 샘플링할 각 초매개변수에 대한 통계 분포를 제공한다. 그런 다음 그림 5.7과 같이 랜덤하게 평가할 총 조합 수를 설정한다.

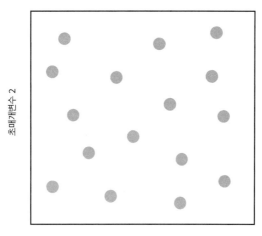

그림 5.7 두 개의 초매개변수와 테스트할 16개 쌍에 대한 랜덤 검색

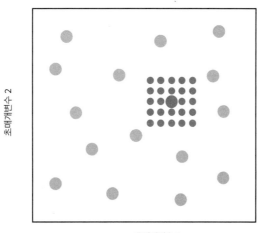

그림 5.8 두 개의 초매개변수에 대한 무작위-미세한 검색(coarse-to-fine search): 테스트할 16개의 성긴 랜덤 검색 쌍과 랜덤 검색을 통해 발견한 가장 가능성 높은 영역에서의 그리드 검색

5.6.3 무작위-미세한 검색

실제로 분석가는 종종 **무작위-미세한 검색**coarse-to-fine search이라고 하는 그리드 검색과 랜덤 검색의 조합을 사용한다. 이 기술은 성긴 랜덤 검색을 사용하여 먼저 가능성이 높은 영역을 찾는다. 그런 다음 이 영역에서 미세한 그리드 검색을 통해 그림 5.8과 같이 최적의 초매개변숫값을 찾는다.

사용 가능한 시간과 계산에 필요한 자원에 따라 가능성 있는 하나의 영역만 탐색할지 여러 영역을 탐색할지 결정할 수 있다.

5.6.4 기타 기술

베이지안 기술 Bayesian techniques은 다음에 평가할 값을 선택하기 위해 과거 평가 결과를 사용한다는 점에서 랜덤 검색 및 그리드 검색과는 다르다. 실제로 이런 특성으로 인해 베이지안 초매개변수 최적화 기술이 더 짧은 시간에 더 나은 초매개변숫값을 찾을 수 있다.

또한, 기울기gradient 기반 기술, 진화evolutionary 최적화 기술, 또 다른 알고리즘적인 초매개변수 조정 방법도 있다. 대부분의 최신 머신러닝 라이브러리는 이러한 여러 기술을 제공하고 있다. 또한, 초매개변수 조정 라이브러리는 사용자가 직접 프로그래밍한 알고리즘을 포함하여 거의 모든 학습 알고리즘의 초매개변수 조정에도 사용할 수 있다.

5.6.5 교차 검증

그리드 검색과 위에서 설명한 다른 초매개변수 조정 기술은 적절한 크기의 검증 세트가 있을 때 사용할 수 있다.[5] 그렇지 않은 경우에 사용할 수 있는 일반적인 모델 평가 기술은 **교차 검증**이다. 사실 훈련 견본이 거의 없는 경우에는 검증 세트와 테스트 세트를 별도로 둘 수 없다. 모델을 훈련하기 위해 더 많은 데이터를 사용하는 것이 좋으므로, 이런 경우에는 데이터를 훈련 세트와 테스트 세트로만 분할해야 한다. 그런 다음 훈련 세트에 교차 검증을 적용해서 검증 세트를 시뮬레이션한다.

교차 검증은 다음과 같이 작동한다. 먼저 평가할 초매개변수의 값을 고정하고 훈련 세트를 동일한 크기의 여러 부분 집합으로 분할한다. 각 부분 집합을 폴드fold라고 하는데, 일반적으로 **5-폴드 교차 검증**five-fold cross-validation을 사용하고, 이를 위해 훈련 데이터를 $\{F_1, F_2, \ldots, F_5\}$와 같이 랜덤으로 5개의 폴드로 나눈다. 이때 각 $F_k(k = 1, \ldots, 5)$는 훈련 데이터의 20%를 할당한다. 그

---

5   적절한 검증 세트에는 적어도 100개의 견본이 포함되어 있으며 세트의 각 클래스는 적어도 수십 개의 견본으로 표현된다.

리고 다음과 같은 방식으로 5개의 모델을 훈련한다. 첫 번째 모델 f_1을 훈련할 때는 F_2, F_3, F_4, F_5 폴드의 모든 견본을 훈련 세트로 사용하고, F_1의 견본을 검증 세트로 사용한다. 두 번째 모델 f_2를 훈련할 때는 F_1, F_3, F_4, F_5 폴드의 견본을 사용하여 훈련하고 F_2의 견본으로 검증한다. 나머지 모든 폴드에 대해 f_k 모델을 반복적으로[6] 훈련하고 F_1에서 F_5까지 각 검증 세트에 대한 관심 지푯값을 계산한다. 그런 다음 5개 지푯값을 평균 내어 최종값을 구한다. 보다 일반적으로, n-폴드 교차 검증에서는 n-폴드 F_n을 제외한 모든 폴드에 대해서 모델 f_n을 훈련한다.

교차 검증과 함께 그리드 검색, 랜덤 검색 또는 그 밖에 다른 기술을 사용하여 최적의 초매개변숫값을 찾을 수 있다. 일단 이러한 값을 찾으면 일반적으로 전체 학습 세트를 사용한 교차 검증을 통해 찾은 최적의 초매개변숫값으로 최종 모델을 훈련한다. 그리고 마지막으로 테스트 세트를 사용하여 최종 모델을 평가한다.

가능한 모든 후보값을 통해 최적의 초매개변숫값을 찾고 싶은 유혹을 받을 수도 있지만 모든 경우를 시도하는 것은 비현실적이다. 제한된 시간 조건에서는 완벽함이 종종 선의의 적enemy of good이 된다는 것을 기억하자. '충분히 좋은' 모델을 운영 환경에 배포한 다음, 이상적인 초매개변숫값을 계속 검색한다(필요한 경우 몇 주 동안).

이제 얕은 모델을 훈련하는 과제를 생각해 보자.

5.7 얕은 모델 훈련

얕은 모델shallow model은 입력 특징 벡터의 값을 직접 이용해서 예측을 한다. 대부분의 인기 있는 머신러닝 알고리즘은 얕은 모델을 생성한다. 반면에 심층 신경망은 일반적으로 사용되는 유일한 심층 모델deep model이다. 심층 모델을 훈련하는 전략은 다음 장의 6.1절에서 살펴본다.

5.7.1 얕은 모델 훈련 전략

얕은 학습 알고리즘에 대한 일반적인 모델 훈련 전략은 다음과 같다.

1) 성능 지표 P를 정의한다.
2) 학습 알고리즘의 후보 목록을 작성한다.

---

6   교차 검증 과정은 반복 과정으로 설명하기가 더 쉽다. 물론, F_1에서 F_5까지 다섯 가지 모델을 모두 병렬로 구축할 수도 있다.

3) 초매개변수 조정 전략 T를 선택한다.

4) 학습 알고리즘 A를 선택한다.

5) 전략 T를 사용하여 알고리즘 A에 대한 초매개변숫값의 조합 H를 선택한다.

6) 초매개변숫값 H를 매개변수로 사용하는 알고리즘 A로 훈련 세트를 사용하여 모델 M을 훈련한다.

7) 검증 세트를 통해 모델 M에 대한 지표 P의 값을 계산한다.

8) 다음을 결정한다.

   a. 아직 테스트하지 않은 초매개변숫값이 있는 경우 전략 T를 사용하여 다른 조합 H의 초매개변숫값을 선택하고 6단계로 돌아간다.

   b. 그렇지 않으면 다른 학습 알고리즘 A를 선택하고 5단계로 돌아가거나 시험할 학습 알고리즘이 더 이상 없으면 9단계로 진행한다.

9) 지표 P의 값이 최대인 모델을 반환한다.

위의 전략 1단계에서 문제에 대한 성능 지표를 정의한다. 5.5절에서 보았듯이, 성능 지표는 모델과 데이터 세트를 입력으로 받아서 모델이 얼마나 잘 작동하는지를 반영하는 수치를 생성하는 수학 함수나 서브 루틴이다.

2단계에서는 후보 알고리즘을 선택한 다음 그중 일부(보통 2~3개)를 후보 목록에 추가한다. 이를 위해 5.3절에서 고려한 선택 기준을 사용한다.

3단계에서는 초매개변수 조정 전략을 선택한다. 이는 테스트할 초매개변숫값의 조합을 생성하는 일련의 작업이다. 앞서 5.6절에서는 몇 가지 초매개변수 조정 전략을 고려했다.

5.7.2 모델 저장 및 복원

일단 모델이나 파이프라인을 훈련한 후에는, 이를 운영 환경에 배포한 다음 채점에 사용할 수 있도록 파일에 저장해야 한다. 모델과 파이프라인 모두 직렬화[7]할 수 있다.

파이썬에서는 일반적으로 **pickle 모듈**을 사용하여 객체의 직렬화(저장)와 역직렬화(복원)를 한다. 반면에 R에서는 RDS를 사용한다.

7 　옮긴이 데이터 구조나 오브젝트 상태를 동일하거나 다른 컴퓨터 환경에 저장하고, 나중에 재구성할 수 있는 포맷으로 변환하는 과정

파이썬에서 모델 직렬화/역직렬화를 수행하는 방법은 다음과 같다.

```
1   import pickle
2   from sklearn.svm import SVC
3   from sklearn import datasets
4
5   # 데이터 준비
6   X, y = datasets.load_iris(return_X_y=True)
7
8   # 모델 인스턴스화
9   model = SVC()
10
11  # 델 훈련
12  model.fit(X, y)
13
14  # 모델을 파일에 저장
15  pickle.dump(model, open("model_file.pkl", "wb"))
16
17  # 파일에서 모델 복원
18  restored_model = pickle.load(open("model_file.pkl", "rb"))
19
20  # 예측하기
21  prediction = restored_model.predict(new_example)
```

위의 코드를 R로 구현하면 다음과 같다.

```
1   library("e1071")
2
3   # 데이터 준비
4   attach(iris)
5   X <- subset(iris, select=-Species)
6   y <- Species
7
8   # 모델 훈련
9   model <- svm(X, y)
10
11  # 모델을 파일에 저장
12  saveRDS(model, "./model_file.rds")
13
14  # 파일에서 모델 복원
15  restored_model <- readRDS("./model_file.rds")
16
17  # 예측하기
18  prediction <- predict(restored_model, new_example)
```

이제 최적의 모델을 생성하기 위해 분석가가 실제로 신경 써야 하는 모델 훈련 과정의 까다로운 내용에 대해 알아보자.

5.8 편향-분산 간 절충

모델 개발에는 최적의 알고리즘 검색뿐만 아니라 가장 좋은 성능의 초매개변수를 찾는 것도 포함된다. 실제로 초매개변수를 조정해서 두 가지의 절충점을 조절한다. 첫 번째로 정밀도-재현율 절충은 이미 앞에서 논의했다. 두 번째는 **편향-분산 절충**bias-variance tradeoff인데 이 역시 마찬가지로 중요하다.

5.8.1 과소적합

모델이 훈련 데이터 레이블을 잘 예측할 수 있으면 **편향이 낮다**low bias고 한다. 반면에 모델이 훈련 데이터에 대해서 너무 많은 예측 실패를 하면 **편향이 높거나**high bias 모델이 학습 데이터에 **과소적합**underfit되었다고 한다. 과소적합에는 다음과 같은 몇 가지 이유가 있을 수 있다.

- 데이터에 비해 모델이 너무 간단하다(예를 들어, 선형 모델이 종종 과소적합됨).
- 특징에 유익한 정보가 충분치 않다.
- 정규화를 너무 많이 한다(정규화는 다음 절에서 설명한다).

그림 5.9의 왼쪽은 회귀 분석에서 과소적합의 예를 보여주는데, 회귀선에 데이터에 적합하도록 굽은 부분이 없다. 이는 모델이 데이터를 지나치게 단순화한 것이다. 이 같은 과소적합 문제에 대한 해결책은 다음과 같다.

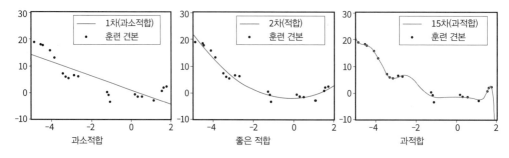

그림 5.9 과소적합(선형 모델), 좋은 적합(2차 모델), 과적합(15차 다항식)의 예

- 좀 더 복잡한 모델로 다시 시도
- **예측력**이 더 높은 특징 설계
- 가능한 경우, 더 많은 훈련 데이터 추가
- 정규화 축소

5.8.2 과적합

과적합overfitting은 모델이 갖고 있는 또 다른 문제다. 일반적으로 과적합된 모델은 훈련 데이터 레이블은 매우 잘 예측하지만 홀드아웃 데이터에 대해서는 제대로 작동하지 않는다.

회귀에서 과적합의 예는 그림 5.9의 오른쪽과 같다. 회귀선은 거의 모든 훈련 견본의 목푯값을 거의 완벽하게 예측하지만, 새로운 데이터 예측에 사용하면 상당한 오류를 범할 가능성이 있다.

문헌을 찾아보면 과적합의 또 다른 이름이 **높은 분산**high variance이라는 것을 알 수 있다. 분산이 높은 모델은 훈련 세트의 작은 변동에 과도하게 민감한데, 훈련 데이터를 조금만 다르게 샘플링해도 모델의 결과가 크게 달라진다. 홀드아웃 데이터와 훈련 데이터는 데이터 세트에서 서로 독립적으로 샘플링되기 때문에 이렇게 훈련 데이터에 과적합된 모델은 홀드아웃 데이터에 대한 성능이 떨어진다. 따라서 훈련 데이터와 홀드아웃 데이터에서의 작은 변동에 따른 모델의 결과가 서로 다를 수 있다.

다음과 같은 몇 가지 이유로 과적합이 발생할 수 있다.

- 모델이 데이터에 비해 너무 복잡하다. 너무 큰 의사 결정 트리나 너무 깊은 신경망은 종종 과적합된다.
- 특징이 너무 많고 훈련 견본은 너무 적다.
- 충분히 정규화하지 않았다.

과적합에 대한 몇 가지 설루션은 다음과 같다.

- 더 간단한 모델을 사용한다. 다항 회귀 대신 선형회귀를 사용하고, **방사형 기저 함수**radial basis function, RBF 대신 선형 커널이 있는 서포트 벡터 머신이나 더 적은 층/단위가 있는 신경망을 사용하도록 한다.[8]
- 데이터 세트에서 뽑은 견본의 차원을 줄인다.
- 가능한 경우 더 많은 훈련 데이터를 추가한다.
- 모델을 정규화한다.

---

8 과적합을 줄이고 모델의 일반화를 개선하려면 모델 매개변수의 수를 줄이는 것이 일반적으로 권장되지만, 깊은 이중 하강 현상(deep double descent phenomenon)은 때때로 그렇지 않은 결과를 보여주고 있다. 이 현상은 CNN과 트랜스포머를 포함한 다양한 아키텍처에서 관찰되었는데, 모델 크기를 키움에 따라 검증 성능이 개선되다가 저하된 다음 다시 개선된다. 2020년 7월 현재까지 왜 그런 일이 발생하는지 완전히 이해하지 못하는 상태이다.

5.8.3 절충

실제로 분산을 줄이려고 하면 편향이 증가하고, 그 반대의 경우도 마찬가지다. 즉, 과적합을 줄이면 과소적합이 발생하고 과소적합을 줄이면 과적합이 발생하는데, 이를 **편향-분산 절충**이라고 한다. 훈련 데이터에서 너무 완벽하게 수행되는 모델을 구축하려고 하면 홀드아웃 데이터에서 오히려 성능이 떨어지는 모델을 얻게 된다.

모델이 학습 데이터에서 잘 수행되는지 여부를 결정하는 요인이 많이 있지만, 이 중 가장 중요한 요인은 모델의 복잡도complexity다. 충분히 복잡한 모델은 모든 학습 견본과 해당 레이블을 학습하지 않고 아예 암기하게 되므로 훈련 데이터에 적용할 때는 예측 오류를 범하지 않고, 편향도 낮다. 그러나 암기에 의존하는 모델은 이전에 보지 못한 데이터의 레이블을 올바르게 예측할 수 없다. 따라서 분산이 높다.

모델 복잡도가 증가함에 따라, 훈련 데이터와 홀드아웃 데이터에 적용할 때 모델의 평균 예측 오차의 일반적인 변화가 그림 5.10에 나와 있다.

원하는 영역은 옅은 주황색으로 표시된 '설루션 영역'으로 편향과 분산이 모두 낮다. 이 영역에 들어오면 초매개변수를 미세 조정해서 필요한 정밀도-재현율 비율에 도달하거나 문제에 적합한 다른 모델 성능 지표를 최적화할 수 있다.

설루션 영역에 도달하려면 다음 중 하나를 수행해야 한다.

- 모델의 복잡도를 증가시켜 오른쪽으로 이동하고, 그렇게 함으로써 편향을 줄인다.
- 분산을 줄이기 위해 모델을 더 단순하게 만들고, 모델을 정규화하여 왼쪽으로 이동한다 (다음 절에서 정규화에 대해 설명한다).

선형회귀와 같은 얕은 모델로 작업하는 경우, 고차 다항 회귀로 전환하여 모델의 복잡도를 높일수 있다. 마찬가지로 의사 결정 트리의 깊이를 더 깊게 하거나 서포트 벡터 머신에서 선형 커널 대신 다항식 또는 RBF 커널을 사용할 수 있다.

부스팅boosting 아이디어에 기반한 앙상블 학습은 여러(일반적으로 수백 개) 개의 편향이 높은 '약한' 모델을 결합하여 전체적인 편향을 감소시킬 수 있다.

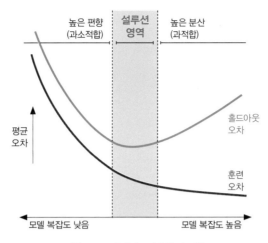

그림 5.10 바이어스-분산 간 절충

신경망으로 개발하는 경우 모델의 크기(계층당 단위 수, 계층 수)를 늘려 모델의 복잡도를 높일 수 있다. 일반적으로 신경망 모델을 더 오래(즉, 더 많은 에포크에 대해) 훈련하면 편향이 더 낮아진다.

편향-분산 간 절충 관점에서 신경망을 사용할 때의 장점은 네트워크의 크기를 늘려서 편향을 어느 정도 감소시킬 수 있다는 것이다. 대부분의 인기 있는 얕은 모델과 그와 관련된 학습 알고리즘은 이러한 유연성을 제공할 수 없다.

모델의 복잡도 증가로 그림 5.10의 그래프 오른쪽으로 옮겨지는 경우 모델의 분산을 줄여야 한다. 이를 위한 가장 일반적인 방법은 정규화를 적용하는 것이다.

5.9 정규화

정규화regularization는 학습 알고리즘이 덜 복잡한 모델을 훈련하도록 강제하는 방법에 대한 포괄적인 용어다. 일반적으로 정규화를 통해서 편향은 더 높아지지만 분산은 크게 줄어든다.

가장 널리 사용되는 두 가지 유형은 **L1**과 **L2 정규화**L1 and L2 regularization다. 이와 같은 정규화 방법의 저변에 깔려 있는 아이디어는 아주 간단하다. 정규화된 모델을 만들기 위해 목적 함수object function를 수정하는 것이다. 즉, 학습 알고리즘이 모델 훈련 시 비용이 최소가 되도록 목적 함수를 최적화하는데,[9] 정규화는 이 과정에서 더 복잡한 모델에 대해서 비용이 더 높아지도록 하는 벌칙항을

---

9   [옮긴이] 이런 의미에서 목적 함수를 비용함수라고도 한다.

목적 함수에 추가한다.

이 책에서는 설명의 편의를 위해 선형회귀에 대한 정규화를 설명하지만, 동일한 원리를 다양한 모델에 적용할 수 있다.

x를 2차원 특징 벡터 $[x^{(1)}, x^{(2)}]$라고 하자. 이제 선형회귀의 목적 함수를 다시 떠올려보면 다음과 같다.

$$\min_{w^{(1)}, w^{(2)}, b} \left[\frac{1}{N} \times \sum_{i=1}^{N} (f_i - y_i)^2 \right], \quad \textbf{(식 5.3)}$$

위의 방정식에서 $f_i \overset{\text{def}}{=} f(\mathbf{x}_i)$이고 f는 회귀선의 방정식이다. 선형회귀선 f의 방정식은 $f = w^{(1)}x^{(1)} + w^{(2)}x^{(2)} + b$ 형식을 갖는다. 학습 알고리즘은 목적 함수를 최소화함으로써 훈련 데이터에서 매개변수 $w^{(1)}$, $w^{(2)}$, b값을 추론한다. 일부 매개변수 $w^{(j)}$가 0에 가깝거나 0인 경우 모델이 덜 복잡한 것으로 간주한다.

5.9.1 L1 및 L2 정규화

식 5.3의 L1 정규화된 목적 함수는 다음과 같다.

$$\min_{w^{(1)}, w^{(2)}, b} \left[C \times \left(|w^{(1)}| + |w^{(2)}| \right) + \frac{1}{N} \times \sum_{i=1}^{N} (f_i - y_i)^2 \right], \quad \textbf{(식 5.4)}$$

여기서 C는 정규화의 중요도를 조절하는 **초매개변수**다. C를 0으로 설정하면 모델은 표준 비정규 선형회귀 모델이 된다. 반면에 C를 높은 값으로 설정하면 학습 알고리즘은 목표를 최소화하기 위해 대부분의 $w^{(j)}$를 0에 가까운 수나 0으로 설정하려고 하는데, 이 경우 모델이 너무 단순해져서 과소적합으로 이어질 수 있다. 데이터 분석가의 역할은 편향을 너무 많이 증가시키지는 않지만 당면한 문제에 합당한 수준으로 분산을 줄이는 초매개변수 C의 값을 찾는 것이다.

2차원의 L2 정규화된 목적 함수는 다음과 같다.

$$\min_{w^{(1)}, w^{(2)}, b} \left[C \times \left((w^{(1)})^2 + (w^{(2)})^2 \right) + \frac{1}{N} \times \sum_{i=1}^{N} (f_i - y_i)^2 \right] \quad \textbf{(식 5.5)}$$

실제로 L1 정규화는 초매개변수 C값이 충분히 크다고 가정하여 **희소 모델**을 생성한다. 이것은 대부분의 매개변수[10]가 0인 모델이다. 따라서 이전 장에서 설명했듯이 L1은 예측에 필수적인 특징과 그렇지 않은 특징을 결정하여 암묵적으로 **특징 선택**을 한다. L1 정규화의 이런 속성은 모델 **설명 가능성**explainability을 높이고 싶을 때 유용하다. 하지만 목표가 홀드아웃 데이터에서 모델 성능을 최대화하는 것이라면 일반적으로 L2 정규화의 결과가 더 좋다.

문헌에 찾아보면, L1과 L2에 대해 각각 **라소**lasso, **릿지 정규화**ridge regularization라는 이름으로도 불린다는 것을 알 수 있다.

5.9.2 다른 형태의 정규화

L1, L2 정규화 방법은 **탄력적 그물 정규화**elastic net regularization라는 방식으로 결합할 수 있다.

L1과 L2는 선형 모델 외에도 종종 신경망과 목적 함수를 직접 최소화하는 다른 유형의 모델과 함께 사용한다.

신경망은 드롭아웃drop out**과 배치 정규화**batch-normalization라는 두 가지 다른 정규화 기술을 사용할 수도 있다. 또한, **데이터 증강**data augmentation, **조기 중지**early stopping와 같이 정규화 효과가 있는 비수학적 방법도 있다.

다음 장에서 신경망 훈련을 살펴볼 때 이러한 기술에 대해 자세히 설명한다.

5.10 요약

모델 개발을 시작하기 전에 몇 가지를 확인하고 결정해야 한다. 우선 데이터가 스키마파일에 정의된 대로 스키마를 준수하는지 확인한다. 그 다음 달성 가능한 성능 수준을 정의하고, 성능 지표를 선택한다. 이상적으로는 모델 성능을 단일 지표로 나타내는 것이 좋다. 또한, 머신러닝 모델을 비교하기 위한 기준점을 제공하는 기준선을 설정하는 것이 중요하다. 마지막으로 데이터를 훈련, 검증, 테스트의 세 세트로 분할한다.

대부분의 최신 분류 학습 알고리즘 구현에서는 학습 견본에 숫자 레이블이 있어야 하므로 일반적으로 레이블을 숫자 벡터로 변환해야 한다. 이를 위한 두 가지 인기 있는 방법은 원-핫 인코딩(이진 클래스, 다중 클래스 문제)과 단어 가방 모델(다중 레이블 문제)이다.

---

10 [옮긴이] 식 5.5의 경우 $w^{(1)}$, $w^{(2)}$

문제에 가장 적합한 머신러닝 알고리즘을 선택하려면 다음 질문을 스스로에게 해봐야 한다.

- 모델의 예측 결과를 비기술적 청중에게 설명해야 하는가? 그렇다면 k-최근접 이웃 알고리즘, 선형회귀, 의사 결정 트리 학습과 같은 덜 정확하지만 좀 더 설명 가능한 알고리즘을 사용하는 것이 좋다.

- 데이터 세트를 랩톱이나 서버의 메모리에 모두 로드할 수 있는가? 그렇지 않은 경우 점진적 학습 알고리즘을 우선 고려한다.

- 데이터 세트에 몇 개의 훈련 견본이 있고 각 견본에는 몇 개의 특징이 있는가? 신경망과 랜덤 포레스트 훈련에 사용되는 알고리즘을 포함한 일부 알고리즘은 엄청난 수의 견본과 수백만 개의 특징을 처리할 수 있다. 이에 비해 다른 알고리즘은 상대적으로 처리 능력이 낮다.

- 데이터를 선형적으로 분리할 수 있는가? 아니면 선형 모델을 사용하여 모델링할 수 있는가? 그렇다면 선형 커널, 선형회귀와 로지스틱 회귀를 사용하는 SVM이 좋은 선택이 될 수 있다. 그렇지 않으면 심층 신경망이나 앙상블 모델이 더 잘 작동한다.

- 모델 학습을 위해 학습 알고리즘에 사용할 수 있는 시간은 얼마나 되는가? 신경망 훈련은 시간이 오래 걸린다. 선형회귀, 로지스틱 회귀, 의사 결정 트리 같은 간단한 알고리즘은 훨씬 빠르다.

- 운영 환경에서 얼마나 빨리 채점을 해야 하는가? 서포트 벡터 머신, 선형회귀, 로지스틱 회귀 같은 모델은 물론 깊지 않은 순방향 신경망은 예측 시간이 매우 빠르다. 반면에 심층 신경망, 순환 신경망, 그래디언트 부스팅 모델을 사용한 채점은 더 느리다.

문제에 가장 적합한 알고리즘을 추측할 필요 없이 여러 알고리즘을 스팟 검사한 다음 검증 세트에서 초매개변수를 테스트하는 것이 좋다.

모델이 얼마나 좋은지 알 수 있는 일반적인 방법은 홀드아웃 데이터에 대한 성능 지푯값을 계산하는 것이다. 이를 위해 분류 모델과 회귀 모델, 순위 모델에 대해 정의된 성능 지표가 있다.

초매개변숫값을 조정해서 정밀도-재현율 간 절충, 편향-분산 간 절충한다. 모델의 복잡도를 조정해서 모델의 편향과 분산이 모두 상대적으로 낮은 상황인 '설루션 영역'에 도달할 수 있는데, 일반적으로 성능 지표를 최적화하는 설루션을 해당 영역에서 찾을 수 있다.

정규화는 학습 알고리즘이 덜 복잡한 모델을 구축하도록 강제하는 방법에 대한 포괄적인 용어다. 실제로 정규화를 하면 종종 편향이 약간 더 높아지지만 분산은 크게 줄어든다. 두 가지 인기 있는 정규화 기술로는 L1과 L2가 있다. 또한, 신경망은 드롭아웃과 배치 정규화라는 두 가지 다른 정규화 기술의 이점을 얻을 수 있다.

대부분의 최신 머신러닝 패키지와 프레임워크는 파이프라인 개념을 지원한다. 파이프라인은 학습 데이터로 모델을 구축하는 동안 발생하는 학습 데이터에 대한 일련의 변환이다. 파이프라인의 각 단계에서는 입력에 일부 변환을 적용한다. 첫 번째 단계를 제외하고 모든 단계는 이전 단계의 출력을 입력으로 받는데, 첫 번째 단계는 학습 데이터 세트를 입력으로 받는다. 파이프라인은 모델 저장과 유사하게 파일에 저장할 수 있다. 운영 환경에 배포하고 예측에 사용할 수 있다.

초매개변수는 학습 알고리즘을 통해 최적화하지 않고, 데이터 분석가가 다양한 값 조합을 시도해 보면서 초매개변수를 '조정$_{tune}$'한다. 그리드 검색은 가장 간단하고 가장 널리 사용되는 초매개변수 조정 기술로, 초매개변숫값을 이산화하고 다음과 같이 모든 값에 대한 조합을 시험한다. 1) 각 초매개변수 조합을 적용한 모델을 훈련하고, 2) 각 훈련된 모델을 검증 세트에 적용하여 성능 지표를 계산한다.

적절한 검증 세트에는 적어도 100개 이상의 견본이 있어야 하고, 세트의 각 클래스는 적어도 수십 개의 견본으로 표현된다. 초매개변수를 조정하기 위한 적절한 검증 세트가 없는 경우 교차 검증을 할 수 있다.

CHAPTER

6

지도 모델 훈련(2부)

이번 장은 지도 모델 훈련 두 번째 부분으로 심층 모델 훈련, 모델 쌓기, 불균형 데이터 세트 처리, 분포 이동, 모델 교정, 문제 해결 및 오류 분석, 기타 모범 사례와 같은 주제를 살펴본다.

얕은 모델에 비해 심층 신경망에 대한 모델 학습 전략에는 유동적인 부분이 더 많다. 반면에 더 원칙적이고 자동화하기에 더 적합하다.

6.1 심층 모델 훈련 전략

모델 훈련은 **네트워크 토폴로지**network topology라고도 하는 여러 네트워크 아키텍처의 목록을 작성하는 것으로 시작한다. 이미지 데이터에 대한 모델을 바닥부터 구축하는 경우, 하나 이상의 **합성곱 층**convolutional layer, **최대 풀링층**max-pooling layer, 하나의 **완전연결층**이 연결되어 있는 **합성곱 신경망**convolutional neural network, CNN을 기본 토폴로지로 선택할 수 있다.

텍스트나 시계열과 같은 기타 시퀀스sequence 데이터로 개발하는 경우, CNN, **게이트 순환 신경망**gated recurrent neural network(예를 들어, **장단기 메모리**Long Short Term Memory, LSTM나 **게이트 순환 유닛**gated recurrent

183

units, GRU) 또는 트랜스포머 중에서 선택할 수 있다.

바닥부터 만든 모델을 훈련하는 대신 **사전학습된 모델**pre-trained model로 시작할 수도 있다. 구글Google
과 마이크로소프트Microsoft는 이미지나 자연어 처리 작업에 최적화된 아키텍처의 심층 신경망을
훈련한 사전학습된 모델을 오픈소스로 공개하기도 한다.

이미지 처리 작업에 가장 많이 사용되는 사전학습된 모델로는 VGG16, VGG19(Visual Geometry
Group [VGG] 아키텍처 기반), **InceptionV3**(GoogLeNet 아키텍처 기반), **ResNet50**(잔여 네트워크residual
network 아키텍처 기반)이 있다.

자연어 텍스트 처리의 경우 Transformer 아키텍처 기반의 BERTBi-directional Encoder Representations from
Transformer, **ELMo**Embeddings from Language Models, **양방향 LSTM**bi-directional LSTM 아키텍처 기반의 **ELMo**와
같은 사전 훈련된 모델이 처음부터 모델을 훈련하는 것보다 대체로 향상된 품질을 제공한다.

사전학습된 모델을 사용할 때의 장점은 사용자가 갖지 못하는 방대한 양의 데이터로 이미 해당
모델의 개발자가 훈련을 했다는 것이다. 사용자의 데이터 세트가 더 작고 모델을 사전 훈련하는
데 사용한 것과 아주 유사하지 않더라도 사전학습된 모델로 학습한 매개변수는 여전히 유용하다.

사전학습된 모델은 두 가지 방법으로 사용할 수 있다.

1) 학습된 매개변수를 사용하여 사용자 모델을 초기화
2) 사전학습된 모델을 새로운 모델의 특징 추출기feature extractor로 사용

사전학습된 모델을 1)과 같은 방식으로 사용하면 더 많은 유연성이 제공된다. 하지만 단점은 사전
학습된 모델에 사용자 목적을 위한 모델 부분을 추가한 매우 깊은 신경망을 훈련해야 하므로 이
를 위한 상당한 계산 자원이 필요하다는 것이다. 반면, 2)의 경우 사전 훈련된 모델의 매개변수를
'고정'하고 추가된 층의 매개변수만 훈련하면 된다.

6.1.1 신경망 훈련 전략

기존 모델을 사용하여 새로운 모델을 만드는 것을 **전이 학습**transfer learning이라고 하는데, 이 주제에
대해서는 6.1.10절에서 좀 더 자세히 살펴본다. 지금은 선택한 아키텍처를 기반으로 처음부터 모
델을 구축한다고 가정한다. 신경망 구축을 위한 일반적인 전략은 다음과 같다.

1) 성능 지표 P를 정의한다.
2) 비용함수 C를 정의한다.

3) 매개변수 초기화 전략 W를 선택한다.

4) 비용함수 최적화 알고리즘 A를 선택한다.

5) 초매개변수 조정 전략 T를 선택한다.

6) 조정 전략 T를 사용하여 초매개변숫값의 조합 H를 선택한다.

7) 비용함수 C를 최적화하도록 초매개변수 H로 매개변수화된 알고리즘 A로 모델 M을 훈련한다.

8) 아직 테스트하지 않은 초매개변숫값이 있으면 전략 T를 사용하여 다른 초매개변숫값의 조합 H를 선택하고 단계 7을 반복한다.

9) 지표 P가 최적화된 모델을 반환한다.

이제 위 전략의 몇 가지 단계를 자세히 살펴본다.

6.1.2 성능 지표 및 비용함수

1단계는 얕은 모델 훈련 전략의 1단계와 유사하다(5.7절). 즉, 홀드아웃 데이터에서 두 모델의 성능을 비교할 수 있는 지표를 정의하고 둘 중 더 나은 모델을 선택한다. 성능 지표의 예로는 **F-점수**나 **코헨의 카파**가 있다.

2단계에서는 모델을 훈련하기 위해 학습 알고리즘이 최적화할 대상이 되는 비용함수를 정의한다. 신경망이 회귀 모델이라면 대부분의 경우 **비용함수**는 이전 장의 식 5.1에 있는 **평균제곱오차**로 정의한다. 식 5.1을 다시 옮겨보면 다음과 같다.

$$\mathrm{MSE}(f) \stackrel{\text{def}}{=} \frac{1}{N} \sum_{i=1\ldots N} (f(\mathbf{x}_i) - y_i)^2.$$

일반적으로 분류의 경우 비용함수는 **범주형 교차 엔트로피**categorical cross-entropy(다중 클래스 분류의 경우)나 **이진 교차 엔트로피**binary cross-entropy(이진 및 다중 레이블 분류의 경우)를 선택한다.

다중 클래스 분류를 위한 신경망을 훈련할 때는 **원-핫 인코딩**을 통해 레이블을 표현한다. C와 y_i를 각각 분류 문제에서의 클래스 수와 견본 i의 **원-핫 인코딩**된 레이블(i의 범위는 1에서 N까지)이라고 하자. $y_{i, j}$는 견본 i에서 j 위치(j는 1에서 C까지)의 값을 나타낸다. 견본 i의 분류에 대한 범주형 교차 엔트로피 손실cross-entropy loss은 다음과 같이 정의한다.

$$\text{CCE}_i \stackrel{\text{def}}{=} -\sum_{j=1}^{C} \left[y_{i,j} \times \log_2(\hat{y}_{i,j}) \right],$$

여기서 $\hat{y}_i$는 입력 $\mathbf{x}_i$에 대해 신경망이 예측한 C차원 벡터다. 일반적으로 비용함수는 개별 견본의 손실 합계로 정의한다.

$$\text{CCE} \stackrel{\text{def}}{=} \sum_{i=1}^{N} \text{CCE}_i.$$

이진 분류에서 입력 특징 벡터 $\mathbf{x}_i$에 대한 신경망의 출력은 단일값 $\hat{y}_i$이고, 견본의 레이블은 로지스틱 회귀에서와 같이 단일값 y_i이다. 견본 i의 분류에 대한 이진 교차 엔트로피 손실binary cross-entropy loss은 다음과 같이 정의한다.

$$\text{BCE}_i \stackrel{\text{def}}{=} -y_i \times \log_2(\hat{y}_i) - (1 - y_i) \times \log_2(1 - \hat{y}_i).$$

마찬가지로 훈련 데이터 세트의 분류를 위한 비용함수는 일반적으로 개별 견본의 손실 합계로 정의한다.

$$\text{BCE} \stackrel{\text{def}}{=} \sum_{i=1}^{N} \text{BCE}_i.$$

이진 교차 엔트로피는 다중 레이블 분류에도 사용한다. 여기서 레이블은 C차원의 **단어 가방** 벡터 y_i이고, 예측은 각 차원 j의 값 $\hat{y}_i$, j이 0과 1사이에 있는 C차원 벡터 $\hat{y}_i$이다. 레이블 $\hat{y}_i$의 예측에 대한 손실은 다음과 같이 정의한다.

$$\text{BCEM}_i \stackrel{\text{def}}{=} \sum_{j=1}^{C} \left[-y_{i,j} \times \log_2(\hat{y}_{i,j}) - (1 - y_{i,j}) \times \log_2(1 - \hat{y}_{i,j}) \right].$$

일반적으로 전체 훈련 데이터 세트의 분류를 위한 비용함수는 개별 견본의 손실 합계로 정의한다.

$$\text{BCEM} \stackrel{\text{def}}{=} \sum_{i=1}^{N} \text{BCEM}_i.$$

다중 클래스 분류와 다중 레이블 분류의 출력층은 서로 다르다. 다중 클래스 분류에서는 하나의 **소프트맥스** 단위를 사용하는데, 값의 범위가 (0, 1)이고 합계가 1인 C차원 벡터를 생성한다. 반면,

다중 레이블 분류의 출력층에는 각각의 범위는 (0, 1)이고 합계는 (0, C) 범위에 있는 C개의 로지스틱 단위가 있다.

신경망 출력

호기심 많은 독자는 특정 손실 함수를 선택하는 이면의 논리를 더 잘 이해하기를 원할지도 모른다. 이 단락에서는 신경망의 출력을 수학적으로 설명한다.

회귀에서 출력층에는 하나의 단위만 있다. 출력값이 마이너스 무한대에서 무한대까지 임의의 숫자라면 출력 단위에 비선형성non-linearity이 포함되지 않는다. 반면, 신경망이 양수 범위의 값을 예측하는 경우라면 **정류 선형 단위**rectified linear unit, ReLU 비선형성을 사용할 수 있다. 입력 견본 i의 비선형성 앞에 있는 출력 단위의 출력값[1]을 z_i로 표시한다. 그 다음 ReLU 비선형성을 적용하면 출력은 $\max(0, z_i)$이 된다.

이진 분류의 출력층에는 하나의 로지스틱 단위만 있다. 입력 견본 i의 비선형성 앞에 있는 출력 단위의 출력값을 z_i라고 하면, 로지스틱 비선형성을 적용한 후의 출력값은 다음과 같다.

$$\hat{y}_i \stackrel{\text{def}}{=} \frac{1}{1 + e^{-z_i}},$$

여기서 e는 **오일러 수**Euler's number라고 하는 자연 로그의 밑수base다.

이진 분류와 다중 레이블 분류 모델은 서로 유사한 방식으로 정의되는데, 유일한 차이점은 다중 레이블 분류에서는 출력층에 클래스당 하나의 C 로지스틱 단위가 있다는 것이다. 입력 견본 i의 클래스 j에 대한 로지스틱 단위의 비선형성 다음의 출력이 $\hat{y}_{i,j}$일 때 모든 $j(j = 1, \ldots, C)$에 대한 $\hat{y}_{i,j}$의 합은 0과 C 사이의 값이다.

다중 클래스 분류에서 출력층은 C개의 출력을 생성한다. 그러나 이 경우 출력층 각 단위의 출력은 소프트맥스 함수를 통과한다. 입력 견본 i에 대한 비선형성 이전의 출력 단위 j의 출력을 $z_{i,j}$라고 하면, 비선형성 이후의 출력 $\hat{y}_{i,j}$는 다음과 같이 주어진다.

$$\hat{y}_{i,j} \stackrel{\text{def}}{=} \frac{e^{z_{i,j}}}{\sum_{k=1}^{C} e^{z_{i,k}}}.$$

그리고 모든 $j(j = 1, \ldots C)$에 대한 $\hat{y}_{i,j}$의 합은 1이다.

1 　옮긴이 로짓(logit)이라고도 한다.

6.1.3 매개변수 초기화 전략

3단계에서는 매개변수 초기화 전략을 선택한다. 훈련을 시작하기 전에 모든 단위의 매개변숫값은 미리 알 수 없고 이러한 매개변수는 어떤 값으로 초기화를 해야 한다. 잠시 후에 살펴볼 **경사 하강법**gradient descent과 이를 확률적으로 변형[2]한 신경망 훈련 알고리즘은 본질적으로 반복적이며 따라서 분석가는 반복을 시작할 초기 지점을 지정해야 한다. 이 초기화는 학습 모델의 특성에 영향을 미칠 수 있으며, 다음 전략 중 하나를 선택한다.

- 1 — 모든 매개변수를 1로 초기화한다.

- 0 — 모든 매개변수를 0으로 초기화한다.

- 랜덤 정규화 — 일반적으로 평균이 0이고 표준 편차가 0.05인 정규 분포에서 샘플링한 값으로 매개변수를 초기화한다.

- 랜덤 균일화 — [-0.05, 0.05] 범위의 균일 분포에서 샘플링한 값으로 매개변수를 초기화한다.

- 자비어Xavier 정규화 — 0을 중심으로 하는 잘린 정규 분포truncated normal distribution에서 샘플링한 값으로 매개변수를 초기화하고, 이때 표준 편차는 $\sqrt{2/(\text{in} + \text{out})}$와 같다. 여기서 'in'은 현재 단위와 연결된 이전 층의 단위의 개수(매개변수를 초기화하는 단위)이고, 'out'은 현재 단위와 연결된 다음 층에 있는 단위의 개수다.

- 자비어 균일화 — [-limit, limit] 내의 균일 분포에서 샘플링한 값으로 매개변수를 초기화한다. 여기서 'limit'는 $\sqrt{6/(\text{in} + \text{out})}$이고 'in'과 'out'은 자비어 정규화에서 정의한 것과 같다.

다른 초기화 전략도 있다. 텐서플로, 케라스Keras, 파이토치PyTorch 같은 신경망 훈련 모듈로 개발하는 경우, 일부 매개변수 초기 값 설정방법initializers을 제공해 주고 기본적인 선택 사항도 추천해 준다.

일반적으로 편향은 0으로 초기화한다.

매개변수 초기화가 모델 속성에 영향을 미친다는 것을 알고는 있지만, 어떤 초기화 전략으로 문제에 대한 최상의 결과를 얻을 수 있을지는 예측할 수 없다. 랜덤 초기 값 설정방법과 자비어 초기 값 설정방법을 가장 일반적으로 사용하므로 이 두 가지 중 하나로 실험을 시작하는 것이 좋다.

---

2   [옮긴이] 확률적 경사 하강법(stochastic gradient descent)

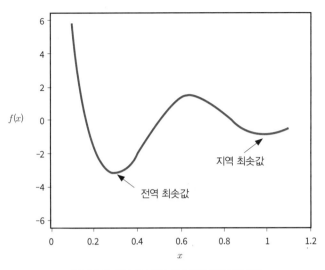

그림 6.1 함수의 지역 최솟값과 전역 최솟값

6.1.4 최적화 알고리즘

4단계에서는 비용함수 최적화 알고리즘을 선택한다. 비용함수가 미분 가능한 경우(앞에서 고려한 모든 비용함수의 경우), **경사 하강법**과 **확률적 경사 하강법**stochastic gradient descent이 가장 많이 사용되는 두 가지 최적화 알고리즘이다.

경사 하강법은 미분 가능한 함수의 **지역 최솟값**local minimum을 찾기 위한 반복적인 최적화 알고리즘이다. $f(x)$가 $x = c$ 주변의 일부 **개방 구간**open interval에서 모든 x에 대해 $f(x) > = f(c)$이면 $x = c$에서 지역 최솟값을 갖는다. **구간**interval은 집합의 두 숫자 사이에 있는 모든 숫자도 집합에 포함된다는 특성을 가진 실수 집합이다. 열린 구간은 끝점을 포함하지 않으며 괄호로 표시한다. 예를 들어, (0, 1)은 '0보다 크고 1보다 작은 모든 숫자'를 의미한다. 모든 지역 최솟값 중 가장 작은 최솟값을 **전역 최솟값**global minimum이라고 한다. 함수의 지역 최솟값과 전역 최솟값의 차이는 그림 6.1에 나와 있다.

함수와 최적화

이 블록에서는 호기심 많은 독자를 위해 수학 함수와 함수 최적화의 기본 사항을 설명한다. 신경망 훈련의 작동 원리만 알고 싶다면 이 부분은 건너뛰어도 된다.

함수function는 정의역domain인 집합 $\mathcal{X}$의 각 요소 x를 공역codomain인 다른 집합 $\mathcal{Y}$의 단일 요소와 연결시키는 관계다. 일반적으로 함수에는 이름이 있는데, 함수를 f라고 부르면 이 관계는 $y = f(x)$로 표시되고 'y는 x의 f와 같다'라고 읽는다. 요소 x는 인수 또는 함수의 입력이고, y는 함수의 값 또는 출력이다. 입력을 나타내기 위해 사용하는 기호는 함수의 변수가 되고, 종종 f가 변수 x의 함수라고 한다.

함수 f의 **도함수**derivative f'은 f가 얼마나 빠르게 증가하거나 감소하는지를 설명하는 함수 또는 값이다. 도함수가 5 또는 -3과 같은 상숫값이면 함수는 해당 영역의 x 지점에서 지속적으로 증가하거나 감소한다.

도함수 f' 자체가 함수이면 함수 f는 정의역의 서로 다른 영역에서 다른 속도로 변할 수 있다. 도함수 f'이 어떤 점 x에서 양수이면 함수 f는 이 점에서 증가하고, 일부 x에서 음수이면 이 지점에서는 감소한다. x에서 도함수값이 0이면 함수가 x에서 감소하거나 증가하지 않음을 의미하고, x에서 함수의 기울기는 수평이 된다.

도함수를 찾는 과정을 **미분**differentiation이라고 한다.

기본 함수의 도함수는 이미 알려져 있다. 예를 들어, $f(x) = x^2$이면 $f'(x) = 2x$, $f(x) = 2x$ 이면 $f'(x) = 2$, $f(x) = 2$이면 $f'(x) = 0$이다. 함수 $f(x) = c$(c는 상숫값)의 도함수는 0이다.

미분하려는 함수가 기본형이 아닌 경우 **연쇄 규칙**chain rule을 사용하여 도함수를 찾을 수 있다. 예를 들어, $F(x) = f(g(x))$이고 f와 g가 어떤 함수이면 $F'(x) = f'(g(x))g'(x)$이다. 예를 들어, $F(x) = (5x + 1)^2$이면 $g(x) = 5x + 1$이고 $f(g(x)) = (g(x))^2$이다. 연쇄 규칙을 적용하여 $F'(x) = 2(5x + 1)g'(x) = 2(5x + 1)5 = 50x + 10$을 찾을 수 있다.

기울기는 여러 입력을 받는 함수 또는 벡터나 다른 복잡한 구조를 갖는 하나의 입력을 받는 함수에 대한 미분을 일반화한 것이다. 함수의 기울기는 **편도함수**의 벡터다. 함수의 편도함수를 찾는 것은 함수의 입력 중 하나에 초점을 맞추고 그 밖에 다른 모든 입력을 상숫값으로 놓고 도함수를 찾는 과정이다.

예를 들어, 함수 $f([x^{(1)}, x^{(2)}]) = ax^{(1)} + bx^{(2)} + c$에 대해서 $\underline{x^{(1)}}$에 대한 함수 f의 편미분은 $\frac{\partial f}{\partial x^{(1)}}$로 표시하며 다음과 같이 주어진다.

$$\frac{\partial f}{\partial x^{(1)}} = a + 0 + 0 = a,$$

여기서 a는 함수 $ax^{(1)}$의 미분이다. 두 개의 0은 각각 $bx^{(2)}$와 c의 미분인데, $x^{(1)}$에 대한 미분을 계산할 때 $x^{(2)}$는 상수로 간주되고 상수의 미분은 0이기 때문이다.

마찬가지로, $x^{(2)}$에 대한 함수 f의 편미분, $\frac{\partial f}{\partial x^{(2)}}$는 다음과 같이 주어진다.

$$\frac{\partial f}{\partial x^{(2)}} = 0 + b + 0 = b.$$

∇f로 표시된 f의 기울기는 벡터 $[\frac{\partial f}{\partial x^{(1)}}, \frac{\partial f}{\partial x^{(2)}}]$로 주어진다.

연쇄 규칙은 편미분에도 적용된다.

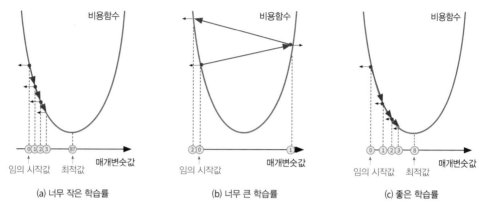

그림 6.2 수렴에 대한 학습률의 영향: (a) 너무 작으면 수렴이 느려짐, (b) 너무 커서 발산, (c) 올바른 학습률 값

경사 하강법을 이용하여 함수의 지역 최솟값을 찾기 위해 함수 정의역의 임의의 지점에서 시작한다. 그런 다음 현재 지점에서 함수의 기울기(또는 근사 기울기)의 음숫값에 비례하여 이동한다.

머신러닝의 경사 하강법은 에포크에 따라 진행한다. 훈련 세트를 모두 사용하여 각 매개변수를 업데이트하는 것을 에포크_{epoch}라고 한다. 첫 번째 에포크에서는 앞에서 논의한 매개변수 초기화 전략 중 하나를 이용해서 신경망의 매개변수를 초기화한다. **역전파**_{backpropagation} 알고리즘은 도함수에 대한 연쇄 규칙을 이용하여 복잡한 함수의 각 매개변수에 대한 편도함수를 계산한다.[3] 각 에포크에서 경사 하강법은 편도함수를 사용하여 모든 매개변수를 업데이트한다. **학습률**_{learning rate}은 업데이트 정도를 조절한다. 이 과정은 수렴할 때까지 계속되는데, 각 에포크 이후에 매개변숫값이 크게 바뀌지 않으면 알고리즘을 중지한다.

경사 하강법은 학습률 α의 선택에 매우 민감하다. 하지만 문제에 맞는 적절한 학습률을 선택하는 것은 쉽지 않다. 너무 높은 α값을 선택하면 전혀 수렴하지 못할 수 있다. 반면에 α값이 너무 작으면 학습 속도가 너무 느려질 수 있다. 그림 6.2에서 신경망의 한 매개변수와 세 가지 학습률에 대한 경사 하강법의 그림을 볼 수 있다. 각 반복에 따른 매개변숫값은 주황색 원으로 표시되어 있

---

3   역전파에 대한 설명은 이 책의 범위를 벗어난다. 신경망 훈련을 위한 모든 최신 소프트웨어 라이브러리에는 이 알고리즘이 구현되어 있다. 호기심 많은 독자는 《The Hundred-Page Machine Learning Book》 확장 버전의 위키에서 역전파에 대한 설명을 찾아볼 수 있다.

고, 원 안의 숫자는 에포크를 나타낸다. 검은색 화살표는 수평축 방향의 기울기(최소에서 멀어지는 방향)을 나타낸다. 회색 화살표는 각 에포크 이후에 비용함수값의 변화를 나타낸다.

따라서 각 에포크마다 경사 하강법으로 비용함수가 최솟값으로 이동하도록 매개변수 값을 조절한다. 학습률이 너무 작으면 최솟값으로 이동하는 속도가 매우 느려진다(그림 6.2a). 학습률이 너무 크면 매개변수 값이 최솟값에서 벗어나 진동한다(그림 6.2b).

경사 하강법은 전체 데이터 세트를 사용하여 각 에포크마다 각 매개변수의 기울기를 계산하기 때문에 대규모 데이터 세트의 경우 다소 느리다. 다행히 이 알고리즘에 대해서 몇 가지 중요한 개선이 제안되었다.

미니배치 확률적 경사 하강법minibatch stochastic gradient descent, SGD은 경사 하강 알고리즘을 변형한 것이다. **미니배치**라고 하는 훈련 데이터의 작은 부분 집합을 사용하여 기울기를 근사화하는데, 이렇게 하면 계산 속도를 효과적으로 높일 수 있다. 미니배치의 크기는 초매개변수로, 이 값은 32에서 수백 사이에 있는 2의 거듭제곱(32, 64, 128, 256 등)값이 권장된다.

'바닐라vanilla' 미니배치 SGD에도 여전히 학습률 선택의 문제는 남아 있다. 학습률을 잘못 선택하면 여러 에포크 이후에도 여전히 학습이 정체될 수 있고, 지역 최솟값에 도달하지 못하고 너무 큰 매개변수 업데이트로 인해 경사 하강이 계속 진동할 수도 있다. 학습이 진행됨에 따라 에포크 카운트epoch count가 커지면 학습률을 줄이는 방향으로 업데이트하는 **학습률 감소 스케줄**learning rate decay schedules 기술이 있다. 학습률 감소 스케줄을 사용하면 더 빠른 경사 하강 수렴(더 빠른 학습)과 더 높은 모델 품질과 같은 이점을 얻을 수 있다. 이제 몇 가지 인기 있는 학습률 감소 스케줄을 살펴보도록 한다.

6.1.5 학습률 감소 스케줄

학습률 감소는 학습이 진행됨에 따라 학습률 α값을 점진적으로 줄이는 것이다. 결과적으로 매개변수 업데이트가 더 미세해진다. α를 조절하는 스케줄schedule이라고 하는 몇 가지 기술이 있다.

시간 기반 학습률 감소 스케줄time-based learning rate decay schedule은 이전 에포크의 학습률에 따라 학습률을 변경하는 것이다. 시간 기반 학습률 감소 스케줄에 따른 학습률 업데이트를 수학 공식으로 나타내면 다음과 같다.

$$\alpha_n \leftarrow \frac{\alpha_{n-1}}{1 + d \times n},$$

여기서 α_n은 새로운 학습률값이고, α_{n-1}은 이전 에포크 $n-1$에서 학습한 값이고, d는 초매개변수인 **감쇠율**decay rate이다. 예를 들어, 학습률의 초기 값이 $\alpha_0 = 0.3$일 때 처음 5개 에포크의 학습률값은 아래 표와 같다.

학습률	에포크
0.15	1
0.10	2
0.08	3
0.06	4
0.05	5

단계 기반 학습률 감소 스케줄step-based learning rate decay schedule은 사전 정의된 일부 드롭 단계에 따라 학습률을 변경한다. 많이 사용되는 단계 기반 학습률 감소 스케줄에 따른 학습률 업데이트의 수학 공식은 다음과 같다.

$$\alpha_n \leftarrow \alpha_0 d^{\text{floor}\left(\frac{1+n}{r}\right)},$$

여기서 α_n은 에포크 n에서의 학습률, α_0는 학습률의 초기 값, d는 각 드롭 단계에서 학습률을 얼마나 변경해야 하는지(0.5는 절반에 해당)를 나타내는 감쇠율, r은 그렇게 드롭 단계의 길이를 정의하는 **드롭률**drop rate이라고 한다(10은 10 에포크마다 줄이는 것에 해당함). 위 수식에서 바닥 연산자floor operator는 인수값이 1보다 작으면 0이 된다.

지수 학습률 감소 스케줄exponential learning rate decay schedule은 단계 기반 학습률 감소 스케줄과 유사하다. 그러나 드롭 단계 대신 감소하는 지수 함수를 사용한다. 인기 있는 지수 학습률 감소 스케줄에 따른 학습률 업데이트를 위한 수학 공식은 다음과 같다.

$$\alpha_n \leftarrow \alpha_0 e^{-d \times n}$$

여기서 d는 감쇠율이고 e는 **오일러의 수**다.

모멘텀, 제곱 평균 제곱근 전파Root Mean Squared Propagation, RMSProp, 아담Adam과 같은 미니배치minibatch SGD를 업그레이드하는 몇 가지 인기 있는 알고리즘이 있다. 이러한 알고리즘은 학습 과정 중에 성능에 따라 학습률을 자동으로 업데이트하므로, 초기 학습률값, 감소 스케줄과 감쇠율 또는 기타 관련 초매개변수를 선택하는 것에 대해 걱정할 필요가 없다. 이러한 알고리즘은 실제로 우수한 성능을 입증했으며, 실무자들은 학습률을 수동으로 조정하는 대신 보통 이를 사용한다.

모멘텀momentum은 적절한 방향으로 경사 하강을 하도록 하고, 진동을 줄여서 미니배치 SGD를 가속화하는 데 도움이 된다. 현재 에포크의 기울기만 이용하여 이동 방향을 검색하는 대신 모멘텀은 이전 에포크의 기울기를 누적하여 이동할 방향을 결정한다. 모멘텀을 사용하면 학습률을 수동으로 조정할 필요가 없다.

최신의 신경망 비용함수 최적화 알고리즘에는 RMSProp, 아담이 있는데, 아담이 가장 최신의 방법이고 다용도로 사용할 수 있다. 그러므로 모델 훈련을 처음 시작할 때는 아담을 사용하는 것이 좋다. 그런 다음 모델의 품질이 허용 가능한 수준에 도달하지 않으면 다른 비용함수 최적화 알고리즘을 사용해 본다.

6.1.6 정규화

신경망에서 보편적으로 사용하는 **L1과 L2 정규화**L1 and L2 regularization 외에도 드롭아웃, 조기 중지, 배치 정규화와 같이 개별 신경망에 특화된 정규화를 사용할 수 있다. 좀 더 엄밀히 말해서, 후자는 기술적으로는 정규화 기술이 아니지만 모델에 대한 정규화 효과가 있다.

드롭아웃dropout의 개념은 매우 간단하다. 네트워크를 통해 훈련 견본을 '실행'할 때마다 일부 단위를 일시적으로 계산에서 제외한다. 제외되는 단위의 비율이 높을수록 정규화 효과가 더 크다. 인기 있는 신경망 라이브러리를 사용하면 연속된 두 층 사이에 드롭아웃 층을 추가하거나 특정한 층에 대한 드롭아웃 초매개변수를 지정할 수도 있다. 드롭아웃 초매개변수는 [0, 1] 범위에서 다양한 값을 갖는데, 계산에서 제외할 단위의 비율을 랜덤하게 결정한다. 초매개변숫값은 실험적으로 찾아야 한다. 간단하지만 드롭아웃의 유연성과 정규화 효과는 놀랍도록 뛰어나다.

조기 중지를 적용하려면 각 에포크마다 예비 모델을 저장하면서 신경망을 훈련한다. 각 에포크 수행 후에 저장한 모델을 **체크포인트**checkpoint라 하고 검증 세트를 통해 각 체크포인트의 성능을 평가한다. 경사 하강법을 수행하는 동안 에포크 수가 증가할수록 비용이 감소하는데, 몇 에포크가 지나면 모델이 과적합되기 시작하면서 검증 데이터에 대한 모델의 성능이 저하될 수 있다. 5장의 그림 5.10에 있는 편향 분산 그림을 떠올려보자. 각 에포크 이후의 모델 버전을 유지하면 검증 세트에서 성능 저하가 나타나기 시작할 때 훈련을 중지할 수 있다. 또는 일정 횟수의 에포크 동안 훈련을 계속 실행한 다음 최상의 체크포인트를 선택할 수도 있다. 머신러닝 실무자마다 선호하는 기술을 사용해서 모델에 대한 적절한 정규화를 시도하기도 한다.

배치 정규화batch normalization(배치 표준화batch standardization라고도 함)는 이전 층의 출력을 표준화한 후에 다음 층으로 입력한다. 실제로 배치 정규화를 통해 정규화 효과를 얻을 수 있을 뿐만 아니라 좀 더 빠르고 안정적으로 훈련할 수 있다. 따라서 항상 배치 정규화를 사용하는 것이 좋다. 널리 사용되는 신경망 라이브러리에서는 보통 두 개의 층 사이에 배치 정규화 층을 추가한다.

모든 학습 알고리즘에 적용할 수 있는 또 다른 정규화 기술은 데이터 증강이다. 이 기술은 보통 이미지를 입력으로 받는 모델을 정규화하는 데 사용한다. 실제로 데이터 증강을 적용하는 경우, 모델 성능이 향상되는 경우가 많다.

6.1.7 네트워크 크기 검색 및 초매개변수 조정

심층 모델 훈련 전략의 5단계는 얕은 모델 훈련 전략의 5단계와 유사하다. 즉, 초매개변수 조정 전략 T를 선택한다.

6단계에서는 전략 T를 사용하여 초매개변숫값의 조합을 선택한다. 대표적인 초매개변수 hyperparameter로는 미니배치 크기, 학습률값(바닐라 미니배치 SGD를 사용하는 경우) 또는 아담과 같이 자동으로 학습률을 업데이트하는 알고리즘이 있다. 또한, 초기 모델의 층 수와 층당 단위의 개수도 결정해야 한다. 우선 첫 번째 모델을 충분히 빨리 구축할 수 있는 수준의 합리적인 선택으로 시작하는 것이 좋은데, 예를 들어 두 개의 은닉층과 층당 128개의 단위가 좋은 선택이 될 수 있다.

7단계는 '비용함수 C를 최적화하기 위해 초매개변수 H로 매개변수화된 알고리즘 A를 이용하여 훈련 모델 M을 구축'하는 것이다. 이것이 얕은 학습과의 가장 큰 차이점이다. 얕은 학습 알고리즘이나 모델로 작업할 때는 일부 내장된 초매개변수만 조정할 수 있고, 모델 아키텍처와 복잡도는 조절할 수 없다. 반면, 신경망의 경우에는 모든 것을 조절할 수 있고 모델 훈련은 단일 작업이라기 보다는 하나의 과정에 가깝다. 심층 모델을 구축하려면 일단 합리적인 크기의 모델로 시작한 다음 그림 6.3에 표시된 흐름도를 따르는 것이 좋다.

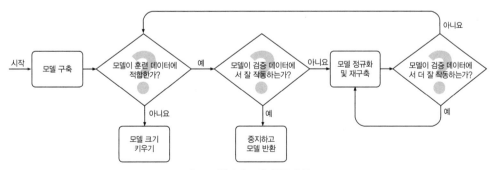

그림 6.3 신경망 모델 훈련 흐름도

적당한 모델로 시작한 다음, 훈련 데이터로 훈련이 잘 될 때까지 모델의 크기를 키운다. 그런 다음 검증 데이터로 모델을 평가한다. 성능 지표를 보고 성능이 충분히 좋으면 훈련을 중지하고 모델을 반환한다. 만약 성능이 만족스럽지 않으면 모델을 정규화하고 다시 훈련한다.

앞에서 보았듯이 신경망을 정규화하는 방법은 여러가지가 있다. 이 중 가장 효과적인 방법은 드롭아웃인데, 이는 네트워크에서 일부 단위를 랜덤하게 제거함으로써 네트워크를 좀 더 간소하고 '좀 더 엉성하게'[4] 만든다. 하지만 이렇게 더 간단한 모델로 홀드아웃 데이터에 대해서 좀 더 잘 작동하게 할 수 있는데, 이것이 바로 정규화를 통해 달성하고자 하는 목표다.

검증 데이터에 대한 모델 성능이 더 이상 향상되지 않을 때까지 정규화와 모델 재훈련을 여러 번 반복한 후에, 모델이 훈련 데이터에도 적합한지 확인한다. 그렇지 않으면 모델이 훈련 데이터에 다시 적합할 때까지 개별 층의 크기를 늘리거나 다른 층을 추가하여 모델의 크기를 키운다. 그런 다음 검증 데이터를 통해 다시 평가한다. 조치에 상관없이 모델을 더 키워도 검증 데이터 성능이 개선되지 않을 때까지 이 과정을 계속한다. 그런 다음 검증 데이터 성능이 만족스러우면 중지하고 모델을 반환한다.

이 성능이 만족스럽지 않으면 8단계에서 다른 초매개변수 조합을 선택하고 다른 모델을 구축한다. 테스트할 값이 더 이상 없을 때까지 다른 초매개변숫값을 계속 테스트한다. 그런 다음 그 과정에서 훈련한 모델 중에서 최고의 모델을 저장한다. 만약 최고 모델의 성능이 여전히 만족스럽지 않으면 다른 네트워크 아키텍처를 시도해 보거나 레이블링된 데이터를 더 추가하거나 또는 **전이 학습**transfer function을 시도해 본다. 전이 학습은 6.1.10절에서 자세히 설명한다.

훈련된 신경망의 특성은 초매개변숫값의 선택에 따라 크게 달라진다. 그러나 초매개변수의 특정한 값을 선택하고, 모델을 훈련하고, 검증 데이터에 대해서 모델의 특성을 검증하기 전에 과연 어떤 초매개변수가 시간을 투자할 만큼 중요한지를 먼저 결정해야 한다.

물론, 시간과 컴퓨팅 자원이 무한하다면 모든 초매개변수를 조정할 수는 있다. 하지만 현실은 그렇지 못해서 한정된 시간과 비교적 적은 자원만 허용된다. 그렇다면, 어떤 초매개변수를 조정해야 할까?

이 질문에 대한 명확한 답은 없지만 특정 모델을 개발할 때 조정할 초매개변수를 선택하는 데 도움이 되는 몇 가지 관찰 결과가 있다.

---

4   옮긴이 이해를 돕기 위해, 구멍이 뻥뻥 뚫려 있는 거미줄에 비유해 볼 수 있다.

- 모델은 일부 초매개변수에 더 민감하다.

- 보통 초매개변수의 기본값default value을 사용하거나 이를 약간 변경해서 사용하는 경우가 많다.

보통 신경망 훈련을 위한 라이브러리는 초매개변수의 기본값을 함께 제공하는데, 여러 종류의 확률적 경사 하강법(대부분은 아담), 매개변수 초기화 전략(랜덤 정규화random normal나 랜덤 균일화random uniform), 미니배치 크기(종종, 32) 등이 있다. 이러한 기본값은 실제 경험을 통해 선택된 것들이다. 많은 과학자와 엔지니어가 서로 협력한 결과로 다양한 오픈소스 라이브러리와 모듈을 공개하고 있는데, 이러한 재능 있고 경험 많은 사람들이 다양한 데이터 세트와 실제 문제를 다루면서 많은 초매개변수에 대한 '좋은' 기본값을 발견해 왔다.

초매개변수의 기본값을 사용하는 대신 직접 초매개변수를 조정하고자 한다면 우선 모델이 민감한 초매개변수를 조정하는 것이 더 합리적이다. 표 6.1[5]은 몇 가지 초매개변수와 이러한 초매개변수에 대한 신경망의 대략적인 민감도를 보여준다.

초매개변수	민감도
학습률	높음
학습률 스케줄	높음
손실 함수	높음
계층당 단위 수	높음
매개변수 초기화 전략	중간
계층 수	중간
계층 특성	중간
정규화 차수	중간
최적화기(optimizer) 선택	낮음
최적화기(optimizer) 특성	낮음
미니배치 크기	낮음
비선형성 선택	낮음

표 6.1 일부 초매개변수에 대한 모델의 대략적인 민감도

---

5   2019년 1월 조시 토빈(Josh Tobin)의 'Troubleshooting Deep Neural Networks' 강연에서 발췌했다.

6.1.8 다중 입력 처리

실제로 머신러닝 엔지니어는 다중 모달multimodal 데이터를 다루는 경우가 많다. 예를 들어, 이미지와 텍스트를 입력받아서 텍스트가 주어진 이미지를 제대로 설명하는지 여부를 나타내는 이진값을 출력하는 경우가 이에 해당한다.[6]

다중 모드 데이터로 작업할 수 있도록 **얕은 학습** 알고리즘을 조정하는 것은 어렵다. 예를 들어, 각 입력에 맞는 특징 공학 방법을 적용해서 각 입력을 벡터화한 다음 두 특징 벡터를 연결해서 하나의 더 큰 특징 벡터를 만든다. 이미지 특징 벡터 $[i^{(1)}, i^{(2)}, i^{(3)}]$와 텍스트 특징 벡터 $[t^{(1)}, t^{(2)}, t^{(3)}, t^{(4)}]$를 연결한 특징 벡터는 $[i^{(1)}, i^{(2)}, i^{(3)}, t^{(1)}, t^{(2)}, t^{(3)}, t^{(4)}]$가 된다.

반면에 신경망을 사용하면 유연성이 상당히 높아지는데, 각 입력 유형별로 나눠서 두 개의 하위 네트워크를 구축할 수 있다. 예를 들어, **CNN** 서브 네트워크는 이미지를 담당하고 **RNN** 서브 네트워크는 텍스트를 담당하도록 할 수 있다. 두 하위 네트워크 모두 마지막 계층은 **임베딩**embedding을 나타내는데, CNN은 이미지 임베딩에 해당하고 RNN은 텍스트 임베딩에 해당한다. 그런 다음 두 임베딩을 연결하고 마지막으로 연결된 임베딩 뒤에 **소프트맥스**softmax나 **로지스틱 시그모이드**logistic sigmoid와 같은 분류 층을 추가한다.

신경망 라이브러리는 여러 하위 네트워크의 층을 연결하거나 평균을 구할 수 있는 사용하기 쉬운 도구를 제공한다.

6.1.9 다중 출력 처리

때로는 하나의 입력에 대해 여러 출력을 예측하고 싶은 경우도 있다. 여러 출력이 있는 일부 문제는 다중 레이블 분류 문제multi-label classification problem로 효과적으로 변환할 수 있다. 즉, 원래 레이블의 모든 조합을 열거해서 같은 성격의 여러 레이블(소셜 네트워크의 태그 등)이나 가상의 레이블을 갖는 다중 레이블 분류 문제를 만들 수 있다.

하지만 출력이 다중 모드인 경우에 있어서는 그 조합을 효과적으로 열거하기가 어렵다. 이미지에서 객체를 검출하는 모델의 경우, 검출된 객체의 좌표와 함께 '사람', '고양이', '햄스터'와 같이 객체를 설명하는 태그도 함께 반환해야 한다. 이 경우 훈련 견본은 이미지와 레이블을 나타내는 특징 벡터이고, 이때 레이블은 객체의 좌표 벡터와 **원-핫 인코딩된** 태그가 있는 다른 벡터로 표현할

---

6 [옮긴이] 이미지와 그 이미지에 대한 질문이 주어졌을 때, 해당 질문에 맞는 올바른 답변을 만들어 내는 시각정보 기반 질의응답(Visual Question Answering, VQA) 같은 예도 있다.

수도 있다.

이를 위해 인코더로 작동하는 하나의 서브 네트워크를 만들 수 있다. 예를 들어, 하나 또는 여러 개의 합성곱 층을 이용하여 입력 이미지를 읽는다. 인코더의 마지막 층은 이미지 임베딩이다. 그런 다음 임베딩 층 위에 두 개의 다른 하위 네트워크를 추가한다. 1) 하나는 임베딩 벡터를 입력으로 받아서 객체의 좌표를 예측하고, 2) 다른 하나는 임베딩 벡터를 입력으로 받아서 태그를 예측한다.

첫 번째 서브 네트워크의 마지막 층은 **ReLU(정류 선형 단위)**인데 이는 좌표와 같은 양의 실숫값을 예측하는 데 유용하다. 또한, 이 서브 네트워크는 평균제곱오차 비용mean squared error cost C_1을 사용한다. 두 번째 서브 네트워크는 동일한 임베딩 벡터를 입력으로 받아서 각 태그의 확률을 예측한다.

마지막 층은 소프트맥스인데 이는 **다중 클래스 분류**multiclass classification에 적합하다. 그리고, 평균 **음의 로그 가능도 비용**negative log-likelihood cost C_2(교차 엔트로피 비용이라고도 함)를 사용한다. 좌표는 [0, 1] 범위에 있을 수 있고(이 경우 좌표를 예측하는 층에는 4개의 로지스틱 시그모이드 출력이 있고 4개의 **이진 교차 엔트로피** 비용함수를 평균 낸다), 반면에 태그를 예측하는 층은 **다중 레이블 분류** 문제(이 경우에도 여러 시그모이드 출력이 있고 태그당 하나씩 여러 이진 **교차 엔트로피** 비용을 평균 낸다)를 풀 수도 있다

당연히, 좌표와 태그 모두를 정확히 예측하고 싶겠지만, 한 번에 두 가지 비용함수를 모두 최적화하는 것은 불가능하다. 하나를 개선하려고 하면 다른 하나는 나빠질 위험이 있으며 그 반대의 경우도 마찬가지다. 이러한 경우에는 (0, 1) 범위에 있는 다른 초매개변수 γ를 추가하고 결합된 비용함수를 $\gamma \times C_1 + (1 - \gamma) \times C_2$로 정의한다. 그런 다음 다른 초매개변수와 마찬가지로 검증 데이터를 이용해서 γ값을 조정한다.

6.1.10 전이 학습

전이 학습transfer learning은 사전학습된 모델을 이용해서 새로운 모델을 구축하는 것이다. 일반적으로 사전학습된 모델은 대규모 조직에서나 사용할 수 있는 빅데이터로 만들어지므로, 그와 같은 빅데이터를 사용할 수 없는 과제에서는 이처럼 사전학습된 모델에서 학습한 매개변수가 유용하다.

사전 훈련된 모델은 다음과 같이 두 가지 방법으로 사용할 수 있다.

1) 학습된 매개변수를 사용하여 새로운 모델을 초기화한다.
2) 새로운 모델의 특징 추출기로 사용한다.

사전학습된 모델을 초기 값으로 사용

논의한 바와 같이, 매개변수 초기화 전략의 선택은 학습된 모델의 특성에 영향을 미친다. 일반적으로 사전학습된 모델은 인터넷에서 구한 것이든 사용자가 훈련한 것이든 상관없이 원래의 학습 문제를 해결하는 데 좋은 성능을 발휘한다.

현재 다루고 있는 문제가 사전학습된 모델로 해결한 문제와 유사하다면, 해당 문제에 대한 최적의 매개변수는 사전학습된 매개변수와 크게 다르지 않을 가능성이 높은데, 특히 입력에 가까운 모델 앞단의 신경망층 부분은 더욱 그렇다.

경사 하강법은 좋은 값을 찾을 가능성이 높은 더 작은 영역에서 최적의 매개변숫값을 검색하기 때문에 문제를 좀 더 빨리 학습할 수 있다.

사전학습된 모델이 훨씬 큰 훈련 데이터 세트를 사용하여 구축되었다면, 좋은 값이 있을 가능성이 높은 영역을 검색함으로써 일반화 성능이 좀 더 좋은 모델을 얻을 수 있다. 실제로 구축하려고 하는 모델의 일부 기능이 훈련 견본에 반영되지 않은 경우에도 이 기능을 사전학습된 모델에서 '상속'할 수도 있다.

사전학습된 모델을 특징 추출기로 사용

사전학습된 모델을 초기 값으로 사용하면 더 많은 유연성을 제공할 수 있다. 경사 하강을 통해 모든 층의 매개변수를 수정하면서 점진적으로 문제에 대해 더 나은 성능에 도달할 수 있다. 하지만 종종 매우 깊은 신경망을 훈련하게 된다는 단점이 있다.

일부 사전학습된 모델에는 수백 개의 층과 수백만 개의 매개변수가 있다. 이와 같은 대규모 네트워크를 훈련시키는 것은 어렵고, 상당한 양의 계산 자원이 필요한 일이다. 또한, 은닉층이 두 개인 간단한 경우보다 심층 신경망에서는 기울기 소실vanishing gradient 문제가 더 심각하다.

계산 자원이 제한된 경우 사전학습된 모델의 일부 층을 모델의 **특징 추출기**로 사용하는 것이 좋다. 실제로 입력층을 포함해서 사전학습된 모델의 앞단에 가까운 여러 층만 사용하는데, 해당 층의 매개변수는 변경되지 않도록 '고정'시킨다. 그런 다음 작업에 적합한 출력층을 포함하여 고정된 층 위에 새로운 층을 추가한다. 새로운 작업에 대한 데이터로 학습을 하면서 새롭게 추가된 층의 매개변수만 경사 하강법을 통해 업데이트한다.

그림 6.4는 이러한 과정을 도식적으로 보여준다. 주황색 신경망은 사전훈련된 모델이다. 주황색 층의 일부는 매개변수를 고정해 놓고 새 모델에서 재사용한다. 회색 레이어는 분석가가 추가하고 당면한 문제에 맞게 조정한다.

분석가는 새로운 네트워크의 전체 주황색 부분의 매개변수를 고정하고, 회색 부분의 매개변수만 훈련할 수 있다. 또는 가장 오른쪽에 있는 주황색 층 몇 개만 훈련 가능하도록 설정할 수도 있다.

새 모델에 사용할 사전학습된 모델의 층은 몇 개인가? 몇 개의 층을 고정할 것인가? 이는 분석가가 결정할 사항으로, 문제에 가장 적합한 아키텍처 결정의 일부에 해당한다.

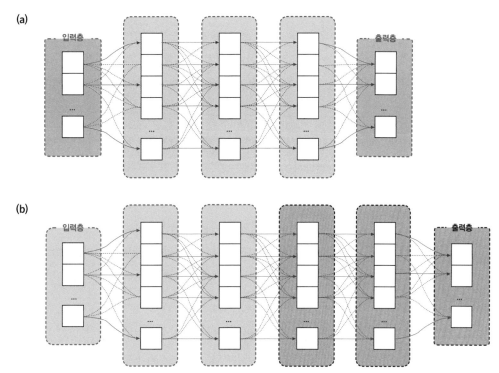

그림 6.4 전이 학습의 예: (a) 사전학습된 모델, (b) 사전학습된 모델의 왼쪽 부분을 사용하고 문제에 맞게 조정한 다른 출력층을 포함하여 새로운 층을 추가한 모델

6.2 모델 쌓기

앙상블 학습ensemble learning은 개별적으로는 성능이 떨어지는 여러 **기본 모델**base model의 조합으로 구성된 앙상블 모델을 훈련하는 것이다.

6.2.1 앙상블 학습 유형

앙상블 학습 알고리즘에는 **랜덤 포레스트 학습**random forest learning과 그래디언트 부스팅gradient boosting이 있다. 이런 알고리즘은 수백 개에서 수천 개의 약한 모델의 앙상블을 훈련해서 각각의 약한 모델의 성능보다 훨씬 더 나은 성능을 가진 **강력한 모델**strong model을 얻을 수 있다. 여기서는 이러한 알고리즘에 대해 설명하지 않는다. 이에 대해서 좀 더 알아보고 싶다면 좀 더 깊이 있는 내용을 다루는 머신러닝 책에서 쉽게 찾아볼 수 있다.[7]

여러 모델을 결합했을 때 더 나은 성능을 얻을 수 있는 이유는 상관관계가 없는 여러 모델의 결과가 동일할 때 그것이 올바른 결과일 가능성이 더 높기 때문이다. 여기서 핵심 단어는 '상관관계 없는uncorrelated'이다. 이상적으로는 기본 모델이 서로 다른 특징을 통해 얻은 것이거나 서포트 벡터 머신과 랜덤 포레스트처럼 다른 특성을 가져야 한다. 서로 다른 버전의 의사 결정 트리 학습 알고리즘이나 서로 다른 초매개변수를 가진 여러 서포트 벡터 머신을 결합하면 성능이 크게 향상되지 않을 수도 있다.

앙상블 학습의 목표는 각 기본 모델의 장점을 결합하는 방법을 배우는 것이다. 서로 약한 상관관계를 가진 모델을 앙상블 모델로 결합하는 방법에는 1) 평균화, 2) 다수결, 3) 모델 쌓기 등의 세 가지가 있다.

평균화averaging는 회귀뿐만 아니라 분류 점수를 반환하는 분류 모델에도 적용된다. 모든 기본 모델을 입력 x에 적용한 다음, 예측의 평균을 구한다. 평균화된 모델이 각 개별 알고리즘보다 더 잘 작동하는지 확인하려면 선택한 지표로 검증 세트에서 테스트해 보면 된다.

다수결majority vote은 분류 모델에 적용된다. 입력 x에 모든 기본 모델을 적용한 다음, 모든 예측 중에서 다수를 차지하는 클래스를 반환한다. 동점인 경우 클래스 중 하나를 랜덤하게 선택하거나 만약 잘못된 분류가 비즈니스에 심각한 손실을 끼친다면 오류 메시지를 반환하도록 한다.

모델 쌓기stacking는 다른 강력한 모델의 출력을 입력하여 더 강력한 모델을 훈련하는 앙상블 학습 방법이다. 모델 쌓기에 대해서 좀 더 자세히 살펴본다.

6.2.2 모델 쌓기 알고리즘

동일한 클래스 집합을 예측하는 분류기 f_1, f_2, f_3을 결합한다고 할 때, 원본 훈련 견본 (x_i, y_i)으로 쌓은 모델stacked model에 대한 합성 훈련 견본 $(\hat{x}_i, \hat{y}_i)$를 생성하려면 $\hat{x}_i \leftarrow [f_1(x), f_2(x), f_3(x)]$과 $\hat{y}_i \leftarrow y_i$로 설정한다. 이것은 그림 6.5에 설명되어 있다.

일부 기본 모델이 클래스와 클래스 점수를 반환하는 경우, 해당 클래스 점수를 쌓은 모델의 추가

---

7   《The Hundred-Page Machine Learning Book》의 7장에 앙상블 학습 알고리즘 관련 내용이 있다.

적인 입력 특징으로 사용할 수 있다.

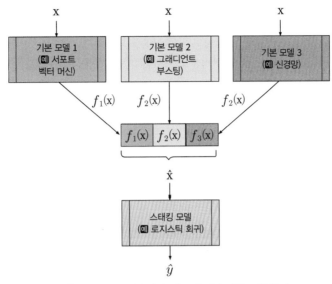

그림 6.5 **약한 상관관계가 있는 세 가지 강한 모델 쌓기**

쌓은 모델을 훈련하려면 합성 견본을 사용하고 교차 검증을 통해 쌓은 모델의 초매개변수를 조정한다. 쌓은 모델이 검증 세트에서 각 기본 모델보다 더 나은 성능을 보이는지 확인한다.

다른 머신러닝 알고리즘과 모델을 사용하지 않고 원본 훈련 세트의 견본과 특징을 랜덤하게 샘플링해서 약한 상관관계가 있는 일부 기본 모델을 훈련할 수 있다. 또한, 동일한 학습 알고리즘을 전혀 다른 초매개변숫값으로 훈련하면 상관관계가 거의 없는 모델을 생성할 수 있다.

6.2.3 모델을 쌓을 때 데이터 누출

데이터 누출을 방지하려면 쌓은 모델을 훈련할 때 주의해야 한다. 쌓은 모델에 대한 합성 훈련 세트를 생성하려면 교차 검증과 유사한 프로세스를 따르도록 한다. 먼저 모든 훈련 데이터를 10개 이상의 블록으로 분할한다. 블록이 많을수록 더 좋지만 모델 학습이 느려지므로 주의한다.

한 블록을 훈련 데이터에서 일시적으로 제외하고 나머지 블록으로 기본 모델을 훈련한다. 그런 다음, 제외된 블록의 견본에 기본 모델을 적용한다. 이렇게 얻은 기본 모델의 예측을 사용하여 제외된 블록에 대한 합성 훈련 견본을 만든다.

나머지 블록 각각에 대해 동일한 과정을 반복하면 쌓은 모델에 대한 훈련 세트가 완성된다. 새로운 합성 훈련 세트는 원본 훈련 세트와 크기가 같다.

6.3 분포 이동 처리

홀드아웃 데이터는 실제 운영 환경에서의 데이터와 유사해야 한다. 그러나 때로는 운영 환경 데이터는 충분히 확보할 수 없고, 운영 환경에서의 데이터와 유사하지만 정확히 동일하지는 않은 레이블링된 데이터는 쉽게 구할 수 있다. 예를 들어, 인스타그램instagram 사진에 대한 분류기를 훈련하려고 할 때, 레이블링된 웹 크롤링한 이미지는 많이 있지만 정작 레이블링된 훈련용 인스타그램 사진은 충분하지 않을 수 있다. 이런 경우에는 웹 크롤링 데이터를 사용하여 모델을 훈련한 다음, 해당 모델을 사용하여 인스타그램 사진을 분류할 수 있다.

6.3.1 분포 이동 유형

훈련 데이터와 테스트 데이터의 분포가 동일하지 않을 때 이를 **분포 이동**distribution shift이라고 한다. 분포 이동은 아직도 해결되지 않은open 연구 영역이다. 연구자들은 분포 이동을 다음과 같은 세 가지 유형으로 구분한다.

- **공변량 이동**covariate shift ─ 특징값의 이동
- **사전 확률 이동**prior probability shift ─ 목푯값의 이동
- **개념 이동**concept drift ─ 특징과 레이블 간의 관계 변화

데이터가 분포 이동의 영향을 받았다는 것은 알 수 있지만, 일반적으로 그것이 어떤 유형의 분포 이동인지는 알 수 없다.

훈련 세트의 크기에 비해서 테스트 세트의 견본 수가 상대적으로 많다면, 테스트 견본의 일정 부분을 랜덤하게 선택해서 일부는 훈련 세트로, 일부는 검증 세트로 사용할 수 있다. 그런 다음 평소와 같이 모델을 훈련한다. 그러나 보통은 훈련 견본이 매우 많고 테스트 견본은 상대적으로 적은데, 이런 경우에 보다 효과적인 접근 방식은 **적대적 검증**adversarial validation을 사용하는 것이다.

6.3.2 적대적 검증

다음과 같이 적대적 검증을 준비한다. 훈련 견본과 테스트 견본의 특징 벡터에 동일한 수의 특징이 있고, 해당 특징은 동일한 정보를 담고 있다고 가정한다. 원본 훈련 세트를 훈련 세트 1과 훈련 세트 2의 두 개의 부분 집합으로 나눈다.

훈련 세트 1의 각 견본에 원본 레이블을 별도의 특징additional feature으로 추가한 다음 해당 견본에

새로운 레이블 '훈련'을 할당해서 수정된 훈련 세트 1을 만든다.

테스트 세트의 각 견본에 원본 레이블을 별도의 특징으로 추가한 다음, 해당 견본에 새로운 레이블 '테스트'를 할당해서 수정된 테스트 세트를 만든다.

수정된 훈련 세트 1과 수정된 테스트 세트를 병합하여 새로운 합성 훈련 세트를 만들고, 이를 '훈련' 견본과 '테스트' 견본을 구분하는 이진 분류 문제binary classification problem를 해결하는 데 사용한다. 해당 합성 훈련 세트를 사용하여 예측 점수를 반환하는 이진 분류기를 훈련한다.

원본 견본이 주어졌을 때 훈련한 이진 분류기가 훈련 견본인지 또는 테스트 견본인지를 예측한다. 이러한 이진 분류기를 훈련 세트 2의 견본에 적용한다. 즉, 이진 모델이 가장 확실하게 '테스트'로 예측하는 견본을 원래 문제에 대한 검증 데이터로 사용한다.

이제 이진 모델이 가장 확실하게 '훈련'으로 예측한 견본을 훈련 세트 1에서 제거한다. 그런 다음 훈련 세트 1의 나머지 견본을 원래 문제에 대한 훈련 데이터로 사용한다.

원래 훈련 세트를 훈련 세트 1과 훈련 세트 2로 분할하는 가장 좋은 방법이 무엇인지는 실험을 통해서 알아내야 한다. 또한, 훈련 세트 1에서 훈련에 사용할 견본 수와 검증에 사용할 견본 수 역시 찾아내야 한다.

6.4 불균형 데이터 세트 처리

3장의 3.9절에서 오버샘플링과 언더샘플링, 합성 데이터 생성과 같은 불균형 데이터 세트를 처리하는 몇 가지 기술을 살펴보았다.

이번 절에서는 데이터 수집과 준비 단계가 아닌 학습 중에 적용하는 추가 기술을 살펴본다.

6.4.1 클래스 가중치

서포트 벡터 머신, 의사 결정 트리decision trees, **랜덤 포레스트**와 같은 일부 알고리즘과 모델의 경우 일반적으로 데이터 분석가가 제공하는 각 클래스에 대한 가중치를 비용함수의 손실loss에 곱한다. 예를 들어, 데이터 분석가는 소수 클래스에 더 큰 가중치를 할당하는데, 이렇게 하면 학습 알고리즘이 소수 클래스의 견본을 무시하기가 더 어려워진다. 왜냐하면 클래스 가중치가 없는 경우보다 전체 비용에서 차지하는 비중이 커지기 때문이다.

서포트 벡터 머신에서는 어떻게 작동하는지 살펴보도록 하자. 살펴볼 문제는 진짜 전자상거래와 사기 전자상거래를 구별하는 것인데, 일반적으로 진짜 거래의 예가 훨씬 더 많다. SVM을 **소프트 마진**soft margine과 함께 사용하는 경우, 잘못 분류된 견본에 대한 비용을 정의할 수 있다. SVM 알고리즘은 잘못 분류된 견본의 수를 줄이는 방향으로 초평면을 이동한다. 만약 두 클래스에 대한 오분류misclassification 비용이 동일하다면 다수가 속하는 클래스를 올바르게 분류할 수 있도록 하면서 소수의 '사기' 사례가 오분류될 위험이 있다. 이 상황은 그림 6.6a에 설명되어 있다. 이 문제는 불균형 데이터 세트에 적용되는 대부분의 학습 알고리즘에서 나타나는 현상이다.

소수 클래스 견본에 대한 오분류 손실을 더 높게 설정하면, 모델이 이러한 견본의 오분류를 피하기 위해 더 노력할 것이다. 그러나 이것은 그림 6.6b에 설명하는 바와 같이 일부 다수 클래스 견본에 대한 오분류 비용을 유발한다.

6.4.2 다시 샘플링한 데이터 세트 앙상블

앙상블 학습은 클래스 불균형 문제class imbalance problem를 완화하는 또 다른 방법이다. 분석가는 랜덤하게 나눈 견본의 H개의 부분 집합으로 H개의 훈련 세트를 만들고, 각각의 훈련 세트로 모델을 훈련한 후 H개 모델의 출력을 평균(또는 다수를 택함) 내서 예측을 한다.

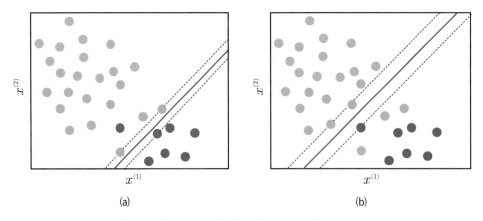

그림 6.6 불균형 문제의 도식적 예. (a) 두 클래스의 가중치가 동일한 예, (b) 소수 클래스의 가중치가 더 높은 예

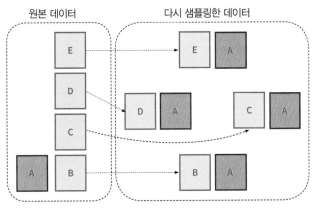

원본 데이터 　　　　　　　　　다시 샘플링한 데이터

그림 6.7 다시 샘플링한 데이터 세트의 앙상블

그림 6.7은 H = 4에 대한 예를 보여준다. 여기서는 다수 클래스의 견본을 4개의 부분 집합으로 묶어서 불균형 이진 학습 문제를 4개의 균형 문제로 변환했다. 이때 소수 클래스의 견본은 전체적으로 네 번 복사된다.

이 접근 방식은 간단하고 다른 CPU 코어나 클러스터 노드ᴄluster nodes에서 모델을 훈련하고 실행하도록 확장할 수 있다. 또한, 앙상블 모델은 앙상블을 구성하는 각 개별 모델보다 더 나은 예측을 할 수 있다.

6.4.3 기타 기술

확률적 경사 하강법의 경우, 여러 가지 방법으로 클래스 불균형 문제에 대응할 수 있다. 첫째, 클래스마다 다른 학습률을 할당한다. 다수 클래스 견본에 대해서는 더 낮은 값을, 그렇지 않으면 더 높은 값을 할당한다. 둘째, 소수 클래스 견본에 대해서 계산할 때마다 모델 매개변수를 여러 번 연속적으로 업데이트한다.

불균형 학습 문제의 경우, 이전 장의 5.5.2절에서 고려한 **클래스별 정확도**와 **코헨의 카파 통계** 같은 성능 지표를 통해 모델의 성능을 측정한다.

6.5 　모델 교정

때로는 분류 모델이 예측한 클래스뿐만 아니라 예측한 클래스가 얼마나 정확한지를 나타내는 확률을 함께 반환하는 것이 중요하다. 이때 한 가지 주의할 것은 일부 모델이 예측한 클래스와 함께

점수를 반환하기도 하는데, 점수 값의 범위가 0과 1이더라도 이 값이 항상 확률값을 나타내지 않을 수도 있다는 것이다.

6.5.1 잘 교정된 모델

어떤 모델이 입력 견본 x와 예측한 레이블 ŷ에 대해서, x가 클래스 ŷ에 속할 확률로 해석할 수 있는 점수를 함께 반환할 때 해당 모델이 **잘 교정되었다**well-calibrated고 한다.

예를 들어, 잘 교정된 이진 분류기는 대략 견본의 80%가 양성 클래스에 속하는 경우 0.8점을 출력한다.

그림 6.8의 **교정도**calibration plots에서 볼 수 있듯이[8] 대부분의 머신러닝 알고리즘은 잘 교정되지 않은 모델을 훈련한다.

이진 모델에 대한 교정도를 사용하면 모델이 얼마나 잘 교정되었는지 확인할 수 있다. X축은 예측 점수를 기준으로 견본을 그룹화하는 빈bins을 나타낸다. 예를 들어, 10개의 빈이 있는 경우 가장 왼쪽의 빈은 예측 점수가 [0, 0.1) 범위에 있는 모든 견본을 그룹화하는 반면 가장 오른쪽 빈은 예측 점수가 [0.9, 1.0] 범위에 있는 모든 견본을 그룹화한다. Y축은 각 빈에 속하는 양성 견본의 비율을 나타낸다.

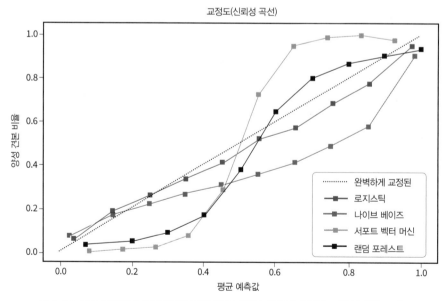

그림 6.8 여러 머신러닝 알고리즘을 랜덤 이진 데이터 세트로 훈련한 모델에 대한 교정도

---

8   그래프는 https://scikit-learn.org/stable/modules/calibration.html에서 인용했다.

다중 클래스 분류의 경우 **하나 대 다수**one-versus-rest 방식[9]으로 클래스당 하나의 교정도를 얻을 수 있다. 하나 대 다수는 다중 클래스 분류 문제를 해결하기 위해 이진 분류 학습 알고리즘으로 변환하는 일반적인 전략이다. 이 아이디어는 다중 클래스 문제를 C개의 이진 분류 문제로 변환하고 C개의 이진 분류기를 만드는 것이다. 예를 들어, 세 개의 클래스 $y \in \{1, 2, 3\}$가 있는 경우 세 개의 원본 데이터 세트 사본을 만들고 다음과 같이 수정한다. 첫 번째 복사본에서는 1이 아닌 모든 레이블을 0으로 바꾼다. 두 번째 복사본에서는 2가 아닌 모든 레이블을 0으로 바꾼다. 세 번째 복사본에서는 3이 아닌 모든 레이블을 0으로 바꾼다. 이제 레이블 1과 0, 2와 0, 3과 0을 구분하는 방법을 배우는 세 가지 이진 분류 문제가 된다. 이때, 세 가지 이진 분류 문제 각각에서 레이블 0은 '하나 대 다수'의 '다수'를 나타낸다.

모델이 잘 교정되면 교정도가 대각선을 중심으로 진동한다(그림 6.8에서 점선으로 표시됨). 교정도가 대각선에 가까울수록 모델이 좀 더 잘 교정된다. 로지스틱 회귀 모델은 양성 클래스의 실제 확률을 반환하기 때문에 교정도가 대각선에 가장 가깝다. 모델이 제대로 교정되지 않은 경우에는 일반적으로 **서포트 벡터** 머신과 랜덤 포레스트 모델에 표시된 것처럼 교정도가 시그모이드 모양을 갖는다.

6.5.2 교정 기술

이진 모델을 교정하는 데 자주 사용하는 두 가지 기술로 **플래트 스케일링**platt scaling과 **등장성 회귀**isotonic regression가 있는데, 두 가지 기술은 유사한 원칙을 따른다.

모델 f를 교정할 때, 교정을 위해 특별히 따로 설정된 홀드아웃 데이터 세트가 필요하다. 이때, 과적합을 방지하기 위해 훈련 데이터나 검증 데이터는 교정에 사용할 수 없다. 교정 데이터 세트의 크기를 M이라 하고, 모델 f를 각 견본 $i(i = 1, \ldots, M)$에 적용해서 견본 i에 대한 예측 f_i를 구한다. 각 견본이 (f_i, y_i)쌍인 새 데이터 세트 Z를 만드는데, 여기서, y_i는 견본 i의 실제 레이블이고 레이블은 $\{0, 1\}$ 집합에 있는 값을 갖는다.

플래트 스케일링과 등장성 회귀의 유일한 차이점은 전자는 데이터 세트 Z를 사용하여 로지스틱 회귀 모델을 만들고, 후자는 Z의 등장성 회귀, 즉 가능한 한 견본에 가까운 비감소 함수non-decreasing function를 만든다는 것이다. 플래트 스케일링과 등장성 회귀를 사용하여 얻은 교정 모델calibration model z가 있으면 입력 x에 대한 교정된 확률 $z(f(x))$를 예측할 수 있다.

---

9   올긴이 One-versus-all이라고도 한다.

주어진 문제에 대해서 교정된 모델이 더 나은 품질의 예측을 할 수도 있고, 그렇지 않을 수도 있다. 이는 선택한 모델 성능 지표에 따라 다르다.

실험에 따르면[10] 플래트 스케일링은 예측 확률의 왜곡이 시그모이드 모양일 때 가장 효과적이다. 등장성 회귀는 더 넓은 범위의 왜곡을 수정할 수 있지만 단점도 있다. 분석에 따르면 등장성 회귀는 과적합이 발생하기 쉬우므로 데이터가 부족할 때는 플래트 스케일링보다 성능이 떨어진다.

또한, 8개의 분류 문제에 대한 실험을 통해서, 교정 전에 잘 교정된 확률을 예측하는 가장 좋은 학습 방법은 랜덤 포레스트, 신경망, 배깅 의사 결정 트리bagged decision tree이지만 교정 후에 가장 좋은 방법은 부스팅된 트리, 랜덤 포레스트, 서포트 벡터 머신이라는 것이 밝혀졌다.

6.6 문제 해결 및 오류 분석

머신러닝 파이프라인에 대한 문제 해결은 어렵다. 모델의 성능 저하가 코드 버그 때문인지, 훈련 데이터, 학습 알고리즘이나 파이프라인 설계 방식에 문제가 있어서인지 구별하기가 어렵다. 또한, 동일한 성능 저하에 대한 여러 가지 원인이 있을 수도 있다. 학습의 결과는 초매개변수나 데이터 세트 구성의 작은 변화에도 민감하다.

이러한 어려움으로 인해 일반적으로 모델 학습은 분석가가 모델을 훈련하고, 동작을 관찰하고, 관찰을 통해 조절하는 반복적인 과정이 된다.

6.6.1 모델의 성능이 떨어지는 이유

훈련 데이터에 대한 모델 성능이 떨어지는(과소적합) 일반적인 이유는 다음과 같다.

- 모델 아키텍처나 학습 알고리즘의 표현력이 충분하지 않다(좀 더 고급 학습 알고리즘, 앙상블 방법, 심층 신경망 시도).
- 정규화를 너무 많이 하고 있다(정규화를 줄임).
- 최적이 아닌 초매개변수를 선택했다(초매개변수 조정).
- 설계한 특징의 예측력이 충분하지 않다(좀 더 유용한 특징 추가).

---

10 〈Predicting Good Probabilities With Supervised Learning〉(Alexandru Niculescu-Mizil, Rich Caruana, Proceedings of the 22nd International Conference on Machine Learning, Bonn, Germany, 2005)

- 모델을 일반화하는 데 필요한 데이터가 충분하지 않다(더 많은 데이터 확보, **데이터 증강**이나 **전이 학습** 사용).
- 코드에 버그가 있다(모델을 정의하고 훈련하는 코드 디버깅).

모델이 훈련 데이터에 대해서는 잘 작동하지만, 홀드아웃 데이터에서는 성능이 떨어지는 경우(훈련 데이터에 과적합)의 일반적인 이유는 다음과 같다.

- 일반화를 위한 데이터가 충분하지 않다(데이터를 추가하거나 데이터 증강을 사용).
- 모델이 충분히 정규화되지 않았다(정규화 추가, 신경망의 경우 정규화와 **배치 정규화** 추가).
- 훈련 데이터 분포가 홀드아웃 데이터 분포와 다르다(**분포 이동**을 줄임).
- 최적이 아닌 초매개변숫값을 선택했다(초매개변수 조정).
- 특징의 예측력이 낮다(예측력이 높은 특징 추가).

6.6.2 반복적 모델 개선

레이블링된 새로운 데이터를 사용할 수 있는 경우(예를 들어, 직접 견본에 레이블링을 하거나 레이블러에게 도움을 요청할 수 있음) 간단한 반복 과정iterative process을 통해 모델을 개선할 수 있다.

1) 지금까지 확인된 초매개변수의 최적값을 사용하여 모델을 훈련한다.
2) 검증 세트의 작은 부분집합(100~300개 견본)을 통해 모델을 테스트한다.
3) 위에서 사용한 작은 검증 세트에서 가장 빈번한 오류 패턴을 찾아본다. 모델이 이러한 작은 검증 세트에 속하는 견본에 과적합되므로 이 견본을 검증 세트에서 제거한다.
4) 새로운 특징을 생성하거나 더 많은 훈련 데이터를 추가하여 관찰된 오류 패턴을 수정한다.
5) 빈번한 오류 패턴이 관찰되지 않을 때까지 반복한다(대부분의 오류는 서로 다르게 보임).

반복 모델 개선은 **오류 분석**error analysis의 단순화된 버전이다. 보다 원칙적인 접근 방식은 아래에서 설명한다.

6.6.3 오류 분석

오류는 다음과 같다.

- 균일하고 모든 사용 사례에서 동일한 비율로 나타난다.
- 집중적이고 특정한 유형의 사용 사례에서 더 자주 나타난다.

특정한 패턴을 보이는 **집중된 오류**focused error는 특별한 주의가 필요한 오류인데, 오류 패턴을 수정함으로써 여러 견본에 대한 오류를 한 번에 수정할 수 있다. 일반적으로 집중된 오류나 오류 추세는 학습 데이터가 반영하지 못한 일부 사용 사례에서 주로 발생한다. 예를 들어, 주요 웹 카메라 제공 업체에서 개발한 얼굴 인식 시스템은 흑인 사용자보다 백인 사용자에 대해서 좀 더 효과적이다. 또 다른 예로, 야간 투시경 시스템night vision system이 장착된 감지 시스템은 야간보다 낮에 더잘 작동하는데, 이는 훈련 데이터에 야간 훈련 견본의 비중이 낮기 때문이다.

균일하게 발생하는 오류를 완전히 없앨 수는 없지만 집중된 오류는 모델을 운영 환경에 배포하기 전에 찾아내야 한다. 이를 위해 테스트 견본을 군집화하고 서로 다른 군집에서 추출한 견본으로 모델을 테스트한다. 운영 환경(온라인)의 데이터 분포는 모델 훈련/배포 전 테스트에 사용하는 오프라인 데이터 분포와 크게 다를 수 있다. 따라서, 테스트 견본을 군집화했을 때 오프라인 데이터가 거의 없는 군집이 온라인 시나리오에서는 훨씬 더 빈번하게 발생하는 사용 사례에 해당할 수도 있다.

4장의 4.8절에서 차원 축소를 위한 몇 가지 기술을 논의했다. 오류 추세를 파악하기 위해 군집화 외에도 **균일 매니폴드 근사 투영**Uniform Manifold Approximation and Projection, UMAP이나 **오토인코더**를 사용할 수 있다. 이러한 기술을 이용하여 데이터의 차원을 2차원으로 줄인 다음 데이터 세트의 오류 분포를 시각적으로 검사할 수 있다.

보다 구체적으로, 서로 다른 클래스의 견본마다 서로 다른 색상을 할당해서 2차원 산점도에서 데이터를 시각화할 수 있다. 산점도에서 오류 추세를 발견하려면 모델의 예측이 올바른지 여부에 따라 다른 마커를 사용한다. 예를 들어, 레이블을 올바르게 예측한 견본은 원으로 나타내고 그렇지 않으면 사각형으로 나타낸다. 이렇게 하면 모델 성능이 좋지 않은 영역을 쉽게 찾아볼 수 있다. 이미지나 텍스트와 같은 지각 데이터perceptive data로 작업하는 경우, 성능이 좋지 않은 영역에 있는 몇 가지 견본을 시각적으로 검사하는 것도 도움이 된다.

홀드아웃 데이터에 대한 모델의 성능에 관계없이 항상 개별 오류 분석을 통해 모델을 개선할 수 있다. 논의한 바와 같이, 가장 좋은 방법은 한 번에 100~300개 정도의 견본에 대해서 반복적으로 작업하는 것이다. 한 번에 적은 수의 견본을 고려함으로써, 반복할 때마다 모델을 재학습하여 빠르게 반복할 수 있지만, 분명한 패턴을 파악하려면 충분한 크기의 견본을 고려해야 한다.

오류 패턴을 수정하는 데 시간을 할애할 가치가 있는지는 어떻게 결정해야 할까? **오류 패턴 빈도**error pattern frequency에 따라 이러한 결정을 내릴 수 있다. 어떻게 작동하는지 한번 살펴보자.

모델의 정확도가 80%라고 하면, 이는 오류율 20%에 해당한다. 따라서, 모든 오류 패턴을 수정하면 모델 성능을 최대 20% 포인트까지 향상시킬 수 있다. 작은 오류 분석 배치의 크기가 300개인 견본의 경우, 모델에서 평균적으로 0.2 × 300 = 60개의 오류가 발생한다.

오류를 하나씩 관찰하면서 입력의 어떤 특성으로 인해 60개의 견본을 잘못 분류하게 되었는지에 대한 아이디어를 찾아본다. 좀 더 구체적으로, 거리의 보행자를 감지하는 분류 문제에서 300개의 이미지 중 60개의 이미지에서 모델이 보행자를 감지하지 못했다고 가정해 보자. 정밀 분석을 통해 다음과 같은 두 가지 패턴을 발견했다. 1) 40개의 견본은 이미지가 흐릿한 경우이고, 2) 5개의 견본은 야간에 찍은 사진이다. 이제 이러한 두 가지 문제를 모두 해결하는 데 시간을 투자해야 할까?

흐릿한 이미지 문제를 해결하는 경우(예를 들어, 훈련 데이터에 레이블링된 흐릿한 이미지를 더 추가) (40/60) × 20 = 13% 포인트의 오류 감소를 기대해 볼 수 있다. 최상의 시나리오에서 흐릿한 이미지 오분류 문제를 해결한 후 오류는 20 - 13 = 7%가 되어 초기의 20%에서 크게 감소한다.

반면에 야간 이미지 문제를 해결하면 오류를 5/60 × 20 = 1.7%p 줄일 수 있다. 따라서 최상의 시나리오에서 모델은 20 - 1.7 = 18.3% 오류를 범하게 되는데, 이 수치는 일부 문제에서는 중요하지만 다른 문제에서는 중요하지 않을 수도 있다. 이 문제의 경우, 레이블링된 야간 이미지를 추가로 수집하는 데 드는 비용이 상당할 수 있으며 따라서 그만한 가치가 없을 수도 있다.

오류 패턴을 수정하기 위해 다음 기술 중 하나를 사용하거나 또는 조합해서 사용할 수 있다.

- 입력 전처리(예를 들어, 이미지 배경 제거, 텍스트 맞춤법 수정)
- 데이터 증강(예를 들어, 이미지 흐림 또는 자르기)
- 좀 더 많은 레이블링된 훈련 견본 확보
- 학습 알고리즘이 '어려운' 사례를 구별할 수 있도록 새로운 특징 설계

6.6.4 복잡한 시스템의 오류 분석

다음과 같이 세 개의 연결된 모델로 구성된 복잡한 문서 분류 시스템document classification system을 개발한다고 가정해보자.

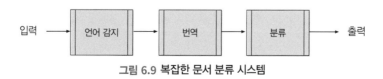

그림 6.9 복잡한 문서 분류 시스템

전체 시스템의 정확도 목표를 73%로 설정하는데, 이 목표 수치는 이진 분류의 경우에는 그리 높다고 할 수 없지만, 수천 개의 클래스에 대한 분류 모델(그림 6.9의 맨 오른쪽 블록)의 경우에는 그리 낮다고 할 수는 없다. 그러나 일부 비즈니스 사례의 경우 사용자가 인간과 동등하거나 심지어 인간을 뛰어넘는 성능을 기대할 수도 있다.

현재 구축한 문서 분류 시스템에 대해서 비즈니스 전문가가 73% 이상의 성능을 기대한다면, 추가 노력을 통해 최고의 성과를 달성하기 위해 먼저 시스템의 어느 부분을 개선해야 할지를 결정해야 한다.

그림 6.9의 문제에서와 같이 어떤 결정이 몇 가지 단계별로 이루어지고, 이러한 결정이 서로 독립적일 때 정확도가 배가된다. 예를 들어, 언어 예측기의 정확도가 95%, 기계 번역 모델의 정확도[11]가 90%, 분류기의 정확도가 85%인 경우 세 모델이 독립적일 경우 세 단계로 구성된 전체 시스템의 정확도는 $0.95 \times 0.90 \times 0.85 = 0.73$(73%)가 된다. 언뜻 보기에는 세 번째 모델인 분류기의 정확도를 최대로 높이면 전체 시스템의 정확도를 가장 크게 개선할 수 있을 것처럼 보인다. 그러나 실제로는 특정 모델에서 발생한 일부 오류가 시스템의 전체 성능에 큰 영향을 미치지 않을 수도 있다. 예를 들어, 언어 예측기가 스페인어와 포르투갈어를 자주 혼동하더라도 기계 번역 모델은 분류기 모델의 정확도가 높은 적절한 번역을 생성할 수 있다.

세 번째 단계인 분류기의 성능을 검토해 보고, 분류기 모델의 성능 개선의 여지가 별로 없다는 결론이 내려지면 이제 더 이상 분류기를 살펴보는 것은 의미가 없다. 이제 3단계 문서 분류 시스템의 전체 품질을 높이기 위해서 다른 두 모델, 즉 언어 탐지기와 기계 번역기 중 어느 것을 개선해야 할까?

전체 시스템의 잠재적 상한선을 결정하는 한 가지 방법은 **부분별 오류 분석**error analysis by parts을 수행하는 것이다. 한 모델의 예측을 인간이 제공한 완벽한 레이블로 대체한 다음, 전체 시스템의 성능을 측정한다. 예를 들어, 그림 6.9의 2단계에서 기계 번역 시스템 대신 전문 번역가에게 예측한 언어의 텍스트를 번역하도록 요청하거나(언어의 예측이 올바른 경우) 원본 텍스트를 그대로 사용할 수 있다(언어 예측이 잘못된 경우).

번역 전문가에게 의뢰한 100개의 번역 결과를 이용해서 완벽한 번역이 전체 시스템 성능에 미치는 영향을 측정할 수 있다. 만약 전체 시스템 출력의 정확도가 74%가 되었다면, 향상된 번역으로

---

11 실제로 번역이 완벽히 정확하거나 부정확한 경우가 거의 없기 때문에 기계 번역 시스템의 오류를 측정하는 것은 까다롭다. 대신 BLEU 점수(Bilingual Evaluation Understudy Score)와 같은 측정값을 사용한다.

얻을 수 있는 전체 시스템 성능의 잠재적인 이득은 1%에 불과하므로 기계 번역 모델의 성능을 인간과 동등한 수준으로 끌어올리는 것은 노력할 가치가 별로 없는 벅찬 작업일 수 있다. 따라서 전체 시스템의 예측 품질 성능의 잠재적 이득이 더 높다면 첫 번째 단계인 언어 예측기의 성능을 높이는 데 더 많은 시간을 할애하는 것이 낫다.

6.6.5 부분 지표 사용

다양한 사용 사례 세그먼트에 모델을 적용할 경우에는 각 세그먼트별로 테스트를 해야 한다. 예를 들어, 대출자의 지불 능력을 예측하는 모델의 경우 남성 대출자와 여성 대출자 모두에 대해서 정확하게 성능을 기대할 것이다. 이를 위해 검증 데이터를 여러 부분 집합으로 분할해서 세그먼트당 하나씩 할당한 다음, 각 부분 집합에 모델을 적용하여 개별 성능 지표를 계산한다.

또는 정밀도와 재현율 지표를 통해 각 클래스에 대한 모델을 개별적으로 평가할 수 있다. 하지만 이러한 지표는 이진 분류에 대해서만 정의할 수 있으므로, 다중 클래스 분류 문제에서는 각 클래스를 분리하고 해당 클래스 이외의 다른 클래스에는 '기타'라는 레이블을 지정해서 각 클래스의 정밀도와 재현율을 개별적으로 계산할 수 있다.

세그먼트나 클래스 간에 성능 차이가 있는 경우, 모델의 성능이 낮은 세그먼트나 클래스에 레이블링된 데이터를 더 추가하거나 별도의 특징을 설계해서 문제를 해결할 수 있다.

6.6.6 잘못된 레이블 수정

수작업으로 학습 견본에 레이블링을 하다 보면 레이블에 오류가 있을 수 있다. 이로 인해 훈련 데이터와 홀드아웃 데이터 모두에 대해서 모델 성능이 저하될 수 있다. 실제로, 유사한 견본이 서로 다르게 레이블링된 경우(일부는 정확하고 일부는 부정확함) 학습 알고리즘은 잘못된 레이블을 예측하도록 학습할 수도 있다.

레이블링이 잘못된 견본을 찾아내는 간단한 방법은 다음과 같다. 모델이 훈련 데이터에 인간이 할당한 레이블과 다른 예측을 한 견본을 분석해 보고, 모델의 예측이 진짜로 맞다면 해당 레이블을 모델이 예측한 결과로 바꾼다.

예측 점수가 결정 임계값에 가까운 예측도 종종 레이블이 잘못된 경우일 수 있으므로, 시간과 자원이 허락된다면 이런 예측도 검사하도록 한다.

훈련 데이터의 잘못된 레이블이 심각한 문제를 유발하는 경우, 여러 레이블러에게 동일한 훈련 견본에 레이블을 할당하도록 해서 이를 방지할 수 있다. 모든 레이블러가 해당 견본에 동일한 레이블을 할당한 경우에만 채택한다. 반면, 덜 까다로운 상황에서는 레이블러가 다수결로 할당한 레이블을 채택할 수도 있다.

6.6.7 추가로 레이블링할 견본 찾기

앞에서 논의한 바와 같이 오류 분석을 통해서 특징 공간의 어느 특정 영역에 대해서 더 많은 레이블링된 데이터가 필요한지를 알 수 있다. 일반적으로 레이블이 없는 견본은 많지만, 레이블링된 견본은 별로 없는 경우가 많다. 새로 레이블링을 해서 모델 훈련에 가장 큰 도움이 되는 견본은 어떻게 결정해야 하는가?

모델이 예측 점수를 반환하는 경우라면, 가장 성능이 좋은 모델을 사용하여 레이블이 없는 견본의 예측 점수를 계산해보는 것이 효과적이다. 그런 다음 예측 점수가 예측 임계값에 가까운 견본을 레이블링한다.[12]

오류 분석에서 시각화를 통해 오류 패턴이 밝혀지면, 주위 견본 중에 예측 오류가 많은 견본을 선택한다.

6.6.8 딥러닝 문제 해결

심층 모델 훈련을 할 때 발생하는 문제를 사전에 방지하려면, 아래의 작업 순서를 따른다.

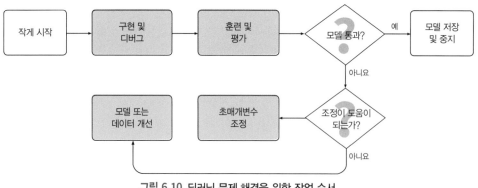

그림 6.10 딥러닝 문제 해결을 위한 작업 순서

가능하면 **케라스** 같은 상위 수준 라이브러리를 사용해서 간단한 모델로 작게 시작한다. 이런 라이브러리는 시각적으로 검증하기가 매우 쉽고, 두 개 화면도 지원하므로 개발 편의성이 높다.

---

12 옮긴이 모델의 예측 점수가 임계값에 가까울수록 해당 견본이 결정면에 가까이 위치한다고 할 수 있으므로, 이처럼 판별이 어려운 견본에 레이블을 할당해서 훈련 데이터에 추가하는 것이 학습에 도움이 된다고 볼 수 있다.

또는 잘 작동하는 기존 오픈소스 아키텍처를 재사용할 수도 있는데(코드 라이선스에 주의한다!), 다음과 같이 시작한다.

- 메모리에 적합한 작고 정규화된 데이터 세트

- 사용하기 쉬운 비용함수 최적화 도구(예를 들어, **아담**)

- 초기화 전략(예를 들어, **랜덤 정규화**)

- 비용함수 최적화 도구와 모델의 층 모두에 민감한 초매개변수의 기본값

- 정규화 없음

일단 첫 번째 단순한 모델 아키텍처와 데이터 세트를 확보한 후에는 일시적으로 훈련 데이터 세트를 하나의 **미니배치** 크기로 더 줄인 다음에 훈련을 시작한다. 확보한 단순한 모델이 이 훈련용 미니배치에 **과적합**되는지 확인하고, 만약 미니배치에 대해서 과적합이 발생하지 않으면 코드나 데이터에 확실히 문제가 있다고 볼 수 있다. 이제 다음 징후[13]의 가능한 원인을 찾는다.

기호	가능한 원인
오류가 커짐 (Error goes up)	• 손실 함수 또는 기울기의 부호가 바뀜 • 학습률이 너무 높음 • 잘못된 차원에 대한 소프트맥스 계산
오류 폭발 (Error explodes)	• 수치적 문제 • 학습률이 너무 높음
오류 진동 (Error oscillates)	• 데이터 또는 레이블이 손상됨(예를 들어, 제로화 또는 잘못 섞임) • 학습률이 너무 높음
오류 정체 (Error plateaus)	• 학습률이 너무 낮음 • 모델 전체로 기울기가 전달되지 않음 • 정규화가 너무 많음 • 손실 함수에 입력이 잘못됨 • 데이터 또는 레이블이 손상됨

표 6.2 신경망 모델이 하나의 미니배치에 과적합되는 문제의 일반적인 쟁점과 가장 일반적인 원인

모델이 하나의 미니배치에 과적합되면 다시 전체 데이터 세트에 대해서 훈련하고 평가한 다음 검증 데이터를 통해서 더 이상 모델의 성능을 개선할 수 없을 때까지 초매개변수를 조정한다.

만약 모델의 성능이 여전히 만족스럽지 않으면 모델(예를 들어, 깊이나 너비를 증가시켜서)이나 학습

---

13   2019년 1월 조시 토빈(Josh Tobin)의 'Troubleshooting Deep Neural Networks' 강연에서 발췌했다.

데이터(예를 들어, 전처리를 변경하거나 특징 추가)를 업데이트한다. 다시 한 번 하나의 미니배치를 과적합하여 변경 사항을 디버깅한 다음, 새 모델을 훈련, 평가, 조정한다. 이 과정은 모델의 품질이 만족스러울 때까지 계속 반복한다.

모델에 가장 적합한 아키텍처 검색을 위해 더 작은 훈련 세트를 사용하는 것 외에 다음과 같이 문제를 단순화할 수도 있다.

- 간단한 합성 훈련 세트 생성
- 클래스 개수나 입력 이미지(또는 비디오)의 해상도, 텍스트 크기, 사운드 주파수의 비트율 등을 줄임

그림 6.10에 표시된 딥러닝 문제 해결 작업 순서의 평가 단계에서 모델의 성능 저하가 6.6.1절에 나열된 이유 중 하나로 인해 발생한 것인지 확인한다. 초매개변수를 조정하고, 모델, 특징, 훈련 데이터를 업데이트하여 성능을 개선할 수 있는지 여부에 따라 다음 단계를 선택한다.

6.7 모범 사례

이번 절에서는 머신러닝 모델 훈련에 대한 실용적인 조언을 모았다. 다음의 모범 사례best practice는 엄격한 처방이라기보다는, 시간과 노력을 절약하고 더 높은 품질의 결과를 얻을 수 있는 권장사항이다.

6.7.1 좋은 모델 제공

좋은 모델은 무엇인가? 좋은 모델에는 두 가지 특성이 있다.

- 성능 지표 측면에서 만족할 만한 품질을 제공한다.
- 운영 환경에서 안전하게 서비스를 제공한다.

모델이 서비스를 안전하게 제공한다safe-to-serve는 것은 다음 요구사항을 충족한다는 것을 의미한다.

- 로딩 중이거나 로드된 후에 오류나 예기치 않은 입력이 있을 경우 서빙 시스템serving system이 충돌하거나 오류를 일으키지 않는다.
- 자원(예를 들어, CPU, GPU, RAM)을 과도하게 사용하지 않는다.

6.7.2 검증된 오픈소스 활용

파이썬, 자바, .NET과 같은 널리 사용되는 최신 프로그래밍 언어와 플랫폼에 있는 머신러닝을 위한 최신 오픈소스 라이브러리와 모듈에는 인기 있는 머신러닝 알고리즘이 효율적인 산업 표준을 따르도록 구현되어 있다. 일반적으로 퍼미시브 라이선스permissive licenses[14]로 제공되므로, 오픈소스 라이브러리와 모듈은 신경망 훈련에만 사용한다.

일반적이지 않거나 아주 새로운 프로그래밍 언어를 사용하는 경우에만 머신러닝 알고리즘을 자체적으로 만드는 것이 합리적이다. 또한, 자원이 매우 제한된 환경에서 모델을 실행해야 하거나 기존에 구현된 모델로는 제공할 수 없는 속도로 빨리 실행해야 하는 경우에만 처음부터 프로그래밍해서 개발하는 것이 좋다.

같은 프로젝트에서 여러가지 프로그래밍 언어를 사용하지 않는다. 여러 프로그래밍 언어를 사용하게 되면 테스트, 배포, 유지보수 비용이 증가하기 때문이다. 또한, 프로젝트 참여자 간에 소유권을 이전하기도 어렵다.

6.7.3 비즈니스별 성능 측정 최적화

학습 알고리즘은 훈련 데이터 오류를 줄이려 하고, 데이터 분석가는 테스트 데이터 오류를 최소화하려고 한다. 그러나 일반적으로 고객이나 고용주는 **비즈니스에 특화된 성능 지표**business-specific performance metric를 최적화하기를 원한다.

일단 검증 오류율 최소화 작업을 마친 다음에는 검증 오류율이 다시 증가하더라도 비즈니스에 특화된 지표를 최적화하는 초매개변수를 조정하는 데 집중한다.

6.7.4 밑바닥부터 개선

운영 환경에 배포된 일부 모델은 사용자의 요구에 맞도록 새로운 데이터로 주기적으로 업데이트해야 한다. 이때 새로운 훈련 데이터는 스크립트를 사용하여 자동으로 수집해야 한다(3장의 3.12절에서 **재현성**에 대해 논의한 바와 같이).

데이터가 업데이트될 때마다 초매개변수를 처음부터 다시 조정해야 한다. 그렇지 않으면 이전 초매개변수의 영향으로 새로운 데이터에서 최적의 성능을 얻을 수 없다.

---

14 [옮긴이] 라이선스는 오픈소스 라이선스의 테두리 안에서 GPL처럼 강한 카피레프트 성격을 갖지 않는 완화된 최소한의 오픈소스 성격만을 보장하는 것을 허용한다.

신경망과 같은 일부 모델은 반복적으로 개선해 나갈 수 있다. 그러나 **웜 스타트**[15] 방식은 피한다. 대신 새로운 훈련 견본만 사용하여 추가적으로 반복 훈련을 실행하여 기존 모델을 반복적으로 개선한다.

또한, 밑바닥부터 재훈련하지 않고 빈번하게 모델 개선 작업을 하면 **파괴적 망각**catastropic forgetting이 생길 수 있다. 이는 이전에 잘 작동하던 모델이 새로운 것을 배우게 되면서 그 능력을 '잊어버리는' 상황이다.

모델 개선은 전이 학습과는 다르다. 분석가는 사전학습된 모델을 구축하는 데 사용한 데이터가 없거나 적절한 컴퓨팅 자원을 사용할 수 없을 때 전이 학습을 사용한다.

6.7.5 연속적인 정정 방지

문제 A를 해결하는 모델 m_A가 있지만 약간 다른 문제 B에 대한 설루션 m_B가 필요할 때가 있다. m_A의 출력과 문제 B를 해결할 수 있도록 m_A의 출력을 '정정correct'할 수 있는 적은 수의 견본을 m_B의 입력으로 사용해서 m_B를 훈련하고 싶은 유혹을 받을 수도 있다. 이런 기술을 **연속적인 정정**correction cascading이라고 하는데, 권장하지는 않는다.[16]

연속된 모델model cascading로 인해 모델 m_B(와 연속된 나머지 모델)를 업데이트하지 않고는 모델 m_A를 업데이트할 수 없다. m_A의 변화가 m_B에 미칠 수 있는 영향은 예측할 수는 없지만 대부분 부정적일 가능성이 높다. 또한, 모델 m_B의 개발자는 모델 m_A의 변경에 대해 모를 수 있으며 모델 m_A의 개발자는 모델 m_B가 m_A에 의존한다는 사실을 모를 수 있다. 모델 m_A의 변화가 m_B에 미치는 부정적인 영향은 오랫동안 눈에 띄지 않을 수도 있다.

연속적인 정정correction cascade 대신, 문제 B를 해결하기 위한 사용 사례를 포함하도록 모델 m_A를 업데이트하는 것을 권장한다. 모델이 문제 B의 견본을 구별할 수 있는 특징을 추가하는 것도 좋다. 그리고 전이 학습을 사용하거나 문제 B를 해결하기 위해 완전히 독립적인 모델을 구축할 수도 있다.

6.7.6 연속된 모델은 주의해서 사용

연속된 모델model cascading이 항상 나쁜 관행은 아니라는 점에 유의할 필요가 있다. 한 모델의 출력

---

15 [옮긴이] 이전에 설정된 데이터를 다시 사용하여 프로그램을 재실행

16 [옮긴이] 이렇게 만들어진 모델의 경우 시간이 지남에 따라 교착 상태(deadlock)에 빠질 수 있고, 개별 모델의 정확도 개선이 전체 시스템 레벨의 정확도를 오히려 떨어뜨릴 수 있다.

을 다른 모델의 여러 입력 중 하나로 사용하는 것은 일반적이고, 출시 시간을 크게 단축할 수 있다. 그러나 연속된 모델은 주의해서 사용해야 하는데, 연속되어 있는 모델 중 한 모델을 업데이트하려면 해당 모델과 연결되어 있는 모든 모델을 업데이트해야 하므로 장기적으로는 비용이 높아질 수 있기 때문이다.

연속된 모델의 부정적인 영향을 완화하기 위해서는 다음 두 가지 전략이 유용하다.

1) 소프트웨어 시스템의 정보 흐름을 분석하고 전체 연결을 업데이트하거나 재훈련한다. 모델 m_A의 업데이트된 출력은 모델 m_B에 대한 훈련 데이터에 반영해야 한다.

2) 인가받지 않은 소비자가 이 문제를 일으키는 것을 방지하기 위해 모델 m_A를 호출할 수 있는 사람과 호출할 수 없는 사람을 관리한다. 구글의 엔지니어는 다음과 같이 언급했다.[17] "제약이 없으면 엔지니어는 당연히 가까이에 있는 가장 편리한 신호signal를 사용하게 된다. 특히, 마감 시간에 임박해서 작업할 때 더욱 그렇다."

또한, 모델이 예측한 출력은 일반 숫자나 문자열이 아니어야 한다. 운영 환경에 배포할 모델과 사용 방법에 대한 정보와 함께 제공해야 한다.

6.7.7 효율적인 코드 작성, 컴파일, 병렬화

빠르고 효율적인 코드를 작성하면, 단순히 '작동만 하도록 만들기 위해' 구현한 비효율적이고 간단하게 대충 만든quick-and-dirty 스크립트에 비해 훈련 속도를 몇 배로 높일 수 있다. 최신 데이터 세트는 규모가 크기 때문에 데이터 사전 처리에 몇 시간, 심지어 며칠을 기다려야 할 수 있다. 또한, 훈련에 며칠 또는 몇 주가 걸릴 수도 있다.

자주 실행하지 않을 함수, 메서드나 스크립트도 항상 효율성을 염두에 두고 코드를 작성하도록 한다. 주의를 기울이지 않으면 한 번 실행되는 어떤 코드가 루프에서 수백만 번 호출될 수도 있다.

가급적 반복문loops 사용은 피하도록 한다. 예를 들어, 두 벡터의 **내적**dot product을 계산하거나 행렬에 벡터를 곱하는 경우 과학 라이브러리와 모듈에서는 빠르고 효율적인 내적이나 행렬 곱셈 방법을 사용한다. 이러한 효율적인 구현의 예로는 파이썬의 **넘파이**NumPy[18]와 **사이파이**SciPy 라이브러리

---

17 《Hidden Technical Debt in Machine Learning Systems》(Sculley et al. 2015)

18 옮긴이 Numerical Python의 약자. 반복문 없이 데이터 배열에 대한 처리를 지원하는 동시에 일반 List에 비해 빠르고, 메모리를 효율적으로 사용한다.

가 있다. 이러한 라이브러리와 모듈은 재능 있고 숙련된 소프트웨어 엔지니어와 과학자들이 만들었으므로, 하드웨어 가속뿐만 아니라 C와 같은 저수준 프로그래밍 언어를 사용하며 엄청나게 빠르게 작동한다.

가능하면 컴파일한 코드를 사용한다. 파이썬용 **PyPy**와 **Numba**나 R용 **pqR**과 같은 라이브러리는 코드를 운영 체제operating system, OS에서 바로 실행되는 네이티브 바이너리로 컴파일되어 데이터 처리와 모델 훈련 속도를 크게 높일 수 있다.

또 다른 중요한 측면은 병렬화parallelization다. 최신 라이브러리와 모듈의 경우 멀티 코어 CPU를 활용하는 학습 알고리즘을 제공한다. 또한, 일부는 GPU가 신경망과 기타 여러 모델의 학습 속도를 높일 수 있도록 해준다. SVM과 같은 일부 모델의 훈련은 효과적으로 병렬화할 수 없다. 이러한 경우 멀티 코어 CPU를 이용해서 여러 실험을 병렬로 실행한다. 초매개변숫값, 지역이나 사용자 세그먼트의 각 조합에 대해 하나의 실험을 실행한다. 또한, 각 교차 검증 폴드를 다른 폴드와 병렬로 계산한다.

가능한 경우 속도가 빠른 **SSD**solid-state drive에 데이터를 저장하고, 분산 컴퓨팅을 사용한다. 일부 학습 알고리즘 구현체는 스파크Spark와 같은 분산 컴퓨팅 환경에서 실행되도록 설계되었다. 필요한 모든 데이터를 랩톱이나 서버의 램 메모리에 옮겨 놓는다. 오늘날 데이터 분석가가 512 기가바이트gigabytes, GB나 1테라바이트terabytes, TB 이상의 램 메모리를 장착한 서버에서 작업하는 것은 드문 일도 아니다.

모델 훈련에 필요한 시간을 최소화함으로써 모델 조정, 데이터 사전처리를 위한 아이디어 테스트, 특징 공학, 신경망 아키텍처, 기타 창의적 활동에 더 많은 시간을 할애할 수 있다. 머신러닝 프로젝트의 가장 큰 이점은 인간적 감성과 직관이다. 인간적 감성과 직관을 바탕으로 통찰력을 발휘하면 머신러닝 프로젝트가 성공할 가능성이 높아진다.

접착 코드glue code[19]를 최소한으로 줄인다. 구글 엔지니어의 표현에 따르면, 머신러닝 연구자는 범용 설루션을 자체 패키지로 개발하는 경향이 있다. 이러한 다양한 자체 개발 패키지는 오픈소스 패키지나 사내 코드, 독점적으로 사용하는 패키지, 클라우드 기반 플랫폼에서 다양하게 사용된다. 일반 패키지를 사용하면 종종 접착 코드 시스템 디자인 패턴이 만들어지는데, 이 패턴에서는 범용 패키지에 데이터를 가져오고 또 내보내기 위한 막대한 양의 지원 코드supporting code가 만들어진다.

---

19 옮긴이 기존의 코드를 다른 시스템 소프트웨어 또는 하드웨어와 호환되도록 만드는 중간 소프트웨어 역할을 하는 코드를 말한다.

접착 코드는 장기적으로 비용이 많이 든다. 특정 패키지의 특성에 시스템을 종속시키는 경향이 있기 때문이다. 테스트 비용이 엄청나게 비싸질 수도 있다. 따라서, 일반 패키지를 이런 방식으로 사용하면 개선을 할 수 없다. 도메인별 속성을 이용하거나 목적 함수를 변경하고 도메인별 목표를 달성하기가 더 어려워진다. 안정된 시스템에는 (최대) 5% 머신러닝 코드와 (최소) 95% 접착 코드가 있을 수도 있다. 일반 패키지를 재사용하는 것보다 깨끗한 기본 설루션을 만드는 것이 비용이 적게 들 수 있다.

접착 코드를 줄이기 위한 중요한 전략은 블랙박스 머신러닝 패키지를 전체 조직에서 사용하는 공통 API로 래핑하는 것이다. 이를 통해, 인프라 재사용률이 높아지고 패키지 변경 비용이 절감된다.

적어도 두 개의 프로그래밍 언어를 배우는 것이 좋다. 하나는 파이썬 같이 빠른 프로토타이핑을 위한 것이고, 또 다른 하나는 C++처럼 빠른 실행을 위한 것이다. 고Go, 코틀린Kotlin, 줄리아Julia 같은 현대 언어는 두 경우에 모두 효과가 있을 수 있지만, 이 책을 쓰는 시점에는 이 두 언어가 기존 언어에 비해 머신러닝 프로젝트의 생태계를 확산시키지 못했다.

6.7.8 최신 데이터와 이전 데이터에 대한 테스트

이전에 수집해 놓은 데이터로 만든 학습, 검증, 테스트 세트를 사용한 경우, 모델이 최근에 수집된 데이터에 대해 어떻게 작동하는지 관찰한다. 성능이 심각하게 악화된다면 문제가 있는 것이다.

데이터 누출과 **분포 이동**이 가장 가능성이 높은 원인 중 하나일 수 있다. 데이터 누출은 미래나 과거에 사용할 수 없는 정보가 특징 공학에 사용된 경우다. 그리고 분포 이동은 시간이 지남에 따라 데이터 특성이 변하는 경우다.

6.7.9 똑똑한 알고리즘보다 더 많은 데이터가 좋음

모델 성능이 만족스럽지 못할 때, 분석가는 종종 모델의 성능을 개선하기 위해 보다 더 정교한 학습 알고리즘이나 파이프라인을 만들고 싶은 유혹을 받게 된다.

그러나 실제로는 더 많은 데이터, 특히 더 많은 레이블링된 견본이 있을 때 더 나은 결과를 얻을 수 있다. 데이터 레이블링 과정이 잘 설계된 경우, 레이블러는 매일 수천 개의 훈련 견본을 만들 수 있다. 또한, 더 고수준의 전문지식이 필요한 머신러닝 알고리즘을 개발하는 데 비해 비용이 덜 든다.

6.7.10 새로운 데이터가 좀 더 좋은 특징보다 뛰어남

더 많은 훈련 견본을 추가하고 좋은clever 특징을 설계했음에도 불구하고 모델의 성능이 정체되면 다른 정보 소스를 고려해 본다.

예를 들어, 사용자 U가 새로운 뉴스 기사를 좋아할지 여부를 예측하려면 사용자 U에 대한 과거 데이터를 특징으로 추가해 본다. 또는 모든 사용자를 군집화하고, k개의 가장 가까운 사용자에 대한 정보를 사용자 U의 새로운 특징으로 사용한다. 이것은 매우 복잡한 특징을 프로그래밍하거나 기존의 특징을 복잡한 방식으로 결합하는 것에 비해 더 간단한 접근 방식이다.

6.7.11 작은 진전의 수용

하나의 혁신적인 아이디어를 찾는 것보다 모델에 대한 작은 개선이 많이 쌓이면 원하는 결과를 더 빨리 얻을 수 있다.

또한, 분석가는 다른 아이디어를 시도함으로써 데이터를 더 잘 알 수 있게 되고, 이는 실제로 혁신적인 아이디어를 찾는 데 도움이 될 수 있다.

6.7.12 용이한 재현성

대부분의 머신러닝 알고리즘은 확률적이다. 예를 들어, 신경망을 훈련할 때 미니배치 확률적 경사 하강법에서 미니배치를 랜덤하게 생성하고, 랜덤 포레스트의 의사 결정 트리를 랜덤하게 구축하고, 데이터를 3개 세트로 나누기 전에 견본을 랜덤하게 섞는 것 등을 포함해서 모델 매개변수를 랜덤하게 초기화한다. 즉, 동일한 데이터에 대해서 모델을 두 번 훈련하면 두 개의 서로 다른 모델이 만들어진다. 재현성을 용이하게 하려면 의사 난수 생성기를 초기화하는 데 사용하는 **랜덤 시드**random seed값을 설정하는 것이 좋다. 랜덤 시드가 같으면 데이터가 변경되지 않는 한, 훈련할 때마다 정확히 동일한 모델을 얻게 된다.

넘파이와 사이킷런에서는 **np.random.seed**(15), 텐서플로에서는 **tf.random.set_seed**(15), 파이토치에서는 **torch.manual_seed**(15), R에서는 **set.seed**(15)로 랜덤 시드를 설정할 수 있다. 시드값을 동일하게 하는 것이 중요하고 어떤 시드값을 사용해도 된다.

머신러닝 프레임워크를 사용하여 랜덤 시드값을 설정할 수 있다고 해도 랜덤화를 사용하는 프레임워크의 코드가 프레임워크 버전 간에 변경되지 않는다는 보장은 없다. 재현성이 용이하도록 각 프로젝트의 종속성을 없애야 한다. 이를 위해 파이썬의 **virtualenv**, R의 **Packrat**과 같은 도구를 사용하거나 표준화된 **가상 머신**virtual machine, VM이나 **컨테이너**container에서 머신러닝 실험을 실행하는 등 다양한 방법이 있다. 8장의 8.3절에서 가상화에 대해 자세히 논의한다.

재현성을 위해 모델과 관련된 모든 정보를 함께 제공해야 한다. 3.11절과 4.11절에서 고려했던 문서화와 메타데이터와 같은 데이터 세트와 특징에 대한 설명 외에도 각 모델과 함께 다음과 같은 세부 정보를 담고 있는 문서를 제공하도록 한다.

- 고려된 범위와 사용된 기본값을 포함한 모든 초매개변수의 사양
- 최적의 초매개변수 구성을 선택하는 데 사용한 방법
- 후보 모델을 평가하는 데 사용한 특정한 척도나 통계의 정의 및 최상의 모델에 대한 값
- 사용된 컴퓨팅 인프라에 대한 설명
- 훈련된 모델의 평균 실행 시간 및 예상 훈련 비용

6.8 요약

얕은 모델 훈련에 비해 심층 모델 훈련 전략에는 가변적인 부분이 더 많다. 동시에 더 원칙적이고 자동화에 적합하다.

모델을 밑바닥부터 학습하는 대신 사전학습된 모델로 시작하는 것이 유용하다. 빅데이터에 접근할 수 있는 조직은 이미지나 자연어 처리 작업에 최적화된 아키텍처를 갖는 매우 심층적인 신경망을 훈련하고 오픈소스로 공개했다.

사전학습된 모델은 1) 학습된 매개변수를 사용하여 자체 모델을 초기화하거나 2) 모델의 특징 추출기로 사용할 수 있다.

사전학습된 모델을 사용하여 직접 모델을 구축하는 것을 전이 학습이라고 한다. 심층 모델이 전이 학습을 허용한다는 사실은 딥러닝의 가장 중요한 특성 중 하나다.

미니배치 확률적 경사 하강법과 그 변형된 방법은 심층 모델에 가장 자주 사용하는 비용함수 최적화 알고리즘이다.

역전파 알고리즘은 복잡한 함수의 도함수에 대한 연결 규칙을 이용하여 각 심층 모델 매개변수의 편도 함수를 계산한다. 각 에포크에서 경사 하강법은 편도함수를 사용하여 모든 매개변수를 업데이트한다. 학습률은 업데이트 속도를 조절한다. 이 과정은 수렴할 때까지 계속되는데, 수렴 후 매

개변수의 값이 각 에포크 이후 크게 변경되지 않으면 알고리즘을 중지한다.

모멘텀, RMSProp, 아담과 같은 미니배치 확률적 경사 하강법에는 몇 가지 인기 있는 개선 사항이 있었다. 이러한 알고리즘은 학습 과정의 성능에 따라 학습률을 자동으로 업데이트한다. 따라서 학습률의 초기 값, 감소 스케줄과 감소율, 기타 관련 초매개변숫값을 선택할 필요가 없다. 이러한 알고리즘은 실제로 우수한 성능을 입증했으며 실무자들은 학습률을 수동으로 조정하는 대신 종종 이를 사용한다.

L1과 L2 정규화 외에도 신경망은 드롭아웃, 조기 중지, 배치 정규화와 같은 신경망 특유의 정규화 도구를 활용할 수 있다. 드롭아웃은 간단하지만 매우 효과적인 정규화 방법이다. 때로는 배치 정규화를 사용하는 것이 가장 좋다.

앙상블 학습은 개별적으로는 성능이 다소 떨어지는 여러 기본 모델의 결과를 조합하는 것이다. 랜덤 포레스트와 그래디언트 부스팅과 같은 앙상블 학습 알고리즘이 있는데, 이는 수백 개에서 수천 개의 약한 모델의 앙상블을 구축하고 각각의 약한 모델의 성능보다 훨씬 우수한 성능을 가진 강력한 모델을 얻는다.

강력한 모델은 출력을 평균화(회귀의 경우)하거나 다수결(분류의 경우)을 통해 앙상블 모델로 결합할 수 있다. 앙상블 방법 중 가장 효과적인 모델 쌓기는 기본 모델의 출력을 입력으로 사용하는 메타 모델 학습으로 구성된다.

오버샘플링과 언더샘플링 외에도 클래스 가중치 할당과 리샘플링된 데이터 세트의 앙상블을 적용하여 불균형 학습 문제를 해결할 수 있다. 확률적 경사 하강법을 이용하여 모델을 훈련하는 경우, 클래스 불균형은 다음 두 가지 추가적인 방법으로 해결할 수 있다. 즉, 1) 클래스별로 서로 다른 학습률을 설정하고, 2) 소수 클래스의 견본에 대해서 모델 매개변수를 여러 번 연속적으로 업데이트하는 것이다

불균형 학습 문제의 경우, 클래스별 정확도와 코헨의 카파 통계와 같은 성능 지표를 통해 모델의 성능을 측정한다.

머신러닝 파이프라인 문제 해결은 어려울 수 있다. 코드 버그, 훈련 데이터 오류, 학습 알고리즘 문제 또는 파이프라인 설계로 인해 성능 저하가 생길 수 있다. 또한, 학습은 초매개변수와 데이터 세트 구성에 있어서의 작은 변화에도 민감할 수 있다.

머신러닝 모델에서 발생하는 오류는 균일하게 동일한 비율로 모든 사용 사례에 나타나거나 특정 유형의 사용 사례에만 집중되어 나타날 수 있다.

집중된 오류는 오류 패턴을 수정하여 여러 견본에서 한 번에 오류를 수정하기 때문에 특별한 주의를 기울일 만한 가치가 있는 오류다.

다음과 같은 간단한 과정을 통해 모델 성능을 반복적으로 개선할 수 있다.

1) 지금까지 확인된 최적의 초매개변숫값을 사용하여 모델을 훈련한다.

2) 검증 세트의 작은 부분 집합(100~300개 예시)에 모델을 적용하여 테스트한다.

3) 작은 검증 세트에서 가장 빈번한 오류 패턴을 찾는다. 모델이 이제 과적합되므로 검증 세트에서 해당 견본을 제거한다.

4) 새로운 특징을 생성하거나 더 많은 훈련 데이터를 추가하여 관찰된 오류 패턴을 수정한다.

5) 빈번한 오류 패턴이 관찰되지 않을 때까지 반복한다(대부분의 오류는 서로 다르게 보인다).

복잡한 머신러닝 시스템에서는 부분별로 오류 분석을 수행한다. 먼저, 한 모델의 예측을 완벽한 레이블(예를 들어, 사람이 제공한 레이블)로 대체하고 전체 시스템의 성능이 어떻게 향상되는지 확인한다. 크게 개선되면 특정 모델을 개선하는 데 더 많은 노력을 기울여야 한다.

재현성을 위해, 랜덤 시드를 동일하게 설정하고 모델에 모든 관련 정보가 포함되어 있는지 확인한다.

7

모델 평가

현대에 와서 통계 모델은 점점 더 중요한 역할을 하고 있다. 비즈니스 맥락에서 모델이 조직의 재무 지표에 영향을 미칠 수도 있다. 그러나 법적 책임의 위험이 있을 수도 있으므로, 운영 환경에서 실행되는 모든 모델은 신중하고 지속적으로 평가해야 한다.

모델 평가는 머신러닝 프로젝트 수명주기의 다섯 번째 단계다.

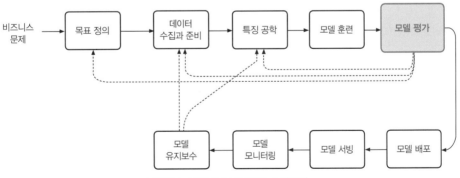

그림 7.1 머신러닝 프로젝트 수명주기

모델을 적용할 수 있는 도메인, 조직의 비즈니스 목표, 제약 조건에 따라 모델 평가에는 다음과 같은 작업이 포함된다.

- 모델을 운영 환경에 투입할 때의 법적 위험을 추정한다. 예를 들어, 일부 모델 예측은 기밀 정보를 간접적으로 내포할 수 있다. 사이버 공격자나 경쟁자가 모델의 훈련 데이터를 역공학reverse engineering하려고 시도할 수 있다. 또한, 조직에서 모델을 통해 예측을 할 때 연령, 성별, 인종과 같은 일부 특징을 부주의하게 사용하면 자칫 조직이 편향되거나 심지어 차별적이라고 비춰질 수 있다.

- 훈련에 사용하는 데이터와 운영 환경에서 처리하는 데이터 분포의 주요 특성을 비교 연구한다. 훈련 데이터와 생산 데이터 모두에서 견본, 특징, 레이블의 통계적 분포를 비교하여 분포 이동이 있는지 살펴본다. 훈련 데이터와 생산 데이터 사이에 큰 차이가 있으면 훈련 데이터를 업데이트하고 모델을 재훈련해야 한다.

- 모델의 성능을 평가한다. 모델을 운영 환경에 배포하기 전에 외부 데이터external data, 즉 훈련에 사용하지 않는 데이터로 예측 성능을 평가해야 한다. 외부 데이터는 운영 환경의 과거 견본과 온라인 견본을 모두 포함하고 있어야 한다. 실시간 온라인 데이터에 대한 평가 맥락은 운영 환경에서의 그것과 매우 유사해야 한다.

- 배포한 모델의 성능을 모니터링한다. 시간이 지남에 따라 모델의 성능이 저하될 수 있으므로, 이를 감지하고 새로운 데이터를 추가하여 모델을 개선하거나 완전히 다른 모델을 훈련하는 것이 중요하다. 모델 모니터링은 신중하게 설계된 자동화된 프로세스이고 그 과정에 사람이 포함될 수도 있다. 이 부분은 9장에서 좀 더 자세히 고찰한다.

이번 장에서는 통계학자가 모델 평가 단계에서 사용하는 몇 가지 요령을 살펴본다. 머신러닝 엔지니어링은 아직도 발전하고 있는 학문 분야이고 아직도 일부 질문은 제대로 정립되지 않아서 이에 대해 쉽게 답을 할 수도 없다. 특히, 엔지니어의 관점에서 평가가 이루어지고, 각 비즈니스에는 고유한 성공 기준이 있다. 머신러닝 설루션을 평가하기 전에 프로젝트에서 가장 어려운 작업을 적절한 인력이 수행했는지 확인하는 것이 매우 중요하다. 또한, 성공이 어떤 모습이고 비즈니스에 적합한 지표와 목표 형태로 제기해봐야 할 올바른 질문이 무엇인지 파악해야 한다.

일반적인 실패 원인은 엔지니어가 적합한 도구를 사용하여 올바른 질문에 답하지 않고, 기본적인 도구로 편한 질문에만 답하기 때문이다. 프로젝트의 리더와 이해 관계자가 실패 원인을 파악한 후에 통계 전문가와 상의해야 할 수도 있다. 이번 장에서 강조된 몇 가지 방법, 특히 A/B 테스트(7.2절)에 사용된 방법은 예제로만 제공된 것이기 때문에 특정 비즈니스 문제에는 적합하지 않을 수 있다. 중요한 대규모 프로젝트에서 모든 것을 직접 하려고 하는 것은 옳지 않다. 경영진과 시기적절하게 협력하고 통계 전문가와 상의하는 것이 필수적이다.

7.1 오프라인 평가와 온라인 평가

5.5절에서는 **오프라인 모델 평가**offline model evaluation에 적용하는 평가 기술을 개략적으로 살펴보았다. 오프라인 모델 평가는 분석가가 모델을 훈련할 때 수행하는데, 이때 분석가는 다양한 특징, 모델, 알고리즘, 초매개변수를 테스트한다. 혼동 행렬[1] 같은 도구와 정밀도, 재현율, AUC와 같은 다양한 성능 지표를 통해 후보 모델을 비교할 수 있고 모델 훈련의 올바른 방향을 제시할 수 있다.

첫째, 검증 데이터로는 선택한 성능 지표를 평가하고 모델을 비교한다. 최상의 모델을 찾으면 오프라인 모드에서도 테스트 세트로 해당 모델의 성능을 다시 평가한다. 이러한 최종 오프라인 평가를 통해 배포 후 모델 성능을 보장할 수 있다. 이 장에서는 다른 여러 주제 중에서도 모델의 오프라인 테스트 성능에 대한 통계적 한계를 설정하는 방법에 대해 설명한다.

이 장의 상당 부분은 **온라인 모델 평가**online model evaluation, 즉 온라인 데이터를 사용하여 운영 환경에서 모델을 테스트하고 비교하는 데 할애한다. 오프라인 모델 평가와 온라인 모델 평가의 차이점과 머신러닝 시스템에서 두 가지 평가 부분의 위치는 그림 7.2에서 도식적으로 보여주고 있다.

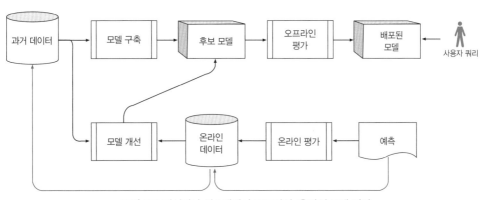

그림 7.2 머신러닝 시스템에서 오프라인, 온라인 모델 평가

그림 7.2에서 우선 과거 데이터로 배포용 후보 모델을 훈련한다. 그런 다음 오프라인으로 평가한 후에 결과가 만족스러우면 배포 후보 모델을 운영 환경에 배포해서 사용자 쿼리를 처리한다. 그

---

1   울긴이 오차 행렬이라고도 한다.

다음 사용자 쿼리와 모델 예측을 통해 모델의 온라인 평가를 한 다음, 온라인 데이터를 이용해서 모델을 개선한다. 이 과정을 종료하기 전에 온라인 데이터를 오프라인 데이터 저장소에 복사한다.

오프라인 평가와 온라인 평가를 함께 하는 이유는 무엇일까? 오프라인 모델 평가는 분석가가 얼마나 성공적으로 좋은 특징, 학습 알고리즘, 모델, 초매개변숫값을 찾아냈는지를 반영한다. 즉, 오프라인 모델 평가는 엔지니어링 관점에서 모델이 얼마나 좋은지를 반영하는 것이다.

반면 온라인 평가는 고객 만족도, 온라인에 머무르는 평균 시간, 공개 비율, 클릭률 같은 비즈니스 결과를 측정하는 데 초점을 둔다. 과거 데이터는 이런 정보를 반영하지 않지만 비즈니스에서 관심을 갖는 것은 바로 이런 정보다. 또한, 오프라인 평가에서는 온라인에서 관찰할 수 있는 세션 연결, 데이터 손실, 통화 지연과 같은 조건에 대해서 모델을 테스트할 수 없다 .

배포 후에도 데이터 분포가 동일한 경우에만 과거 데이터를 통해서 얻은 성능 결과를 유지한다. 그러나 실제로는 분포 이동으로 인해 항상 그렇지는 못한데, 분포 이동의 대표적인 예로는 모바일이나 온라인 애플리케이션 사용자의 끊임없이 변화하는 관심사, 금융 시장의 불안정, 기후 변화, 모델이 예측하려는 속성을 가진 기계 시스템의 마모가 있다.

따라서 모델을 운영 환경에 배포한 후에 지속적으로 모니터링해야 한다. 분포 이동이 발생하면 모델을 새 데이터로 업데이트하고 다시 배포해야 한다. 이러한 모니터링을 수행하는 한 가지 방법은 온라인 데이터와 과거 데이터에 대해서 모델의 성능을 비교하는 것이다. 온라인 데이터의 성능이 과거에 비해 크게 저하되면 모델을 다시 훈련해야 한다.

다양한 형태의 온라인 평가가 있으며 각기 다른 목적을 위해 사용한다. 예를 들어, 런타임 모니터링runtime monitoring은 실행 중인 시스템이 런타임 요구 사항을 충족하는지 여부를 확인하는 것이다.

또 다른 일반적인 시나리오는 서로 다른 버전의 두 모델에 대한 사용자 행동을 모니터링하는 것이다. 이 시나리오에서 사용되는 한 가지 인기 있는 기술은 A/B 테스트다. 시스템 사용자를 A와 B 두 그룹으로 나누고, 두 그룹을 각각 이전 모델과 새 모델로 서빙한 다음 통계적 유의성 테스트를 통해 새 모델의 성능이 이전 모델보다 더 나은지 여부를 결정한다.

멀티 암드 밴딧Multi-armed Bandit, MAB은 또 다른 인기 있는 온라인 모델 평가 기술이다. A/B 테스트와 유사하게 일부 사용자에게 모델 후보를 보여주고 가장 성능이 좋은 모델을 찾아낸다. 그런 다음 신뢰할 수 있을 때까지 성능 통계를 수집하여 점차 더 많은 사용자에게 최상의 모델을 서빙한다.

7.2 A/B 테스트

A/B 테스트_{A/B testing}는 가장 많이 사용하는 통계 기법 중 하나다.

온라인 모델 평가에 적용하면 '새 모델 m_B가 기존 모델 m_A보다 운영 환경에서 더 잘 작동할까?' 또는 '두 모델 후보 중 어느 것이 운영 환경에서 더 잘 작동할까?'와 같은 질문에 답할 수 있다.

A/B 테스트는 종종 웹사이트와 모바일 애플리케이션에서 디자인이나 문구의 변경이 사용자 참여, 클릭률, 판매율과 같은 비즈니스 지표에 긍정적인 영향을 미치는지 여부를 테스트한다.

생산환경에서 기존(구형) 모델을 새 모델로 교체할지 여부를 결정하려고 할 때, 모델에 대한 입력 데이터를 포함한 실시간 트래픽을 A(대조군)와 B(실험군)의 두 그룹으로 분할한다. 그룹 A 트래픽은 이전 모델로 라우팅하고 그룹 B 트래픽은 새 모델로 라우팅한다.

두 모델의 성능 비교를 통해 새 모델이 이전 모델보다 나은지 여부를 결정한다. **통계 가설 검정**_{statistical hypothesis testing}으로 성능을 비교한다.

일반적으로 통계 가설 검정에는 **귀무 가설**_{null hypothesis}과 **대립 가설**_{alternative hypothesis}이 있다. A/B 테스트는 보통 '새 모델이 이 특정 비즈니스 지표에서 통계적으로 유의미한 변화를 가져올까?'와 같은 질문에 답할 수 있도록 구성된다. 귀무 가설은 새 모델이 비즈니스 측정 항목의 평균값을 변경하지 않는다는 것을 나타내고, 대립 가설은 새 모델이 지표의 평균값을 변경한다는 것을 나타낸다.

A/B 테스트는 하나의 테스트가 아니라 테스트의 모음으로, 비즈니스 성과 지표에 따라 다른 통계 툴킷을 사용한다. 그러나 사용자를 두 그룹으로 나누고, 다른 그룹 간의 지푯값 차이의 통계적 유의성을 측정하는 원칙은 동일하게 유지된다.

A/B 테스트의 모든 공식에 대한 설명은 이 책의 범위를 벗어난다. 따라서 여기서는 두 가지 공식만 고려하지만 광범위한 실제 상황에 적용할 수 있다.

7.2.1 G-테스트

A/B 테스트의 첫 번째 공식은 **G-테스트**_{G-test}에 기초한다. '예' 또는 '아니요' 질문에 대한 답을 계산하는 지표에 적합하다. G-테스트의 장점은 두 가지 대답만 가능한 어떤 질문도 할 수 있다는 것이다. 질문의 예는 다음과 같다.

- 사용자가 추천 기사를 구입했는지

- 사용자가 한 달 동안 $50 이상을 지출했는지

- 사용자가 구독을 갱신했는지

이제 적용 방법을 살펴보자. 새 모델이 이전 모델보다 좀 더 잘 작동하는지 여부를 결정하기 위한 지표를 정의하는 예/아니요 질문을 만든다. 그런 다음 랜덤으로 사용자를 그룹 A와 그룹 B로 나눈다. 그룹 A의 사용자는 이전 모델에 할당하고 그룹 B의 사용자는 새 모델에 할당한다. 각 사용자의 행동을 관찰하고 '예' 또는 '아니요' 대답으로 다음 표를 채운다.

	예	아니오	
A	$\hat{a}_{yes}$	$\hat{a}_{no}$	n_a
B	$\hat{b}_{yes}$	$\hat{b}_{no}$	n_b
	n_{yes}	n_{no}	n_{total}

그림 7.3 그룹 A와 그룹 B의 사용자의 예/아니요 질문에 대한 답변 수

위의 표에서 $\hat{a}_{yes}$는 질문에 '예'로 대답한 그룹 A의 사용자 수이고, $\hat{b}_{yes}$는 질문에 '예'로 대답한 그룹 B의 사용자 수다. 그리고, $\hat{a}_{no}$는 질문에 '아니요'로 대답한 그룹 A의 사용자 수이고, $\hat{b}_{no}$는 질문에 '아니요'로 대답한 그룹 B의 사용자 수다. 마찬가지로, $n_{yes} = \hat{a}_{yes} + \hat{a}_{yes}$, $n_{no} = \hat{a}_{no} + \hat{b}_{no}$, $n_a = \hat{a}_{yes} + \hat{a}_{no}$, $n_b = \hat{b}_{yes} + \hat{b}_{no}$, 그리고 마지막으로 $n_{total} = n_{yes} + n_{no} = n_a + n_b$다.

이제 A와 B에 대한 '예' 와 '아니요'의 예상 응답 수, 즉 A와 B가 동일하다면 얻을 수 있는 '예'와 '아니요'의 수를 찾는다.

$$
\begin{aligned}
a_{yes} &\stackrel{\text{def}}{=} n_a \, \frac{n_{yes}}{n_{total}}, \\
a_{no} &\stackrel{\text{def}}{=} n_a \, \frac{n_{no}}{n_{total}}, \\
b_{yes} &\stackrel{\text{def}}{=} n_b \, \frac{n_{yes}}{n_{total}}, \\
b_{no} &\stackrel{\text{def}}{=} n_b \, \frac{n_{no}}{n_{total}}.
\end{aligned}
\qquad \text{(식 7.1)}
$$

이제 G-테스트의 값을 다음과 같이 찾는다.[2]

$$
G \stackrel{\text{def}}{=} 2 \left(\hat{a}_{yes} \ln\left(\frac{\hat{a}_{yes}}{a_{yes}} \right) + \hat{a}_{no} \ln\left(\frac{\hat{a}_{no}}{a_{no}} \right) + \hat{b}_{yes} \ln\left(\frac{\hat{b}_{yes}}{b_{yes}} \right) + \hat{b}_{no} \ln\left(\frac{\hat{b}_{no}}{b_{no}} \right) \right)
$$

---

2   이 공식의 유도에 대한 자세한 내용은 통계 교과서나 위키피디아에서 찾을 수 있다.

G는 A와 B의 샘플이 얼마나 다른지를 나타내는 척도다. 통계적으로 말하면 귀무 가설(A와 B가 같음)에서 G는 자유도가 1인 **카이-제곱 분포**chi-square distribution를 따른다.

$$G \sim \chi_1^2$$

즉, A와 B가 같으면 G가 작을 것으로 예상한다. G값이 크면 모델 중 하나가 다른 모델보다 성능이 더 좋다고 의심할 수 있다. 예를 들어, 계산 결과 G = 3.84이라고 가정해보자. A와 B가 같으면 (즉, 귀무 가설하에서) $G \geq 3.84$일 확률은 약 5%다. 종종 이 확률을 p값p-value이라고 한다.

p값이 충분히 작으면(예를 들어, 0.05 미만) 새 모델과 이전 모델의 성능이 매우 다를 가능성이 높다 (귀무 가설이 기각됨). 이 경우 b_{yes}가 a_{yes}보다 높으면 새 모델이 이전 모델보다 더 잘 작동할 가능성이 높고, 그렇지 않으면 이전 모델이 더 좋다.

G값에 해당하는 p값이 충분히 작지 않으면 새 모델과 이전 모델 간에 관찰된 성능 차이가 통계적으로 유의하지 않으며 이전 모델을 운영 환경에서 유지할 수 있다.

익숙한 프로그래밍 언어를 사용하여 G-테스트의 p값을 찾는 것이 편리하다. 파이썬에서는 다음과 같은 방법으로 수행할 수 있다.

```
1  from scipy.stats import chi2
2  def get_p_value(G):
3      p_value = 1 - chi2.cdf(G, 1)
4      return p_value
```

R에서 작동하는 코드는 다음과 같다.

```
1  get_p_value <- function(G) {
2      p_value <- pchisq(G, df=1, lower.tail=FALSE)
3      return(p_value)
4  }
```

통계적으로 G-테스트의 결과는 두 그룹에 대해 각각 최소 10개의 '예'와 '아니요' 결과가 있을 경우에 유효하지만 이 추정값을 의심없이 액면 그대로 받아들여서는 안 된다. 만약 테스트 비용이 너무 비싸지 않다면 그룹 내 각 유형별로는 최소 100개의 답변이 있고 두 그룹에 대해 각각 약 1,000개 정도의 '예'와 '아니요' 결과가 있으면 충분하다. 두 그룹의 총 답변 수는 다를 수 있다.

합리적인 비용으로 그룹 내 각 유형별로 100개 이상의 답변을 얻을 수 없는 경우 **몬테카를로 시뮬레이션**Monte-Carlo simulation을 사용하여 매우 유사한 테스트의 p값 근사치를 사용할 수 있다.

R에서 작동하는 코드는 다음과 같다.

```
1  p_value <- chisq.test(x,
2              simulate.p.value = TRUE)
```

여기서 x는 그림 7.3에 표시된 2×2 분할표다.

두 개 이상의 모델(예를 들어, 모델 A, B, C)과 지표를 정의하는 질문에 대해서 두 개 이상의 가능한 답을 테스트할 수 있다(예를 들어, '예', '아니요', '아마도'). k개의 다른 모델과 l개의 다른 가능한 답을 테스트하려는 경우 G 통계는 자유도가 $(k-1) \times (l-1)$인 카이 제곱 분포를 따른다. 여기서 문제점은 여러 모델과 답변을 사용하는 테스트가 모델 간에 어딘가 다른 점이 있는지 여부는 알려주지만 어디에 차이가 있는지는 알려주지 않는다는 것이다. 실제로는 현재 모델을 하나의 새로운 모델과 비교하고 이진 답변으로 질문 지표를 만드는 것이 더 쉽다. 더 복잡한 실험 테스트는 이 책의 범위를 벗어난다.

두 개 이상의 모델이 있을 때, 두 모델을 비교하기 위해 설계된 테스트를 통해 모델 쌍의 이진 비교를 하고 싶은 유혹을 느낄 수 있다. 그러나 이것은 과학적으로 잘못될 수 있으므로 권장하지 않는다. 통계학자와 상의하는 것이 좋다.

7.2.2 Z-테스트

A/B 테스트의 두 번째 공식은 각 사용자의 질문이 '얼마나(how many / how much)?'일 때 적용한다(이전 절에서 고려한 예-아니요 질문과 반대). 질문의 예는 다음과 같다.

1) 사용자가 세션 동안 웹사이트에서 보낸 시간은 얼마인가?

2) 사용자가 한 달 동안 지출한 비용은 얼마인가?

3) 사용자가 한 주 동안 몇 개의 뉴스 기사를 읽었는가?

이해를 돕기 위해 모델을 배포한 웹사이트에서 사용자가 보낸 시간을 측정해보자. 평소와 같이 사용자는 웹사이트의 버전 A와 버전 B로 라우팅되는데, 여기서 버전 A와 버전 B는 각각 이전 모델과 새 모델을 서빙한다. 귀무 가설은 두 버전의 사용자가 평균적으로 동일한 시간을 소비한다는 것이고, 대립 가설은 웹사이트 A보다 웹사이트 B에서 더 많은 시간을 보낸다는 것이다.

n_A는 버전 A로 라우팅된 사용자 수이고 n_B는 버전 B로 라우팅된 사용자 수라고 가정하자. i와 j는 각각 그룹 A와 B의 사용자를 나타낸다.

Z-테스트값을 계산하기 위해 먼저 A와 B에 대한 표본 평균과 표본 분산을 계산한다. 표본 평균은 다음과 같다.

$$\hat{\mu}_A \overset{\text{def}}{=} \frac{1}{n_A} \sum_{i=1}^{n_A} a_i,$$
$$\hat{\mu}_B \overset{\text{def}}{=} \frac{1}{n_B} \sum_{j=1}^{n_B} b_j,$$

(식 7.2)

여기서 a_i와 b_j는 각각 사용자 i와 j가 웹사이트에서 보낸 시간이다.

A와 B에 대한 표본 분산은 각각 다음과 같이 주어진다.

$$\hat{\sigma}_A^2 \overset{\text{def}}{=} \frac{1}{n_A} \sum_{i=1}^{n_A} (\hat{\mu}_A - a_i)^2,$$
$$\hat{\sigma}_B^2 \overset{\text{def}}{=} \frac{1}{n_B} \sum_{j=1}^{n_B} (\hat{\mu}_B - b_j)^2.$$

(식 7.3)

Z-테스트의 값은 다음과 같이 주어진다.

$$Z \overset{\text{def}}{=} \frac{\hat{\mu}_B - \hat{\mu}_A}{\sqrt{\frac{\hat{\sigma}_B^2}{n_B} + \frac{\hat{\sigma}_A^2}{n_A}}}.$$

Z가 클수록 A와 B의 차이가 통계적으로 유의할[3] 가능성이 높다. 귀무 가설(즉, A와 B가 동일함)에서 Z는 대체로 표준화된 정규 분포를 따른다.

$$Z \approx \mathcal{N}(0, 1)$$

이는 표본 크기가 크고 $\sigma_A^2 \approx \sigma_B^2$인 경우에만 해당한다. 그렇지 않은 경우 통계학자에게 조언을 구하는 것이 좋다.

G-테스트의 경우 p값을 사용하여 B에서 소비한 시간이 A에서 소비한 시간보다 실제로 더 크다고 생각할 만큼 Z가 충분히 큰지 여부를 결정한다. p값을 계산하려면 계산한 Z값만큼 이 분포에서 극단(귀무 가설과 일치하지 않음)에 있는 Z값을 얻을 확률을 구한다. 예를 들어, 표본으로부터 계산한 결과가 $Z = 2.64$일 때, A와 B가 같으면 $Z \geq 2.64$일 확률은 약 5%다.

---

3   [옮긴이] '통계적으로 유의하다'라고 하는 것은 확률적으로 봐서 단순한 우연이라고 생각되지 않을 정도로 의미가 있다는 뜻이다. 반대로 '통계적으로 유의하지 않다'라고 하는 것은 실험 결과가 단순한 우연일 수도 있다는 뜻이다.

테스트 결과를 보려면 p값을 선택한 유의 수준significance level[4]과 비교한다. 유의 수준이 5%인 경우 p값이 0.05 미만이면 두 모델의 성능 차이가 통계적으로 유의하지 않다는 귀무 가설을 기각한다. 따라서 새 모델이 기존 모델보다 더 잘 작동한다고 볼 수 있다.

p값이 0.05보다 크거나 같으면 귀무 가설을 기각하지 않는다. 하지만 이것이 귀무 가설을 받아들이는 것은 아니다. 두 모델은 여전히 다를 수 있다. 단지 이를 뒷받침하는 증거를 얻지 못했을 뿐이다. 이 경우 증거가 확실하지 않으면 이전 모델을 고수한다. 증거가 없다는 것은 기존의 관점을 유지한다는 의미다. p값이 0.05 이하로 떨어질 때까지 단순히 계속해서 증거를 수집하는 것도 과학적으로 타당하지 않다. 이 경우, 통계학자에게 문의하고 다른 테스트를 설계하는 것이 좋다.

유의 수준에 대해서 어떤 임계값이 최적인지에 대한 보편적인 합의가 없다. 일반적으로 0.05나 0.01 값을 사용하는데, 이는 1920년대 선구적인 통계학자인 로널드 피셔Ronald Fisher가 가장 즐겨 사용한 값이다. 하지만 필요하다면 애플리케이션에 따라 더 높거나 더 낮은 유의 수준 임계값을 선택해야 한다. 참고로 이때 값이 낮을수록 마음을 바꾸는 데 더 많은 증거가 필요하다.

G-테스트와 마찬가지로 프로그래밍 언어를 사용하여 Z-테스트의 p값을 찾는 것이 편리하다. 파이썬에서는 다음과 같이 수행할 수 있다.

```python
1  from scipy.stats import norm
2  def get_p_value(Z):
3      p_value = norm.sf(Z)
4      return p_value
```

다음은 R에 대한 코드다.

```r
1  get_p_value <- function(Z) {
2      p_value <- 1 - pnorm(Z)
3      return(p_value)
4  }
```

최상의 결과를 얻으려면 n_A와 n_B를 1,000 이상의 값으로 설정하는 것이 좋다.

7.2.3 결론 및 주의사항

이번 장의 시작 부분에서 언급했듯이 이번 장에서 살펴본 일부 방법은 예제로만 제공되며 특정

---

4 [옮긴이] 가설 검정의 유의(有意) 수준, 위험률

비즈니스 문제에 적합하지 않을 수 있다. 특히, 위에 제시된 두 가지 통계 테스트는 학교에서 가르치고 실제로 자주 사용되지만 유감스럽게도 두 가지 모두 비즈니스 문제에 적합한 것은 아니다. 구글의 최고 의사 결정 과학자이자 이번 장의 검토자 중 한 명인 캐시 코지르코프는 이를 지적하면서 위의 두 테스트는 단지 두 모델이 다르다는 것을 보여줄 뿐 차이가 '최소한 x의 차이'인지를 보여주지 않기 때문에 실제로 적용하는 것은 좋은 선택이 아니라고 강조했다. 기존 모델을 새 모델로 교체하는 데 비용이 많이 들거나 위험이 발생할 경우 새 모델이 '다소' 더 낫다는 것만으로는 교체 결정을 내릴 수 없다. 이 경우 당면한 문제에 맞도록 테스트를 조정해야 하고, 가장 좋은 방법은 통계 전문가에게 문의하는 것이다.[5]

A/B 테스트의 프로그래밍 코드를 주의 깊게 테스트해야 한다. 모든 것을 올바르게 구현해야만 유효한 모델 평가를 할 수 있다. 그렇지 않으면 문제가 있다는 사실을 알 수 없고, 테스트를 통해 오류를 찾아낼 수 없다.

또한, 그룹 A와 그룹 B를 동시에 측정해야 한다. 웹사이트의 트래픽은 하루 중 특정 시간이나 요일에 따라 다르므로, 실험의 순수성을 위해, 다른 시간의 측정값과 비교하면 안 된다. 거주 국가, 인터넷 연결 속도, 웹 브라우저 버전과 같이 사용자 행동에 중대한 영향을 미칠 수 있는 다른 측정 가능한 매개변수도 마찬가지다.

7.3 멀티 암드 밴딧

온라인 모델 평가와 선택에 있어서 보다 진보되고 많이 사용되는 방법은 **멀티 암드 밴딧**multi armed bandit, MAB[6]이다. A/B 테스트에는 한 가지 큰 단점이 있는데, A/B 테스트의 값을 계산하는 데 필요한 그룹 A와 그룹 B의 테스트 결과 수가 많다는 것이다. 차선의 모델suboptimal model로 라우팅된 사용자의 상당수는 오랫동안 차선의 동작을 경험할 것이다. 이상적으로는 가능한 한 적은 수의 사용자를 차선의 모델에 노출하고자 한다. 동시에 두 모델의 성능에 대한 신뢰할 수 있는 추정치를 얻기에 충분한 횟수만큼 두 모델 각각에 사용자를 노출해야 한다. 이를 **탐색-활용 딜레마**exploration-exploitation dilemma라고 한다. 더 나은 모델을 안정적으로 선택할 수 있을 만큼 모델의 성능을 탐색하

---

5   안타깝게도 이 책에서 모든 특수한 경우와 테스트를 설명하는 것은 현실적으로 어렵다. 때때로 이 책의 위키(http://www.mlebook.com/wiki/doku.php)를 참고할 것을 추천한다. 시간이 지남에 따라 더 많은 통계 테스트가 추가될 예정이다.

6   [옮긴이] 다중 레버 슬롯머신. 미국 라스베이거스에 있는 '외팔이 노상강도(one-armed bandit)'라고 부르는 슬롯머신에서 유래되었으며, 순차적 의사결정 문제(sequential decision problem)의 일종으로서 충분한 정보가 주어지지 않은 상황에서 탐색(exploration)과 활용(exploitation)의 균형을 찾는 것을 목표로 한다.

는 반면, 가능한 한 더 나은 모델의 성능을 활용하고자 한다.

확률론에서 멀티 암드 밴딧 문제는 예상되는 보상을 최대화하는 방식으로 서로 경쟁하는 선택지 간에 제한된 자원을 할당해야 하는 문제다. 각 선택지의 특성은 할당 시점에는 부분적으로만 알려져 있지만 시간이 지남에 따라 더 잘 이해할 수 있고 이러한 이해를 바탕으로 선택지에 자원을 할당한다.

멀티 암드 밴딧 문제를 두 모델의 온라인 평가에 어떻게 적용하는지 살펴보자(두 개 이상의 모델에 대한 접근 방식도 동일하다).

우리가 가지고 있는 제한된 자원은 시스템의 사용자다. '팔$_{arms}$'[7]이라고도 하는 경쟁적인 선택이 모델이 된다. 사용자를 특정 모델을 실행하는 시스템 버전으로 라우팅하여 선택 항목에 자원을 할당할 수 있다(즉, '팔을 당길 수' 있음). 비즈니스 성과 지표에 따라 보상이 제공되는 상황에서 예상되는 보상을 최대화하려고 한다. 비즈니스 성과 지표의 예로는 세션 중 웹사이트에서 보낸 평균 시간, 한 주 동안 읽은 평균 뉴스 기사 수, 추천 기사를 구매한 사용자의 비율 등이 있다.

UCB1[8]은 멀티 암드 밴딧 문제를 해결하는 데 널리 사용하는 알고리즘이다. 알고리즘은 과거의 해당 팔의 성능과 알고리즘이 팔에 대해 알고 있는 정도에 따라 동적으로 팔을 선택한다. 다시 말해, UCB1은 모델 성능에 대한 신뢰도가 높을 때 사용자를 최고의 성능을 보이는 모델로 더 자주 라우팅한다. 그렇지 않으면 UCB1은 사용자를 차선의 모델로 라우팅하여 해당 모델의 성능을 보다 확실하게 추정할 수 있다. 알고리즘이 각 모델의 성능을 충분히 확신하면, 거의 언제나 사용자를 최상의 성능 모델로 라우팅한다.

수학적 관점에서 UCB1는 다음과 같이 작동한다. c_a는 처음부터 팔 a를 당긴 횟수를 나타내고 v_a는 해당 팔을 당겨서 얻은 평균 보상을 나타낸다. 보상은 비즈니스 성과 지푯값에 해당한다. 설명을 위해서 한 세션 동안 시스템에서 사용자가 보낸 평균 시간을 지표로 한다. 따라서 팔을 당기는 것에 대한 보상은 특정 세션 기간이다.

처음에는 모든 팔에 대한 c_a와 $v_a(a = 1, \ldots, M)$가 0이다. 팔 a를 당기면 보상이 r이고 c_a는 1씩 증가하고 v_a는 다음과 같이 업데이트된다.

7 　옮긴이　 슬롯머신의 레버로 생각하면 도움이 된다.

8 　옮긴이　 UCB(upper confidence bound, 신뢰도 상한)를 정의하는 방법에 따라서 UCB1, UCB2, UCB-Tuned, MOSS, KL-UCB, Bayes-UCB 등의 변형이 있다.

$$v_a \leftarrow \frac{c_a - 1}{c_a} \times v_a + \frac{r}{c_a}.$$

각 시간 단계(즉, 새로운 사용자가 로그인할 때)에서 당길 팔(즉, 사용자가 라우팅할 시스템의 버전)은 다음과 같이 선택한다. 어떤 팔 a에 대해 $c_a = 0$이면 이 팔을 당기고, 그렇지 않으면 UCB값이 가장 큰 팔을 당긴다. 팔 a의 UCB값인 u_a는 다음과 같이 정의된다.

$$u_a \stackrel{\text{def}}{=} v_a + \sqrt{\frac{2 \times \log(c)}{c_a}}, \text{ where } c \stackrel{\text{def}}{=} \sum_a^M c_a.$$

알고리즘이 최적의 설루션으로 수렴하는 것은 이미 입증되었다. 즉, UCB1은 대부분의 경우 최고 성능의 팔을 당기게 된다.

파이썬에서 UCB1을 구현하는 코드는 다음과 같다.

```
1  class UCB1():
2      def __init__(self, n_arms):
3          self.c = [0] * n_arms
4          self.v = [0.0]*n_arms
5          self.M = [0.0]*n_arms
6          return
7
8      def select_arm(self):
9          for a in range(self.M):
10             if self.c[a] == 0:
11                 return a
12         u = [0.0] * self.M
13         c = sum(self.c)
14         for a in range(self.M):
15             bonus = math.sqrt((2 * math.log(c)) / float(self.c[a]))
16             u[a] = self.v[a] + bonus
17         return u.index(max(u))
18
19     def update(self, a, r):
20         self.c[a] += 1
21         v_a = ((self.c[a] - 1) / float(self.c[a])) * self.v[a] \
22                 + (r / float(self.c[a]))
23         self.v[a] = v_a
24         return
```

R의 해당 코드는 다음과 같다.

```
1   setClass("UCB1", representation(count="numeric", value="numeric", M="numeric"))
2
3   setGeneric("select_arm", function(x) standardGeneric("select_arm"))
4   setMethod("select_arm", "UCB1", function(x) {
5       for (a in seq(from = 1, to = x@M, by = 1)) {
6           if (x@count[a] 0) {
7               return(a)
8           }
9       }
10      u <- rep(0.0, x@M)
11      count <- sum(x@count)
12      for (a in seq(from = 1, to = x@M, by = 1)) {
13          print(a)
14          bonus <- sqrt((2 * log(count)) / x@count[a])
15          u[a] <- x@value[a] + bonus
16      }
17      match(c(max(u)),u)
18  })
19
20  setGeneric("update", function(x, a, r) standardGeneric("update"))
21  setMethod("update", "UCB1", function(x, a, r) {
22      x@count[a] <- x@count[a] + 1
23      v_a <- ((x@count[a] - 1) / x@count[a]) * x@value[a] + (r / x@count[a])
24      x@value[a] <- v_a
25  })
26
27  UCB1 <- function(M) {
28      new("UCB1", count = rep(0, M), value = rep(0.0, M), M = M)
29  }
```

7.4 모델 성능에 대한 통계적 한계

때로는 모델 성능을 보고할 때 지푯값 외에 **통계 구간**statistical interval이라고도 하는 통계 한계도 제공해야 한다.

머신학습에 관한 다른 책이나 일부 인기 있는 온라인 블로그를 많이 본 독자라면 왜 필자가 '신뢰 구간confidence interval'이 아닌 '통계 구간statistical interval'이라는 용어를 사용하는지 궁금할 것이다. 그 이유는 일부 머신러닝 문헌에서 필자가 말하는 '신뢰 구간'이 사실 '신뢰할 수 있는 구간credible interval'이기 때문이다. 빈도주의frequentist 통계와 베이지안Bayesian 통계에서 두 용어가 서로 다른 의미를 갖기 때문에 통계학자에게는 두 용어의 차이가 분명하고 중요하다. 하지만 이 책에서는 두 용어의 차이의 미묘함 때문에 독자들에게 부담을 주지는 않겠다. 통계 전문가가 아니라면 통계 구간을 다음과 같이 생각하는 것이 도움이 된다. 95%의 통계 구간은 추정하는 매개변수가 구간의 양경계 사이에 있을 가능성이 95%임을 나타낸다. 엄밀히 말하면 이것이 신뢰할 수 있는 구간의 정의다. 신뢰 구간의 해석은 미묘하게 다르지만, 통계를 처음 접하는 대부분의 사람은 몇 권의 교과서로 공부를 끝마칠 때까지는 그 차이를 인식하지 못한다. 따라서 통계 구간에 대한 위의 해석 정도면 충분할 것이다.

모델에 대한 통계 구간을 설정할 수 있는 몇 가지 기술이 있는데, 일부 기술은 분류 모델에 적용할 수 있고 또 일부 기술은 회귀 모델에 적용할 수 있다. 이번 절에서는 그중에 몇 가지 기술을 살펴본다.

7.4.1 분류 오류에 대한 통계 구간

분류 모델에 대한 에러율 'err'을 구하면(여기서 err $\stackrel{\text{def}}{=}$ 1 − 정확도), 다음 기술을 사용하여 'err'에 대한 통계 구간을 얻을 수 있다.

N을 테스트 세트의 크기라고 하면, 99% 확률로 'err'은 다음 구간에 있다.

$$[\text{err} - \delta, \text{err} + \delta],$$

여기서 $\delta \stackrel{\text{def}}{=} z_N \sqrt{\frac{\text{err}(1-\text{err})}{N}}$ 이고, $z_N = 2.58$이다.

z_N의 값은 필요한 신뢰 수준confidence level에 따라 달라지는데, 99% 신뢰 수준의 경우 $z_N = 2.58$이다. 다른 신뢰 수준값의 경우 z_N값은 아래 표에서 찾을 수 있다.

신뢰 수준	80%	90%	95%	98%	99%
z_N	1.28	1.64	1.96	2.33	2.58

p값과 마찬가지로 프로그램을 작성해서 z_N값을 찾는 것이 편리하다. 파이썬에서는 다음과 같은 방법으로 구할 수 있다.

```
1  from scipy.stats import norm
2  def get_z_N(confidence_level): # a value in (0,100)
3      z_N = norm.ppf(1 - 0.5 * (1 - confidence_level... / 100.0))
4      return z_N
```

다음은 R에 대한 코드다.

```
1  get_z_N <- function(confidence_level) {# a value in (0,100)
2      z_N <- qnorm(1-0.5*(1 - confidence_level/100.0))
3      return(z_N)
4  }
```

이론적으로 이 기술은 $N \geq 30$ 정도인 매우 작은 테스트 세트에서도 작동하는데, 테스트 세트의 최소 크기 N을 얻기 위한 보다 정확한 경험 법칙은 다음과 같다. $N \times \text{err} \, (1 - \text{err}) \geq 5$이 되는 N의 값을 찾는다. 직관적으로 테스트 세트의 크기가 클수록 모델의 실제 성능에 대한 불확실성이 낮아진다.

7.4.2 부트스트래핑 통계 구간

부트스트래핑bootstrapping 아이디어를 기반으로 하는 기술을 통해 분류와 회귀의 모든 지표에 대한 통계 구간을 구할 수 있다. 부트스트랩핑은 B개의 샘플을 가진 데이터 세트를 만든 다음 이를 통해 모델을 훈련하거나 일부 통계를 계산하는 통계 절차로, 특히 **랜덤 포레스트** 학습 알고리즘이 이 아이디어를 기반으로 하고 있다.

지표에 대한 통계 구간을 계산하기 위해 부트스트래핑을 적용하는 방법은 다음과 같다. 테스트 세트가 주어지면 B개의 랜덤 샘플 $S_b{}^9(b = 1, \ldots, B)$를 선택한다. 일부 샘플 S_b를 얻기 위해 **대체 샘플링**sampling with replacement을 사용한다. 대체 샘플링은 처음에는 S_b에 원소가 없는 빈 세트로 시작하고 테스트 세트에서 랜덤으로 견본을 선택해서 S_b에 복사본을 넣는다. 랜덤으로 견본을 골라 $|S_b|^{10} = N$이 될 때까지 S_b에 넣는다.

테스트 세트의 B개 부트 스트랩 샘플을 얻게 되면 각 샘플 S_b를 테스트 세트로 사용하여 성능 지표 m_b의 값을 계산한다. B개의 값을 오름차순으로 정렬하고, 모든 B개 지푯값을 합산한 S를 $S \stackrel{\text{def}}{=} \sum_{b=1}^{B} m_b$와 같이 구한다. 지표에 대한 c 퍼센트 통계 구간을 얻으려면, a와 b 사이의 구간에 있는 값 m_b의 합이 S의 최소 c 퍼센트가 되도록 하는 가장 좁은 구간을 선택한다. 이제 통계 구간은 $[a, b]$가 된다.

이 서술은 모호하게 들릴 수 있으므로 예를 들어 보자. $B = 10$으로 하고, 모델을 B개의 부트스트랩 샘플에 적용하여 계산한 지푯값을 [9.8, 7.5, 7.9, 10.1, 9.7, 8.4, 7.1, 9.9, 7.7, 8.5]로 설정한

---

9 〔옮긴이〕 여기서 S_b는 하나의 샘플이 아니라 하나의 샘플 세트이다.

10 〔옮긴이〕 데이터 세트 S_b의 크기

다. 먼저 이 지푯값을 오름차순으로 정렬하면 [7.1, 7.5, 7.7, 7.9, 8.4, 8.5, 9.7, 9.8, 9.9, 10.1]이 된다. 신뢰 수준 c를 80%로 하면 통계 구간의 최솟값 a는 7.46이 되고 최댓값 b는 9.92가 된다. 위의 두 값은 파이썬의 **percentile** 함수를 사용하여 찾았다.

```python
1  from numpy import percentile
2  def get_interval(values, confidence_level):
3      # confidence_level is a value in (0,100)
4      lower = percentile(values, (100.0-confidence_level)/2.0)
5      upper = percentile(values, confidence_level+((100.0-confidence_level)/2.0))
6      return (lower, upper)
```

R에서는 **quantile** 함수를 사용해서 동일한 작업을 수행할 수 있다.

```r
1  get_interval <- function(values, confidence_level) {
2      # confidence_level is a value in (0,100)
3      cl <- confidence_level/100.0
4      quant <- quantile(values, probs = c((1.0-cl)/2.0, cl+((1.0-cl)/2.0), \
5      names = FALSE)
6  return(...)
7  }
```

통계 구간의 경계 a = 7.46과 b = 9.92가 있으면 모델에 대한 지푯값이 신뢰도 80%로 구간 [7.46, 9.92]에 있다고 할 수 있다. 실제로 분석가는 95% 또는 99%의 신뢰 수준을 사용한다. 신뢰도가 높을수록 구간이 넓어진다. 일반적으로 부트스트랩 샘플의 수 B는 100으로 설정한다.

7.4.3 회귀를 위한 부트스트래핑 예측 구간

지금까지 전체 모델과 주어진 성능 지표에 대한 통계 구간을 고려했다. 이번 절에서는 부트스트래핑을 통해 회귀 모델과 이 모델이 입력으로 받는 특징 벡터 x에 대한 **예측 구간**prediction interval을 계산한다.

다음 질문에 대한 답을 찾아보자. 회귀 모델 f와 입력 특징 벡터 x가 주어졌을 때, 예측 $f(x)$가 신뢰도 c 퍼센트로 구간 [$f_{min}(x)$, $f_{max}(x)$]에 놓이도록 하는 해당 구간의 값 $f_{min}(x)$와 $f_{max}(x)$는 얼마일까?

여기서 부트스트래핑 절차는 비슷하다. 유일한 차이점은 이제 테스트 세트가 아닌 훈련 세트의 B개 부트스트랩 샘플을 만든다는 것이다. B개 부트스트랩 샘플을 B개 훈련 세트로 이용하여 부트스트랩 샘플당 하나씩 B개 회귀 모델을 구축한다. 입력 특징 벡터를 x라고 하자. 신뢰 수준

c를 고정하고 x에 B 모델을 적용하여 B 예측값을 얻는다. 이제 위에서와 같은 기술을 이용하여 최솟값 a와 최댓값 b 사이의 가장 좁은 간격을 찾아 해당 구간에 있는 예측값의 합이 B개 예측 합계의 최소 c 퍼센트가 되도록 한다. 그런 다음 예측 $f(x)$를 반환하고 신뢰도 c 퍼센트로 구간 [a, b]에 있다고 할 수 있다.

이전과 마찬가지로 신뢰 수준은 보통 95% 또는 99%를 사용하고, 부트스트랩 샘플의 수 B는 100 (또는 시간이 허용하는 한 많이)으로 설정한다.

7.5 테스트 세트 적합성 평가

전통적인 소프트웨어 엔지니어링에서는 테스트를 통해 소프트웨어의 결함을 찾는다. 소프트웨어가 생산 단계에 도달하기 전에 코드에서 버그를 발견할 수 있도록 해 주는 다양한 테스트 방법이 있다. 동일한 접근 방식을 통계 모델과 '유사하게' 개발한 머신러닝 코드(사용자로부터 입력을 받아 이를 특징으로 변환하는 코드, 모델의 출력을 해석하고 결과를 사용자 서빙하는 코드)의 테스트에 적용한다.

그러나 모델 자체에 대해서는 별도의 평가를 해야 한다. 모델을 평가하는 데 사용하는 테스트 견본은 모델을 운영 환경에 배포하기 전에 모델의 결함을 발견할 수 있도록 설계해야 한다.

7.5.1 뉴런 커버리지

신경망을 평가할 때, 특히 자율 주행차나 우주 로켓과 같이 치명적인 영향을 미칠 수 있는mission-critical 시나리오에서 신경망을 평가할 때 사용하는 테스트 세트는 좋은 테스트 커버리지coverage[11]를 가져야 한다. 신경망 모델에 대한 테스트 세트의 **뉴런 커버리지**neuron coverage는 총 단위 수에 대해서 테스트 세트의 견본에 의해 활성화되는 단위(뉴런)의 비율로 정의한다. 좋은 테스트 세트는 뉴런 커버리지가 거의 100%에 가깝다.

이러한 테스트 세트를 구축하는 기술은 레이블이 없는 견본 세트와 모델의 모든 단위에 대해서 다음 작업을 반복적으로 수행한다.

1) 레이블이 없는 견본 i를 랜덤하게 선택해서 레이블링을 한다.
2) 특징 벡터 x_i를 모델의 입력으로 보낸다.

11　올긴이 테스트 범위

3) 모델에서 x_i에 의해 활성화되는 단위를 관찰한다.

4) 예측이 정확하면 해당 단위를 테스트된 것으로 표시하고

5) 1단계로 돌아가서 뉴런 커버리지가 100%에 가까워질 때까지 계속 반복한다.

출력이 특정 임계값을 초과하면 단위가 활성화된 것으로 간주한다. 일반적으로 정류 선형 단위(ReLU)와 로지스틱 시그모이드의 경우 각각의 임계값은 0과 0.5다.

7.5.2 돌연변이 테스트

소프트웨어 엔지니어링에서 **돌연변이 테스트**mutation testing는 **테스트 대상 소프트웨어**Software Under Test, SUT에 대한 우수한 테스트 커버리지를 보여준다. SUT를 테스트하도록 설계된 테스트 시퀀스를 살펴보자. SUT의 여러 '돌연변이'가 생성되는데, 이렇게 생성된 돌연변이는 소스 코드에서 '+'를 '-'로, '⟨'를 '⟩'로 바꾸고, if-else문에서 else를 삭제하는 등 랜덤하게 수정한 SUT 버전이다. 그런 다음 테스트 세트를 각 돌연변이에 적용하고, 최소한 하나의 테스트가 해당 돌연변이에서 실패하는지 확인한다. 돌연변이에 대해서 하나의 테스트가 실패하면 돌연변이를 죽인다고 한다. 그런 다음 전체 돌연변이 집단에서 죽은 돌연변이의 비율을 계산한다. 좋은 테스트 세트를 사용하면 이 비율이 100%가 된다.

머신러닝에서도 유사한 접근 방식을 따를 수 있다. 그러나 돌연변이 통계 모델을 만들기 위해서는 코드를 수정하는 대신 훈련 데이터를 수정한다. 모델이 깊으면 랜덤하게 층을 제거 또는 추가하거나 활성화 함수를 제거하거나 교체할 수도 있다. 훈련 데이터는 다음과 같이 수정할 수 있다.

- 중복된 견본 추가
- 일부 견본의 레이블 위조
- 일부 견본 제거
- 일부 특징값에 랜덤 잡음 추가

적어도 하나의 테스트 견본에 대해 돌연변이 통계 모델이 잘못된 예측을 한다면 돌연변이를 죽인다고 간주한다.

7.6 모델 특성 평가

정확도나 ROC 곡선 아래 영역(AUC) 같은 일부 성능 지표에 따라 모델의 품질을 측정해서 **정확도**correctness 특성을 평가할 수 있다. 이와 같이 일반적인 특성인 정확도 외에도, 강건성, 공정성과 같은 모델의 다른 특성을 평가하는 것이 적절할 수도 있다.

7.6.1 강건성

머신러닝 모델의 **강건성**robustness은 입력 데이터에 약간의 잡음을 추가했을 때 모델 성능의 안정성을 나타낸다. 강건한 모델은 입력 견본에 랜덤 잡음을 추가하면 잡음 크기에 비례하여 모델의 성능이 저하된다.

입력 특징 벡터 x에 대해서, 해당 입력 견본에 모델 f를 적용하기 전에 임의로 선택한 일부 특징값을 0으로 대체하여 수정된 입력 x′을 얻는다. x와 x′ 사이의 **유클리드 거리**가 δ 미만으로 유지되는 동안 x의 특징값을 계속 랜덤하게 선택해서 대체한다. 그런 다음 모델 f를 x와 x′에 적용해서 예측 $f(x)$와 $f(x')$을 얻는다. 고정된 δ와 ε값에 대해서, 모델 f가 $\|x - x'\| \leq \delta$ 인 모든 x와 x′에 대해 $|f(x) - f(x')| \leq \varepsilon$인 경우 입력의 δ-섭동에 ε-견고하다고 한다.

성능 지표에 따라 유사한 성능을 보이는 모델이 여러 개 있는 경우, 테스트 데이터에 적용할 때 ε이 가장 작은 ε-견고한 모델을 운영 환경에 배포하는 것이 좋다. 그러나 실제로는 적절한 δ값을 설정하는 방법이 항상 명확하지는 않다. 여러 후보 중에서 견고한 모델을 식별하는 보다 실용적인 방법은 다음과 같다.

어떤 원본 테스트 세트의 모든 견본에 δ(델타) 섭동을 적용해서 얻은 테스트 세트는 δ-교란되었다고 한다. 강건성을 테스트할 모델 f를 선택한다. $\hat{\varepsilon}$의 합리적인 값을 설정하고, 운영 환경에서 모델의 예측이 올바른 예측과 $\hat{\varepsilon}$ 이상 차이가 나지 않을 경우 허용 가능한 것으로 간주한다. 작은 δ값으로 시작하여 δ-교란된 데이터 세트를 만든다. 원본 테스트 세트의 각 견본 x와 이에 대응하는 ε-교란된 테스트 세트 x′에 대해서 $|f(x) - f(x')| \leq \varepsilon$이 되도록 하는 ε의 최솟값을 찾는다.

$\varepsilon \geq \hat{\varepsilon}$이면 너무 높은 δ값을 선택한 것이므로, 더 낮은 값을 설정하고 다시 시작한다.

$\varepsilon < \hat{\varepsilon}$이면 δ를 약간 증가시키고 새로운 δ-섭동된$_{\delta\text{-perturbed}}$ 테스트 세트를 만들고, 이 새로운 δ-섭동 테스트 세트에 대한 ε을 찾은 다음 ε이 $\hat{\varepsilon}$ 미만으로 유지되는 동안 계속 δ를 증가시킨다.

일단 $\varepsilon \geq \hat{\varepsilon}$일 때 $\delta = \hat{\delta}$인 값을 찾으면 강건성을 테스트하는 모델 f가 입력의 $\hat{\delta}$-섭동에 대해 $\hat{\varepsilon}$-

견고하다는 점에 유의한다. 이제 강건성을 테스트할 다른 모델을 선택하고 $\hat{\delta}$을 찾은 다음, 모든 모델을 테스트할 때까지 같은 방식으로 계속 진행한다.

각 모델에 대한 $\hat{\delta}$ – 섭동값을 구하면 모델 중에서 $\hat{\delta}$가 가장 큰 모델을 운영 환경에 배포한다.

7.6.2 공정성

머신러닝 알고리즘은 인간이 교육하는 것을 학습하는 경향이 있다. 이러한 교육은 훈련 견본의 형태로 제공된다. 인간은 데이터 수집과 레이블링 방법에 영향을 미칠 수 있는 편견을 갖고 있고, 역사적, 문화적, 지리적 데이터에도 편견이 존재한다. 결과적으로, 3장의 3.2절에서 살펴본 바와 같이 편향된 모델이 만들어질 수 있다.

민감하고 불공정성unfairness으로부터 보호가 필요한 속성을 **보호된 속성**protected 또는 **민감한 속성** sensitive attributes이라고 한다. 법적으로 인정되고 보호되는 속성의 예로는 인종, 피부색, 성별, 종교, 국적, 시민권, 연령, 임신, 가족 상태, 장애 상태, 병역 상태, 유전 정보가 있다.

공정성fairness은 종종 도메인별로 다르며 각 도메인에는 고유한 규정이 있을 수 있다. 규제되는 도메인에는 신용, 교육, 고용, 주택, 공공 숙박 시설이 있다.

공정성의 정의는 도메인에 따라 크게 다른데, 이 책을 집필하는 시점에는 과학 기술 문헌에서 공정성에 대한 확고한 합의가 이루어지지 않고 있다. 가장 일반적으로 인용되는 개념은 인구 통계학적 평등과 동등한 기회다.

인구 통계학적 동등성demographic parity(**통계적 동등성**statistical parity 또는 **독립성 측면의 동등함**independence parity이라고도 함)은 모델이 동일한 비율로 양성 예측positive prediction을 하는 각 보호된 속성 세그먼트의 비율을 나타낸다.

양성 예측은 '대학 입학'이나 '대출 승인'을 의미한다. 수학적으로 인구 통계학적 동등성은 다음과 같이 정의한다. 테스트 데이터를 성별과 같은 민감한 속성 j로 두 개의 그룹 G_1, G_2으로 나눴다고 하자. x가 여성을 나타내면 $\mathbf{x}^{(j)} = 1$, 그렇지 않으면 $\mathbf{x}^{(j)} = 0$으로 설정한다. 테스트 중인 이진 모델 f는 $\Pr(f(\mathbf{x}_i) = 1 | \mathbf{x}_i \in G_1) = \Pr(f(\mathbf{x}_k) = 1 | \mathbf{x}_k \in G_2)$인 경우 인구 통계학적 동등성을 충족한다. 즉, 테스트 데이터로 측정한 대로 모델 f를 사용하여 여성에 대해서 1을 예측할 확률이 남성에 대해서 1을 예측할 확률과 동일하다.

훈련 데이터의 특징 벡터에서 보호된 속성을 제외하더라도 나머지 특징 중 일부가 제외한 특징과 **상관관계**correlated가 있을 수 있기 때문에 모델이 인구 통계학적 동등성을 가지게 될 것이라는 보장은 없다. **기회 균등**equal opportunity은 해당 그룹의 사람들이 자격이 있다는 가정하에 모델이 각 그룹에 대해서 동일한 비율로 양성 예측을 한다는 의미다.

수학적으로, 테스트 중인 이진 모델 f는 $\Pr(f(\mathbf{x}_i) = 1|\mathbf{x}_i \in G_1, y_i = 1) = \Pr(f(\mathbf{x}_k) = 1|\mathbf{x}_k \in G_2, y_k = 1)$인 경우 동등한 기회를 충족한다. 여기서 y_i, y_k는 각각의 특징 벡터 $\mathbf{x}_i, \mathbf{x}_k$의 실제 레이블이다.

위의 동일성은 테스트 데이터에서 측정한 바와 같이 모델 f에 의해 해당 예측에 해당하는 여성을 1로 예측할 기회가 해당 예측에 적합한 남성을 1로 예측할 기회와 같다는 의미다. **혼동 행렬** 측면에서의 기회 균등을 위해서는 보호된 속성의 각 값에 대해 **참양성률**이 동일해야 한다.

7.7 요약

운영 환경에서 실행되는 모든 통계 모델은 신중하고 지속적으로 평가해야 한다.

모델을 적용하는 도메인, 조직의 목표, 제약 조건에 따라 모델 평가는 다음 작업을 포함한다.

- 모델을 운영 환경에 투입할 때의 법적 위험을 추정한다.
- 모델 훈련에 사용하는 데이터 분포의 주요 특성을 이해한다.
- 배포 전에 모델의 성능을 평가한다.
- 배포한 모델의 성능을 모니터링한다.

오프라인 모델 평가는 모델 훈련 후 실시하는데, 이는 과거 데이터를 기반으로 한다. 반면, 온라인 모델 평가는 온라인 데이터를 사용해서 운영 환경에서 모델을 테스트하고 비교한다.

많이 사용되는 온라인 모델 평가 기술은 A/B 테스트인데, A/B 테스트를 수행할 때는 사용자를 A와 B의 두 그룹으로 나눈다. 이 두 그룹에는 각각 구형 모델과 신형 모델이 제공된다. 그런 다음 통계적 유의성 테스트를 통해 새 모델이 이전 모델과 통계적으로 다른지 여부를 결정한다.

멀티 암드 밴딧은 널리 사용되는 또 다른 온라인 모델 평가 기술이다. 모든 모델을 사용자에게 랜덤하게 노출한 다음, 가장 성능이 좋은 모델 하나만 대부분의 시간 동안 서비스를 받을 때까지 성능이 가장 낮은 모델의 노출을 점차 줄여 나간다.

훈련 모델 성능 지표를 구하는 것 외에도 통계 구간이라고 하는 통계 한계를 제공해야 할 수도 있다.

분류 및 회귀 모델 모두에 대해, 부트스트래핑이라는 인기 있는 기술을 사용하여 모든 지표에 대한 통계 구간을 계산할 수 있다. 이는 데이터 세트의 B개 샘플을 만든 다음 모델을 훈련하고 각 B개 샘플을 사용하여 일부 통계를 계산하는 통계 절차다.

모델을 평가하는 데 사용하는 테스트 견본은 모델을 운영 환경에 배포하기 전에 결함을 발견해 낼 수 있어야 한다. 뉴런 커버리지와 돌연변이 테스트와 같은 기술을 사용하여 테스트 세트를 평가할 수 있다.

모델이 치명적인 영향을 미칠 수 있는 시스템이나 규제 영역(예를 들어, 신용, 교육, 고용, 주택, 공공 시설)에서 사용되는 경우 정확도, 강건성, 공정성을 평가해야 한다.

8

모델 배포

모델을 구축하고 철저한 테스트를 마치고 나면 이제 모델을 배포할 수 있다. 모델을 운영 환경에 배포하면 시스템 사용자가 생성한 쿼리를 처리하게 된다. 입력받은 쿼리는 특징 벡터로 변환되고, 변환된 특징 벡터를 모델에 입력해서 채점을 한다. 그런 다음 채점 결과를 사용자에게 반환한다.

모델 배포model deployment는 머신러닝 프로젝트 수명주기의 여섯 번째 단계다.

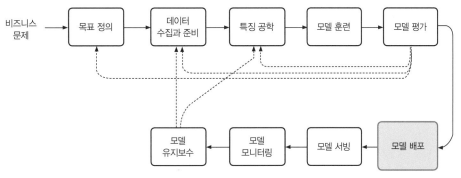

그림 8.1 머신러닝 프로젝트 수명주기

훈련을 마친 모델은 다양한 방법으로 배포할 수 있다. 서버나 사용자 기기에 배포할 수 있고, 한 번에 모든 사용자에게 배포할 수도 있고 일부 사용자에게만 배포할 수도 있다. 이번 장에서는 이러한 모든 옵션을 살펴본다.

모델은 다음과 같은 몇 가지 **패턴**pattern으로 배포할 수 있다.

- 설치 가능한 소프트웨어 패키지의 일부로 정적 방식으로 배포
- 동적 방식으로 사용자 기기에 배포
- 동적 방식으로 서버에 배포
- 모델 스트리밍을 통해 배포

8.1 정적 배포

머신러닝 모델의 정적 배포static deployment는 기존 소프트웨어 배포와 매우 유사하다. 설치 가능한 소프트웨어 바이너리를 준비하고, 런타임에 사용할 수 있는 리소스로 모델을 패키징한다. 운영 체제와 런타임 환경에 따라 모델과 특징 추출기 객체는 동적 연결 라이브러리(윈도우Windows의 경우 DLL), 공유 객체(리눅스Linux의 경우 *.so 파일)의 일부로 패키징하거나 자바와 .NET 같은 가상머신 기반 시스템의 표준 리소스 위치에 직렬화하고 저장한다.

정적 배포에는 다음과 같은 많은 이점이 있다.

- 소프트웨어에서 모델을 직접 호출할 수 있으므로 사용자 입장에서 실행 시간이 빠르다.
- 예측 시점에 사용자 데이터를 서버에 업로드할 필요가 없다. 따라서 시간이 절약되고 개인 정보를 보호할 수 있다.
- 사용자가 오프라인 상태일 때도 모델을 호출할 수 있다.
- 소프트웨어 공급 업체는 모델의 운영 유지에 대해 신경 쓸 필요가 없다. 사용자가 책임을 진다.

그러나 정적 배포에는 몇 가지 단점도 있다. 무엇보다도 머신러닝 코드와 애플리케이션 코드의 구분이 명확하지 않다. 따라서 전체 애플리케이션을 업그레이드하지 않고는 모델을 업그레이드하기가 어렵다. 둘째, 모델에 채점 계산을 위한 특정한 요구 사항(예를 들어, 가속기나 GPU 사용)이 있는 경우 정적 배포 가능 여부를 판단하기가 복잡해질 수 있다.

8.2 사용자 기기에 동적 배포

시스템의 일부를 사용자 기기에서 소프트웨어 응용 프로그램으로 실행한다는 점에서 기기에 동적으로 모델을 배포하는 것은 정적 배포와 유사하다. 차이점은 동적 배포에서는 모델과 애플리케이션의 바이너리 코드가 분리되어 있어서 문제 발생 시 문제의 원인을 찾기가 쉽다는 것이다. 사용자 기기에서 실행되는 전체 애플리케이션을 업데이트하지 않고도 모델 업데이트를 할 수 있다. 또한, 사용 가능한 컴퓨팅 자원에 따라 모델에 적합한 코드를 동적으로 배포할 수 있다.

다음과 같은 여러 가지 동적 배포 방법이 있다.

- 모델 매개변수 배포
- 직렬화된 객체 배포
- 브라우저에 배포

8.2.1 모델 매개변수 배포

이 배포 시나리오에서는 모델 파일에는 학습된 매개변수만 있고, 사용자 기기에는 모델의 런타임 환경이 설치되어 있다. **텐서플로** 같은 일부 머신러닝 패키지에는 모바일 기기에서 실행할 수 있는 경량 버전[1]이 있다.

또는 애플Apple의 **코어 ML**Core ML 같은 프레임워크를 사용하면 **사이킷런, 케라스, XGBoost** 등 인기 있는 패키지로 만든 모델을 애플 기기에서 실행할 수 있다.

8.2.2 직렬화된 객체 배포

이 경우 모델 파일은 직렬화된 객체이고 응용 프로그램 실행 중에 이를 역직렬화한다. 이 방식의 장점은 사용자 기기에 모델을 위한 별도의 런타임 환경이 필요하지 않다는 것이다. 필요한 모든 종속성은 모델 객체와 함께 역직렬화된다.

가장 큰 단점은 업데이트가 매우 '무거워heavy'진다는 것이다. 이는 소프트웨어 시스템에 수백만 명의 사용자가 있을 경우 문제가 될 수 있다.

---

1   옮긴이 텐서플로 라이트(TensorFlow Lite)

8.2.3 브라우저에 배포

대부분의 최신 기기에는 데스크톱 브라우저나 모바일 브라우저가 탑재되어 있다. **TensorFlow.js**
와 같은 일부 머신러닝 프레임워크는 자바스크립트를 런타임으로 사용하여 브라우저에서 모델을
학습시키고 실행할 수 있다.

파이썬으로 텐서플로 모델을 학습한 다음, 이를 배포하고 브라우저의 자바스크립트 런타임 환경
에서 실행할 수도 있다. 또한, 사용자 기기에 그래픽 처리 장치graphics processing unit, GPU가 있는 경우
Tensorflow.js가 이를 사용할 수 있다.

8.2.4 장점과 단점

사용자 기기에 동적으로 배포할 때의 주요 이점은 사용자가 모델을 빠르게 호출할 수 있다는 것
이다. 또한, 대부분의 계산이 사용자 기기에서 수행되기 때문에 조직의 공용 서버에 미치는 부하
를 줄일 수 있다. 모델을 브라우저에 배포하는 경우에는 서비스 제공자가 모델의 매개변수가 포함
된 웹페이지만 서빙하면 되지만, 대신 대역폭 비용이 높아지고 애플리케이션 시작 시간이 늘어날
수 있다는 단점이 있다. 사용자가 애플리케이션을 설치할 때 한 번만 수행하는 것이 아니라 웹 응
용 프로그램을 시작할 때마다 모델의 매개변수를 다운로드해야 하기 때문이다.

또 다른 단점은 모델 업데이트 중에 발생할 수 있다. 직렬화된 객체의 크기가 상당히 클 경우 업
데이트 시간이 오래 걸리기 때문에, 일부 사용자는 업데이트 중에 오프라인 상태가 될 수도 있고,
불편을 느낀 사용자는 이후 모든 업데이트를 해제할 수도 있다. 결과적으로 사용자마다 모델 버
전이 파편화되어 애플리케이션의 서버 측 부분을 업그레이드하는 것도 어려워지게 된다.

사용자 기기에 모델을 배포하면 타사에서 모델을 쉽게 분석할 수도 있다. 모델을 역설계해서 약점
을 찾아내거나, 데이터를 조정해서 모델을 악용할 수도 있다.

사용자가 모바일 애플리케이션을 통해 자신의 관심사와 관련된 뉴스를 읽는다고 할 때, 콘텐츠
제공 업체가 모델을 역설계해서 해당 콘텐츠 제공 업체의 뉴스를 더 자주 추천할 수 있다. 정적
배포와 마찬가지로 사용자의 기기에 배포하면 모델 성능을 모니터링하기가 어렵다.

8.3 서버에 동적 배포

앞에서 설명한 복잡한 문제와 성능 모니터링 문제로 인해 가장 인기 있는 배포 패턴은 모델을 하
나의 서버(또는 다수의 서버)에 배포하고, 웹 서비스나 **구글 원격 프로시저 호출**Google's Remote Procedure Call,

gRPC 서비스 형태의 **REST API**Representational State Transfer Application Programming Interface로 제공하는 것이다.

8.3.1 가상 머신에 배포

일반적인 웹 서비스 아키텍처에서 클라우드 환경에 배포된 모델의 예측은 정형화된 형식의 HTTP 요청에 대한 응답으로 서빙된다. 가상 머신에서 실행되는 웹 서비스는 입력 데이터가 포함된 사용자 요청을 받아서 해당 입력 데이터로 머신러닝 시스템을 호출한 다음, 머신러닝 시스템의 출력을 JSON이나 XML 문자열로 변환한다. 높은 부하량에 대처하기 위해 여러 개의 동일한 가상 머신이 병렬로 실행된다.

로드 밸런서load balancer[2]는 가용성에 따라 수신 요청을 특정 가상 머신으로 보낸다. 가상 머신을 수동으로 추가하거나 종료할 수 있고, 사용량에 따라 가상 머신을 시작하거나 종료하는 **오토스케일링 그룹**autoscaling group으로 관리할 수 있다. 그림 8.2는 이러한 배포 패턴을 보여주는데, 주황색 사각형으로 표시된 각 인스턴스에는 특징 추출기와 모델을 실행하는 데 필요한 모든 코드가 포함되어 있다. 인스턴스에는 해당 코드에 접근할 수 있는 웹 서비스도 포함된다.

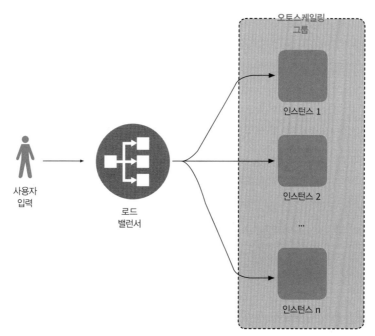

그림 8.2 가상 머신에 웹 서비스로 머신러닝 모델 배포

일반적으로 파이썬에서는 **플라스크**Flask나 **FastAPI** 같은 웹 애플리케이션 프레임워크로 REST API 웹 서비스를 구현한다. 반면에 R에서는 **Plumber**로 구현한다.

---

2   올긴이 부하 분산기

심층 모델을 훈련하는 데 사용하는 인기 있는 프레임워크인 텐서플로는 내장 **gRPC** 서비스인 **TensorFlow Serving**을 제공한다.

가상 머신에 배포할 때는 소프트웨어 시스템의 아키텍처가 일반적인 웹 서비스나 gRPC 서비스와 같이 개념적으로 간단하다는 장점이 있다.

하지만 서버(물리적 또는 가상)를 유지보수해야 한다는 단점도 있는데, 가상화virtualization를 사용하는 경우, 가상화와 여러 운영 체제 실행으로 인해 추가적인 컴퓨팅 비용이 발생한다. 또 다른 단점은 네트워크 지연 시간인데, 이는 채점 결과를 얼마나 빨리 처리해야 하는지에 따라서 심각한 문제가 될 수도 있다. 마지막으로 가상 머신에 배포하는 것은 컨테이너에 배포하거나 아래에서 살펴볼 서버리스serverless 배포에 비해 상대적으로 비용이 비싸다.

8.3.2 컨테이너에 배포

가상 머신 기반virtual-machine-based의 배포보다 최근에 나온 방법이 컨테이너 기반container-based의 배포다. 일반적으로 컨테이너는 가상 머신보다 자원 효율적이고 유연하다. 컨테이너는 자체 파일 시스템, CPU, 메모리, 프로세스 공간이 있는 격리된 런타임 환경이라는 점에서 가상 머신과 유사하지만, 모든 컨테이너가 동일한 가상 시스템이나 물리적 시스템에서 실행되고 운영 체제를 공유하는 반면 각 가상 머신은 별도의 운영 체제 인스턴스를 실행한다는 차이점이 있다.

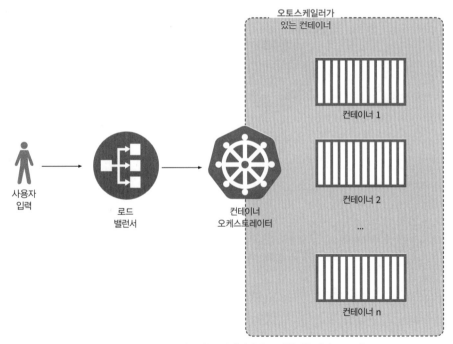

그림 8.3 클러스터에서 실행되는 컨테이너에 모델을 웹 서비스로 배포

배포 프로세스는 다음과 같다. 머신러닝 시스템과 웹 서비스를 컨테이너 내부에 설치한다. 일반적으로 **도커**Docker 컨테이너를 사용하지만 다른 컨테이너를 사용하기도 한다. 그 다음 컨테이너 오케스트레이션container-orchestration[3] 시스템을 통해 물리적 서버나 가상 서버 클러스터[4]에서 컨테이너를 실행한다. 온프레미스나 클라우드 플랫폼 모두 컨테이너 관리 시스템은 일반적으로 **쿠버네티스**Kubernetes를 많이 사용한다. 일부 클라우드 플랫폼은 **AWS Fargate**[5]와 **구글 쿠버네티스 엔진**Google Kubernetes Engine과 같은 자체 컨테이너 배포 관리 엔진과 쿠버네티스를 모두 지원하기도 한다.

그림 8.3은 이러한 배포 패턴을 보여주는데, 여기서 가상 머신이나 물리적 머신은 컨테이너 오케스트레이터가 자원을 관리하는 클러스터로 구성된다. 새로운 가상 머신이나 물리적 시스템을 클러스터에 수동으로 추가하거나 종료할 수 있는데, 소프트웨어가 클라우드 환경에 배포된 경우 클러스터 오토스케일러autoscaler[6]가 클러스터 사용량에 따라 가상 머신을 시작(그리고 클러스터에 추가)하거나 종료할 수 있다.

컨테이너에 배포하면 가상 머신에 배포할 때보다 자원 효율성이 높다는 이점이 있다. 채점 요청에 따라 자동으로 확장할 수도 있다. 또한, **scale-to-zero** 옵션을 제공하는데, 이는 유휴 상태일 때는 컨테이너 개수를 0으로 줄이고 서비스 요청이 오면 컨테이너 개수를 다시 복구할 수 있다는 개념이다. 결과적으로 항상 실행되는 서비스에 비해 자원 소비를 줄일 수 있고, 이를 통해 전력 소비를 줄이고 클라우드 자원 비용을 절감할 수 있다.

한 가지 단점은 컨테이너화된 배포가 일반적으로 더 복잡하고 전문 지식이 필요하다는 것이다.

8.3.3 서버리스 배포

아마존, 구글, 마이크로소프트를 포함한 여러 클라우드 서비스 제공 업체는 소위 **서버리스 컴퓨팅**serverless computing을 제공한다. 아마존 웹 서비스Amazon Web Services, AWS의 Lambda-functions, 마이크로소프트 애저Microsoft Azure의 Azure Functions, 구글 클라우드 플랫폼Google Cloud Platform의 Cloud Functions라는 이름으로도 알려져 있다.

서버리스 배포를 위해 머신러닝 시스템을 실행하는 데 필요한 모든 코드(모델, 특징 추출기, 채점 코드)가 포함된 **zip** 보관소를 준비한다. **zip** 보관소에는 특정 함수가 포함된 특정 이름의 파일이나

---

3 [옮긴이] 컨테이너 배포 관리

4 [옮긴이] 서버 클러스터란 각기 다른 서버들을 하나로 묶어서 하나의 시스템처럼 동작하게 함으로써, 클라이언트들에게 고가용성의 서비스를 제공하는 것을 말한다.

5 [옮긴이] 컨테이너에 적합한 서버리스 컴퓨팅 엔진으로, Amazon Elastic Container Service(ECS) 및 Amazon Elastic Kubernetes Service(EKS)에서 모두 작동한다.

6 [옮긴이] 자동 노드 조절기

특정 서명이 있는 클래스 메소드 정의(진입점 함수)가 있어야 하고, 클라우드 플랫폼에 업로드되고 고유한 이름으로 등록된다.

클라우드 플랫폼은 서버리스 함수에 입력을 전달하는 API를 제공하는데, API를 통해 이름을 지정하고, 페이로드payload를 제공하고 결과를 얻는다. 클라우드 플랫폼은 컴퓨팅 자원에 맞게 코드와 모델을 배포하고 코드를 실행하고 출력을 다시 사용자에게 전달해야 하는 책임이 있다.

일반적으로 함수의 실행 시간, zip 파일 크기, 런타임에서 사용 가능한 메모리 크기는 클라우드 서비스 제공 업체가 관리한다.

zip 파일 크기 제한은 어려운 문제다. 일반적으로 머신러닝 모델에는 여러 가지 복잡한 종속성이 있는데, 모델이 제대로 실행되기 위해서는 보통 넘파이, 사이파이, 사이킷런scikit learn 같은 파이썬 라이브러리가 필요하기 때문이다. 클라우드 플랫폼에 따라 자바, 고Go, 파워셸PowerShell, Node.js, C#, 루비Ruby 등과 같이 서로 다른 프로그래밍 언어를 지원한다.

서버리스 배포에는 많은 이점이 있는데, 가장 큰 이점은 서버나 가상 머신 같은 자원을 프로비저닝provisioning[7]할 필요가 없다는 것이다.

종속성 때문에 필요한 패키지를 설치하거나 시스템을 유지보수하거나 업그레이드할 필요가 없다. 서버리스 시스템은 확장성이 뛰어나기 때문에 큰 노력을 들이지 않고 초당 수천 개의 요청을 쉽게 처리할 수 있다. 서버리스 함수는 동기 모드와 비동기 모드를 모두 지원한다.

또한, 서버리스 배포는 비용 효율적cost-efficient이어서, 컴퓨팅 사용 시간에 대해서만 비용을 지불하면 된다. 이전의 두 가지 배포 패턴에서도 오토스케일링을 통해 이를 지원할 수 있었지만 오토스케일링에는 상당한 시간 지연이 있어서, 컴퓨팅 수요의 변화를 즉시 반영하지 못해서 수요가 줄었지만 일정 시간 가상 머신이 계속 실행될 수도 있다.

또한, 서버리스 배포는 **카나리 배포**canary deployment나 **카나리 작업**canarying을 간단하게 할 수 있다. 소프트웨어 엔지니어링에서 카나리 작업은 소수의 최종 사용자 그룹에게만 업데이트된 코드를 푸시push하는 전략이다. 새로운 버전은 소수의 사용자에게만 배포되기 때문에 상대적으로 영향이 적고, 새 코드에 버그가 있어도 변경사항을 빠르게 원상복구할 수 있다. 운영 환경에서 두 가지 버전의 서버리스 함수를 설정하고 그중 하나에만 적은 양의 트래픽을 전송해서 많은 사용자에게 영

7　[옮긴이]　인프라에서 자주 나오는 용어로, 사전적인 의미로는 공급, 준비, 대비, 식량이란 의미이다. IT에서의 의미는 특정 서비스를 제공받기 위하여 서비스 실행부터 시작해 서비스를 제공받기 전 단계까지 처리되는 일련의 절차를 말한다. 즉, 사용자 혹은 비즈니스 요구사항에 맞게 할당, 배치, 배포하여 시스템을 사용 가능하도록 준비하는 절차를 뜻한다.

향을 미치지 않고 쉽게 테스트할 수 있다. 8.4절에서 카나리에 대해 좀 더 살펴본다.

서버리스 배포에서는 롤백도 매우 간단한데, 이는 zip 보관소를 교체하여 이전 버전의 함수로 쉽게 전환할 수 있기 때문이다.

zip 저장소 크기 제한과 런타임에서 사용 가능한 램 메모리에 대해 논의했는데, 이는 서버리스 배포의 중요한 단점이다. 마찬가지로 GPU를 사용할 수 없다는 것[8]은 심층 모델 배포에 있어 중요한 제약 사항이 될 수 있다.

물론, 복잡한 소프트웨어 시스템에 대해서는 다양한 배포 패턴을 결합할 수 있다. 한 모델에 적합한 배포 패턴이 다른 모델에는 적합하지 않을 수 있기 때문이다. 여러 배포 패턴의 조합을 **하이브리드 배포 패턴**hybrid deployment pattern[9]이라고 한다.

구글 홈Google Home이나 아마존 에코Amazon Echo와 같은 개인 비서의 경우, 활성화 문구(예를 들어, '오케이, 구글'이나 '알렉사') 인식은 사용자 기기에 배포된 모델이 담당하고, '노래 X를 기기 Y에 옮겨놓기'와 같은 복잡한 요청은 서버에 있는 모델이 처리한다. 또는 사용자의 모바일 기기에 배포된 모델을 통해 비디오로부터 동적인 증강 정보를 얻고 간단한 지능적인 효과를 실시간으로 추가할 수 있다. 안정화stabilization와 초고해상도super-resolution 같은 좀 더 복잡한 효과를 적용할 때는 서버 배포를 사용한다.

8.3.4 모델 스트리밍

모델 스트리밍model streaming은 REST API의 역과정으로 볼 수 있는 배포 패턴이다. REST API에서 사용자는 서버에 요청을 보낸 다음 응답(예측)을 기다린다.

복잡한 시스템에서는 동일한 입력에 여러 모델을 적용하거나 다른 모델이 예측한 결과를 모델에 입력할 수도 있다. 예를 들어, 뉴스 기사가 입력되면, 해당 입력에 대해서 어떤 모델은 기사의 주제를 예측할 수 있고, 다른 모델은 지정된 개체를 추출할 수 있고, 또 다른 모델은 기사 요약 등의 일을 할 수 있다.

REST API 배포 패턴에 따르면 모델당 하나의 REST API가 필요하다. 사용자는 뉴스 기사와 함께 API를 호출하고 응답으로 뉴스 기사의 주제를 받아 온다. 그런 다음 뉴스 기사와 함께 다른 API를 호출하고 지정된 개체를 응답받는다.

---

8   2020년 7월 기준
9   [옮긴이] 혼합 배포 패턴

스트리밍은 작동 방식이 다른데, 모델당 하나의 REST API를 사용하는 대신 모든 모델과 이를 실행하는 데 필요한 코드가 **스트림 처리 엔진**stream-processing engine, SPE에 등록된다.

스트리밍의 예로는 **아파치 스톰**Apache Storm, **아파치 스파크**Apache Spark, **아파치 플링크**Apache Flink가 있고, 때로는 **아파치 삼자**Apache Samza, **아파치 카프카 스트림**Apache Kafka Streams, **Akka Streams** 같은 스트림 처리 라이브러리stream-processing library, SPL를 통해서 애플리케이션으로도 패키징된다.

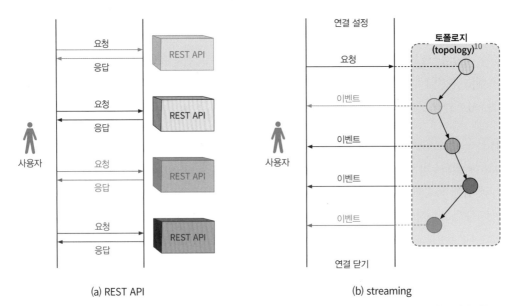

(a) REST API   (b) streaming

그림 8.4 REST API와 스트리밍의 차이: (a) 하나의 데이터 요소를 처리하기 위해 REST API를 사용하는 사용자는 일련의 요청을 하나씩 보내고 응답을 동기적으로 수신, (b) 하나의 데이터 요소를 처리하기 위해 스트리밍을 사용하는 사용자는 연결 설정 후 요청을 보내고 업데이트 이벤트가 발생하면 해당 이벤트를 수신

SPE와 SPL에 대한 설명은 이 책의 범위를 벗어나지만, 이 두 가지 모두 REST-API 기반 애플리케이션과는 다른 특성을 공유한다는 점은 알아두자. 각 스트림 처리 애플리케이션에는 **데이터 처리 토폴로지**data processing topology에 대한 암시적 또는 명시적 개념이 있다. 사용자가 보낸 데이터 요소의 무한 스트림 형태로 입력 데이터가 들어오고, 스트림의 각 데이터 요소는 미리 정의된 토폴로지를 거치면서 변환된다.

스트림 처리 애플리케이션에서 노드는 입력을 변환하고, 다음 중 하나를 수행한다.

- 출력을 다른 노드로 보낸다
- 출력을 사용자에게 보낸다

---

10 울긴이 네트워크 형상

- 출력을 데이터베이스나 파일 시스템에 저장한다.

한 노드는 뉴스 기사의 주제를 예측할 수 있고, 다른 노드는 뉴스 기사와 예측한 주제를 바탕으로 요약문을 작성할 수 있고, 그 밖의 것들도 가능하다.

REST-API 기반 애플리케이션과 스트리밍 기반 애플리케이션의 차이점은 그림 8.4와 같다. 그림 8.4a는 사용자가 REST API를 통해 일련의 요청을 보내서 뉴스 기사와 같은 하나의 데이터 요소를 처리하는 것을 보여준다. 다양한 REST API가 하나씩 요청을 받고 동기적으로 응답한다. 반면, 스트리밍을 사용하는 사용자(그림 8.4b)는 스트리밍 애플리케이션을 통해 요청을 보내고 업데이트 이벤트가 발생하면 해당 이벤트를 수신한다.

그림 8.4b에서 스트리밍 기반 애플리케이션의 오른쪽에는 애플리케이션의 데이터 흐름을 정의하는 토폴로지가 있다. 사용자가 보낸 각 입력 요소는 **토폴로지 그래프**topology graph의 모든 노드를 통과하고, 노드는 업데이트된 이벤트를 사용자에게 보내거나 데이터를 데이터베이스나 파일 시스템에 저장한다.

SPE 기반 스트리밍 애플리케이션은 자체 클러스터에 속하는 가상 머신이나 물리적 머신에서 실행되며 사용 가능한 자원 간에 데이터 처리 부하를 분산한다. SPL 기반 스트리밍 애플리케이션은 데이터 처리를 위한 전용 클러스터가 필요 없다. 가상 머신이나 물리적 머신 같은 사용 가능한 자원이나 쿠버네티스 같은 컨테이너 오케스트레이터와 통합할 수 있다.

일반적으로 REST API는 사용자가 자주 사용하는 특정 패턴을 따르지 않는 특별한 목적의 요청ad-hoc requests을 보낼 때 사용하는데, 사용자가 API 응답을 통해 수행할 작업을 자유롭게 결정하기를 원하는 경우에 최상의 선택이다. 반면에 사용자의 각 요청이 다음과 같은 경우에는 스트리밍 기반 애플리케이션이 더 나은 자원 효율성, 더 낮은 시간 지연, 보안, 내결함성fault-tolerance을 제공한다.

- 전형적인 경우
- 특정한 변환 패턴, 특히 여러 중간 변환을 겪는 경우
- 파일 시스템이나 데이터베이스에 특정한 데이터 요소 저장하기 같은 동일한 작업의 경우

8.4 배포 전략

대표적인 배포 전략은 다음과 같다.

- 단일 배포
- 자동 배포
- 카나리 배포
- 멀티 암드 밴딧

이제 각각의 전략에 대해서 살펴보자.

8.4.1 단일 배포

단일 배포single deployment가 가장 간단하다. 개념적으로는 새 모델이 있으면 파일로 직렬화한 다음 이전 파일을 새 파일로 바꾸는 것이다. 또한, 필요한 경우 특징 추출기도 교체한다.

클라우드 환경의 서버에 배포하려면 새 버전의 모델을 실행할 새로운 가상 머신이나 컨테이너를 준비한다. 그다음 가상 머신 이미지나 컨테이너 이미지를 바꾼다. 마지막으로 기존의 가상 머신이나 컨테이너를 점차 종료하고 오토스케일러가 새로운 가상 머신을 실행한다.

물리적 서버에 배포하려면 서버에 새 모델 파일(그리고 필요한 경우 특징 추출기 객체)을 업로드한다. 그다음 이전 파일과 이전 코드를 새 버전으로 바꾸고 웹 서비스를 다시 시작한다.

사용자 기기에 배포하려면 필요한 특징 추출 객체와 함께 새 모델 파일을 사용자의 기기에 푸시하고 소프트웨어를 다시 시작한다.

인터프리터 방식의 코드interpretable code인 경우, 하나의 소스 코드 파일을 다른 파일로 교체하는 방식으로 특징 추출기 객체를 배포할 수 있다. 서버나 사용자 기기에 전체 소프트웨어 응용 프로그램을 재배포하지 않도록 특징 추출기의 객체를 파일로 직렬화할 수 있다. 이후에 시작할 때마다 모델을 실행하는 소프트웨어가 특징 추출기 객체를 역직렬화한다.

단일 배포는 단순하다는 장점이 있지만 가장 위험한 전략이기도 하다. 새 모델이나 특징 추출기에 버그가 있는 경우, 모든 사용자가 영향을 받기 때문이다.

8.4.2 자동 배포

자동 배포silent deployment는 단일 배포와 달리 새 모델과 특징 추출기를 배포하면서 이전 버전도 유지한다. 두 버전 모두 병렬로 실행하는 것이다. 그러나 전환이 완료될 때까지 사용자는 새 버전에 노출되지 않는다. 일정 기간 새 버전의 예측을 기록하고 버그가 있는지 분석한다.

자동 배포는 사용자에게 악영향을 미치지 않고 새 모델이 정상적으로 작동하는지 충분히 테스트할 수 있다는 장점이 있다. 반면에 두 버전의 모델을 함께 실행하는 데 따른 더 많은 자원의 소모와 많은 애플리케이션의 경우 새 모델의 예측값을 사용자에게 노출하지 않고는 새 모델을 평가하기가 어렵다는 단점이 있다.

8.4.3 카나리 배포

앞에서 설명한 바와 같이 **카나리 배포**canary deployment나 **카나리 작업**canarying은 새로운 버전의 모델과 코드는 소수의 사용자에게만 푸시하고, 대부분의 사용자에 대해서는 이전 버전을 실행하는 것이다. 카나리 배포는 자동 배포와 달리 새 모델의 성능과 예측 효과를 검증할 수 있고, 단일 배포와 달리 버그가 발생할 경우 많은 사용자에게 영향을 미치지 않는다.

카나리 배포를 선택할 때, 여러 버전의 모델을 동시에 배포하고 유지 관리하는 데 따르는 추가적인 복잡도는 수용할 만하다.

하지만 카나리 배포의 가장 큰 단점은 눈에 잘 띄지 않는 오류를 발견하기 어렵다는 것이다. 5%의 사용자에게 새 버전을 배포하고, 이 중에 2%의 사용자에게만 버그가 영향을 미치는 경우 버그가 발견될 확률은 0.1%에 불과하다.

8.4.4 멀티 암드 밴딧

7장의 7.3절에서 보았듯이 멀티 암드 밴딧Multi-armed Bandit, MAB은 운영 환경에서 하나 이상의 모델 버전을 비교하고 가장 성능이 좋은 모델을 선택하는 방법이다. MAB에는 흥미로운 특성이 있는데, MAB 알고리즘이 각 모델(팔)의 성능을 평가할 수 있는 충분한 증거를 수집하는 초기 탐색 기간이 지나면 결국 항상 최고의 팔을 선택하게 된다는 것이다. 이는 MAB 알고리즘의 수렴 이후 대부분의 경우 모든 사용자가 최고의 모델을 실행하는 소프트웨어 버전을 사용하게 된다는 의미다.

따라서 MAB 알고리즘은 온라인 모델 평가와 모델 배포라는 두 가지 문제를 동시에 해결할 수 있다.

8.5 자동화된 배포, 버전 관리, 메타데이터

모델이 중요한 구성요소이지만 모델만 단독으로 제공하지는 않는다. 운영 환경에서 모델이 손상되지 않았는지 확인하기 위한 테스트를 할 수 있는 추가 항목이 있다.

8.5.1 모델에 수반하는 항목

모델은 다음 항목과 함께 운영 환경에 배포된다.

- 항상 작동해야 하는 모델 입력과 출력을 정의하는 **종단 간 세트**end-to-end set
- 모델 입력과 출력을 올바르게 정의하고 지푯값을 계산하는 데 사용하는 **신뢰도 테스트 세트**confidence test set
- 신뢰도 테스트 세트에 적용한 모델을 통해 계산된 값을 갖는 **성능 지표**
- 성능 지표의 **허용 가능한 값의 범위**range of acceptable values

모델을 적용한 시스템이 서버나 사용자 기기의 인스턴스에서 처음 호출되면, 외부 프로세스에서 종단 간 테스트 데이터로 모델을 테스트하고 모든 예측이 올바른지 확인해야 한다. 또한, 동일한 외부 프로세스에서 신뢰도 테스트 세트를 통해 모델의 성능 지표가 허용 가능한 값의 범위 내에 있는지 검증해야 한다.

두 가지 평가 중 하나라도 실패하면 고객에게 모델을 서빙해서는 안 된다.

8.5.2 버전 동기화

다음 세 요소는 항상 동기화되어 있어야 한다.

1) 훈련 데이터
2) 특징 추출기
3) 모델

데이터를 업데이트할 때마다 데이터 저장소에 새로운 버전을 만들어야 한다. 특정 버전의 데이터로 훈련한 모델은 해당 데이터의 버전과 동일한 버전으로 모델 저장소에 저장해야 한다.

특징 추출기가 변경되지 않았더라도 데이터 및 모델과 동기화되도록 특징 추출기의 버전도 업데이트해야 한다. 특징 추출기가 업데이트되면 업데이트된 특징 추출기를 통해 새 모델을 구축하고 특징 추출기, 모델, 학습 데이터의 버전을 증가시킨다(모델, 학습 데이터가 변경되지 않은 경우에도).

새로운 버전의 모델 배포는 트랜잭션 방식을 사용하여 스크립트로 자동화해야 한다. 배포할 모델의 버전이 지정되면 배포 스크립트는 각 저장소에서 모델과 특징 추출기 객체를 가져와서 운영 환경에 복제한다. 외부로부터의 정기적인 호출을 시뮬레이션하여 종단 간 테스트와 신뢰도 테스트 데이터를 통해 모델을 테스트한다. 종단 간 테스트 데이터에 대한 예측 오류가 있거나 지푯값이 허용 가능한 값의 범위 내에 있지 않으면 전체 배포를 롤백해야 한다.

8.5.3 모델 버전 관리를 위한 메타데이터

각 모델의 버전 관리를 위해 다음과 같은 코드, 메타데이터를 함께 제공해야 한다.

- 모델 훈련에 사용한 라이브러리나 패키지의 이름과 버전
- 파이썬으로 모델을 구축한 경우, 파이썬 가상 환경의 패키지 설치 목록을 기록한 requirements.txt 파일[11]
- 학습 알고리즘의 이름, 초매개변수의 이름과 값
- 모델에 필요한 특징 목록
- 출력물 목록, 출력물 유형, 출력물의 사용 방법
- 모델 훈련에 사용한 데이터의 버전과 위치
- 모델의 초매개변수를 조정하는 데 사용한 검증 데이터의 버전과 위치
- 새 데이터로 모델을 실행하고 예측을 출력하는 모델 채점 코드

메타데이터와 채점 코드는 데이터베이스나 JSON / XML 텍스트 파일에 저장한다.

배포를 할 때 다음과 같은 품질 검사audit 관련 정보도 함께 제공해야 한다.

- 누가 언제 모델을 구축했는지
- 누가 언제 어떤 근거로 해당 모델을 배포하기로 결정했는지
- 모델에 대한 개인정보 보호와 보안 준수사항을 누가 검토했는지

---

11 [옮긴이] 설치 목록 파일은 pip freeze 〉 requirements.txt와 같이 만들고, pip install -r requirements.txt와 같이 설치할 수 있다(또는 도커 허브[Docker Hub]나 도커 레지스트리의 특정 경로를 가리키는 도커 이미지 이름).

8.6 모델 배포 모범 사례

이번 절에서는 운영 환경에 머신러닝 시스템을 배포하는 실제적인 측면에 대해 논의하고, 모델 배포를 위한 몇 가지 유용하고 실용적인 팁을 살펴본다.

8.6.1 알고리즘 효율성

대부분의 데이터 분석가는 파이썬이나 R로 작업한다. 이 두 가지 언어로 웹 서비스를 구축할 수 있는 웹 프레임워크가 있기는 하지만 가장 효율적이지는 않다.

파이썬에서 과학 패키지를 사용할 때 실제로 대부분의 코드는 C나 C++ 같은 효율적인 코드로 작성한 다음 특정 운영 체제에 맞게 컴파일한 것들이다. 그러나 개발자가 자체적으로 구축한 데이터 전처리, 특징 추출, 채점 코드는 효율성이 떨어질 수도 있다.

또한, 모든 알고리즘을 구현하지 못할 수도 있다. 문제 해결을 위한 어떤 알고리즘은 수행 속도가 빠르지만 또 다른 어떤 알고리즘은 너무 느리기도 하다. 일부 문제의 경우, 고속 알고리즘이 존재하지 않을 수도 있다.

컴퓨터 과학의 하위 분야 중에 하나인 알고리즘 분석analysis of algorithms을 통해서 알고리즘의 복잡도를 결정하고 비교할 수 있다. **빅 오 표기법**big O notation은 입력 크기의 증가에 따른 실행 시간이나 공간 요구사항이 증가하는 방식에 따라 알고리즘을 평가하는 데 사용한다.

예를 들어, 크기가 N인 집합 S에서 집합의 요소 중에 가장 멀리 떨어져 있는 두 개의 1차원 요소를 찾는다고 할 때, 이러한 문제 해결을 위한 파이썬 알고리즘은 다음과 같다.

```python
1  def find_max_distance(S):
2      result = None
3      max_distance = 0
4      for x1 in S:
5          for x2 in S:
6              if abs(x1 - x2) >= max_distance:
7                  max_distance = abs(x1 - x2)
8                  result = (x1, x2)
9      return result
```

R의 경우에는 다음과 같다.

```r
1  find_max_distance <- function(S) {
```

```
2      result <- NULL
3      max_distance <- 0
4      for (x1 in S) {
5          for (x2 in S) {
6              if (abs(x1 - x2) >= max_distance) {
7                  max_distance <- abs(x1 - x2)
8                  result <- c(x1, x2)
9              }
10         }
11     }
12     result
13 }
```

이 알고리즘에서, 첫 번째 반복문에서 S의 모든 값에 대해서 반복하고 해당 반복문에서 S의 모든 값에 대해서 다시 한 번 반복한다. 따라서 위의 알고리즘은 숫자 비교를 N^2번 수행하게 된다. 비교, 절댓값, 할당 연산에 걸리는 시간을 단위 시간unit time이라고 하면, 각 반복마다 하나의 비교, 두 개의 절댓값, 두 개의 할당 연산(1 + 2 + 2 = 5)이 있으므로, 이 알고리즘의 시간 복잡도 (또는 간단히 복잡도)는 최대 $5N^2$이다. 최악의 경우에 대해서 알고리즘의 복잡도를 측정할 때 빅 오 표기법을 사용하는데, 위 알고리즘의 경우, 알고리즘의 복잡도를 빅 오 표기법으로 나타내면 $O(N^2)$라고 할 수 있다. 참고로 여기서 5와 같은 상수는 무시한다.

동일한 문제에 대한 또 다른 파이썬 알고리즘은 다음과 같다.

```
1  def find_max_distance(S):
2      result = None
3      min_x = float("inf")
4      max_x = float("-inf")
5      for x in S:
6          if x < min_x:
7              min_x = x
8          if x > max_x:
9              max_x = x
10     result = (max_x, min_x)
11     return result
```

R에서는 다음과 같다.

```
10 find_max_distance <- function(S):
11     result <- NULL
12     min_x <- Inf
13     max_x <- -Inf
14     for (x in S) {
15         if (x < min_x) {
16             min_x <- x
```

```
17          }
18        if (x > max_x) {
19            max_x = x
20        }
21      result <- c(max_x, min_x)
22      result
```

앞에서 살펴본 알고리즘과 비교해 보았을 때, 위의 알고리즘에서는 S의 모든 값에 대해서 한 번만 반복하므로 알고리즘의 복잡도는 $O(N)$이다. 이 경우 후자의 알고리즘이 전자보다 효율적이라고 할 수 있다.

알고리즘의 복잡도가 입력 크기에 대한 다항식일 때 해당 알고리즘이 **효율적**efficient이라고 한다. 따라서 입력 크기를 N이라고 했을 때, N은 1차 다항식이고 N^2는 2차 다항식이므로 $O(N)$과 $O(N^2)$ 모두 효율적이라고 할 수 있다. 그러나 매우 큰 입력의 경우에는 $O(N^2)$ 알고리즘도 역시 느릴 수 있으므로, 빅데이터를 처리하기 위해서 과학자와 엔지니어는 $O(\log N)$ 알고리즘을 찾기 위해 노력한다.

현실적인 관점에서, 알고리즘을 구현할 때 가능한 한 반복문 사용을 피하고 넘파이나 유사한 도구를 사용하여 벡터연산을 할 수 있도록 구현해야 한다. 예를 들어, 반복문 대신 행렬과 벡터에 대한 연산을 사용해야 한다. 파이썬에서 $w \cdot x$(두 벡터의 내적) 계산 코드는 다음과 같이 작성해야 한다.

```
1  import numpy
2  wx = numpy.dot(w,x)
```

다음과 같이 코드를 작성해서는 안 된다.

```
1  wx = 0
2  for i in range(N):
3      wx += w[i] * x[i]
```

마찬가지로 R에서는 코드를 다음과 같이 작성해야 한다.

```
1  wx = w %*% x
```

다음과 같이 코드를 작성해서는 안 된다.

```
23  wx <- 0
24  for (i in seq(N))
25      wx <- wx + w[i] * x[i]
26  }
```

적절한 데이터 구조data structures를 사용하도록 한다. 컬렉션collection[12]의 요소 순서가 중요하지 않으면 목록 대신 집합을 사용한다. 파이썬에서 특정 요소가 S에 속하는지 확인하는 작업은 S가 목록일 때보다 집합일 때 더 빠르기 때문이다

파이썬 코드를 보다 효율적으로 만들어주는 또 다른 중요한 데이터 구조는 딕셔너리dict다. 다른 언어에서는 딕셔너리dictionary(사전)나 해시 테이블hash table이라고도 하는데, 매우 빠른 키 조회를 할 수 있는 키-값 쌍 모음을 정의할 수 있다.

일반적으로 라이브러리를 사용하는 것이 더 안정적이다. 넘파이, 사이파이, 사이킷런과 같은 파이썬 과학용 패키지는 숙련된 과학자와 엔지니어가 효율성을 염두에 두고 만든 것이다. 이런 패키지는 성능을 극대화할 수 있도록 컴파일된 C와 C++로 구현된 많은 메소드를 제공한다. 그러므로 연구자나 꼭 필요한 경우에만 자체적으로 코드를 작성하도록 한다.

방대한 요소 컬렉션에 대해 반복해야 하는 경우 한 번에 모든 요소를 반환하는 대신 한번에 하나의 요소를 반환하는 함수를 생성하는 파이썬 **생성기**generators, 또는 R의 경우 **반복기**iterators 패키지를 사용한다.

파이썬의 **cProfile** 패키지(또는 R의 경우 **lineprof**)를 사용하여 비효율적인 코드를 찾아낸다.

마지막으로 알고리즘 관점에서 더이상 코드를 개선할 수 없는 경우, 다음과 같은 방법을 통해서 속도를 더욱 높일 수 있다.

- 병렬 계산을 위한 파이썬의 **multiprocessing** 패키지나 이에 대응되는 R의 **parallel** 또는 **아파치 스파크**와 같은 분산 처리 프레임워크를 사용한다
- **PyPy, Numba** 또는 이와 유사한 도구를 사용하여 파이썬 코드(또는 R의 **compiler** 패키지)를 빠르고 최적화된 기계 코드로 컴파일한다.

---

12 옮긴이 컨테이너 데이터형

8.6.2 심층 모델 배포

때로는 필요한 속도를 얻기 위해 GPU(그래픽 처리 장치)에서 **채점**scoring을 할 수도 있다. 일반적으로 클라우드 환경에서 GPU 인스턴스의 비용은 '보통' 인스턴스보다 훨씬 비싸다. 따라서 모델만 빠르게 채점할 수 있도록 최적화된 GPU가 있는 환경에 배포하고, 나머지 애플리케이션은 CPU 환경에 별도로 배포한다. 하지만 이렇게 하면 비용을 절감할 수는 있지만 애플리케이션과 클라우드 환경 사이에 통신 비용이 발생할 수 있다.

8.6.3 캐싱

캐싱caching은 소프트웨어 엔지니어링의 표준 관행이다. 캐시 메모리는 함수 호출의 결과를 저장하는 데 사용되므로 다음에 동일한 매개변수 값으로 해당 함수가 호출될 때 캐시에서 결과를 읽는다.

캐싱은 처리하는 데 시간이 오래 걸리거나 동일한 매개변수 값으로 자주 호출되는 함수가 있는 애플리케이션의 속도를 높이는 데 도움이 된다. 특히, GPU에서 실행되는 머신러닝 모델의 경우 이러한 경우가 많다.

가장 간단한 캐시는 애플리케이션 자체에서 구현할 수 있다. 예를 들어, 파이썬에서 lru_cache 데코레이터decorator는 함수를 **메모화**memorizing 콜러블callable[13]로 래핑해서 가장 최근의 호출을 maxsize(최대 크기)까지 저장할 수 있다.

```
1   from functools import lru_cache
2
3   # 파일에서 모델을 읽음
4   model = pickle.load(open("model_file.pkl", "rb"))
5
6   @lru_cache(maxsize=500)
7   def run_model(input_example):
8       return model.predict(input_example)
9
10  # 이제 새로운 데이터에 대해서  run_model을 호출할 수 있음
11  # on new data
```

일부 입력에 대해 run_model 함수를 처음 호출하면 model.predict가 호출된다. 입력값이 동일한 run_model을 다시 호출하면 최근 model.predict 호출 결과를 저장하고 있는 maxsize 크기의 캐시에서 출력을 읽는다.

---

13 [옮긴이] 다른 스레드에 의해 실행될 수 있는 클래스의 객체를 위한 인터페이스

R에서는 memo 함수를 사용하여 유사한 결과를 얻을 수 있다.

```
1  library(memo)
2
3  model <- readRDS("./model_file.rds")
4
5  run_model <- function(input_example) {
6      result <- predict(model, input_example)
7      result
8  }
9
10 # run_model의 메모이제이션 버전 생성
11 run_model_memo <- memo(run_model, cache = lru_cache(500))
12
13 # 이제 새로운 데이터에 대해서 run_mode 대신 run_model_memo를 호출할 수 있음
```

lru_cache와 이와 유사한 접근 방식은 분석가에게는 매우 편리하지만, 일반적으로 대규모 생산 시스템의 경우, 엔지니어는 주로 Redis나 Memcached 같은 범용적이고 확장 및 구성이 가능한 캐시 솔루션을 사용한다.

8.6.4 모델 및 코드에 대한 전달 형식

직렬화는 모델과 특징 추출기 코드를 운영 환경에 제공하는 가장 간단한 방법이다. 모든 최신 프로그래밍 언어에는 직렬화 도구가 있는데, 파이썬에는 **pickle**이 있다.

```
1  import pickle
2  from sklearn import svm, datasets
3
4  classifier = svm.SVC()
5  X, y = datasets.load_iris(return_X_y=True)
6  classifier.fit(X, y)
7
8  # 모델을 파일에 저장
9  with open("model.pickle","wb") as outfile:
10     pickle.dump(classifier, outfile)
11
12 # 파일에서 모델을 읽음
13 classifier2 = None
14 with open("model.pickle","rb") as infile:
15     classifier2 = pickle.load(infile)
16 if classifier2:
17     prediction = classifier2.predict(X[0:1])
```

반면, R에는 RDS가 있다.

```
 1  library("e1071")
 2
 3  classifier <- svm(Species ~ ., data = iris, kernel = 'linear')
 4
 5  # 모델을 파일에 저장
 6  saveRDS(classifier, "./model.rds")
 7
 8  # 파일에서 모델을 읽음
 9  classifier2 <- readRDS("./model.rds")
10
11  prediction <- predict(classifier2, iris[1,])
```

사이킷런에서는 pickle 대신 **joblib**을 사용하는 것이 더 나을 수 있는데, 이는 큰 넘파이 배열을 전달하는 객체에서 더 효율적이다.

```
 1  from joblib import dump, load
 2
 3  # 모델을 파일에 저장
 4  dump(classifier, "model.joblib")
 5
 6  # 파일에서 모델을 읽음
 7  classifier2 = load("model.joblib")
```

동일한 방식으로 특징 추출기의 직렬화된 객체를 파일에 저장하고 운영 환경에 복사한 다음 파일에서 읽어올 수 있다.

일부 애플리케이션의 경우 예측 속도가 매우 중요하다. 이러한 경우, 프로덕션 코드는 자바나 C/C++와 같은 컴파일 언어로 작성한다. 데이터 분석가가 파이썬이나 R을 사용하여 모델을 구축한 경우, 운영 환경에 배포할 수 있는 세 가지 옵션이 있다.

- 운영 환경에 맞도록 컴파일 언어로 코드를 다시 작성한다.
- PMML이나 PFA와 같은 표준 모델 표현을 사용한다.
- MLeap과 같은 특화된 실행 엔진을 사용한다.

예측 모델 마크업 언어 Predictive Model Markup Language, PMML는 데이터 분석가가 PMML 호환 애플리케이션 간에 모델을 저장하고 공유할 수 있는 방법을 제공하는 XML 기반 예측 모델 교환 형식이다. PMML을 사용해서 분석가가 한 공급 업체용으로 개발한 응용 프로그램용 모델을 다른 공급 업체의 응용 프로그램에서 사용할 수 있으므로 업체 간 독점에 따른 문제와 비호환성이 더 이상 응용 프로그램 간의 모델 교환에 장애가 되지 않는다.

예를 들어, 파이썬으로 구축한 SVM 모델을 PMML 파일로 저장하고, 운영 환경의 런타임이 자바 가상 머신Java Virtual Machine, JVM이라고 하자. JVM용 머신러닝 라이브러리에서 PMML을 지원하고 해당 라이브러리에 SVM이 구현되어 있으면 모델을 운영 환경에서 직접 사용할 수 있다. 따라서, 코드를 다시 작성하거나 JVM 언어로 모델을 다시 훈련할 필요가 없다.

휴대형 분석 포맷 Portable Format for Analytics, PFA은 통계 모델과 데이터 변환 엔진의 최신 표준이다. PFA를 사용하면 이기종 시스템에서 모델과 머신러닝 파이프라인을 쉽게 공유하고 알고리즘 유연성을 제공할 수 있다. 모델, 전처리, 후처리 변환은 모두 임의로 구성 및 연결하고 복잡한 워크플로에 내장할 수도 있다. PFA에는 자바스크립트 객체 표기법이나 YAMLYAML Ain't Markup Language 구성 파일의 형식이 있다.

PMML이나 PFA 형식의 파일로 저장된 모델이나 파이프라인에 대한 오픈소스 '평가모듈evaluators'이 있는데, **JPMML**(자바 PMML용)과 **Hadrian**이 가장 널리 사용된다. 평가 모듈을 통해 파일에서 모델이나 파이프라인을 읽고 입력 데이터에 적용하여 실행하고 예측을 출력한다.

안타깝게도 인기 있는 머신러닝 라이브러리와 프레임워크가 모두 PMML과 PFA를 지원하지는 않는다.[14] 예를 들어, 사이킷런은 이러한 표준을 지원하지 않지만 SkLearn2PMML과 같은 사이드 프로젝트는 사이킷런 객체를 PMML로 변환할 수 있다.

MLeap과 같은 실행 엔진은 JVM 환경에서 머신러닝 모델과 파이프라인을 빠르게 실행할 수 있다. 이 책을 집필하는 시점에 **MLeap**은 아파치 스파크와 사이킷런에서 생성된 모델과 파이프라인을 실행하는 것이 가능하다.

이제 모델 배포를 위한 몇 가지 유용하고 실용적인 팁을 간략하게 살펴보자.

8.6.5 간단한 모델로 시작

운영 환경에 모델을 배포하고 적용하는 것은 생각보다 복잡하다. 일단 단순 모델simple model을 서빙하기 위한 인프라가 견고해지면 더 복잡한 모델을 훈련하고 배포한다.

특히, 특징 추출기와 전체 머신러닝 파이프라인의 경우, 해석 가능한 간단한 모델은 디버깅하기가 더 쉽다. 반면에 복잡한 모델과 파이프라인에는 종속성과 조정해야 할 초매개변수가 많고 구현과 배포 오류가 발생하기 쉽다.

---

14 2020년 7월 기준

8.6.6 외부인에 대한 테스트

모델을 운영 환경에 배포하기 전에 테스트 데이터에 대한 모델 테스트뿐만 아니라 외부인에게도 모델 테스트를 요청한다. 이때 외부인은 다른 팀원이나 회사 직원이 될 수 있다. 또는 크라우드소싱[15]을 활용하거나 새로운 제품 기능 실험에 참여하기로 동의한 일부 고객에게 요청할 수 있다.

모델의 개발자로서 주관적인 감정을 배제하기 어렵기 때문에 외부인에 대한 테스트는 개인적인 편견을 피하는 데 도움이 된다. 또한, 모델을 다른 사용자에게 노출할 수도 있다(예를 들어, 팀 전체가 남성이거나 백인인 경우).

8.7 요약

모델은 몇 가지 패턴에 따라 배포할 수 있는데, 설치 가능한 소프트웨어의 일부분으로 정적으로, 사용자 기기에 동적으로, 서버에 동적으로, 모델 스트리밍을 통해 배포할 수 있다.

정적 배포에는 빠른 실행 시간, 사용자 개인정보 보호, 사용자가 오프라인 상태일 때 모델을 호출할 수 있는 기능과 같은 많은 이점이 있다. 또한 단점도 있는데, 전체 애플리케이션을 업그레이드하지 않고는 모델을 업그레이드하기가 어렵다.

사용자 기기에 동적 배포할 때의 주요 이점은 사용자가 모델을 빠르게 호출할 수 있다는 것이다. 또한, 서버 사용에 대한 비용도 절감된다. 단점은 모든 사용자에게 업데이트를 제공하는 데 어려움이 있고 타사에서 모델을 분석할 수도 있다는 것이다.

정적 배포와 마찬가지로 모델을 사용자 기기에 배포하면 모델의 성능을 모니터링하기가 어렵다.

서버에 동적으로 배포하는 형식에는 가상 머신에 배포, 컨테이너에 배포, 서버리스 배포가 있다.

가장 일반적인 배포 패턴은 서버에 모델을 배포하고 웹 서비스나 gRPC 서비스 형태의 REST API로 서빙하는 것이다. 여기에서 사용자는 서버에 요청을 보내고 응답을 기다린 다음에 다른 요청을 보낸다.

---

15 [옮긴이] '대중(crowd)'과 '외부 자원 활용(outsourcing)'의 합성어로, 전문가 대신 비전문가인 고객과 대중에게 문제의 해결책을 아웃소싱하는 것이다. 기업활동의 전 과정에 소비자 또는 대중이 참여할 수 있도록 일부를 개방하고 참여자의 기여로 기업활동 능력이 향상되면 그 수익을 참여자와 공유하는 방법이다.

모델 스트리밍은 조금 다른데, 모든 모델을 스트림 처리 엔진 내에 등록하거나 스트림 처리 라이브러리를 기반으로 하는 애플리케이션으로 패키징한다. 여기서 사용자는 하나의 요청을 보내고 업데이트가 있으면 이를 수신한다.

일반적인 배포 전략에는 단일 배포, 자동 배포, 카나리 배포, 멀티 암드 밴딧이 있다.

단일 배포에서는 새 모델을 파일로 직렬화한 다음 이전 모델을 교체한다.

자동 배포에서는 이전 버전과 새 버전을 배포하고 병렬로 실행한다. 사용자는 전환이 완료될 때까지 새 버전에 노출되지 않는다. 새 버전의 예측 결과를 기록하고 분석한다. 따라서 사용자에게 영향을 미치지 않고 새 모델이 예상대로 작동하는지 확인할 수 있는 충분한 시간이 있다. 단점은 더 많은 모델을 실행해야 하므로 더 많은 자원을 소비한다는 것이다.

카나리 배포는 대부분의 사용자에 대해서는 이전 버전을 계속 실행하면서 일부 사용자에게 새 버전을 푸시하는 것이다. 카나리 배포를 통해 모델 성능을 검증하고 사용자 경험을 평가할 수 있다. 버그가 발생할 경우 많은 사용자에게 영향을 미치지 않는다.

멀티 암드 밴딧을 사용하면 이전 모델을 유지하면서 새 모델을 배포할 수 있다. 알고리즘의 성능이 더 좋다는 확신이 있을 때만 이전 모델을 새 모델로 대체한다.

새로운 버전의 모델 배포는 트랜잭션 방식을 사용하여 스크립트로 자동화해야 한다. 배포할 모델의 버전이 지정되면 배포 스크립트가 각 저장소에서 모델과 특징 추출 객체를 가져와서 운영 환경에 복사한다. 외부로부터의 정기적인 호출을 시뮬레이션해서 종단 간 및 신뢰 테스트 데이터를 통해 모델을 테스트한다.

종단 간 테스트 데이터에 대한 예측 오류가 있거나 지푯값이 허용 가능한 값 범위 내에 있지 않으면 배포한 것을 모두 롤백해야 한다.

훈련 데이터, 특징 추출기, 모델의 버전은 항상 동기화되어야 한다.

알고리즘 효율성은 모델 배포에서 중요한 고려사항이다. 넘파이, 사이파이, 사이킷런과 같은 파이썬 패키지는 숙련된 과학자와 엔지니어가 효율성을 염두에 두고 만든 것이다. 자체 코드는 신뢰할 수 없거나 효율적이지 않을 수 있으므로, 꼭 필요한 경우에만 코드를 직접 작성해야 한다.

자체 알고리즘 코드를 구현하는 경우 반복문을 피한다. 넘파이나 유사한 도구를 사용하여 벡터로 구현하고, 적절한 데이터 구조를 사용한다. 컬렉션의 요소 순서가 중요하지 않으면 목록 대신 집합을 사용한다. 사전(또는 해시 테이블)을 사용하면 키에 대한 매우 빠른 조회를 통해 키-값 쌍 모음을 정의할 수 있다.

캐싱은 동일한 매개변숫값으로 자주 호출되는 자원 소모가 많은 함수가 있을 때 애플리케이션의 속도를 높인다. 머신러닝에서는 특히 모델을 GPU에서 실행하는 경우에 이러한 자원 소모가 많다.

9

모델 서빙, 모니터링, 유지보수

이번 장에서는 운영 환경에서 모델을 서빙serving, 모니터링monitoring, 유지보수maintaining하는 모범 사례를 살펴본다. 이는 머신러닝 프로젝트 수명주기의 마지막 세 단계에 해당한다.

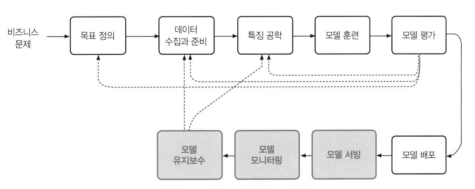

그림 9.1 머신러닝 프로젝트 수명주기

머신러닝 런타임, 입력 데이터를 모델에 적용하는 환경, 배치batch와 주문형on demand 모델 서빙 모드의 특성을 심도 있게 고찰한다. 또한, 실제 환경에서 모델을 서빙할 때의 세 가지 가장 큰 어려움인 오류errors, 변경change, 인간 본성human nature을 살펴본다. 운영 환경에서 모니터링해야 할 사항과 모델 업데이트 시기와 방법도 살펴본다.

9.1 모델 서빙 런타임의 특성

모델 서빙 런타임model serving runtime은 모델을 입력 데이터에 적용하는 환경이다. 런타임의 특성은 모델 **배포 패턴**deployment pattern에 따라 결정되는데, 효과적인 런타임에는 다음과 같은 몇 가지 추가적인 특성이 있다.

9.1.1 보안 및 정확성

런타임은 사용자 인증과 사용자 요청 승인을 담당한다.

이때 확인해야 할 사항은 다음과 같다.

- 특정 사용자가 실행하려는 모델에 대한 접근 권한이 있는지 여부
- 전달된 매개변수의 이름과 값이 모델 규격과 일치하는지 여부
- 이러한 매개변수와 매개변숫값이 현재 사용자에게 제공되는지 여부

9.1.2 배포 용이성

런타임은 최소한의 노력으로, 가장 이상적으로는 전체 애플리케이션에 영향을 주지 않고 모델을 업데이트할 수 있어야 한다. 웹 서비스로 물리적 서버에 모델을 배포하는 경우, 모델 업데이트는 모델 파일을 다른 모델 파일로 교체하고 웹 서비스를 다시 시작하는 것처럼 간단해야 한다.

가상 머신 인스턴스나 컨테이너로 모델을 배포한 경우, 이전 버전 모델을 실행 중인 인스턴스를 점차 중지해 가면서 새 이미지에서 새로운 인스턴스를 실행하는 방식으로 이전 버전 인스턴스나 컨테이너를 교체해야 한다. 오케스트레이션된 컨테이너에도 동일한 원칙이 적용된다.

일반적으로 모델 스트리밍 기반 애플리케이션은 모델의 새로운 버전을 스트리밍하는 방식으로 업데이트된다. 이런 업데이트 방식을 활성화하려면 스트리밍 애플리케이션이 스테이트풀stateful해야 한다. 새로운 버전과 관련 구성 요소(예를 들어, 특징 추출기와 채점 코드)가 애플리케이션으로 스트리밍되면 애플리케이션 상태가 변경되고 이제 이러한 구성요소의 새 버전이 반영된다. 최신 **스트림 처리 엔진**stream-processing engines은 상태 유지가 가능한 애플리케이션을 지원한다. 지금까지 설명한 아키텍처는 그림 9.2에 도식적으로 나와 있다.

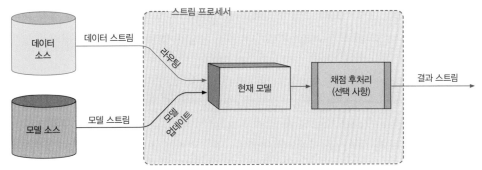

그림 9.2 모델 스트리밍의 고수준(high-level) 아키텍처

9.1.3 모델 유효성 보장

효과적인 런타임은 실행 중인 모델이 유효한지를 자동으로 확인한다. 또한, 모델, 특징 추출기, 기타 구성 요소가 동기화되어 있는지도 확인한다. 웹 서비스나 스트리밍 응용 프로그램을 시작할 때마다 그리고 실행 시간 동안 주기적으로 검증해야 한다. 8장의 8.5절에서 설명했듯이 각 모델은 **종단 간 세트, 신뢰도 테스트 세트, 성능 지표, 허용 가능한 값의 범위** 등 모두 네 가지 항목과 함께 배포해야 한다.

다음 두 가지 조건 중 하나라도 해당되면 모델을 운영 환경에서 서빙해서는 안 된다(실행 중인 경우 즉시 중지해야 한다).

- 적어도 하나 이상의 종단 간 테스트 견본이 올바르게 채점되지 않았다.
- 신뢰도 테스트 세트 견본에서 계산한 지푯값이 허용 범위를 벗어났다.

9.1.4 복구 용이성

효과적인 런타임을 사용하면 이전 버전으로 롤백하여 오류를 쉽게 복구할 수 있다.

배포에 실패했을 경우에 복구하는 것도 업데이트된 모델의 배포만큼 쉬워야 한다. 이때 유일한 차이점은 새 모델 대신 이전 작업 버전이 배포된다는 것이다.

9.1.5 훈련/서빙 왜곡 방지

모델 훈련용과 운영 환경에서의 채점용, 이렇게 두 개의 서로 다른 코드베이스를 사용하지 않는 것이 좋다. **특징 추출**feature extraction 시, 두 버전의 특징 추출기 코드 사이에 작은 차이라도 있으면 모델 성능이 최적화되지 않거나 부정확해질 수 있다.

엔지니어링팀은 여러 가지 이유로 운영 환경용 특징 추출기 코드를 다시 구현해야 할지 모른다. 대체로 데이터 분석가의 코드가 비효율적이거나 운영 환경의 생태계ecosystem와 호환되지 않기 때문이다.

따라서 런타임을 통해 모델 재훈련, 임시 모델ad-hoc model 호출, 운영 환경에서의 다양한 요구가 있을 때 특징 추출 코드에 쉽게 접근할 수 있어야 한다. 이를 구현하기 위한 한 가지 방법은 특징 추출 객체를 별도의 웹 서비스로 래핑하는 것이다.

두 개의 다른 코드베이스를 통해 훈련용 특징과 운영 환경용 특징을 만들 수밖에 없는 경우, 런타임은 운영 환경에서 생성된 특징값을 기록하고, 이 값을 훈련값으로 사용한다.

9.1.6 숨겨진 피드백 루프 방지

4장의 4.12절에서 숨겨진 피드백 루프에 대한 예를 하나 살펴보았다. 모델 m_B는 모델 m_A가 모델 m_B의 출력을 특징으로 사용한다는 사실을 모른 채 모델 m_A의 출력을 특징으로 사용했다.[1]

하나의 모델만 있는 또 다른 종류의 숨겨진 피드백 루프도 있다. 수신 이메일 메시지를 스팸 또는 스팸 아님으로 분류하는 모델이 있다고 가정해 보자. 애플리케이션의 사용자 인터페이스를 통해서 사용자가 메시지를 스팸 또는 스팸 아님으로 표시하고, 모델을 개선하기 위해 이렇게 표시된 메시지를 사용하면 숨겨진 피드백 루프가 생성될 위험이 있는데 그 이유는 다음과 같다.

애플리케이션에서 사용자는 자신이 볼 수 있는 메시지만 스팸으로 표시할 수 있다. 즉, 사용자는 모델이 스팸이 아닌 것으로 분류한 메시지만 볼 수 있다. 또한, 사용자가 정기적으로 스팸 폴더를 열어 보고 일부 스팸으로 잘못 분류된 메시지를 스팸이 아닌 것으로 표시할 가능성이 낮다. 그래서 사용자의 행동은 모델로부터 크게 영향을 받게 되고, 이 결과 사용자로부터 얻은 데이터가 왜곡skew된다. 즉, 사용자가 모델의 학습에 영향을 미치는 것이다.

왜곡을 방지하려면 적은 비율의 견본을 '보류'로 표시한 다음, 모델을 미리 적용하기 전에 모든 견본을 사용자에게 보여준다. 그다음 사용자가 응답하지 않은 견본과 이러한 '보류'로 표시한 견본만 훈련 견본에 추가해서 사용한다.

보다 일반적인 시나리오에서는 한 모델이 다른 모델의 훈련용 데이터에 간접적으로 영향을 미칠 수 있다. 한 모델이 전시할 책의 목록 순서를 결정하고, 다른 모델은 각 책마다 작성할 리뷰를 결

---

1   옮긴이 모델 m_A와 모델 m_B 간 순환 참고

정한다. 첫 번째 모델이 특정 책에 대한 리뷰를 목록 하단에 배치하는 경우, 두 번째 모델의 리뷰에 대한 사용자의 응답이 없는 것은 리뷰의 품질 때문이 아니라 목록의 하단에 위치하기 때문일 수도 있다.

9.2 모델 서빙 모드

머신러닝 모델은 배치 모드나 주문형on-demand 모드로 서빙한다. 주문형 모드의 경우, 모델은 사람 고객이나 다른 머신에게 서비스를 제공할 수 있다.

9.2.1 배치 모드 서빙

일반적으로 대량의 입력 데이터에 모델을 적용할 때 배치batch 모드로 서빙한다. 한 가지 예는 제품이나 서비스의 모든 사용자 데이터를 모델로 처리하는 경우이고, 또 다른 예는 트윗이나 온라인 게시물에 대한 댓글과 같은 모든 수신 이벤트의 종류에 따라 모델을 체계적으로 적용하는 경우다. 배치 모드는 주문형 모드에 비해 자원 효율성이 더 높은데 약간의 시간 지연이 허용될 때 사용한다.

배치 모드로 서빙하는 경우 일반적으로 모델은 한 번에 100~1,000개의 특징 벡터를 사용한다. 실험을 통해 속도 측면에서 최적의 배치 크기를 찾는데, 일반적으로 32, 64, 128과 같이 2의 거듭제곱을 사용한다.

일반적으로 배치처리한 출력은 특정 소비자에게 보내는 것이 아니라 데이터베이스에 저장한다. 배치 모드를 통해 다음을 수행한다.

- 음악 스트리밍 서비스의 모든 사용자에게 매주 새로운 노래 추천 목록을 생성한다.
- 온라인 뉴스 기사와 블로그 게시물에 대한 댓글을 스팸 또는 스팸 아님으로 분류한다.
- 검색 엔진으로 인덱싱한 문서에서 지정된 개체를 추출한다.

9.2.2 인간에 대한 주문형 서빙

인간에게 **주문형**on demand으로 모델을 서빙하는 6단계는 다음과 같다.

1) 요청을 확인한다.
2) 맥락을 취합한다.

3) 맥락을 모델 입력으로 변환한다.

4) 모델을 입력에 적용하고 출력을 얻는다.

5) 출력이 적절한지 확인한다.

6) 사용자에게 출력을 제공한다.

운영 환경에서 사용자의 요청에 따라 모델을 실행하기 전에 해당 사용자가 이 모델에 대한 올바른 사용 권한을 가지고 있는지 확인해야 한다.

맥락context은 사용자가 머신러닝 시스템에 요청을 보낼 때와 시스템의 응답을 받을 때 사용자의 상황을 나타낸다.

사용자는 명시적으로나 암시적으로 머신러닝 시스템에 요청을 보낼 수 있다. 명시적인 요청의 예는 음악 스트리밍 서비스의 사용자가 어떤 노래와 유사한 노래에 대한 추천을 요청하는 경우다. 반면에, 사용자가 가장 최근에 받은 메시지에 대한 제안된 응답을 위해 다이렉트 메신저 응용 프로그램에서 암시적 요청을 보낸다.

좋은 맥락은 실시간 또는 거의 실시간에 가깝게 수집할 수 있다. 여기에는 특징 추출기가 모델 훈련에 필요한 모든 특징값을 추출하기 위해 필요한 정보가 포함된다. 또한, 로그에 저장할 수 있을 만큼 크기가 작고 디버깅을 위한 충분한 정보와 시간이 지남에 따라 모델을 개선하는 데 사용할 수 있는 정보를 포함하고 있다.

몇 가지 문제에 대한 좋은 맥락의 예를 살펴보자.

기기 오작동

기기 오작동 검출을 위한 좋은 맥락에는 진동과 소음 수준, 기기에서 실행하는 작업, 사용자 ID, 펌웨어 버전, 제조 및 마지막 점검 이후 경과된 시간, 제조 시점 및 마지막 점검 이후 사용 횟수가 있다.

응급실 입원

새로운 환자를 중환자실에 입원시켜야 하는지 여부를 결정하기 위한 좋은 맥락에는 연령, 혈압, 체온, 심박수, 맥박 산소 측정 수준, 전체 혈구수, 화학 프로필, 동맥혈 가스 검사, 혈중 알코올 농도, 병력, 임신 여부가 있다.

신용 위험 평가

신용 카드 신청에 대한 승인/거부 결정을 내리는 데는 연령, 학력, 고용 상태, 국내 거주자신분, 연봉, 가족 사항, 미지급 채무, 다른 신용 카드 소유 여부, 주택 소유자인지 세입자인지 여부, 파산 선언 여부, 카드 대금 연체를 했는지 여부와 몇 번이나 연체를 했는지 여부가 좋은 맥락이다. 특정 정보가 특징 추출에는 필요하지 않더라도, 이는 고객 ID, 날짜, 시간과 같은 로깅 및 디버깅에는 적절할 수도 있다.

광고 표시

특정 광고를 웹사이트 사용자에게 노출해야 하는지 여부를 결정하는 데 필요한 맥락에는 웹페이지 제목, 웹페이지에서 사용자의 위치, 화면 해상도, 웹페이지의 텍스트, 사용자에게 표시되는 텍스트, 사용자가 웹페이지를 방문한 경로, 웹페이지에 머문 시간이 있다. 로깅과 디버깅을 위한 맥락에는 브라우저 버전, 운영 체제 버전, 연결 정보, 날짜, 시간이 있다.

특징 추출기는 맥락을 모델 입력으로 변환한다. 5장의 5.4절에서 논의한 것처럼 때때로 특징 추출기는 머신러닝 **파이프라인**의 일부인 경우가 있다. 그러나 일반적으로 특징 추출기는 별도의 객체로 구축한다.

인간 고객에게 서빙하는 경우 채점 결과를 그대로 전달하는 경우는 거의 없다. 일반적으로 채점 코드는 사용자의 이해를 돕기 위해 모델의 예측을 보다 쉽게 해석할 수 있는 형식으로 변환한 후에 전달한다.

일반적으로 인간에게 모델을 서빙하기 전에 예측 신뢰도 점수를 측정한다. 신뢰도가 낮으면 아무것도 제공하지 않을 수도 있다. 사용자는 경험해 보지 않은 오류에 대해서는 덜 불평하는 경향이 있기 때문이다. 또는 사용자가 출력을 기대하는 경우에는 먼저 낮은 신뢰도에 대해 알려주고, 그런 다음 '확실합니까?'라고 다시 묻는다.

시스템이 예측에 따라 작동을 시작하는 경우 알림prompting이 특히 중요하다. 오류에 따른 비용을 추정할 수 있고, 예측 신뢰도가 (0, 1)로 제한되는 경우 비용에 (1−신뢰도)를 곱하여 잘못된 조치를 취할 경우 발생할 수 있는 영향을 확인할 수 있다. 예를 들어, 오류 발생 비용이 1,000달러이고 모델의 신뢰도 점수가 0.95라면 **예상 오류 비용**expected error cost 값은 $(1 − 0.95) \times 1,000 = 50$달러가 된다. 모델이 추천하는 여러 행동에 대한 예상 비용값에 임계값을 설정하고 예상 비용이 임계값을 초과할 때만 사용자에게 알려줄 수도 있다.

모델의 신뢰도를 측정하는 것 외에도 예측값이 적절한지를 계산한다. 9.3절에서 결과가 이치에 맞지 않을 경우 확인해야 할 사항과 시스템의 반응이 어떠해야 하는지 자세히 살펴본다.

모델을 서빙할 때의 맥락과 사용자의 반응을 기록하면 편리하다. 이를 통해 최종적인 문제를 디버깅하고 새로운 학습 견본을 만들어 모델을 개선할 수 있다.

9.2.3 머신에 대한 주문형 서빙

많은 경우에 REST API를 구축하는 것이 적합하지만 종종 스트리밍을 통해 머신에게 서빙한다. 실제로, 머신의 데이터 관련 요구 사항은 대체로 표준을 따르고 미리 결정되어 있다. 잘 설계된 고정된 스트리밍 애플리케이션 토폴로지를 통해 가용 자원을 효율적으로 사용할 수 있다.

머신이나 인간에게 주문형 서비스를 제공하는 것은 까다로울 수 있다. 주문량이 일정하지 않아 낮에는 매우 높고 밤에는 매우 낮을 수도 있다. 클라우드에서 가상 자원을 사용하는 경우, 오토스케일링을 통해 필요할 때 더 많은 자원을 추가하고 수요가 감소하면 자원을 해제할 수 있다. 그러나 오토스케일링은 갑작스런 수요 급증에 민첩하게 대응하지 못할 수도 있다.

이러한 상황에 대처하기 위한 주문형 아키텍처에는 RabbitMQ나 아파치 카프카와 같은 **메시지 브로커**message broker가 있다. 메시지 브로커를 통해 한 프로세스가 큐에 메시지를 쓰고 다른 프로세스가 해당 큐에서 읽을 수 있다. 주문형 요청은 입력 대기열에 쌓이고, 모델 런타임 프로세스는 주기적으로 브로커를 통해 입력 큐로부터 입력 데이터 요소를 배치 단위로 읽고 배치 모드에서 각 요소에 대한 예측을 생성한다. 그 다음 출력 대기열에 예측을 기록한다. 또 다른 프로세스는 주기적으로 브로커에 연결하고, 출력 큐에서 예측을 읽어와서 요청을 보낸 사용자에게 전달한다(그림 9.3). 이러한 접근 방식은 수요 급증에 대처할 수 있을 뿐만 아니라 자원 효율적이다.

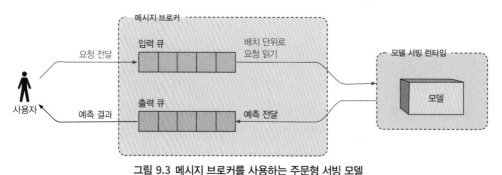

그림 9.3 메시지 브로커를 사용하는 주문형 서빙 모델

9.3 현실에서의 모델 서빙

현실에서는 사용자가 소프트웨어 시스템과 실제로 상호작용을 하게 되면 모델 서빙이 복잡해진다. 일반적으로 모든 사용자의 행동과 반응을 예측하는 것은 불가능하기 때문이다. 따라서 현실적인 소프트웨어 시스템의 아키텍처는 오류, 변화, 인간 본성이라는 세 가지 상황에 대비해야 한다.

9.3.1 오류에 대한 대비

모든 소프트웨어에서 오류는 불가피하다. 마찬가지로 머신러닝 기반 소프트웨어에서 오류 또한 솔루션에서 불가피한 부분이다. 어떤 모델도 완벽할 수는 없기 때문이다. 모든 오류를 해결할 수는 없기 때문에 유일한 방법은 오류를 수용하는 것이다.

오류를 수용한다는 것은 오류가 발생해도 시스템이 계속 정상적으로 작동할 수 있도록 소프트웨어 시스템을 설계하는 것이다.

인정하고 수용해야만 하는 '할 수 없는 것cannots' 세 가지가 있다.

1) 오류가 발생한 이유를 모두 설명할 수는 없다.
2) 오류가 언제 발생할지 확실하게 예측할 수 없으며, 높은 신뢰도의 예측조차도 틀릴 수 있다.
3) 모든 특정한 오류를 수정하는 방법을 알 수는 없다. 수정할 수 있다고 해도 '어떤 종류의 훈련 데이터가 얼마나 필요할지'는 알 수 없다.

또한, 오류로 인해 잘못된 예측이 항상 올바른 예측에서 크게 벗어나지 않을 거라고 기대할 수는 없다. 오류로 인해 '엉뚱한' 예측을 할 수도 있기 때문이다. 예를 들어, 자율 주행 자동차 모델이 앞에 장애물이 없는 상황에서 $120km/h(\sim74mph)$의 속도로 달리다가 갑자기 정지하고 후진하는 것이 최선의 조치라고 예측할 수도 있다.

맥락이 조금만 바뀌어도 예기치 않은 패턴의 오류가 발생할 수 있다. 예를 들어, 공장 현장에서 위험한 상황을 인식하는 모델에서 카메라 근처의 전구를 교체한 후 오류가 발생할 수 있다. 오류의 원인을 살펴보니, 교체하기 전의 전구는 백열등이었고 교체한 새로운 전구는 형광등이었던 것이다.

사용자 수가 많아지면 드물게 발생하는 오류라도 많은 사용자에게 영향을 미칠 수 있다. 모델의 정확도를 99%라고 할 때, 사용자가 백만 명일 경우 예측 오류가 1%만 돼도 수천 명에게 영향을 미친다.

모델에서 하나의 오류를 수정했을 때, 드물지만 새로운 오류[2]가 발생하는 경우도 있다. 이처럼 불가피한 오류가 있을 때 시스템을 어떻게 설계해야 하는가?

9.3.2 오류 처리

우선, 적어도 부분적으로라도 시스템이 '어리석은' 것처럼 보이거나 행동하는 상황을 완화하기 위한 전략을 세워야 한다. 예를 들어, 개인 비서나 챗봇 시스템이 사용자와 대화하는 경우, 답변을 하기 어려울 때는 마음대로 말하는 것보다 '모르겠어요'라고 말하는 것이 좋다. 오류가 사용자에게 직접 노출되는 경우 위에서 설명한 대로 **예상 오류 비용**을 계산하고 비용이 임계값을 초과하는 경우에는 예측 결과를 사용자에게 알려주지 않는다.

또는 첫 번째 모델 m_A가 해당 입력에 대해 오류를 범할 가능성을 예측하는 두 번째 모델 m_B를 훈련한다. '안전 장치' 역할을 하는 모델 m_B는 모델 m_A의 예측 결과가 치명적인 영향을 미치는 시스템에 사용되는 경우 특히 중요하다.

오류의 가시성visibility은 오류를 숨길지 여부와 숨기는 방법을 결정하는 데 중요한 요소다. 예를 들어, 인터넷에서 웹페이지를 다운로드하고 해당 페이지에서 일부 개체를 추출하는 시스템의 경우, 특정 유형의 개체를 검출하면 사용자에게 알림을 보낸다고 해보자. 모델은 두 종류의 오류를 범할 수 있다. 1) 문서에 포함되지 않은 개체 추출(거짓 양성, FP), 2) 문서에 있는 개체를 추출하지 않음(거짓 음성, FN)이 이에 해당한다.

1번 오류가 발생하면 사용자는 상관없는 알림을 받고 불평을 할 것이다. 2번 오류의 경우 사용자는 알림을 받지 못하고 결국 오류를 인식하지 못하게 된다. 물론, 이때 잘못된 알림에 따른 짜증은 피할 수 있다. 이 경우 **재현율**을 상당히 높게 유지하면서 **정밀도**를 높이도록 모델을 최적화하는 것이 좋다.

모델을 훈련할 때 가장 피하고 싶은 오류 유형을 결정하고, 해당 예측 임계값을 포함하는 초매개변수를 최적화한다.

최고의 예측 결과에 대한 신뢰도가 낮으면 몇 가지 옵션을 제시하는 것이 좋은데, 이것이 구글이

---

2 [옮긴이] 부작용(side effect)

한 번에 10개의 검색 결과를 제공하는 이유이기도 하다. 가장 관련성이 높은 링크가 가장 상위에 있는 것보다 10개의 검색 결과에 포함될 가능성이 훨씬 더 높기 때문이다.

모델 오류에 대한 사용자의 불만을 피하는 또 다른 방법은 모델에 대한 사용자의 노출을 조절하는 것이다. 모델의 오류 수를 측정하고 사용자가 감내할 수 있는 분당(또는 일, 주, 월) 오류 수를 추정한다. 그런 다음 사용자와 모델 간의 상호작용을 제한하여 감지된 오류 수를 해당 수준 이하로 유지한다.

사용자가 오류를 감지한 경우 해당 오류를 보고하는 경우에 대비한다. 보고를 받으면 모델이 사용된 맥락과 모델 예측을 기록한다. 향후 유사한 오류가 발생하지 않도록 하려면 어떤 조치를 취해야 하는지 사용자에게 설명한다.

사용자의 시스템 사용도를 측정하고 모든 상호작용을 기록한 다음 의심스러운 상호작용을 오프라인에서 분석하는 것이 좋다. 분석 항목은 다음과 같다.

- 사용자가 이전보다 시스템을 덜 사용하는지 여부
- 사용자가 특정 권장 사항을 무시했는지 여부
- 사용자가 다양한 설정을 적절하게 했는지 여부

오류의 부정적인 영향을 좀 더 줄이려면, 시스템에서 허용하는 경우 시스템에서 권장하는 작업을 실행 취소할 수 있는 옵션을 사용자에게 제공한다. 가능한 경우, 사용자 대신 시스템에서 이를 자동화된 작업으로 실행하도록 확장한다.

특히, 사용자를 대신하는 소프트웨어 응용 프로그램의 경우에는 허용 가능한 작업을 제한해야 한다. 머신러닝 모델의 오류는 자율 주행 자동차의 예에서 본 것처럼 갑자기 후진하기로 하는 것과 같이 예측할 수 없을 정도로 '엉뚱할' 수 있다. 경매 입찰이나 의약품 처방과 같이 건강, 안전, 금전과 관련된 다른 중요한 시나리오에서는 주의를 기울여야 한다. 모델이 이동 평균에 표준 편차를 더한 것보다 더 많은 주식을 매수하거나 매도할 것으로 예측되는 경우, 경고를 보내고 '자동' 조치를 보류하는 것이 좋다. 모델이 환자에게 비합리적으로 많은 양의 약물을 제공하거나 자동차의 속도를 평소보다 훨씬 높거나 낮은 값으로 변경할 것으로 예측되는 경우에도 동일한 논리를 적용해야 한다.

시스템에서 모델 예측을 자동으로 기각할 수 있는 경우, 사용자에게 예측에 실패했다는 것을 알리는 것 외에도 몇 가지 대체 전략fallback strategy을 구현하는 것이 좋다(그림 9.4). 덜 정교한 모델이나 수작업으로 만든 휴리스틱을 대체 수단으로 사용할 수 있다. 물론, 대체 전략의 출력도 검증

해야 하며, 불합리해 보이는 경우에는 기각해야 한다. 이 경우 사용자에게는 오류 메시지를 보내야 한다.

9.3.3 변화에 대한 준비 및 대처

일반적으로 머신러닝 기반 시스템의 성능은 시간이 지남에 따라 변한다. 일부 응용 프로그램에서는 거의 실시간으로 변할 수도 있다.

두 가지 유형의 모델 변화가 있다.

1) 품질이 더 좋아지거나 더 나빠질 수 있다.
2) 일부 입력에 대한 예측이 달라질 수 있다.

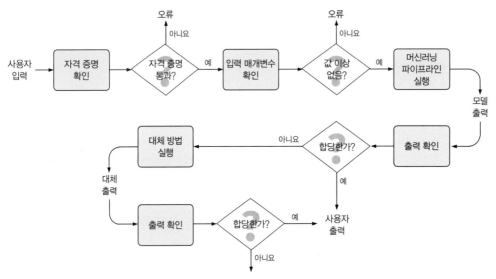

그림 9.4 실제 모델 서빙 흐름도

시간이 지남에 따라 모델 성능이 저하되는 일반적인 이유는 3장의 3.2.6절에서 이미 살펴본 **개념 이동** 때문이다. 올바른 예측이 무엇인지에 대한 개념은 사용자의 선호도와 관심사로 인해 바뀔 수 있다. 이로 인해 더 최근에 레이블링한 데이터를 사용하여 모델을 다시 훈련해야 한다.

일부 변화는 사용자가 긍정적으로 인식할 수도 있다. 때로는 엔지니어링 관점에서 시스템 성능이 개선되더라도 변화를 부정적으로 인식할 수도 있다. 훈련 견본을 추가하고 모델을 재훈련하고 더 나은 성능 지푯값을 얻을 수도 있다. 그러나 새로운 데이터를 추가함으로써 의도치 않게 데이터 불균형이 발생해서 일부 클래스는 잘 드러나지 않게 될 수도 있다. 만약 이러한 클래스의 예측에 관심이 있는 사용자는 성능 저하 때문에 시스템에 대해서 불평하거나 이탈할 수도 있다.

사용자는 특정 행동에 익숙해진다. 즉, 사용자는 자주 사용하는 문서나 웹 애플리케이션을 찾기 위해 검색 엔진에 어떤 쿼리를 입력해야 하는지 알 수 있는데, 이 쿼리는 목적에 가장 적합한 것은 아닐 수는 있지만 그럭저럭 잘 동작했다. 검색 결과 순위 알고리즘을 개선한 후에, 해당 쿼리가 특정 문서나 응용 프로그램을 반환하지 않거나 검색 결과의 두 번째 페이지에 표시할 수도 있다. 사용자는 이전에는 한 번에 쉽게 찾았던 자료를 더 이상 찾을 수 없어서 불편을 느끼게 된다.

사용자가 변화를 부정적으로 인식할 수 있다고 예상되는 경우, 사용자에게 적응할 시간을 주고, 변경 사항과 새 모델에서 기대할 수 있는 사항을 교육한다. 또는 변화를 점진적으로 도입하거나, 이전 모델과 새 모델의 예측을 함께 제공하다가 이전 모델의 비율을 천천히 줄일 수도 있다. 또는 새 모델과 이전 모델을 동시에 실행하고, 사용자가 이전 모델을 종료하고 나가기 전에 잠시 동안 이전 모델로 전환하도록 할 수 있다.

9.3.4 인간 본성에 대한 준비 및 대처

인간의 본성은 효과적인 시스템 엔지니어링을 어렵게 만든다. 인간은 예측할 수 없고 종종 비합리적이고 일관성이 없으며 기대치가 명확하지 않다. 그럼에도 불구하고 견고한 소프트웨어 시스템은 이를 예측할 수 있어야 한다.

혼란 방지

사용자가 시스템과 상호 작용하는 데 혼란을 느끼지 않도록 시스템을 설계해야 한다. 사용자가 머신러닝과 인공지능에 대해 어느 정도 알고 있다고 가정하지 말고 직관적인 방식으로 모델을 서빙해야 한다. 사실, 많은 사용자가 자신들은 일반적인 소프트웨어로 작업한다고 생각할 것이고 오류를 발견하면 놀라게 될 것이다.

기대치 관리

반면에 일부 사용자는 기대치가 너무 높은데, 그 주된 이유는 광고다. 관심을 끌기 위해 머신러닝을 기반으로 한 제품이나 시스템은 종종 '지능적'이라고 광고한다. 예를 들어, 애플 시리_{Apple Siri}, 구글 홈, 아마존 알렉사_{Amazon Alexa}와 같은 개인 비서는 종종 광고에서 인간 수준의 지능을 가진 것처럼 비춰진다. 실제로 모든 머신러닝 기반 시스템은 입력을 신중하게 선택하면 매우 지능적으로 보일 수 있다. 사용자는 이러한 광고를 보고 시스템이 효과적으로 작동하도록 설계되지 않은 상황에서도 자신이 광고에서 본 것을 기대할 수 있다.

사용자가 (약속되지 않은) 멋진 것을 기대하는 또 다른 일반적인 이유는 '매우 지능적'으로 보이는 (그들이 이해하기에는) 유사한 시스템을 사용해본 경험이 있기 때문이다. 이러한 사용자는 시스템에서 동일한 수준의 '지능'을 기대하게 된다.

신뢰 확보

일부 사용자, 특히 경험 많은 사용자는 시스템에 '지능'이 포함되어 있다는 것을 알게 되면 시스템을 불신하는 경향이 있다. 그러한 불신의 주된 이유는 과거의 경험 때문이다. 대부분의 소위 지능형 시스템은 지능적인 것을 제공하지 못했고, 이로 인해 일부 사용자는 시스템을 처음 접할 때 실패할 것으로 예상한다.

따라서 시스템은 각 사용자의 신뢰를 얻어야 하며 특히 이를 조기에 완수해야 한다.

'지능형' 시스템을 경험해 본 사용자는 시스템 기능에 대해 몇 가지 간단한 테스트를 수행할 가능성이 높다. 이때 시스템에 오류가 발생하면 사용자는 시스템을 신뢰하지 않는다. 예를 들어, 검색 엔진 시스템의 경우 사용자는 자신의 이름이나 작성한 문서를 쿼리로 입력해서 시스템을 테스트한다. 또는 기업 고객에게 조직에 대한 정보를 제공하는 시스템의 경우, 사용자는 시스템이 조직에 대해 얼마나 알고 있는지, 그리고 정보가 적절한지 여부를 확인한다. 자율 주행차의 운전자는 '엔진 시동', '앞 차 따라가기', '현재 속도 유지', '뒷길에 주차'와 같은 명령을 테스트할 가능성이 높다. 서비스의 특성에 따라 이러한 간단한 테스트를 예상하고 시스템이 테스트를 통과하는지 확인해야 한다.

사용자 피로 관리

사용자 피로_{user fatigue}는 시스템에 대한 관심이 감소하는 또 다른 이유가 될 수 있다. 시스템이 권장 사항이나 승인 요청으로 사용자 경험을 과도하게 방해하지 않는지 확인한다. 사용자에게 필요한 모든 것을 한 번에 보여주는 것을 피하고, 가능하면 사용자가 관심을 명시적으로 표현하도록 한다.

또한, 시스템이 자동으로 처리할 수 있는 모든 작업을 이러한 방식으로 처리해야만 하는 것은 아니다. 예를 들어, 시스템이 사용자와 다른 사람과의 상호 작용을 자동화하는 경우 개인적인 데이터나 제한된 데이터를 이메일 답장으로 보내거나 공개 포럼에 게시할 수 있다. 사용자를 대신해서 공유하기 전에 정보의 민감도를 평가하는 것이 필요하고, 이런 경우에는 잠재적으로 민감한 텍스트와 이미지를 감지하도록 훈련된 모델을 사용하는 것이 좋다. 다른 극단적인 경우에는 시스템이 너무 보수적이어서 관련 정보를 자동으로 걸러 내거나 사용자에게 너무 많은 결정을 확인하도록 요청하여 사용자 피로를 유발할 수도 있다.

크리프 팩터 주의

사용자가 학습 시스템과 상호 작용할 때 **크리프 팩터**creep factor라는 현상이 있다. 이는 사용자가 모델의 예측 능력이 너무 뛰어나다고 인식하는 것이다. 사용자는 특히 매우 사적인 세부 사항과 관련된 예측의 경우 불편함을 느낀다. 시스템이 '빅 브라더'처럼 느껴지지 않고 너무 많은 책임을 지지 않도록 한다.

9.4 모델 모니터링

배포한 모델을 지속적으로 모니터링해야 한다. 모니터링을 통해 다음 사실을 확인할 수 있다.

- 모델이 올바르게 서빙되고 있다.
- 모델의 성능이 허용 가능한 범위 내에서 유지되고 있다.

9.4.1 무엇이 잘못될 수 있는가?

모니터링은 운영 환경에 배포한 모델에 문제 발생 시 이를 조기에 경고하도록 설계해야 한다. 보다 구체적으로 살펴보면 다음과 같다.

- 모델 업데이트에 사용한 새로운 훈련 데이터로 인해 성능이 저하되었다.
- 운영 환경에서의 실시간 데이터는 변경되었지만 모델은 변경되지 않았다.
- 특징 추출 코드가 많이 업데이트되었지만 모델을 조정하지 못했다.
- 특징을 생성하는 데 필요한 자원이 변경되었거나 사용할 수 없게 되었다.
- 모델이 남용되거나 적대적 공격을 받고 있다.

추가 훈련 데이터가 항상 좋은 것은 아니다. **레이블러**가 레이블링 지침을 잘못 해석했을 수 있고, 한 레이블러의 결정이 다른 레이블러와 반대될 수도 있다. 모델을 개선하기 위해 자동으로 수집한 데이터는 편향될 수 있다. 그 이유는 예를 들어 9.1.6절에서 살펴본 **숨겨진 피드백 루프**나 3장의 3.2절에서 논의한 **체계적인 값 왜곡** 때문일 수 있다.

때로는 운영 환경에서의 데이터 속성이 점진적으로 변하지만 모델이 적응하지 못하는 경우도 있다. 이제 모델이 훈련에 사용한 데이터는 오래되어서 더 이상 현실을 대표하지 못하게 되는데, 이러한 이유 중 하나는 9.3절에서 논의한 **개념 이동**이다.

소프트웨어 엔지니어는 특징 추출 코드의 버그를 수정하고 운영 환경에서 특징 추출기를 업데이트한다. 그러나 엔지니어가 운영 환경의 모델도 같이 업데이트하지 않으면 성능이 생각지도 못할 만큼 저하될 수 있다.

특징 추출과 모델이 동기화되어 있더라도 일부 자원(데이터베이스 연결, 데이터베이스 테이블, 외부 API)이 사라지거나 변경되면 해당 특징 추출기를 통해 생성된 일부 특징에 영향을 미칠 수 있다.

일부 모델, 특히 전자 상거래와 미디어 플랫폼에 배포된 모델은 종종 적대적 공격의 대상이 된다. 불공정한 경쟁자, 사기꾼, 범죄자, 외국 정부와 같이 악의적인 공격자는 모델의 약점을 적극적으로 찾아내서 그에 따라 공격할 수도 있다. 사용자의 행동을 통해 머신러닝 시스템을 학습하는 경우, 일부 사용자는 모델 동작을 자신에게 유리하게 변경하기 위한 시도를 할 수 있다.

또한, 공격자는 모델의 학습 데이터에 대한 정보를 얻기 위해 훈련된 모델을 면밀히 살펴보려고 할 수도 있다. 해당 훈련 데이터에는 개인과 조직에 대한 기밀 정보가 포함되어 있을 수도 있다.

예방하기 어려운 또 다른 형태의 남용은 **이중 사용**dual use 모델이다. 모든 소프트웨어와 마찬가지로 머신러닝 모델도 선하게(의도대로) 사용할 수도 있고 악하게(종종 사용자의 동의 없이) 사용할 수도 있다.

예를 들어, 자신의 목소리가 만화 캐릭터처럼 들리게 하는 모델을 만들어 공개적으로 배포할 수 있다. 사기꾼은 배포된 모델을 조정해서 은행 고객의 목소리로 위장하고 대신 전화 거래를 시도할 수 있다. 또는 거리의 보행자를 인식하는 모델의 경우, 자동 무기 제조업체가 이 모델을 전장에서 살상을 위해 사람을 검출하는 데 사용할 수도 있다.

9.4.2 모니터링 대상 및 방법

모델에 **신뢰도 테스트 세트**를 적용해서 합리적인 성능 지표를 생성하는지 모니터링을 통해 확인해야 한다. 신뢰도 테스트 세트는 **분포 이동**을 방지하기 위해 정기적으로 새로운 데이터로 업데이트해야 한다. 또한, **종단 간 세트**의 견본으로 정기적으로 모델을 테스트해야 한다.

정확도, 정밀도, 재현율도 모니터링의 좋은 후보지만, 시간 경과에 따른 변화를 측정하는 데 특히 유용한 지표로 **예측 편향**prediction bias이 있다.

아무것도 변하지 않는 정적인 세계에서는, 예측한 클래스의 분포는 관찰한 클래스의 분포와 거의 동일할 것이다. 모델이 **잘 교정된** 경우에 특히 그렇다. 정적이지 않은 세계에서 관찰하면 모델에 예측 편향이 나타난다. 후자는 훈련 데이터 레이블의 분포와 운영 환경의 현재 클래스 분포가 다르다는 것을 의미한다. 따라서 이러한 변화의 이유를 조사하고 필요한 조정을 해야 한다.

모니터링을 통해 폐기되거나 용도가 변경된 데이터 소스에 대해 지속적으로 주의를 기울인다. 데이터베이스의 일부 열이 채워지지 않을 수 있다.[3] 일부 열의 데이터 정의나 형식이 변경되었지만, 이런 변경 내용에 맞도록 조정하지 않은 모델은 여전히 이전의 데이터 정의와 형식을 따른다. 이를 방지하려면 데이터베이스 테이블에서 추출한 모든 특징값 분포를 모니터링하여 유의미한 분포 이동이 있는지 확인해야 한다. **카이 제곱 독립 테스트**Chi-square independence test와 **콜모고로프 스미르노프 테스트**Kolmogorov-Smirnov test와 같은 통계 테스트를 통해 특징값과 예측의 분포 이동을 감지할 수 있다. 의미 있는 분포 이동이 감지되면 이해 관계자에게 경고를 보내야 한다.

모델의 **수치적 안정성**numerical stability도 모니터링해야 한다. NaN(숫자가 아님) 또는 무한대가 관찰되면 경고를 해야 한다.

머신러닝 시스템의 계산 성능을 모니터링하는 것도 중요한데, 성능이 극적으로 떨어지는 것과 천천히 나빠지는 것을 모두 감지하고 경고를 해야 한다.

사용량 변동이 의심스러운 경우 모니터링하고 경고를 한다. 특히, 다음과 같은 경우에 해당한다.

- 한 시간 동안 모델 서빙 수를 모니터링하고 하루 전에 계산한 해당 값과 비교한다. 수치가 30% 이상 변경된 경우 이해 관계자에게 경고를 보낸다. 과도한 경고가 발생하지 않도록 사용 사례use case에 맞게 이 임계값을 조정해야 한다.
- 일일 모델 서빙 수를 모니터링하고 1주일 전에 계산한 해당 값과 비교한다. 수치가 15% 이상 변경된 경우 이해 관계자에게 경고를 보낸다. 마찬가지로 사용 사례에 맞게 이 임계값을 조정한다.

모니터링을 통해 다음과 같은 수치의 원하지 않는 변화를 검출할 수 있다.

- 최소 예측값과 최대 예측값
- 주어진 기간 동안의 중앙값, 평균, 표준 편차 예측값

---

3   **옮긴이** 일반적으로 데이터베이스의 행별로 데이터의 견본이 저장되고, 각 행의 열별로 해당 견본의 특정한 특징(feature)이 나타난다.

- 모델 API 호출 시 지연 시간

- 예측 수행 시 메모리 소비량과 CPU 사용량

또한, 분포 이동을 방지하려면 다음과 같이 모니터링을 자동화해야 한다.

1) 일정 기간 동안 랜덤으로 입력을 모은다.

2) 이러한 입력을 레이블링한다.

3) 모델을 실행하고 성능 지푯값을 계산한다.

4) 중대한 성능 저하가 있는 경우 이해 관계자에게 알린다.

추천 시스템recommender system의 경우, 추가적인 모니터링이 필요하다. 이러한 모델은 웹사이트나 애플리케이션 사용자에게 추천을 제공하므로, 클릭률click-through rate, CTR, 즉 추천을 클릭한 사용자와 해당 모델에서 추천을 받은 총 사용자 수의 비율을 모니터링하는 것이 유용하다. CTR이 감소하면 모델을 업데이트해야 한다.

이해 관계자에게 지표의 작은 변화를 너무 보수적으로 알리는 것과 자주 알리는 것 사이에는 미묘한 절충점이 있다는 점에 유의해야 한다. 너무 자주 알림을 보내면 사람들이 알림을 받는 것에 지쳐 결국 무시하기 시작할 수도 있다. 업무에 중요하지 않은 경우 이해 관계자가 스스로 알림 설정의 임계값을 조정하도록 허용하는 것이 적절할 수 있다.

전체 프로세스를 추적할 수 있도록 모니터링 이벤트event를 기록한다. 시각적으로 모델 성능을 분석하기 위해, 모니터링 도구의 사용자 인터페이스는 시간이 지남에 따라 모델 저하가 어떻게 변화하는지 보여주는 추세 차트trend chart를 제공해야 한다.

모니터링 도구의 특성 중 하나는 바로 데이터 슬라이스slice에 대한 지표를 계산하고 시각화할 수 있는 기능이다. 슬라이스는 특정 속성에 어떤 값이 있는 견본만 포함하는 데이터의 부분 집합이다. 예를 들어, 하나의 슬라이스에는 주state 속성이 플로리다Florida인 견본만 포함할 수 있다. 다른 슬라이스에는 여성에 대한 데이터만 포함할 수 있다. 모델의 성능 저하를 일부 슬라이스에서만 관찰할 수 있고 다른 슬라이스에서는 발견하지 못할 수도 있다.

실시간 모니터링 외에 다음과 같은 데이터도 기록하는 것이 중요하다.

- 문제의 원인을 찾는 데 도움이 되는 데이터

- 실시간 분석이 불가능한 데이터

- 기존 모델을 개선하거나 새로운 모델을 훈련하는 데 유용한 데이터

9.4.3 기록할 내용

향후 분석에 필요한 비정상적인 시스템 동작을 재현할 수 있도록 충분한 정보를 기록_{log}하는 것이 중요하다. 모델이 웹사이트 방문자나 모바일 애플리케이션 사용자와 같은 프론트엔드_{front-end}[4] 사용자에게 서빙하는 경우, 모델 서빙 시점에서의 사용자 **맥락**을 저장하는 것이 좋다.

9.2절에서 논의한 바와 같이 맥락에는 웹페이지의 콘텐츠(또는 애플리케이션의 상태), 웹페이지에서의 사용자 위치, 하루 중 시간, 사용자가 어디에서 왔는지, 모델 예측을 서빙하기 전에 클릭한 내용이 포함된다.

또한, 맥락으로부터 추출한 특징인 모델 입력과 해당 특징을 생성하는 데 걸린 시간을 포함하는 것이 좋다.

그 밖에도 다음과 같은 항목을 기록할 수 있다.

*   모델의 출력과 출력을 생성하는 데 걸린 시간
*   모델의 출력을 관찰한 후 사용자의 새로운 맥락
*   출력에 대한 사용자의 반응

사용자의 반응은 모델 출력을 관찰한 후에 취하는 즉각적인 행동으로, 무엇을 클릭했고, 출력을 서빙한 후 클릭까지 얼마나 시간이 걸렸는가 하는 것이다.

수천 명의 사용자가 있는 대규모 시스템에서는 모델이 하루에 수백 번씩 각 사용자에게 서빙하므로 모든 이벤트를 기록하는 것이 어려울 수 있다. 따라서 **계층화된 샘플링**을 수행하는 것이 좀 더 실용적이다. 먼저 기록할 이벤트 그룹을 결정한 다음, 각 그룹에서 특정 비율의 이벤트만 기록한다. 그룹은 사용자 그룹이거나 맥락 그룹_{groups of contexts}이다. 사용자는 연령, 성별, 서비스 사용 기간(신규 고객과 장기 고객)에 따라 분류할 수 있다. 맥락 그룹에는 이른_{early} - 아침_{morning}, 업무_{business} - 일_{day}, 늦은_{late} - 밤_{night} 같은 것이 있다.

사용자의 활동 데이터를 로그에 저장하는 경우, 사용자는 데이터의 저장 내용, 시기, 방법, 기간을 알아야 한다. 가능하면 데이터를 손실 없이 익명화하거나 통합해야 한다. 민감한 데이터에 대한 접근은 특정 기간 동안 특정 문제를 해결하도록 할당된 사용자로 제한해야 한다. 분석가가 자신과 관련 없는 비즈니스 문제를 해결하기 위해 민감한 데이터에 접근하지 못하도록 한다. 이는

---

4   울긴이 사용자가 웹사이트를 이용할 때, 사이트와 직접적으로 상호 작용하여 접촉하는 부분을 프론트엔드라고 한다.

자칫 법적 문제로 이어질 수도 있다.

사용자가 활동 데이터의 기록과 분석을 거부할 수 있는지 확인한다. 국가마다 다른 데이터 보존 정책을 적용하는데, 각 국가는 자국민에 대해 저장할 수 있는 것, 저장할 수 없는 것, 분석에 사용할 수 있는 것에 대해 자체적인 제한을 둔다.

9.4.4 남용 감시

일부 사용자나 조직은 자신의 비즈니스를 위해 모델을 사용할 수 있다. 일반적인 사용자는 십여 개 정도의 요청만을 보내지만, 이러한 사용자는 매일 수백만 건의 요청을 보낼 수도 있다. 또는 일부 사용자는 훈련 데이터를 역설계하거나 모델이 자신이 원하는 출력을 생성하도록 만드는 방법을 배우려고 할 수도 있다.

이러한 남용을 방지하는 방법은 다음과 같다.

- 사용자가 요청당 비용을 지불하도록 한다.
- 여러 차례 요청이 있을 경우 점진적으로 응답을 지연한다.
- 일부 사용자를 차단한다.

일부 공격자는 자신의 비즈니스 목표를 달성하기 위해 모델을 조작하려고 할 수 있다. 공격자가 자신에게만 이익이 되는 방식으로 모델을 변경하는 데이터를 입력으로 보내서, 결과적으로 모델의 전반적인 품질이 저하될 수 있다.

다음과 같은 방법으로 이러한 남용을 방지한다.

- 여러 사용자로부터 유사한 데이터가 제공되지 않는 한 사용자의 데이터를 신뢰하지 않는다.
- 각 사용자에게 평판 점수를 할당하고 평판이 낮은 사용자로부터 얻은 데이터를 신뢰하지 않는다.
- 사용자 행동을 정상 또는 비정상으로 분류하고, 비정상 행동을 보이는 사용자로부터 오는 데이터를 받아들이지 않는다.

공격자가 행동을 바꿔서 방어를 우회하려고 할 것이므로, 시스템을 효과적으로 방어하려면 모델을 정기적으로 업데이트한다. 사기를 치기 위한 부정한 거래를 감지하는 새로운 데이터와 새로운 특징을 모두 추가한다.

9.5 모델 유지보수

운영 환경에 배포한 대부분의 모델은 정기적으로 업데이트해야 하는데, 업데이트 빈도는 다음과 같은 여러 요인에 따라 달라진다.

- 오류 발생 빈도와 중요도
- 얼마나 '최신의' 모델이어야 하는지
- 새로운 훈련 데이터를 얼마나 빨리 사용할 수 있는지
- 모델을 재훈련하는 데 걸리는 시간
- 모델을 배포하는 데 드는 비용
- 모델 업데이트가 제품과 사용자 목표 달성에 기여하는 정도

이번 절에서는 모델 유지보수, 즉 운영 환경에 배포한 후 모델을 업데이트하는 시기와 방법에 대해 살펴본다.

9.5.1 업데이트 시기

모델을 처음으로 운영 환경에 배포하면 대부분 완벽하지 않은 경우가 많다. 따라서, 모델의 예측 오류는 불가피하다. 일부 오류는 유해할 수 있으므로 모델을 업데이트해야 한다. 시간이 지남에 따라 모델은 더 견고해질 수 있으므로 업데이트할 필요가 점점 줄어들게 된다. 그러나 일부 모델은 지속적으로 업데이트해야 하는데, 말하자면 항상 '신선해야fresh' 한다.

모델 신선도model freshness는 비즈니스 요구와 사용자의 요구에 따라 달라진다. 전자 상거래 웹사이트의 추천자 모델recommender model은 구매 후 업데이트해야 한다. 사용자가 모델을 사용하여 뉴스 웹사이트에서 추천 콘텐츠를 얻는 경우 모델을 매주 업데이트해야 할 수 있다. 반면에 음성 인식/합성이나 기계 번역 모델은 덜 자주 업데이트해도 된다.

새로운 훈련 데이터를 얼마나 빨리 얻을 수 있는지도 모델 업데이트 빈도에 영향을 미친다. 인기 있는 웹사이트의 댓글 흐름과 같이 새로운 데이터가 빠르게 들어오더라도 레이블링된 데이터를 얻으려면 시간이 걸리고 상당한 투자가 필요할 수 있다. 때때로 서비스를 유지하거나 탈퇴하려는 사용자의 결정이 먼 미래에 발생하는 **고객 이탈 예측**에서는 레이블링은 자동화할 수 있지만 이는 지연된 레이블링이다.

일부 모델, 특히 **초매개변수 검색**hyperparameter search이 필요한 모델의 경우, 모델을 구축하는 데 상당

한 시간이 걸린다. 모델의 새로운 버전을 얻기 위해 며칠 또는 몇 주를 기다리는 것은 드문 일이 아니다. 훈련 속도를 높이기 위해 병렬화 가능한 머신러닝 알고리즘과 그래픽 처리 장치GPU를 사용한다. 분석가는 thundersvm과 cuML과 같은 최신 라이브러리를 사용해서 GPU에서 얕은 학습 알고리즘을 실행하여 학습 시간을 크게 단축할 수 있다. 업데이트된 모델을 얻기 위해 며칠 또는 몇 주를 기다릴 여유가 없다면 덜 복잡한(따라서 덜 정확한) 모델을 사용하는 것이 유일한 선택일 수도 있다.

업데이트 비용이 많이 드는 경우 모델 업데이트 빈도를 줄인다. 예를 들어, 의료 분야에서는 규정, 개인정보 보호 문제, 값비싼 의료 전문가 비용으로 인해 레이블링된 견본을 얻는 것이 복잡하고 비용이 많이 든다.

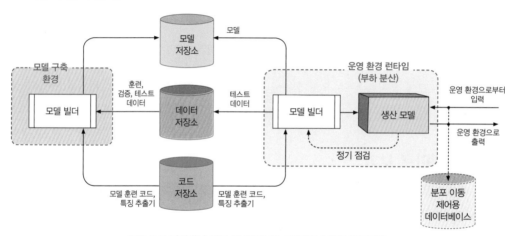

그림 9.5 머신러닝 배포 및 유지보수 자동화를 위한 아키텍처

모든 모델이 배포할 가치가 있는 것은 아니다. 때로는 잠재적인 성능 향상이 사용자의 불만을 감수할 만한 가치가 없을 수도 있다. 그러나 사용자 불편을 관리할 수 있고 배포 비용이 많이 들지 않는 경우라면 약간의 개선으로도 장기적으로 상당한 비즈니스 성과를 거둘 수 있다.

9.5.2 업데이트 방법

논의한 바와 같이 이상적으로는 전체 시스템을 중단하지 않고 소프트웨어의 새 모델 버전을 배포하는 것이다. 가상 인프라나 컨테이너화된 인프라에서는 저장소의 가상 머신이나 컨테이너의 이미지를 교체하고, 점차 VM/컨테이너를 닫고, 오토스케일러가 업데이트된 이미지에서 VM/컨테이너를 인스턴스화해서 업데이트를 할 수 있다.

머신러닝 배포와 유지보수 자동화 아키텍처는 그림 9.5에 도식적으로 나와 있다. 여기에는 데이터, 코드, 모델 등의 세 가지 저장소가 있고, 세 저장소 모두 버전이 지정된다. 또한, 모델 훈련과 운영 환경을 위한 두 가지 런타임runtimes이 있다. 모델은 부하가 분산되고 오토스케일링되는 운영 환경 런타임에서 실행된다. 모델 업데이트가 필요한 경우, 모델 훈련 런타임은 각각 데이터 저장소와 코드 저장소에서 훈련 데이터와 모델 훈련 코드를 가져온다. 그런 다음 새 모델을 훈련하고 모델 저장소에 저장한다.

새로운 버전의 모델이 저장소에 저장되면 운영 환경 런타임이 다음을 가져온다.

- 모델 저장소에서 새 모델
- 데이터 저장소에서 테스트 데이터
- 코드 저장소에서 테스트 데이터에 모델을 적용하는 코드

새 모델이 테스트를 통과하면 이전 모델을 운영 환경에서 제거하고, 8.4절에서 설명한 바와 같이 적절한 배포 전략이 있는 새로운 모델로 대체한다. **A/B 테스트**나 **멀티 암드 밴딧**을 통해 교체 결정을 내릴 수 있다.

분포 이동 제어 데이터베이스에 모델이 받은 입력과 채점 결과를 저장한다. 충분한 수의 견본이 저장되면, 분포 이동을 감지하기 위해 해당 데이터를 인간[5]에게 보내서 검증한다.

모델 스트리밍 시나리오에서 모델 업데이트는 스트림 프로세서의 상태가 업데이트될 때 발생한다(9.1.2절과 그림 9.2 참고).

메시지 브로커 아키텍처를 사용하는 **주문형 모델 서빙**on-demand model serving에서의 모델 업데이트는 모델 스트리밍과 유사하다(9.2.3절과 그림 9.3 참고).

그림 9.6은 모델을 서빙하고 업데이트할 수 있을 뿐만 아니라 해당 과정에 인간 **레이블러**도 포함되는 메시지 브로커 기반 아키텍처를 보여준다. 레이블러는 레이블링되지 않은 견본을 받아서 그중 샘플링한 일부 견본을 레이블링해서 메시지 브로커에게 다시 보낸다. 모델 훈련 모듈은 큐에서 레이블링된 견본을 읽어오고, 그 수량이 모델을 업데이트하기에 충분하면 새 모델을 훈련하고 모델 저장소에 저장한 다음 '모델 준비' 메시지를 브로커에게 보낸다. 모델 서빙 프로세스는 저장소에서 새 모델 버전을 가져오고 현재 모델을 삭제한다.

5 　또는 모델보다 더 정확하고 운영 환경에 배포할 수 없는 자동화 도구(예를 들어, 너무 취약하거나 비용이 많이 들거나 느림)

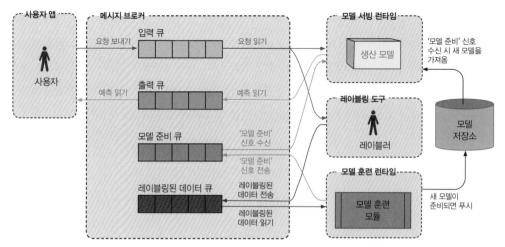

그림 9.6 메시지 브로커를 통한 주문형 모델 서빙 및 업데이트

성공적인 모델 유지보수를 위한 몇 가지 추가 고려사항을 간략히 살펴본다.

많은 회사에서는 새로운 훈련 데이터를 확보하는 즉시 자동으로 모델을 훈련하는 지속적인 통합 continuous integration 워크플로를 사용한다. 새로운 견본에 대해서만 기존 모델을 미세 조정하는 대신 전체 훈련 데이터를 사용하여 모델을 처음부터 다시 훈련하는 것이 좋다.

각 훈련 견본에 대한 레이블러의 신원을 저장하는 것이 좋다. 또한, 운영 환경 데이터베이스에서 특정값을 생성하는 데 사용한 모델 버전을 해당 값에 지정한다. 버전 관리하는 모델에 문제가 발견될 경우, 해당 모델이 생성한 데이터베이스값을 파악하면 그에 해당되는 특정 값만 재처리할 수 있다.

모델을 자주 재훈련하는 경우, 파이프라인의 초매개변수를 구성 시스템 configuration system에 저장하는 것이 편리하다. 구글은 우수한 구성 시스템을 위해 다음을 추천한다.[6]

1) 이전 구성에 대한 변경사항으로 현재 구성을 쉽게 나타낼 수 있어야 한다.

2) 수작업에 따른 오류, 누락, 간과 oversight가 발생하기 어려워야 한다.

3) 두 모델 간의 구성 차이를 시각적으로 쉽게 확인할 수 있어야 한다.

4) 사용된 특징 수, 데이터 종속성 등과 같이 구성에 대한 기본 사실을 자동으로 확인하고 검증하는 것이 쉬워야 한다.

---

6 《Hidden Technical Debt in Machine Learning Systems》(Sculley et al., 2015)

5) 사용하지 않거나 중복된 설정을 감지할 수 있어야 한다.

6) 구성은 전체 코드 검토를 거쳐 저장소에 체크인해야 한다.

런타임 환경에 업데이트한 모델을 저장하기 위한 충분한 하드 드라이브 공간과 램 용량이 있는지 확인한다. 이전 버전의 모델과 새 버전의 모델이 성능만 다를 것이라고 예상하지 말고, 새 모델의 크기가 이전 모델보다 훨씬 큰 상황에도 대비해야 한다. 마찬가지로 새 모델이 이전 모델만큼 빠르게 실행될 것이라고 속단하지 않는다. 특징 추출 코드의 비효율성, 파이프라인의 추가 단계, 다른 알고리즘 선택이 예측 속도에 큰 영향을 미칠 수 있다.

모델은 필연적으로 예측 오류를 범할 수 밖에 없다. 그러나 비즈니스나 고객에게 있어서 어떤 오류는 다른 오류보다 더 많은 비용을 유발한다. 새로운 버전의 모델이 배포되면 이전 모델보다 훨씬 더 많은 비용을 유발하는 오류가 발생하지 않는지 확인해야 한다.

사용자 범주 간에 오류가 균일하게 분포되어 있는지 확인한다. 새 모델이 일부 특정 위치에서 더 많은 사용자에게 부정적인 영향을 미치는 것은 바람직하지 않다.

위의 검증 중에 하나라도 실패하면 새 모델을 배포하지 않는 것이 좋다. 배포 후 오류가 감지되면 롤백하고 조사를 시작한다. 9.1절에서 논의한 것처럼 이전 모델로 롤백하는 것은 새 모델을 배포하는 것만큼 쉬워야 한다.

연속된 모델에 주의한다. 6장의 6.7.6절에서 논의한 바와 같이, 한 모델의 출력이 다른 모델의 입력이 되는 경우, 한 모델을 변경하면 다른 모델의 성능에 영향을 미치게 된다. 시스템에서 연속된 모델을 사용하는 경우 연속된 모든 모델을 업데이트해야 한다.

9.6 요약

효과적인 런타임에는 다음과 같은 특성이 있다. 안전하고 정확하며 배포 및 복구가 용이하며 모델 유효성을 보장한다. 또한, 훈련/서빙 왜곡과 숨겨진 피드백 루프를 방지한다.

머신러닝 모델은 배치batch 모드나 주문형 모드로 서빙된다. 주문형 모드에서 인간 고객이나 머신에게 모델을 서빙할 수 있다. 일반적으로 모델을 빅데이터에 적용하고 약간의 시간 지연이 허용될 때는 배치 모드로 서빙한다.

인간에게 주문형 방식으로 서빙할 때는 일반적으로 REST API로 모델을 래핑한다. 머신의 데이터 관련 요구 사항은 일반적으로 표준적이고 미리 결정되어 있으므로 종종 스트리밍으로 제공한다.

현실 세계에서의 소프트웨어 시스템 아키텍처는 오류, 변화, 인간 본성이라는 세 가지 상황에 대비해야 한다.

운영 환경에 배포된 모델은 지속적으로 모니터링해야 한다. 모니터링의 목표는 모델이 올바르게 서빙되고 모델의 성능이 허용 가능한 한도 내에 유지되는지 확인하는 것이다.

운영 환경에 있는 모델에서는 다양한 문제가 발생할 수 있는데, 특히 다음과 같다.

- 추가 훈련 데이터로 인해 모델 성능이 저하되었다.
- 생산 데이터의 특성은 변했지만 모델은 조정되지 않았다.
- 특징 추출 코드가 많이 업데이트되었지만 모델은 조정하지 못했다.
- 변경되었거나 사용할 수 없게 된 특징을 생성하는 데 자원을 사용하고 있다.
- 모델이 남용되거나 적대적 공격을 받고 있다.

자동화는 비즈니스에 중요한 성능 지푯값을 계산하고 해당 지푯값이 크게 변하거나 임계값 아래로 떨어지는 경우 적절한 이해 관계자에게 경고를 보내야 한다. 또한, 모니터링을 통해 분포 이동, 수치적 불안정성, 계산 성능 저하를 찾아내야 한다.

향후 분석에 필요한 비정상적인 시스템 동작을 재현할 수 있도록 충분한 정보를 기록하는 것, 모델을 프론트엔드 사용자에게 서빙하는 경우 모델 서빙 시점의 사용자 맥락을 기록하는 것이 중요하다. 또한, 맥락에서 추출한 특징에 해당하는 모델 입력과 해당 특징을 생성하는 데 걸린 시간을 포함하는 것이 유용하다. 로그에는 모델에서 얻은 출력과 모델 생성에 걸린 시간, 모델의 출력 관찰 후 사용자의 새로운 맥락, 출력에 대한 사용자의 반응도 포함할 수 있다.

일부 사용자는 당신의 모델을 자신의 비즈니스에 활용할 수 있다. 훈련 데이터를 역설계하거나 모델을 '속이는trick' 방법을 배울 수 있다. 남용을 방지하는 방법은 다음과 같다.

- 여러 사용자로부터 유사한 데이터가 제공되지 않는 한 사용자의 데이터를 신뢰하지 않는다.
- 각 사용자에게 평판 점수를 할당하고 평판이 낮은 사용자로부터 얻은 데이터를 신뢰하지 않는다.
- 사용자 행동을 정상 또는 비정상으로 분류한다.
- 사용자가 요청당 비용을 지불하도록 한다.

- 연속된 요청에 대한 응답을 점진적으로 지연한다.
- 일부 사용자를 차단한다.

대부분의 머신러닝 모델은 정기적으로 또는 가끔씩 업데이트해야 한다. 업데이트 빈도는 여러 요인에 따라 달라진다.

- 오류 발생 빈도와 중요도
- 유용한 모델이 얼마나 '신선해야' 하는지
- 새로운 훈련 데이터를 얼마나 빨리 확보할 수 있는지
- 모델을 재훈련하는 데 걸리는 시간
- 모델을 훈련하고 배포하는 데 드는 비용
- 모델 업데이트가 제품과 사용자 목표 달성에 기여하는 정도

모델 업데이트 후에는 종단 간 테스트 세트와 신뢰도 테스트 세트의 견본으로 모델을 테스트하는 것이 좋다. 출력이 이전과 동일하거나 변경사항이 예상대로 반영되었는지 확인하는 것이 중요하다. 또한, 새 모델이 이전 모델보다 훨씬 더 많은 비용을 유발하는 오류를 범하지 않는지 확인하는 것도 중요하다.

또한, 오류가 사용자 범주에 걸쳐 균일하게 분포되어 있는지도 확인한다. 새로운 모델이 소수의 일부 사용자에게 부정적인 영향을 미치는 것은 바람직하지 않다.

10

결론

2020년에 이르러, 머신러닝은 비즈니스 문제 해결을 위한 성숙하고 인기 있는 도구가 되었다. 이전에는 머신러닝이 일부 소수의 조직에서만 사용할 수 있는 '마법'으로 간주되었으나 오늘날 대다수 조직에서 모델을 만들고 사용할 수 있게 되었다.

오픈소스 코드, 크라우드소싱, 쉽게 접근할 수 있는 책, 온라인 과정, 공개적으로 사용 가능한 데이터 세트 덕분에 많은 과학자, 엔지니어, 심지어 일반 애호가enthusiast도 이제 머신러닝 모델을 훈련할 수 있다. 운이 좋으면 많은 온라인 자습서에서 설명하는 것처럼 단 몇 줄의 코드만 작성하면 문제를 해결할 수 있다.

그러나 머신러닝 프로젝트에서는 여러 상황이 잘못될 수도 있는데, 대부분은 기술의 성숙도나 머신러닝 알고리즘에 대한 분석가의 이해와는 무관하다.

머신러닝 텍스트, 온라인 자습서, 교육 과정은 대부분 머신러닝 알고리즘이 작동하는 방식과 이를 데이터 세트에 적용하는 방법을 설명하고 있다. 하지만 머신러닝의 성공은 아마도 다른 요인에 달려 있을 것이다. 어떤 데이터를 얻을 수 있는지, 충분한 데이터를 얻을 수 있는지 여부, 학습 데이터를 준비하는 방법, 어떤 특징을 설계하는지, 설루션이 확장 가능하고 유지보수 가능한지, 공격자가 조작할 수 없는지, 큰 비용을 유발하는 오류를 범하지 않는지 여부와 같은 요소가 응용 머신러닝 프로젝트에 훨씬 더 중요하다.

하지만 그 중요함에도 불구하고, 대다수의 머신러닝 서적과 교육과정에서 이러한 부분을 학습자가 독학하여야 하는 부분으로 남겨두는 상황이다. 몇몇 서적과 강좌에서 특정 예시 문제를 해결하기 위한 응용프로그램으로 일부분만을 다루고 있을 뿐이다.

이는 의미 있는 지식의 격차이며, 이 책을 통해 이를 메우고자 하였다.

10.1 핵심 요점

이 책을 읽고 독자가 무엇을 얻을 수 있기를 바라는가?

우선, 모든 머신러닝 프로젝트가 고유하다는 것을 확실히 이해하는 것이다. 항상 효과가 있는 단하나의 방법은 없다. 대부분의 경우 **from sklearn.linear_model import LogisticRegression:**을 입력하기 전에 가장 중요한 문제를 해결해야 한다. 즉, 목표를 정의하고, 기준선[1]을 선택하고, 관련 데이터를 수집하고, 질 좋은 레이블로 레이블링을 하고, 레이블링된 데이터를 훈련, 검증, 테스트 세트로 변환해야 한다. 나머지 문제는 model.fit(X, y)를 입력한 후 오류 분석을 하고 모델을 평가하고 문제가 해결되는지 검증하고 기존 설루션보다 잘 작동하는지 확인함으로써 해결한다.

노련한 분석가나 머신러닝 엔지니어는 비즈니스든 다른 것이든 모든 문제가 머신러닝으로 해결되지는 않을 것이라는 것을 알고 있다. 사실, 많은 문제는 휴리스틱, 데이터베이스 검색, 기존 방식의 소프트웨어 개발을 통해 더 쉽게 해결할 수도 있다. 시스템의 모든 작동, 결정, 동작을 설명해야 하는 경우에는 머신러닝을 사용하지 않는 것이 좋다. 드물게 예외적인 경우를 제외하고 머신러닝 모델은 대부분 블랙박스와 같다. 머신러닝 모델은 왜 그렇게 예측했는지, 어제 예측한 것과 오늘 예측한 것이 왜 다른지, 이러한 문제를 어떻게 해결해야 하는지에 대해서 당신에게 말해 주지 않는다.

또한, 목적에 꼭 부합하는 공개 데이터 세트와 오픈소스 설루션을 찾을 수 없다면 머신러닝은 시장 출시 기간을 단축하는 데 적합한 접근 방식이 아니다. 때로는 모델을 훈련하고 유지보수하는 데 필요한 데이터를 얻기가 너무 어렵거나 불가능할 때도 있다.

---

1   [옮긴이] 개발한 모델의 성능을 평가하기 위해 기준이 되는 모델. 5.1.4절을 참고한다.

한편, 훈련 데이터는 오버샘플링과 데이터 증강을 통해 인공적으로 생성할 수도 있다. 이러한 기술은 보통 데이터 불균형 문제가 있을 때 적용한다.

데이터 수집을 시작하기 전에 다음과 같은 질문을 해 봐야 한다. '데이터를 구할 수 있고, 규모도 상당히 크고, 사용 가능하고, 이해 가능하고, 신뢰할 수 있는가?' 좋은 데이터는 모델링에 필요한 충분한 정보가 있고, 운영 환경에서의 사용 사례를 잘 다루고, 편향이 적고, 일반화를 할 수 있을 만큼 충분히 크고, 모델 자체의 결과로부터 만든 데이터가 아니어야 한다.

또는 '데이터를 얻기 위한 비용이 높고, 데이터에 편향이 심하고, 불균형하고, 결측 속성이 있고 잘못된 데이터 레이블이 있지는 않은가?' 데이터를 훈련에 사용하기 전에 데이터 품질이 보장되어야 한다.

머신러닝 프로젝트 수명주기는 목표 정의, 데이터 수집 및 준비, 특징 공학, 모델 훈련, 평가, 배포, 서빙, 모니터링, 유지보수 단계로 구성된다. 대부분의 단계에서 데이터 누출이 발생할 수 있으므로, 분석가는 이를 예측하고 방지할 수 있어야 한다.

특징 공학은 데이터 준비 다음으로 중요한 단계다. 자연어 텍스트와 같은 일부 데이터의 경우 단어 가방 모델과 같은 기술을 통해 특징을 대량으로 생성할 수 있다. 그러나 일반적으로 가장 유용한 특징은 도메인 지식을 가진 분석가가 직접 만든다. 자신을 '모델의 입장'과 바꿔서 생각해보는 것이 필요하다.

좋은 특징은 예측력이 높고 빠르게 계산할 수 있으며 신뢰할 수 있고 서로 상관관계가 없다. 좋은 특징은 또한 고유하고unitary 이해하기 쉬울 뿐만 아니라 유지보수하기도 쉽다. 특징 추출 코드는 머신러닝 시스템에서 가장 중요한 부분 중 하나로, 광범위하고 체계적으로 테스트해야 한다.

특징을 확장하고, 특징을 스키마 파일이나 특징 저장소에 저장 및 문서화하고, 코드, 모델, 훈련 데이터를 동기화하는 것이 모범 사례에 속한다.

기존의 특징을 이산화하고, 훈련 견본을 군집화하고, 기존 특징을 간단히 변환하거나, 이들 특징 쌍을 결합하여 새로운 특징을 합성할 수 있다.

모델 개발을 시작하기 전에 데이터가 스키마를 준수하는지 확인한 다음 훈련, 검증, 테스트의 세 세트로 분할한다. 달성 가능한 성능 수준을 정의하고 성능 지표를 선택하는데, 이러한 성능 지표를 통해 모델 성능을 하나의 숫자로 나타낸다.

대부분의 머신러닝 알고리즘, 모델, 파이프라인에는 각각 관련된 초매개변수가 있다. 초매개변수는 학습 결과에 큰 영향을 미치는데, 이는 데이터를 통해서 학습하지 않고, 일반적으로 분석가가 초매개변수 조정을 통해 설정한다. 특히, 이러한 값을 조정하면서 정밀도-재현율과 편향-분산이라는 두 가지 중요한 절충을 찾는다. 모델의 복잡도를 변화시킴으로써 편향과 분산 모두가 상대적으로 낮은 소위 '설루션 영역'에 도달할 수 있다. 성능 지표를 최적화하는 설루션은 일반적으로 설루션 영역 근처에 있다. 그리드 검색은 가장 간단하고 가장 널리 사용되는 초매개변수 조정 기술이다.

심층 모델을 밑바닥부터 학습하지 않고 사전학습된 모델로 시작하는 것이 유용하다. 사전학습된 모델을 사용하여 자신의 필요에 맞는 모델을 구축하는 것을 전이 학습이라고 하는데, 심층 모델을 통해 전이 학습을 할 수 있다는 사실은 심층 모델의 가장 중요한 특성 중 하나다.

심층 모델을 훈련하는 것은 까다롭다. 구현 오류는 데이터 준비에서 신경망 토폴로지 정의에 이르기까지 여러 단계에서 발생할 수 있다. 따라서 작은 모델로 시작하는 것이 좋다. 예를 들어, 고급 라이브러리를 이용해서 간단한 모델을 구현한다. 컴퓨터 메모리에 로딩할 수 있을 정도 크기의 작고 정규화된 데이터 세트에 초매개변수 기본값을 적용한다. 첫 번째 단순한 모델 아키텍처와 데이터 세트를 확보한 후에는 일시적으로 훈련 데이터 세트를 미니배치 크기로 더 줄인다. 그런 다음 훈련을 시작해서, 이러한 단순 모델이 훈련 미니배치에 과적합되는지 확인한다.

모델 쌓기를 통해 머신러닝 시스템의 성능을 개선할 수 있다. 이상적으로는 모델 쌓기에 사용되는 기본 모델은 랜덤 포레스트, 그래디언트 부스팅, 서포트 벡터 머신, 심층 모델과 같은 서로 다른 성격의 알고리즘이나 모델에서 가져온다. 실제 생산 시스템 중 많은 시스템이 쌓은 모델을 기반으로 구축되어 있다.

머신러닝 모델 오류는 모든 사용 사례에서 동일한 비율로 균일하게 발생할 수도 있고, 특정 사용 사례에 집중되어 발생할 수도 있다. 집중된 오류를 수정함으로써 여러 견본에서 발생하는 오류를 한 번에 수정할 수 있다.

다음과 같은 단순하고 반복적인 프로세스를 통해 모델 성능을 개선할 수 있다.

1) 지금까지 확인된 최고의 초매개변숫값으로 모델을 구축한다.
2) 검증 세트의 작은 부분 집합을 통해 모델을 테스트한다.
3) 작은 검증 세트를 통해 가장 빈번한 오류 패턴을 찾는다.
4) 새로운 특징을 생성하거나 더 많은 훈련 데이터를 추가하여 관찰된 오류 패턴을 수정한다.
5) 잦은 오류 패턴이 관찰되지 않을 때까지 반복한다.

모델을 배포하기 전에 신중하게 평가해야 하고 배포 이후에도 지속적으로 평가해야 한다. 과거 데이터를 기반으로 모델을 처음 훈련할 때는 오프라인 모델 평가를 한다. 온라인 모델 평가는 온라인 데이터를 통해 운영 환경에서 모델을 테스트하고 비교한다. 온라인 모델 평가에서는 A/B 테스트와 멀티 암드 밴딧이 널리 사용되는데, 이를 통해 새 모델이 이전 모델보다 더 나은지 여부를 결정할 수 있다.

모델은 정적으로(설치 가능한 소프트웨어 패키지의 일부로), 사용자 기기나 서버에 동적으로, 모델 스트리밍과 같은 여러 패턴으로 배포할 수 있다. 또한, 배포 전략은 단일 배포, 자동 배포, 카나리 배포, 멀티 암드 밴딧 중에서 선택한다. 각 배포 패턴과 전략에는 서로 장단점이 있으며 비즈니스 애플리케이션에 따라 선택해야 한다.

알고리즘 효율성도 모델 배포를 위한 중요한 고려사항이다. 넘파이, 사이파이, 사이킷런과 같은 파이썬 과학 패키지는 숙련된 과학자와 엔지니어가 효율성을 염두에 두고 개발했다. 여기에는 효율성을 극대화하기 위해 C로 구현된 많은 메소드가 있다. 따라서 인기 있고 검증된 라이브러리나 패키지를 사용할 수 있는 경우에는 별도로 프로덕션 코드를 작성하지 말고 이를 재사용하는 것이 좋다. 그리고 효율성을 높이려면 적절한 데이터 구조와 캐싱을 선택한다.

일부 애플리케이션의 경우 예측 속도가 매우 중요한데, 이러한 경우 프로덕션 코드는 자바나 C/C++와 같은 컴파일 언어로 작성한다. 데이터 분석가가 파이썬이나 R로 모델을 구축한 경우 운영 환경 배포를 위한 다음과 같은 몇 가지 옵션이 있는데, 운영 환경에 적합한 컴파일 언어로 코드를 다시 작성하거나 PMML이나 PFA와 같은 모델 표현 표준을 사용하거나 MLeap과 같은 특화된 실행 엔진을 사용하는 것이다.

머신러닝 모델은 배치 모드나 주문형 모드로 서빙하는데, 일반적으로 주문형 모드로 서빙하는 모델은 REST API로 래핑된다. 또한, 머신에 대해서는 보통 스트리밍 아키텍처를 통해 서빙한다.

소프트웨어 시스템을 현실 세계에서 사용하려면 소프트웨어의 아키텍처가 오류, 변화, 인간 본성에 효과적으로 대응할 수 있어야 한다. 지속적으로 모델을 모니터링해야 하는데, 모니터링을 통해 모델이 올바르게 서빙되고 성능이 허용 가능한 범위 내에서 유지되는지 확인할 수 있다.

향후 분석에 필요한 비정상적인 시스템 동작을 재현할 수 있도록 충분한 정보를 기록하는 것이 중요하다. 모델을 프론트엔드 사용자에게 서빙하는 경우, 모델 서빙 시점에서의 사용자 맥락을 저장하는 것이 유용하다.

일부 사용자는 자신의 비즈니스 목표를 달성하기 위해 남이 개발한 모델을 악용하려고 시도할 수 있다. 이렇게 악용되는 것을 방지하려면 여러 사용자로부터 서로 유사한 데이터가 제공되지 않고, 어느 한 사용자로부터만 제공되는 데이터가 있다면 이 데이터는 신뢰하면 안 된다. 각 사용자에게 평판 점수를 할당하고 평판이 낮은 사용자로부터 얻은 데이터는 신뢰하지 않도록 한다. 사용자 행동을 정상 또는 비정상으로 분류하고, 필요한 경우 연이은 요청에 대한 응답을 하기 전에 점진적으로 점점 더 길게 응답을 지연하거나 필요한 경우 일부 사용자를 차단한다.

모델을 더 강건하게 만들기 위해 사용자의 행동과 입력 데이터를 분석하여 모델을 정기적으로 업데이트한다. 그다음 종단 간 테스트 세트와 신뢰 테스트 세트로 새 모델을 테스트하고, 출력이 이전과 같거나 변경 사항이 제대로 반영되었는지 확인한다. 새 모델이 훨씬 더 많은 비용을 초래하는 오류를 범하지 않는지 검증한다. 오류가 사용자 범주에 걸쳐 균일하게 분산되도록 한다. 새 모델이 특정 위치에서 대부분의 사용자에게 부정적인 영향을 미치는 것은 바람직하지 않기 때문이다.

이제 이 책은 여기서 마무리하지만 여러분은 학습을 멈추지 말아야 한다. 머신러닝 공학은 비교적 새로운 소프트웨어 공학 분야다. 온라인 출판물과 오픈소스 덕분에 데이터 준비, 모델 평가, 배포, 서빙, 모니터링 단계를 단순화하거나 강화하는 새로운 모범 사례, 라이브러리, 프레임워크가 향후 몇 년 동안 계속 발표될 것이다. 이 책의 웹사이트 http://www.mlebook.com에서 저자의 메일링 리스트를 구독하면 정기적으로 관련 링크를 받을 수 있다.

10.2 다음에 읽을 내용

머신러닝과 인공지능에 관한 훌륭한 책이 많이 있다. 여기에서는 몇 가지만 추천한다. 파이썬에서 실제 머신러닝을 직접 경험하고 싶다면 다음 두 권의 책이 적합하다.

- 《핸즈온 머신러닝(2판)》(오렐리앙 제롱, 한빛미디어, 2020)
- 《머신러닝 교과서》(세바스찬 라시카·바히드 미자리리, 길벗, 2021)

R의 경우, 《Machine Learning with R》(Brett Lantz, Packt Publishing, 2019)이 가장 좋은 선택이다.

다양한 머신러닝 알고리즘 뒤에 숨겨진 수학에 대해 더 깊이 이해하려면 다음을 추천한다.

- 《패턴 인식과 머신 러닝》(크리스토퍼 비숍, 제이펍, 2018)
- 《가볍게 시작하는 통계학습》(가레스 제임스·다니엘라 위튼, 루비페이퍼, 2016)

딥러닝에 대해 더 자세히 이해하기 위해서는 다음을 추천한다.

- 《Neural Networks and Deep Learning》(Michael Nielsen, online, 2005)
- 《미술관에 GAN 딥러닝 실전 프로젝트》(데이비드 포스터, 한빛미디어, 2019)

머신러닝을 뛰어넘어서 인공지능 전체 분야를 자세히 공부하고 싶다면, AIMA로 알려진 《Artificial Intelligence: A Modern Approach, 4th edition》(Stuart Russell & Peter Norvig, Pearson, 2020)(《인공지능: 현대적인 접근 방식, 4판》, 제이펍)이 단연 최고의 책이다.

10.3 감사의 말

헌신적인 편집자가 없었다면 이처럼 훌륭한 품질의 책이 세상에 나오지 못했을 것이다. 특히, 다음의 독자들 – 알렉산드르 삭Alexander Sack, 아나 포티나Ana Fotina, 프란체스코 리나렐리Francesco Rinarelli, 요나스 미티케 카사Yonas Mitike Kassa, 켈빈 순들리Kelvin Sundli, 이드리스 알렘Idris Aleem, 팀 플럭Tim Flocke 의 공헌에 감사드린다.

과학에 대해 조언해 주시고, 7장을 검토하고 수정해 주신 베로니크 트렘블레이Veronique Trembla와 막시밀리안 허들버거Maximilian Hudlberger에게 감사드린다.

또한, 통계 테스트 관련 절의 내용을 강화해 준 세심하고 비판적인 안목에 대해 캐시 코지르코프에게 감사드린다.

도움에 감사드릴 또 다른 훌륭한 분들은 다음과 같다.

장 산토스Jean Santos, 카를로스 아제베도Carlos Azevedo, 자카리에 하시Zakarie Hashi, 트리디브 두타Tridib Dutta, 자카리야 아부그린Zakariya Abu-Grin, 수헬 칸Suhel Khan, 브래드 에자드Brad Ezard, 콜 홀콤Cole Holcomb, 올리버 프라우드Oliver Proud, 마이클 쇼크Michael Schock, 페르난도 한나카Fernando Hannaka, 아일라 칸Ayla Khan, 바루나 에스워Varuna Eswer, 스티븐 폭스Stephen Fox, 브래드 클라센Brad Klassen, 펠리페 듀크Felipe Duque, 알렉산드르 문딤Alexandre Mundim, 존 힐John Hill, 라이언 볼피Ryan Volpi, 가우리시 카틀라나Gaurish Katlana, 하르사 스리바타사Harsha Srivatsa, 아그리타 가르니존Agrita Garnizone, 샤임부 무커지Shyambhu Mukherjee, 크리스토퍼 톰슨Christopher Thompson, 실뱅 트룽Sylvain Truong, 니클라스 핸슨Niklas Hansson, 지하오 우Zhihao Wu, 막스 슈마허Max Schumacher, 피에스 카시미르Piers Casimir, 해리 리치Harry Ritchie, 마르코 펠토조키Marko Peltojoki, 그레고리 V.Gregory V., 윈 펫Win Pet, 이화 김Yihwa Kim, 티모테 베르나르Timothée

Bernard, 마르웬 살렘Marwen Sallem, 다니엘 부르겔Daniel Bourguet, 알리자 루벤슈타인Aliza Rubenstein, 알리스 O.Alice O., 후안 카를로 리바날Juan Carlo Rebanal, 하이더 알-탠Haider Al-Tahan, 조시 쿠퍼Josh Cooper, 베네카 여루반디Venkata Yerubandi, 마헨든 S.Mahendren S., 아비히트 쿠마르Abhijit Kumar, 마티에우 부샤르Mathieu Bouchard, 야신 바히Yacin Bahi, 사미르 샤르Samir Char, 루이스 레오폴도 페레즈Luis Leopoldo Perez, 미첼 드 헤븐Mitchell DeHaven, 마틴 구브리Martin Gubri, 기예르모 산타마리아Guillermo Santamaría, 무스타파 무라트 아랏Mustafa Murat Arat, 렉스 도나헤이Rex Donahey, 나다니엘 네티룽로지Nathaniel Netirungroj, 알리자 루벤슈타인Aliza Rubenstein, 라히마 카리모바Rahima Karimova, 다윈 브로체로Darwin Brochero, 바헤이드 월렛Vaheid Wallets, 바라트 라그후나탄Bharat Raghunathan, 카를로스 살라스Carlos Salas, 지희양Ji Hui Yang, 조나스 아타루스트Jonas Atarust, 시다스 삼팡이Siddarth Sampangi, 우타르시 미탈Utkarsh Mittal, 펠리페 안투네스Felipe Antunes, 라리사 비젠제리예바Larysa Visengeriyeva, 소린 가테아Sorin Gatea, 매티아 팬케라사Mattia Pancerasa, 빅터 자발자Victor Zabalza, 디비옌두 만달Dibyendu Mandal, 제임스 후버James Hoover.

진솔한 서평을 올려 주세요!

이 책 또는 이미 읽은 제이펍의 책이 있다면, 장단점을 잘 보여 주는 솔직한 서평을 올려 주세요.
매월 최대 5건의 우수 서평을 선별하여 원하는 제이펍 도서를 1권씩 드립니다!

- **서평 이벤트 참여 방법**
  ❶ 제이펍 책을 읽고 자신의 블로그나 SNS, 각 인터넷 서점 리뷰란에 서평을 올린다.
  ❷ 서평이 작성된 URL과 함께 review@jpub.kr로 메일을 보내 응모한다.

- **서평 당선자 발표**
  매월 첫째 주 제이펍 홈페이지(www.jpub.kr) 및 페이스북(www.facebook.com/jeipub)에 공지하고,
  해당 당선자에게는 메일로 개별 연락을 드립니다.

독자 여러분의 응원과 채찍질을 받아 더 나은 책을 만들 수 있도록 도와주시기 바랍니다.